KB250580

국어교육을 위한 문법 교육론

국어교육을 위한 문법 교육론

고 춘 화

역락

머리말

저는 십 오년 동안 교육 현장에서 국어를 가르쳐 왔습니다. 여러 중학교와 고등학교에서 많은 학생들에게 국어를 가르치면서도 무엇인가 채워지지 않는 갈증을 느꼈습니다. 많은 글을 읽고 쓰도록 가르치면서도 실제로 학생들이 배워 가는 국어는 일정한 한계를 가지고 있는 것 같았습니다. 말하고 듣고 읽고 쓰는 것은 항상 이루어지는 교육 행위였지만 정작 그 말과 글 속에 담긴 국어의 정신과, 국어를 통해 이루어지는 학생들의 사고와 철학적 인식은 어떻게 체계화하면 좋을지 그 방향을 잡을 수 없었습니다. 이처럼 추상적이고 모호한 국어교육의 정체성을 찾고자 다시 공부를 시작하게 되었습니다.

독일에서는 언어내용학파가 모국어가 민족의 사고와 정신에 영향을 끼친다는 이론을 펼쳤으며 이는 곧 모국어 교육의 강화 및 연구에 대한 천착으로 이어졌습니다. 저는 국어교육의 정체성을 세우기 위해서는 '국어'가 언어이며 그 중에서도 모국어라는 당연한 명제로 돌아가야 한다고 생각합니다. '국어'가 모국어 화자들이 일상생활 속에서 사신들의 생각을 표현하는 가장 효과적인 도구이며 동시에 '국어'에 의해 모국어 화자들의 사고와 삶이 변화하기도 한다는 사실에 관심을 두었습니다. 이러한 생각은 국어 문법에 대한 재인식으로 이어졌습니다. 문법은 단순한 규칙이나 학자들의 학설만이 아닙니다. 문법은 언어를 언어답게 움직이게 하는 원리이며 모국어 화자의 사고를 표현하게 하는 언어생성의 기제입니다. 문법의 개념을 확장적으로 정의할 때 국어교육의 정체성은 명료해 집니다. 이 책은 국어교육의 근간으로서 문법 교육을 그리는 제 생각을 박사학위 논문을 바탕으로 관련된 여러 편의 글을 엮어서 구성한 것입니다.

이 책은 국어교육에 있어서 문법 교육의 지평을 탐구하고 있습니다. 저는 국어교육을 위한 문법 교육의 그림을 언어 생성의 과정에 맞추어 그려 보았습니다. 모국어 화자가 대상 세계를 경험하고 여러 가지를 생각하여 표현하는 일련의 과정이 곧 문법 교육의 내용이 된다고 보았습니다. 이 과정을 통해 문법 교육은 학습자가 대상 세계에 대해 바르게 사고하고 그 내용을 바르게 표현하도록 하는 것을 지향해야 한다고 보았습니다. 이 책은 '문법 교육의 목적, 문법 교육과 표현, 문법 교육의 내용, 문법 교육의 실제'의 네 부분으로 나누어 구성되었습니다. 1부 문법 교육의 목적에서는 문법 교육의 목적을 언어 생성 과정에 초점을 맞춰 살피고 기존의 연구 흐름을 살펴 문법 교육이 학습자들이 바르게 사고하고 바르게 표현할 수 있게 하는 데에까지 그 지평을 확장해야 한다고 논의하였습니다. 2부 문법 교육과 표현에서는 바른 표현의 개념화를 통해 문법 교육이 언어의 형식뿐만 아니라 의미 생성 과정에 작용하는 화자의 사고 부문을 언어의 내용으로 함께 다루어야 함을 밝히고, 표현 과정에 작용하는 한국어 문법의 기능 및 특질과 한국어 문장의 의미 구성 과정을 분석하여 문법 교육의 내용 체계를 세우는 기준을 제시하였습니다. 3부 문법 교육의 내용에서는 문법 교육의 내용을 대상물과 개념의 표현, 사태의 표현, 양상의 표현, 발화의도의 표현으로 나누어 각각의 교육 내용을 구체적으로 선정하였습니다. 4부 문법 교육의 실제에서는 문법 교육을 실제로 구현하는 방안을 동사 교육 방안, 낱말깁기검사의 개발, 문법 교재 개발로 나누어 살펴보았습니다. 막상 책으로 엮으려고 보니 문법 교육의 새로운 지평을 개척해 보겠다는 제 의욕이 앞서서 곳곳에 거칠고 성긴 부분이 눈에 띄어 새삼 부끄러울 뿐입니다. 다만 이 부끄러움은 국어교육과 문법 교육에 대한 학문적 열정으로 메워나가겠다는 다짐으로 대신할 뿐입니다.

고마운 분들이 너무나 많습니다. 늦게 시작한 공부를 계속 할 수 있도록 길을 열어 주시고 한없는 관대함으로 부족한 제자를 지켜 봐 주시며 국어교육에 대한 눈을 키워 주시는 이상태 선생님, 학문의 열정을 끊임없이 일깨워 주시고 항상 전진하도록 격려해 주시는 임지룡 선생님, 합리적인 이성과 따뜻한 조언으로 익지 않은 생각들을 성숙시켜 주시는 황미향 선생님, 학문하는 자세의 본보기를 보여 주시며 부족한 글을 몇 번이고 읽어 주시며 정성과 배려로 길을 밝혀 주시는 이문규 선생님, 항상 따뜻하게 대해 주시며 한계를 뛰어 넘는 무언가가 되라고 등을 밀어 주시는 김혜정 선생님, 제가 국어교육을 하는 사람임을 자랑스럽게 해 주신 경북대학교 국어교육과의 김종택 선생님, 이주형 선생님, 서종문 선생님, 김문기 선생님, 박용찬 선생님, 부족한 제자가 여러 선생님들께 존경과 감사의 말씀을 올립니다.

경북대학교 국어교육학과 박사 과정의 선생님들께도 감사드립니다. 오상현 선생님과 최진아 선생님을 비롯한 여러 선생님들께서는 녹록치 않은 상황에서도 굳히지 않는 의지와 자세로 국어교육에 대한 꿈을 키우고 계십니다.

국어교육을 하는 것을 기쁨으로 여기시고 항상 웃으며 수업하고 연구하시는 경북여고의 배광호 선생님을 비롯한 여러 국어과 선생님들, 연구하고자 하는 교사의 의욕을 북돋워 주시고 매사 모범을 보여 주시는 우창호 교감 선생님과 최교만 교장 선생님, 감사드립니다.

공부하는 엄마와 아내를 두었으면서도 한마디 싫은 내색 없이 웃으며 도와주는 사랑하는 아들과 남편, 고맙습니다. 며느리가 하는 일을 자랑스럽게 여기시는 시부모님께도 감사드립니다. 무엇보다도 지금까지 딸을 위해 항상 염려하시고 기도해 주시는 존경하는 어머니와 아버지께 감사드립니다. 나이가 들수록 오히려 부모님 그늘이 소중함을 알게 되는 맏딸은 두 분을 너무 사랑합니다. 그리고 세월의 흐름과 함께 든든한 버팀목이 되어 주는 둘째와 막내 부부에게도 고마움을 전합니다.

흔쾌히 책을 출판해 주신 역락 출판사 이대현 사장님과 좋은 책으로 다듬어 주신 이소희 님께 감사드립니다.

2010년 12월

고춘화

차 례

머리말 ___ 5

01 ▍ 문법 교육의 목적

제1장 문법 교육의 목적과 성격 • 15
1. 모국어 교육과 문법 교육 ·················· 15
2. 문법 교육의 관점 ·························· 19
3. 문법의 기능 ······························ 23
4. 문법 교육의 지향 ························ 31
5. 사고 문법과 문법 교육 ················ 35
6. 마무리 ································ 38

제2장 문법 교육 연구의 흐름 • 41
1. 문법 교육의 본질 및 관점 ·············· 41
2. 문법 교육의 내용과 체계 ·············· 45
3. 문법 교육 연구와 사고 ················ 52
4. 문법 교육과 표현의 관계 ·············· 60
5. 마무리 ································ 62

제3장 사고력 함양을 위한 문법 교육 • 65
1. 문법 교육의 인식 ······················ 65
2. 문법 교육과 사고 ···················· 67
3. 문법의 사고적 기능 모색 : 명사를 중심으로 ·········· 71
4. 사고력 함양을 위한 명사 교육 방안 ·········· 76
5. 마무리 ································ 88

02 ┃ 문법 교육과 표현

제 4 장 문법 교육과 바른 표현 • 93

1. 바른 표현을 위한 문법 교육 ································· 93
2. 국어교육과 바른 표현 ······································· 98
3. 국어교육에 반영된 사고의 양상 ························ 107
4. 바른 표현을 위한 문법 교육의 필요성 ··············· 114
5. 마무리 ·· 126

제 5 장 바른 사고와 바른 표현 • 127

1. 언어 표현 생성 과정 ·· 127
2. 표현과 세계의 관계 ··· 132
3. 바른 표현의 요소 ·· 136
4. 마무리 ·· 146

제 6 장 한국어 문법의 기능과 특질 • 149

1. 표현 과정에 작용하는 문법의 기능 ··················· 149
2. 바른 표현에 관여하는 한국어 문법의 특질 ·········· 159
3. 마무리 ·· 164

제 7 장 한국어 문장의 의미 구성 과정 • 167

1. 문법의 작용과 바른 표현 ································· 168
2. 한국어의 문장 층위 ··· 175
3. 한국어 의미 구성 과정과 문법 교육의 내용 체계 ···· 184
4. 마무리 ·· 188

03 | 문법 교육의 내용

제8장 대상물과 개념의 표현 · 191

  1. 대상물과 개념 ···································· 191
  2. 명사와 개념 ······································ 193
  3. 명사의 개념 범주 ······························ 197

제9장 사태의 표현 · 211

  1. 단일 사태의 구성 ······························ 212
  2. 사태 관계 ·· 241

제10장 양상의 표현 · 249

  1. 한국어 양상 표현 ······························ 250
  2. 화식 부사 ·· 252

제11장 발화 의도의 표현 · 257

  1. 발화 의도와 표현 ······························ 257
  2. 문장과 다양한 의미 기능 ···················· 260

제12장 문법 교육의 내용 체계 · 263

  1. 사고와 표현의 관계 ·························· 263
  2. 한국어의 표현 층위 ·························· 264
  3. 문법 교육의 내용 체계 ······················ 266

제13장 사태 관계 교육 내용 · 269

  1. 문법 교육 내용 구성의 기준 ················ 270
  2. 사태 관계 교육 내용의 구현 양상 ·········· 282
  3. 바른 표현을 위한 사태 관계 교육 내용의 구현 ······· 286
  4. 사태 관계 교육 내용의 위계화 ·············· 308

04 | 문법 교육의 실제

제14장 의미 중심의 동사 교육 · 315

1. 동사 교육 현상 ·· 315
2. 동사의 의미 특성 ·· 318
3. 동사의 논항 ·· 321
4. 동사의 문장 구성 기능 ································· 324
5. 동사 교육 방안 ··· 326
6. 마무리 ·· 338

제15장 언어 능력 평가와 낱말깁기검사 · 341

1. 낱말깁기검사의 교육적 필요성 ·················· 341
2. 언어 능력과 낱말깁기검사 ························· 342
3. 낱말깁기검사의 종류 ··································· 348
4. 국어 낱말깁기검사의 개발 ························· 350
5. 국어 낱말깁기검사 문항의 실제 ················ 365
6. 마무리 ·· 368

제16장 의미 · 기능 중심의 문법 교재 개발 · 371

1. 의미 · 기능 중심의 접근 ···························· 371
2. 문법 교육과 교육 문법 ······························· 373
3. 의미 · 기능 중심의 교육 문법 진술 ··········· 379
4. 마무리 ·· 397

참고문헌 ____ 399
찾아보기 ____ 411

01 ▌문법 교육의 목적

제1장 문법 교육의 목적과 성격

제2장 문법 교육 연구의 흐름

제3장 사고력 함양을 위한 문법 교육

제1장 │ 문법 교육의 목적과 성격

1. 모국어 교육과 문법 교육

문법은 언어적 삶의 표상체이자 사고의 도구이다. 일반적으로 언어를 사고의 도구라고 일컬어 왔지, 문법을 사고의 도구라고 하지는 않는다. 이러한 정의는 문법의 의미를 언어 생성 및 표현 과정에 초점을 맞춰 확장적으로 이해하고자 하는 선언적인 성격을 띠는 것이다. 여기서 문법은 단순한 규칙이나 체제가 아니라 인간이 세상을 인식하는 과정에서 의미를 구성하고 적절한 어휘와 구문을 선택해서 표현하는 언어화 과정에 작용하는 기제로 언어적 삶의 표상체인 것이다. 이 과정에서 모국어 화자는 대상을 관찰하고 이에 대한 자신의 생각을 표현하고 이해하면서 수많은 사고 과정을 거치게 된다. 문법에 대한 이해가 세계에 대한 인식과 사고의 확장을 촉진하는 것이다.

'문법'은 지금까지 다음 세 가지 의미로 사용되어 왔다. 첫째, 모국어 화자가 말과 글을 바르게 사용하도록 정한 규칙(㉠)으로 규범적 성격을 띤다. 국어 생활의 규범을 정해서 제시한 정서법이 그 대표적 예이다. 둘째, 모국어 화자의 마음속에 내재된 내재 규칙(ⓒ)을 의미한다. 모국어 화자는 직관적으로 문장의 적격성을 판단할 수 있으며, 수많은 문장을 생성할 수 있다. 이는 모국어 화자의 머릿속에 적절한 말과 글을 생성할 수 있는 심리적 기제가 작용하고 있음을 보여 준다. 셋째, 모국어 화자에 내재된 내재 규칙에 관해 학자들이 진술한 체계(ⓒ)이다. 이 경우 학문 문법, 국어학적 관점이란 용어가 함께 사용된다.

기존의 문법 교육은 ⓒ을 중심으로 ⓙ을 추가하여 내용을 구성하였다. 그러나 문법 교육은 본질적으로 ⓒ을 촉진하는 내용으로 구성될 때 이상적으로 구현할 수 있는 것이다. 문법 교육의 내용, 즉 교육 문법은 학습자들이 '말을 바르게 하고 글을 바르게 쓰'도록 이끌기 위해 대상 세계와 사고와 논리를 포괄하는 문법의 체계를 갖추어야 하는 것이다. 이는 표현된 결과로서 말/글의 구조의 바름과 표현 과정을 포함한 사고의 바름을 포괄하는 교육(이상태, 2008 : 126)으로 화자가 언어를 생성하는 기저를 연구하는 것이 청자 중심의 언어 수용 기저를 연구하는 것보다 언어 교육에 더 필요하다는 인식과도 관련되는 것이다.

지금까지 문법 교육은 독자적인 내용을 갖추지 못한 채 학문 문법의 축소판이라는 비난을 받아 왔다. 학교에서 가르치는 문법 지식이 학습자의 사고력 개발이나 대상 세계의 정확한 인식 및 정확한 표현에 도움이 되지 않는다는 지적은 이상태(1978 : 57~59)에서부터 이루어져 왔다. 통일문법 이전에는 품사 체계 및 용어에 대한 논쟁이 중심이었고, 통일 문법이 확정된 이후에는 통일 문법의 형식과 용어를 가르치는 것이 중심이었다. 이로 인해 문법 교육은 문법 지식의 단순한 암기 학습에 그치게 되고, 통일 문법의 틀에 갇혀 국어학적 성과마저 제대로 포괄하지 못하는 문제점을 드러낸다. 특히 5차 교육과정 이래 기능주의적 관점이 강화되면서 문법 교육의 독자적 가치와 내용에 관한 본격적인 논의가 시작된다. 이 과정에서 문법 교육의 성격과 교육내용으로서의 문법 지식에 대한 검토가 적극적으로 이루어진다. 이들 논의의 핵심은 문법 교육의 실질적인 내용을 구성해야 한다는 것이다. 문법 교육의 실질적인 내용이 구성되어야 이를 바탕으로 문법 교육의 독자적인 가치에 대한 논의도 타당성을 가지게 되는 것이다.

기존의 교육이 객관주의적 관점에 따라 절대적 지식의 전달과 수용을 중요시했다면 지금의 교육은 구성주의적 관점에 따라 학습자에 의한 지식의 구성과 생성을 중요시한다. 즉 현재 교육은 성장을 위한 학습자의 지식 생성 능력을 키우는 것을 강조한다. 따라서 문법 교육도 '교수자가 알고 있는 것을 가르치는 것이 아니라 학습자가 알게 하는 것'이 되어야 한다. 이런 관점에서 설계되는 문법이 '교육 문법'이며 교육 문법은 기존 학문 문법과는 다른 고유의 가치를 가지게 된다.

'교육 문법'이란 문법 교육이 갖는 교육적인 가치를 실현하기 위한 최선의 내용과 방법을 표상해 높은 문법 기술(이성영, 1998 : 215)이다. 다시 말해, 교육 문법이란 교육적 유용성을 최대화하기 위하여 어떤 문법 내용을 어떤 방법으로 가르칠 것인가에 대한 기술인 것이다. 교육 문법에 대한 이러한 정의는 학생들이 문법 현상이나 혹은 자신들이 내재하고 있는 문법 능력을 바탕으로 공부함으로써 국어의 규칙을 발견해 나가는 과정과, 외부에서 제공되는 문법 기술을 학습함으로써 자신들의 문법 능력을 향상시켜 나가는 과정이 교육 문법에 표상되어 있다(이성영, 1998 : 241)는 것을 전제로 한다. 이는 문법 교육의 '교육성'을 강조하는 것이다.

투어마이어(Chzermeier, 2001 : 49)에 따르면, '교육 문법은 어떤 언어 체계를 낯선 대상으로 그리고 가르쳐야 할 대상으로 보면서 그것을 언어학적으로 기술한 것으로서 언어학 외적인 몇 가지 일반 원칙, 정확히 말해 교육학적 원칙을 고려한 것'으로 규정하고 있다. 따라서 교육 문법은 언어학에서 기술한 문법을 단순히 축소한 것이 될 수 없으며, 심리학, 학습이론, 교수방법론 등의 측면에서 볼 때 필요한 여러 요인들을 함께 고려하여 구성되어야 한다. 이러한 교육 문법은 특히 교재 집필자와 교사가 교재와 수업을 통해 학습자에게 인지시켜야 할 문법의 틀을 정하는 토대라고 할 수 있다(강병창, 2002 : 9). 따라서 교육 문법은 언어학적인 원칙들뿐만 아니라, 학습자들이 언어지식을 쉽게 습득하고 그것을 실제 사용능력으로 연결시키는 데 도움을 줄 수 있는 교육적인 원칙들도 고려해야 하는 것이다. 이병규(2009 : 255)에서는 교육 문법을 국어과 교육적 가치가 있는 문법 요소들로 구조화한 문법, 문법 교육의 목표를 달성하는 데 필요한 문법 지식으로 체계화된 문법으로 정의하고 있다.

그러나 현실의 문법 교육[1]은 형식 위주의 접근으로 인해 교육적 가치를 발현하지 못했다. 또한 초등학교에서 중고등학교로 이어지는 교육내용이 체계성을 띠지 못한 채 개별적인 지식으로 제시되어 유의미한 교육이 이루어지지 못하고 있는 것이다.

모국어교육으로서 문법 교육은 문법 지식의 실제성과 교육적 가치를

---

[1] 지금까지의 문법 교육은 국어학적 지식을 제대로 내면화시키지도, 학습자들의 문법 능력을 발달시키지도 못하고 있다. 전통적으로 문법 교육에서 제공되는 각종 개념은 학습자에게 규칙 명제 형식으로 제공되는 경향이 있었기 때문에(주세형, 2005 : 93), 학습자는 이들을 선험적으로 주어진 지식, 고정된 형식 지식으로 간주하기 쉽다. 따라서 기존의 문법 교육이 용어를 제시하고 개념을 설명하는 형식중심으로 이루어졌고 이로 인해 문법 수업은 학생들의 흥미를 일으키지 못하는 수업, 교사의 일방적 전달로만 진행되는 수업으로 진행되어 왔다는 문제제기는 여러 차례 있었다.

함께 따져 교육 내용을 구성해야 할 필요성을 가지게 된다. 그러므로 문법 교육은 교육 문법의 성격을 띠어야 하며, 교육적 가치를 지닌 문법 지식을 기술하고 교육의 목적을 정립하여 이를 효과적으로 달성할 수 있는 내용으로 재구성되어야 하는 것이다. '교육 문법'의 제안은 학교 문법이 가지는 영역의 제한성을 넘어서려는 의도를 가지며, 전통적 개념의 학교 문법을 포함하여 사회 전체에 적용될 수 있는 언어 교육의 개념을 포함한다. 이는 규범성과 방향성의 성격을 동시에 지니며 무엇보다도 모국어 교육의 성격을 강하게 제시하고자 한 것이다.2)

2. 문법 교육의 관점

문법 교육에 관한 기존의 논의를 정리하면 크게 두 가지로 나눌 수 있다. 하나는 문법 무용론이고 다른 하나는 문법 효용론이다. 문법 효용론은 다시 문법 독자론과 문법 응용론으로 나눌 수 있는데, 문법 독자론은 문법의 체계적인 지식 자체가 학습자에게 가르칠 만한 가치가 있다는 것이고 문법 응용론은 문법의 내용이 학습자의 국어 사용에 도움을 준다는 것이다.

---

2) 이 책에서의 학문문법은 학교문법과 대립시켜 언어학이나 국어학 전반의 지식 체계를 가리키며, 학교 문법은 가르치기 위한 국어학적 지식의 체계나 고등학교 문법의 내용 체계를 의미한다. 즉 학교문법은 학교에서 가르치기 위한, 우리말과 관련된 모든 언어학적 지식 체계를 의미하는 것이다. 규범 문법은 한국어를 모국어로 가르치는 국어교육의 장에서 흔히 사용되는 개념이며, 표준 문법은 외국인을 위한 한국어 교육의 장에서 사용되는 개념이다. 학교 문법 관련 용어들을 성격에 따라 나누면 다음과 같다(임지룡 외, 2005 : 21). 교육적 성격에 초점을 둔 것으로 학교 문법, 교육 문법을 들 수 있고, 규범적 성격에 초점을 둔 것으로는 표준 문법, 규범 문법, 그리고 학문적 성격에 초점을 둔 것으로 국어 지식, 언어 지식, 학문 문법, 국어학적 지식 등의 용어를 들 수 있다.

이러한 관점의 차이는 문법 교육이 다루어야 할 지식의 성격과 문법 교육의 기능에 대한 논의라고 볼 수 있다. 문법 교육에서 가르치는 지식이 그 자체로서 의미가 있느냐, 아니면 그 지식이 다른 영역이나 학습자의 능력에 활용할 수 있어야 하느냐에 대한 견해의 차이에서 나온 것이라 볼 수 있다. 문법 교육의 가치를 논의함에 있어 입장이 나눠지는 것은 교육내용으로서 문법 지식의 성격 때문이다. 그런데 여기서 주시해야 할 것은 문법 교육 내용이 국어학의 지식 체계와 내용을 그대로 가지고 왔다는 것이다. 언어사용영역을 비롯한 다른 영역들이 교육 내용에 대한 탐색과 치열한 논의를 거칠 때, 문법 교육은 교육 내용으로서의 국어학적 지식에 대한 검토 없이 가치의 문제와 교수학습방법 개선에 집중한 경향이 컸다 하겠다.

지금까지의 국어교육의 목표는 기능주의적인 속성이 강했으며 이는 미국 교육의 영향을 지나치게 강하게 받은 탓이라는 방인태(2003)[3]의 논의를 출발로 국어교육의 목표에 대한 논의는 활발하게 이루어졌다. 이러한 논의의 근간에는 학문 중심의 내용주의와 언어 사용 중심의 기능주의가 대립하는 양상이 내재되어 있었다. 이러한 목표 논쟁은 결국 국어교육이란 무엇을 할 수 있는가, 문법 교육이란 무엇을 할 수 있는가라는 고유의 기능과 역할에 대한 모색을 본격화했다는 점에서 의의가 있다.

---

3) 국어교육은 의사소통을 중시하는 기능 교과에서 벗어나, 국어문화의 생산활동과 능력 신장에 초점을 맞춰야 할 것이다. 다시 말해 지금까지 언어문화의 유통과 소비에 대한 지나친 관심을 조정하여 생산을 중시해야 한다. 그럼으로써 언어 문화의 생산과 유통, 소비가 적절한 관계로 균형을 이룰 때, 그리고 그 중요성의 우선순위를 언어 문화 생산에 둘 때 보다 균형 잡힌 국어교육이 달성될 수 있다. 나아가서 이것은 문화 창조를 통한 인간 삶의 고양까지 이어지는 국어교육 本然의 목적을 달성할 수 있게 할 것이다. 그러므로 이제 국어교육의 성격을 국어 사용 기능 중시의 도구 교과, 의사소통(이해)의 유통과 소비 중시로부터 이념을 중시하는 문화 교과, 창의성(표현)의 생산을 중시하는 교과로 성격을 재규정(방인태, 2003 : 543~544)해야 마땅할 것이다.

　국어란 현실 생활의 모습을 반영하고 모사하는 체계이며, 의사소통의 기능을 한다는 논의에서 더 나아가 이제 국어란 세상을 형성하는 정신적 작용이며 국어교육은 그러한 힘을 기르는 교육의 장(場)을 제공해야 한다는 논의를 본격적으로 해야 한다. 2007 개정 교육과정으로 바뀌면서 국어교육의 목표는 '국어사용능력의 신장'에서 '국어능력의 신장'으로 바뀌어 국어과 교육과정이 지나치게 기능주의 중심이라는 비판에서 벗어나고자 시도한 흔적을 확인할 수 있다. 그러나 내용의 선정에 있어서 이러한 개정교육과정의 의도는 제대로 구현되지 못한 채 다음 연구를 기대하는 과정에 멈춰 있다. 현재의 국어교육에서의 논의는 언어를 표현 또는 전달의 수단이라고 보는 언어 현실주의로부터 언어를 목적 및 대상으로 보는 이상주의적인 가치로의 전환이 엿보인다 하겠다.

　교육의 장에서는 언어를 의사소통의 도구로 인식하는 데서 더 나아가 사람됨의 과정에 끼치는 영향을 수용해야 한다는 임지룡 외(2005 : 15)의 제안은 말의 힘을 확장적으로 바라보는 관점이라는 점에서 자세히 살필 필요가 있다. 임지룡 외(2005 : 15~19)에서는 언어 탐구의 보람을 지식적 측면, 인간적 측면, 사회·문화적 측면의 네 가지 측면으로 제시하였다.

　　(1) 언어 탐구의 보람
　　　가. 지식적 측면 : 모든 지식은 지식 그 자체로 가치를 가지며 어떤 대상에 대한 지식 체계는 그 대상의 실제적인 효용성을 더욱 높이기도 한다.
　　　나. 인간적 측면 : 언어 탐구는 언어를 모국어로 하고 있는 사람에 대한 이해의 깊이를 더한다. 언어에는 그 언어를 쓰는 사람 개인의 세계관과 사고 유형이 들어 있을 뿐만 아니라, 그 언어를 사용하는 공동체가 공통 분모로 소유하고 있는 세계관이나 사고 유형도 함께 들어 있다. 따라서 언어에 대한 탐구는 인간에

대한 탐구가 된다.
다. 사회·문화적 측면 : 언어를 탐구함으로써 사회 공동체와 문화
를 이해할 수 있게 된다.

여기서는 언어 탐구를 모국어 교육의 관점에서 살펴본 것임을 선명히
드러내고 있다. (1가)는 기존 학문 문법에서 주창하는 문법 교육의 효용
으로서 전통적인 인문 교육의 가치와 관련된다. 특히 (1나)와 (1다)에서
문법은 모국어 화자들에 잠재된 언어 능력의 체계일 뿐만 아니라 모국
어적 중간세계를 형성하고 언어공동체와 상호작용하는 형성의 힘을 가
졌다는 관점[4]과 상통하고 있음을 알 수 있다. 모국어 교육에서의 문법
교육의 힘을 단순한 의사소통의 능력에 한정하지 않고 개인적 사상의 형
성에서 언어 공동체의 공통된 문화의 형성에까지 확장하여 살핀 것이다.
　문법 교육의 내용은 국어 문법에 대한 지식인데, 문법 지식이 국어에
대한 언어학적 연구의 결과물이지만 이것이 아무런 가공 과정을 거치지
않고 문법 교육의 대상이 될 수는 없는 것이다. 이 생각은 국어교육의
발전과 함께 성장해 왔고, 지금의 교육 과정에 이르기까지 이 지식 체계
는 국어교육의 본질에 부합하는 방향으로 다듬어져 왔다(이문규, 2008 :
24). 문법 교육의 대상이 '문법 지식'이란 것이 부정할 수 없는 사실이라
면 '문법 지식'이 내재적으로 갖는 교육적 가치는 무엇이며 이를 어떻게

---

4) 독일의 훔볼트와 바이스게르바의 철학적 맥을 함께하는 학파로 이들 논의의 핵심은 다
음과 같다. 언어는 자연의 직접적인 반영이 아니고 인간의 정신적, 언어적 활동 ― 언어
공동체의 제약을 받는 인식 과정 ― 은 인간으로부터 분리되어 모국어의 중간 세계에 속
한다고 생각한다. 이 중간 세계는 개인을 초월한 공통된 관점, 평가가 이루어지는 장으
로서 그 언어의 공동체에 대응하는 구성을 가지고 있다. 개인을 초월한 민족 내에서의
소통의 장(場)을 이루게 하는 기저가 바로 모국어인 셈이다. 모국어는 모든 인간이 그 모
국어에 의하여 극히 영향이 깊은 형식으로서 정신적인 각인을 받아서 언어 공동체의 사
고, 행동의 세계로 분속된다는 것이다.

실체화할 것인가가 근본적인 연구 과제가 되는 것이다. 결국 문법 교육에서 논의되어야 할 문제는 모국어 교육으로서 문법 교육의 정체성 확립, 즉 교육 문법의 구축과 교육 내용으로서의 기존 문법 지식에 대한 재검토인 것이다.

3. 문법의 기능

국어학의 관점에서의 문법의 기능은 모국어 현상의 규칙성과 적격성 ― 문장이 적절한가/그렇지 않은가 ― 을 따지는 규범이었다. 그러나 교육[5]적 맥락에서의 문법은 모국어 화자가 세상을 바라보고 인식하여 사고하는 도구로서의 기능을 한다. 언어가 인간의 사고 또는 행동에 미치는 사실은 거듭 강조할 필요가 있다. 봄이 되어 피어나는 거리의 꽃을 그냥 '꽃'이라 부를 때와 '예쁜 꽃'이라 부를 때는 화자나 청자의 인지에 작용하는 힘이 달라진다. 말하면서 사고가 규정되고, 규정된 사고가 또한 말로 표현되는 것이다.

(1) 세계 인식의 틀로서의 문법

인간 정신의 발달은 언어의 발달과 함께 한다고 볼 수 있다.[6] 피아제

---

5) 교육이란 학습자가 무지의 상태에서 벗어나 그 무엇인가를 알게 되는 변화의 과정을 담고 있는 것이다. 따라서 교육 문법은 국어교육철학의 핵심이라고 볼 수 있다.
6) 언어와 사고의 관계는 인간의 존재를 특징짓는 중요한 문제로서 고대 희랍 이래로 주요 논제로 거론되어 왔다. 특히 20세기에 들어와서는 비트겐슈타인(Wittgenstein)을 중심으로 한 일상 언어학파의 중심 과제가 된다. 언어가 인지와 사고 과정을 결정한다는 워프

(Piaget)나 비고츠키(Vygotsky)의 인지발달의 경우를 살펴봐도 언어와 인지의 선후가 문제가 될지언정 언어와 인지의 관계 자체는 상호작용을 한다고 밝히고 있다.

어린이들은 개념을 그저 환경에서 흡수하는 것이 아니라 오히려 능동적으로 구조화한다고 재켄도프(Jackendoff)는 보았다(이정민 외, 2000 : 308~309). 즉 어린이들은 명료하고 구체적인 내용을 가진 선험적인 장치를 사용하여 개념을 구조화하고 그것을 단어와 연결시키는 작업을 한다는 것이다. 그는 '개념의 보편문법'이란 용어로 이를 설명한다. 우리에게 지각되는 세계는 우리가 개념적으로 체계화하는 방식과 관련이 있으며 우리의 생각의 체계는 우리 시계(視界)에 대응한다는 것이다. 즉 개념은 모든 인간에게 세계가 존재하는 방식의 일부가 되는 셈이다. 우리의 경험과 이해는 우리 마음에 의해서 능동적으로 조직하는데, 이 때 각 영역 고유의 추상적인 내재형식이 필수적으로 사용된다. 우리는 특정한 복합적인 방식을 사용하여 우리가 지각하는 사물을 어떤 범주에 맞추는데, 문법(언어)은 물리적인 세계와 우리가 지각하는 세계 사이를 연결해 주는 고리이다. 따라서 문법(언어)은 인간 정신 전체를 들여다보게 해 주는 축도인 동시에 생각에 대한 창이다. 이는 세계 인식의 과정에서의 문법의 역할을 확인시켜 주기도 한다.

인간은 시간과 공간, 사물로 이루어진 세계를 인식하고 이들로 이루어진 사태를 파악하여 자기 나름의 관점을 세운다. 세계를 인식하는 과정에서 인간은 자신의 머릿속 심상을 어휘와 문장, 텍스트로 그려낸다.

(Whorf)의 언어상대성 원리는 깁퍼(Gipper)의 현장연구에 의해서 수정, 보완되어 현재는 언어와 사고의 밀접한 상관관계를 인정하는 '약한 가설'이 인정되고 있다(윤수현, 1989 : 161).

이처럼 인간이 세상에 대한 의미를 구성해 가는 과정은 언어화의 과정인 동시에 모국어 문법7)의 영향을 받는 과정이라 볼 수 있다. 입체적이고 연속적인 세상의 모습을 모국어 문법을 통해 선조화시켜 언어로 표현하는 것이다. 이렇게 볼 때 문법은 세상을 인식하는 한국인의 사고의 기본적인 틀로서 작용한다고 할 수 있다.

실제로 '철수( ) 영희( ) 집( ) 책( ) 읽었다.'라는 문장을 학생들에게 제시하였을 때 대부분의 학생이 '철수가 영희의 집에서 책을 읽었다.' 또는 '철수가 영희와 집에서 책을 읽었다.'라는 문장으로 적절하게 완성하였다.8) 조사를 빈칸으로 비워두어도 모국어 화자는 주체, 대상, 처소의 의미 자질에 알맞게 조사를 사용한 것이다. 이는 모국어 화자의 문법 능력이 내재해 있다는 사실과 함께 문법이 세상을 인식하는 틀로서 작용한다는 것을 보여 주는 것이다.

인간의 세상 인식은 언어를 통해 이루어지고 발전한다. 객관에 대한 주체의 해석은 인간 내부의 언어적 사고의 틀을 통해 이루어지고 생성된다. 세상, 즉 객관은 시간과 공간의 지평을 바탕으로 하여 여러 가지 사물과 사물 간의 관계로 이루어진다. 인간의 사태에 대한 인식은 시간, 공간, 상황 등의 주어진 객관적인 요소를 인간이 어떻게 해석하느냐에 의해 이루어진다. 이러한 세상에 대한 인식은 언어를 통해 표현되어지고, 인식의 섬세한 차이는 한국어의 문법적 요소를 통해 실현된다. 언어

---

7) 여기서 '문법'은 모국어 화자의 언어능력 중 문장을 구성하는 문장문법을 뜻한다. 그러나 '문법'의 의미를 여기에 한정하지 않고 문맥에 따라 국어과 관련한 지식, 모국어 화자의 언어능력, 문장문법 등으로 다양하게 사용하고자 한다.

8) 대구대학교 4학년 학생 60명을 대상으로 2009년 4월 9일 빈칸메우기 실험을 실시한 결과 60명 학생 전원이 적절한 문장으로 완성하였다. 이러한 실험 결과는 모국어 화자가 사태를 파악하고 표현할 때 국어의 어순과 어휘의 의미 자질을 인식한다는 증거이기도 하다. 빈칸메우기 검사에 대한 자세한 논의는 이상태(1978)를 참조할 것.

에서 발견되는 표현의 다양성은 언어로 표현되는 생각의 다양성을 의미한다. 따라서 생각의 방식을 알아내기 위해서는 생각을 표현하는 언어의 문법적 형태를 조사하는 방법이 효과적이다.

언어사용에서 보이는 표현의 다양성은, 언어사용자의 머릿속에 무의식적인 문법의 원칙이 들어 있음을 시사한다. 우리 머릿속의 내재문법은 우리로 하여금 단어들을 결합하여 문장을 만들 수 있게 하는 능력이다. 그래서 이 능력은 어떤 형식이 사회적으로 용납되는 형식이고 어떤 형식은 용납되지 않은지를 규정할 뿐만 아니라 한 언어가 허용하는 모든 형식을 규정한다. 내재문법[9]은 우리로 하여금 모국어의 무한한 문장을 이해하고 만들어낼 수 있게 한다. 따라서 한국어의 문법요소는 한국어를 설명하기 위한 학문적 체계일 뿐만 아니라, 한국인이 세상을 인식하고 해석하는 방식을 언어를 통해 어떻게 나타내었는가를 설명한다.

(2) 문법과 화자의 대상 인식 관점

화자는 지금까지 살아오는 동안 받은 교육과 경험에 비추어 사건을 지각한다는 것에 메이어와 메이어(Meyer&Meyer, 임칠성 역, 1995 : 49)는 주목하고 있다. 화자는 특정한 관점을 가지고 사태를 보는데, 같은 상황을 접하더라도 모어 화자는 특정한 관점을 가지고 사태를 보고, 자신이 표

---

9) 내재문법은 언어의 타고난 부분과 학습된 부분의 결합의 산물이다. 언어의 타고난 부분은 언어라는 특수목적에 기인하는 부분과 마음(인지)의 일반적인 특성에 기인하는 부분의 양자에 기초를 두고 있다고 본다. 언어 교육에서는 첫째, 타고난 부분을 자극하는 언어 자극을 풍부하게 입력하고, 둘째, 언어 학습에 있어 학습자의 참여와 창의성을 강조해야 한다. 학습이란 학습자가 자기 마음속에서 지식을 구성해야 하는 것이기 때문에, 교육학적으로 학습자를 학습의 능동적인 주체로 인정해야 하는 것이다(재켄도프, 이정민 외, 2000 : 68~71).

현하고자 하는 의미를 생성하는 것이다. 의미가 객관 세계에 대한 대응 관계에서 단순한 '지시'나 '진리 조건'이 아니라 '투사된 세계'라는 재켄도프(Jackendoff, 1983 : 29)의 논의도 언어 주체로서의 화자의 역할에 관심을 두었다는 점에서 같은 맥락이다.

화자의 적극적인 의미 구성을 강조하는 개념주의 의미관[10]에서는 의미란 객관적 대상에 대한 개념적 내용과 개념화자에 의한 관점 구성의 함수로 본다. 관점 구성은 자신의 세계를 조직화하고 구조화하는 데 있어서 언어 사용자의 더 적극적인 역할을 강조하고 있다. 여기서 관점 구성(construal)은 대안적 방식으로 장면을 개념화해서 표현하는 개념화자의 선택을 가리키며, 이것은 의사소통의 효율성을 위한 개념화자의 적극적, 능동적, 주체적 인지 능력의 발현이라고 할 수 있다(임지룡, 2008 : 379~383 수정인용).

숙련된 모어 화자는 자신이 표현하고자 하는 의미를 명확히 하기 위해서 문법 지식을 전략화한다. 같은 상황을 대하더라도 어떤 것에 주목하느냐에 따라, 또한 어떤 것을 표현하고 싶은가에 따라 문법 표지가 달리 나타난다고 할 수 있다. 화자가 표현하고자 하는 의미가 문법을 결정하는 양상을 보이는 것이다. 따라서 화자가 표현하고자 하는 의미는 구체적인 문법 표지에 의해 실현되는 것이다. 이러한 사실은 표현의 결과

---

10) 현대 언어학에서 의미에 대한 접근법에는 '자율주의적 의미관'과 '개념주의 의미관'이 있는데 이 둘은 의미를 규정함에 있어서 뚜렷한 대조를 이루고 있다. 먼저, '자율주의 의미관'은 구조주의언어학과 변형생성언어학에서 신봉되어 온 것인데, 그 중 구조언어학에서는 언어 구조의 의미란 언어 체계 자체에 의해 결정되므로 사용자와 무관하다고 보며, 변형생성언어학에서는 언어는 사람의 머릿속에 존재하는 독자적 지식의 체계이며 언어 표현의 구조는 의미와 독립된 형식적 규칙 체계에 의해 결정된다는 것이다. 한편, '개념주의 의미관'은 인지언어학을 통해서 형성된 것으로, 언어는 인간의 인지적 산물이자 도구이며, 따라서 언어 표현의 구조와 의미는 사람의 신체적 경험과 문화적 배경을 바탕으로 하여 긴밀히 동기화되어 있다고 본다(임지룡, 2008 : 379~383 수정인용).

인 문장을 통해 화자가 표현하고자 의도한 의미를 추측해 볼 수 있는
것이다. 모어 화자는 자신이 사태에서 주목한 의미, 표현하고자 하는 의
미를 어휘나 문법 장치로써 '언어화'한다. 제시된 문장을 발화한 학생들
이 자신이 주목한 의미를 모두 '언어화'할 수 있다는 가정을 해 보자.
이러한 가정 하에, '언어화된 이후'의 문장에서 각 문장의 발화자가 초
점화하고자 했던 의미가 무엇인지에 대하여 '역추적'할 수 있다(주세형,
2005 : 82~85).

그런데 여기에서 무엇보다도 주목해야 할 것은 사태에 주목한 큰 틀
을 다름 아닌 문법 장치로 실현된다는 것이다. 따라서 발화문 중에 사태
의 참여자(participant)11)로 인식한 것들이 대체로 일치한다고 하더라도,
구현된 문법 요소가 다르다면 이는 발화자가 '전혀 다른 사태에 주목했
음을 의미'하는 것이다. 학생들에게 사진 한 장을 제시한 후, 한두 문장
으로 표현해 보라고 하였다. 동일한 장면에 대해서도 학생들은 다양한
문장으로 표현하였는데 그 구현 양상이 흥미롭다.

    (2) [장면]과 화자의 발화문

---

11) 여기에서 '사태'는 장경희(1986), 이재성(2000)에서 보이는 정의를 따랐다. '사건'은 동
　　사에 의해 표현되며, '상태'는 형용사에 의해 표현되는 것인데, '사태'는 이 모두를 이
　　르는 말이다. 참여자는 사태의 흐름에 적극적으로 간여하는 행위자를 의미한다. 이러한
　　정의는 할리데이(1994 : 106~107)를 따랐다.

발화문	가. 경찰관이 교통통제를 하고 있다. 나. ㄱ. 잠수교는 교통통제구간이다. 　ㄴ. 잠수교는 교통이 통제되었다. 　ㄷ. 잠수교는 침수되었다. 다. ㄱ. 잠수교가 침수될 것이 예상되었다. 그리하여 경찰들이 잠수교 진입을 　　통제하고 있다. 　ㄴ. 폭우의 영향으로 잠수교가 침수되어 교통경찰이 통제하고 있다. 　ㄷ. 연일 계속되는 폭우로 잠수교가 침수되어 경찰이 교통통제를 하고 있다. 　ㄹ. 잠수교의 교통통제로 인해 경찰이 교통안내를 하고 있는 모습이다. 　ㅁ. 잠수교의 정비공사로 인하여 교통경찰들이 차량을 통제하고 있다. 왜 　　나하면 혹시 발생할지 모를 사고로 인한 피해를 방지하기 위함이다. 　ㅂ. 잠수교 앞에는 교통통제라는 커다란 팻말이 세워져 있고, 경찰관이 　　그 앞에서 교통통제를 하기 위해 서 있다.

(가)는 '경찰관'을 행위의 주체로 인식하여 교통을 통제하는 행동을 강조하는 능동문으로 표현하였다. (나)는 '주제-평어'의 형태로 '○○은 ○○다.'의 문형을 선택하여 장면을 상태로 표현하였다. (나ㄱ)은 잠수교의 상태를 '-이다'는 서술격조사를 통해 표현하였고, (나ㄴ)은 잠수교의 상태가 문제상황임을 전제하여 통행이 불가능함을 표현하였고, (나ㄷ)은 잠수교가 물에 잠겼다는 작용을 당했음을 피동사를 통해 표현하였다.

(다)는 장면과 관련된 사태를 복합적으로 인식하여, 사태 해석의 양상을 겹문장으로 보여주고 있다. (다)는 공통적으로 사태의 관계를 '원인과 결과'의 관계로 연관지어 표현하였는데, (다ㄱ)은 '그리하여'라는 접속어를 사용하여, (다ㄴ)과 (다ㄷ)은 '로'라는 원인격 조사와 '-어'라는 어미를 사용하여, (다ㄹ)은 '-로 인해'를 사용하였다. (다ㅁ)은 '-로 인하여'와 '왜냐하면'을 사용하여 이유를 논리적으로 밝히고 있다. (다ㅂ)은 '-하기 위해'를 사용하여 경찰관이 서 있는 목적을 표현하였다. 이처럼 사태를 인과관계로 해석하였어도 섬세한 의미의 차이는 다양한 문법표지를 통해 드러내고 있다. [장면]에 대한 화자의 인식을 도식화하면 다

음과 같다.

(3) [장면]에 대한 화자의 인식과 표현

관찰	▶	화자 인식	▶	표현
[사진]		경찰관→교통통제	⇒	가
		잠수교 : 통제/침수	⇒	나
		잠수교 : 침수 ∞ 경찰 : 통제	⇒	다

　[장면]은 경찰관의 행위와 팻말에 제시된 정보가 중심내용이었는데 이에 대한 화자의 반응은 훨씬 다양하다. 그 이유는 장면을 구성하는 상황에 '폭우, 경찰관, 팻말' 등의 요소가 더 첨가되어 장면의 상황이 복잡할 뿐만 아니라, 이로 인해 화자가 상황의 관계를 연관지어 파악하려는 사고 작용을 적극적으로 실시한 것으로 보인다. 그러므로 화자들이 홑문장보다는 겹문장을 사용하여 복합 사태를 표현하고 있다고 볼 수 있다.

　동일한 장면에 대해서도 화자의 반응은 다양하게 나타났고, 이는 화자의 장면에 대한 인식의 다양성과 통합을 확인할 수 있다. 그리고 화자의 반응이 다양하게 나타났다 하더라도, 그 언어 사용 양상은 일정한 문장의 형식으로 구조화되어 나타나고 있다는 것은 화자의 세계 인식의 결과에 문법이 반영되어 있음을 보여주는 것이다.

　각 장면에 따른 화자의 언어 사용 양상은 화자가 세계를 인식하는 내용에 따라 다르게 구현되었음을 확인할 수 있다. 박선자(2005 : 17)에서는 우리말 문법범주 형성의 인지적 특성으로서 언어 주체인 화자가 사태 인식의 주체인 관찰자로서 사태를 인식하여 언어화하는 과정을 인지적 내용으로 추상화하여, 문법범주로서 용언의 굴곡범주를 형성한다고 본다.[12] 우리 언중은 화자(관찰자) 중심으로 인식 요소와 인식 내용을 문법 범주 구성요소로 하여, 세계를 읽고 이를 받아들여 언어화하는 세계 인식 방법의 과정과 단계를 분석적으로 언어에 실현시켜 문법범주를 형성하고 있다는 것이다. 따라서 문법범주의 체계 분석으로 우리 언중의 세계 인식 방법을 찾아볼 수 있다. 그는 우리말은 외적 세계 자체를 대상으로 하여 언어화하는 대상 지향적 언어와는 달리, 현상으로서의 세계와 세계를 보는 눈을 포괄하여 언어화하므로 관찰자 지향적 언어로서의 인지적 특성을 지닌다(박선자, 2005 : 17~18)고 보고, 모국어 문법의 실현 과정에서 화자 인식의 중요함을 제시하고 있다.

4. 문법 교육의 지향

문법 교육의 목적을 설정하기 위해서 문법 과목의 목표를 살펴볼 필요가 있는데 여기서는 7차 교육과정과 2007 개정 교육과정에서의 문법 과목의 목표를 살펴보겠다.

(4) 문법 과목의 목표
　　ㄱ. 7차 교육과정에서 문법 과목의 목표
　　　　국어에 대한 탐구 과정을 통하여 길러진 통찰력과 논리적 사고
　　　　력을 바탕으로 언어와 국어의 문화적 가치를 이해하고 지식을

---

12) 박선자(2005 : 17)는 이를 '볼자리 가설(view point hypothesis)'이라 하였는데, 이는 용언 어미의 굴곡범주로 드러나는 우리말 문법범주를 이해하고 설명하기 위한, 인지의미론적 문법 범주 형성 가설이다. 우리말 용언 어미로 실현되는 문법 형태소들은, 세계의 현상 사태를 인식하여 언어화하는 과정에서, 인식의 주체인 보는이, 보는이와 타자의 관계, 인식 대상을 파악하는 보는 자리, 인식 대상으로서 보이는 사태(일, 꼴, 바탕)의 모습, 인식 대상을 받아들이는 보는이의 마음가짐들의 다원적 내용을 분석적으로 언어 형식 요소로써 실현시키는 언어적 장치이다.

갖추어, 국어를 올바로 사용하고 국어의 발전에 기여하는 태도
를 지닌다.
ㄴ. 2007 개정 교육과정에서 문법 과목의 목표
국어에 대한 이해와 국어에 대한 탐구 활동을 바탕으로 문법
능력을 발달시키고 국어와 국어 문화의 발전에 기여하는 태도
를 기른다.

문법 과목에서 토대로 삼아야 할 기본 능력으로 7차 교육과정에서는
'탐구 과정을 통해 통찰력과 논리적 사고력'을 제시하고 있고 개정 교육
과정에서는 '국어에 대한 이해와 탐구 활동'을 제시하고 있다. 7차 교육
과정에서는 '탐구의 방법과 이를 통한 사고력의 함양'을 의도하고 있는
반면, 개정 교육과정에서는 '국어에 대한 인식적 앎과 탐구 활동'을 의
도하여 문법 교육의 목표를 보다 선명하게 제안하고 있다. 국어에 대한
인식과 국어 지식에 대한 앎을 '이해'라는 용어로 분명하게 제시하고,
'탐구 활동'을 '이해'와 동일한 층위로 제시함으로써 교육의 방법으로만
한정하지 않고 다양한 해석의 가능성을 열어 두고 있다.

교육과정에서 문법은 '국어를 탐구하고 올바로 사용하는 능력'으로
진술되고 있다. 7차 교육과정에서 문법 과목의 목표의 핵심개념은 '탐구
와 사고력, 국어의 올바른 사용'으로, 개정 교육과정에서 문법 과목의
목표의 핵심개념은 '이해와 탐구, 문법 능력'으로 기술된다. 국어 현상
을 대상으로 국어 현상을 이해하고 탐구하는 과정은 문법에 대한 합리
적이고 이성적인 사고 작용이기도 하다. 이처럼 문법 현상에 대한 관찰
과 숙고의 과정을 거쳐 얻는 그 '무엇'은 '문법 능력'이라고 지칭할 수
도 있고 '문법적 사고'라고도 지칭할 수 있을 것이다. 여기서 '탐구'는
폭넓게 적용하면 '사고'로 대치하여 사용할 수 있겠다.

지금까지 문법 교육의 성과로 확인할 수 있는 것은 '문법적 사고'에 대한 논의이다. '사고'라는 용어가 개정 교육과정시안에서 '탐구' 대신에 사용되었지만 하위 부분에 대한 내용의 미비와 기존에 연구가 활발히 이루어진 '탐구학습'의 영향으로 '탐구'라는 용어로 대체되었다. 그런데 '탐구'의 하위에 제시된 관찰, 일반화 등은 사고 작용의 대표적인 예이다. 따라서 문법 교육에서 교육 내용의 원리로 관심을 가져야 할 부분은 문법 현상을 대상으로 한 '사고'인 셈이다.

그러므로 문법 교육은 '국어를 바르게 사고하고 바르게 사용하는 능력'을 갖춘 인간을 지향한다. 효과적인 언어 사용자를 위한 문법 교육이 아니라, '능동적으로 사고하는 언어 인식자'이자 '언어 생산자로서의 언어 주체'[13]를 위한 문법 교육의 상을 설정하는 것이다. 이러한 문법 교육의 내용으로서 교육 문법은 '바르게 표현하는 능력'을 갖춘 인간을 지향한다. 모국어로 바르게 표현한다는 것은 대상에 대해 바르게 사고하고 이를 정확하게 표현한다는 의미이다.

오랜 언어사용의 유형은 개념유형과 사고방식을 부지불식간에 무의식적으로 형성해 내는 저력을 심층적으로 지니는 바, 한국인의 한국어 사용에 의한 의미전달 방법과 양식은 바로 한국인의 사고와 의식형성의 매체로서 결정적 역할을 한다(이을환, 1984 : 78).[14] 이는 보다 나은 전달

---

13) 이 개념은 신명선(2007 : 450)의 '언어적 주체'에 대한 설명을 빌려온 것이다. 언어적 주체는 언어에 관한 기본 지식과 언어에 대한 관심과 흥미를 바탕으로 언어 현상을 분석하고 탐구하여 언어에 관한 인식과 태도를 주체적, 능동적으로 형성해 나갈 수 있는 인간이다.

14) 이런 주장은 일반의미론(general semantics)을 근거로 하는데, 일반의미론은 인간의 언어 행위에 대한 전반적인 문제, 더 나아가서 인간의 사고와 행동의 총괄적인 기본 문제를 다루고 있다. 이 이론은 인간의 심적 의식내용, 관념내용, 의미내용을 언어라는 매체, 운반체를 통하여 인간 상호간에 어떻게 하면 효과있고, 원활하게 전달할 수 있느냐에 대한 과학이다. 즉, 의미의 전달, 운반, 전이에 대한 기능을 최대한도록 발휘할 수 있느

과 표현 및 사고력의 신장이라는 모국어 교육의 목적과 지향점이 동일하다.

바르게 사고하는 학습자는 '능동적으로 사고하는 언어 인식자'로서 언어 현상을 민감하게 인식한다. 언어는 고정된 진리가 아니라 상황에 따라 변하는 다양한 형태의 여러 국면을 가진다. 따라서 바르게 사고하는 학습자는 언어 현상과 관련한 지식을 수동적으로 수용하는 것이 하니라 지식과 정보를 평가하고 선택하고 활용하는 적극적인 사고 과정을 거쳐 판단한다.

바르게 표현하는 학습자는 '언어 생산자로서의 언어 주체'로서 이미 만들어진 언어 문화를 향유하는 인간이 아니라 언어 현상과 문화를 스스로 고찰하고 새로운 언어 현상과 문화를 생산하는 창조성을 지닌 인간이다. 여기서의 생산은 의사소통의 효과적인 표현에 그치는 것이 아니라 언어를 통한 문화의 다양한 생산에 적극 참여하는 의미를 뜻한다. 모국어 화자로서의 정체성을 분명히 가진 문화적 주체자이자 언어적 주체자로서 자국어 문화 생산에 능동적으로 참여하는 인간을 교육 문법을 통해 구현하고자 하는 것이다. 이를 위해서 문법 교육은 언어를 통한 사고와 작용(생산/창조)의 성격을 분명히 띠고 이를 위한 교육 내용을 구성해야 하는 것이다. 그러므로 문법 교육의 목적은 바르게 사고하고 표현하는 능력을 갖춘 학습자를 양성하는 것이다.

냐 하는 실제적인 문제와 더불어 매일매일의 인간생활, 언어생활에 개입되는 여러 문제를 연구하기에 언어교육에서 참조할 필요가 있다.

5. 사고 문법과 문법 교육

일상생활 속에는 많은 언어 게임15)들이 존재하며 따라서 많은 예견의 규칙 또는 추론의 규칙이 존재한다. 언어 게임에서 사고와 언어는 매우 밀접한 관계에 있어서 사고는 그 성격상 기본적으로 언어적이다. 그러므로 사고의 능력을 증진시키는 일은 언어를 증진시키는 것이며 이는 곧 언어 체계의 구사 능력인 셈이다.

이 글에서는 문법의 사고적 기능을 중요하게 본다. 문법의 사고적 기능은 화자가 세계를 인식하고 의미를 생성하는 사고 과정에서 문법이 하는 작용을 의미한다. 즉 개념을 파악하고 명제를 형성하고 각종 사태를 해석하여 세계상을 형성하는 사고 과정에서의 문법의 기능을 문법의 사고적 기능이라 규정하는 것이다. 이를 드러내기 위해서는 세계 인식 과정에서의 언어 작용과 문법 요소에 관한 화자의 인식을 분석하는 것이 필요하다.

화자는 사물을 인식하여 이에 대한 개념을 생성하고, 여러 개념을 연관시켜 단순 명제를 형성하고, 여러 명제의 관계를 해석하여 복합 명제를 구성하고, 더 나아가 의미를 통합하여 텍스트를 생산한다. 즉 화자의 사고 논리는 개념, 명제, 복합 명제, 통합된 의미의 층위로 전개되고, 이는 단어, 문장, 텍스트로 형식화된다.

한국어에서는 주로 문법 형태소에 의해 의미가 연합되고 결합되어 단어에서 문장, 문장에서 텍스트가 생성된다. 한국어의 특질상 문법 요소

---

15) 비트겐슈타인(Wittgenstein)은 일상생활 속에서 이루어지는 언어의 양상을 '언어 게임'
　　이란 용어로 설명하였다. 언어는 매우 다양한 목적으로 사용될 수 있기에 일상생활에서
　　언어의 사용은 일련의 규칙을 가지게 되는데 이는 '게임'의 속성과 같다고 본 것이다.

가 화자의 사고 논리 전개에 강하게 작용하므로 이를 분석하는 것이 선행되어야 한다. 그리고 문법 요소에 관한 화자의 인식을 객관화하는 중요한 방편은 맥락 속에서의 의미와 사용을 살피는 것이다. 예를 들어 '먹어'의 경우 실제 장면에서 화자의 억양에 따라 서술, 의문, 명령, 청유로 다양하게 작용하기도 하므로 '-어'를 한 가지 형식으로만 설명할 수 없기 때문이다. 그러므로 의미/화용의 측면과 사고/논리의 측면에서 문법 요소의 작용을 살피는 것이 문법의 사고적 기능을 밝히는 방안이 될 것이다.

허스트(Hirst)는 지식의 형식을 인간 경험의 어떠한 명백한 특징에 따른 것으로 보며, 이는 상호환원 불가능한 것으로 보았다. 인간 지식의 다양성은 인간이 이것을 가능한 것으로 발견한 고도로 개발된 형식을 구성한다. 이 지식의 개념은 마음의 개념과 밀접하게 관련되어 있으며, 기본적으로 마음을 갖는 것은 여러 가지 개념적 도식에 의해 경험이 분절됨을 함축한다(정호표, 1987 : 271).

그러므로 화자가 세상을 인식하는 과정에서 형성된 형식과 개념적 도식은 언어적 앎과 문법 지식으로 생성되어 다시 인간의 사고 과정에 작용하게 된다. 따라서 문법 지식의 생성 과정을 추적·복원한다는 것은 모국어 화자가 세계를 관찰하고 인식, 해석하는 과정에서 작용하는 문법 지식의 양상을 탐색하는 것이다. 즉 세계와 화자의 인지 작용 사이에서 언어가 어떻게 작용하고 생성되는지, 그리고 그 과정에서 이루어지는 문법 지식의 내용을 재구성하는 것이다. 이 책에서 '사고 문법'은 '생각하는 문법'의 의미로서 교육 문법의 기능을 명시적으로 드러내고자 한 의도에서 사용하였다.

지금까지의 논의를 통해 문법에 대한 깊이 있는 이해는 화자가 세계를 인식하여 바르게 사고하고 표현하는 능력을 함양한다는 것을 알 수 있다. 사고의 도구인 문법의 기능을 파악하고 제대로 한다면 화자의 사고 작용도 바르게 촉진될 것이다. 즉 학습자의 사고와 직결되는 본질적인 성격을 지닌 문법 지식을 문법 교육의 내용으로 선정하여 가르친다면, 지식과 교수학습과정이 통합적으로 실행되어 학습자의 사고 능력은 향상될 것이다. 따라서 '사고 문법'은 '학습자의 사고를 촉진시키는 문법, 생각하게 하는 문법'의 성격을 띤다. 문법의 사고적 기능은 문법이 학습자의 사고를 신장시키는 기능을 가지고, 문법의 사고적 기능을 기준으로 교육내용을 도출하여 학습자에게 교육한 결과 학습자가 지니게 되는 사고를 문법적 사고라고 볼 수 있다. 요컨대 사고 문법으로서의 교육 문법은 화자가 세계를 인식해서 그것을 언어화하고 그 결과 나타나는 사고의 진보를 궁구한다.

지금까지 논의한 문법 교육의 이론적 토대를 정리하면 다음과 같다.

(5) 문법 교육의 이론적 토대

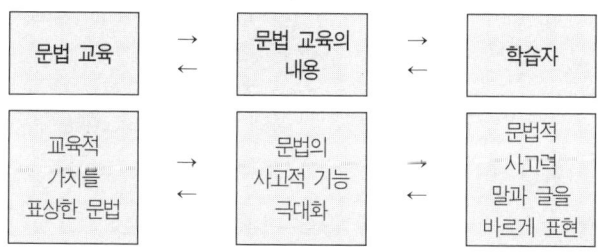

요컨대 문법 교육은 교육적 가치를 표상한 문법 내용을 교수·학습하는 실행의 장으로 그 내용은 교육문법의 성격을 띤다. 교육 문법의 내용은 문법의 사고적 기능을 최대한 고려하여 선정해야 하며, 이러한 문법을 교육받은 학습자는 문법적 사고력을 함양하여 자신의 의도를 바른말

과 바른글로 표현할 수 있을 것이다.

6. 마무리

지금까지 문법 교육의 정체성과 그 교육적 가치를 정립하기 위해 사고 문법으로서의 교육 문법을 모색해 보았다. 이를 위해 교육 문법의 필요성을 살피고 기존 교육과정을 검토하여 교육 문법의 목적을 '바르게 사고하고 표현하는 능력을 갖춘 학습자의 양성'으로 설정하였다. 여기에서 지향하는 교육 문법은 사고 문법으로서 특성을 지닌다. 모국어 화자가 세상을 인식하는 주체이며 능동적인 의미 구성자임을 명시하고 이러한 의식을 전제로 삼아 교육 문법을 국어교육의 철학적 바탕으로 삼을 수 있다.

이러한 교육 문법의 내용은 국어학적 지식을 교육적으로 단순히 가공한 내용이 아니라, 교육적 맥락에서 문법 현상을 인식하고 사고하는 내용이 되어야 할 것이다. 이러한 전제하에 문법이 모국어 화자가 사고하는 도구로서 기능하며 인식 및 사고 과정에 실제적으로 작용한다는 것을 밝히고자 하였다. 여기서 국어학적 지식은 단순한 부정의 대상이 아니라 '사고하고 작용하는 언어'의 정체를 밝히는 분석의 유용한 도구가 될 것이다. 학습자가 대상세계를 사물, 사태, 사태 간의 관계로 구별하여 인지하는 것은 개념, 명제, 복합명제, 텍스트로 의미를 구성하여 언어화하는 과정과 일치하는 것으로 이는 고등사고능력의 일환이다. 그러므로 의미의 언어화 과정에서 작용하는 문법의 기능을 분석함으로써 교육 문법의 내용으로 삼아야 할 것이다.

　지금까지 문법 교육의 교육적 가치를 적극적으로 탐색하여 교육 문법의 관점을 세우고, 문법의 사고적 기능을 밝혀 교육 문법을 사고 문법으로 구현하는 방안을 모색해 보았다. 이를 바탕으로 교육 문법의 목적을 재구성함으로써 모국어 교육으로서 문법 교육의 정체성을 확립하고자 하였다. 아울러 세상을 인식하는 생산적 도구로서의 문법의 본질을 밝혀, 사고 문법으로서 교육 문법의 모습과 문법 교육의 철학을 궁구하고자 시도한 것이다.

제 2 장 | 문법 교육 연구의 흐름

문법 연구와 문법 교육 연구는 그 연구의 대상이 분명히 다르다. 그러나 기존의 문법 교육이 문법 학설을 주로 가르쳐 왔기 때문에 실제 문법 교육 연구가 본격적으로 이루어진 것은 근래의 일이다. 여기서는 문법 교육에 대한 기존의 연구 성과를 크게 네 부분으로 나누어 살펴보고자 한다. 문법 교육의 본질 및 관점과 관련된 연구, 문법 교육의 내용과 체계에 관한 연구, 국어교육 특히 문법 교육에서의 사고와 관련된 연구, 문법 교육과 표현의 관계에 관련된 이론과 연구를 살펴 문법 교육의 궁극적인 지향점을 확인하는 바탕으로 삼고자 한다.

1. 문법 교육의 본질 및 관점

문법 교육에 대한 기존의 논의는 문법 교육의 본질적 내용에 대한 탐구보다는 문법 교육의 가치와 독자성을 모색하는 데에 집중되어 왔다.

따라서 문법 교육의 본질에 대해서는 제대로 된 논의가 이루어지지 못했다. 다만 이상태(1978 : 57~61)에서 기존의 문법 교육이 문법 지식 교육에 불과하며 문법 능력 교육에 이르지 못함을 비판했을 뿐이다. 그는 인지 심리학을 원용하여 마음속의 개념과 명제가 어떻게 엮여 있는지를 처음으로 소개하고 교육 문법은 화자의 머릿속 그림¹⁾을 정교하게 언어화할 수 있는 문법 능력을 교육해야 한다고 밝혔다.

문법 교육의 관점 문제는 문법 교육의 위상과 밀접하게 관련되어 손영애(1986), 권재일(1995), 최영환(1995), 김광해(1995) 등에서 본격적으로 논의되었다. 이러한 논의들을 이성영(1995)은 '무용론, 독자론, 통합론, 상호보완론'으로, 김광해(1995)는 '부정적 입장, 독자적 입장, 통합적 입장, 포괄적 입장'으로, 이문규(2003)²⁾는 '무용론, 독자적 가치론, 기반지식적 가치론, 포괄적 가치론' 등으로 명칭을 달리하여 제시하였다. 이들은 국어 사용 기능만이 실제적 효용성이 있다는 주장에 대항하여 문법 교육의 가치를 반성적으로 고찰한다.

문법 교육의 가치에 대한 논의는 두 가지 관점으로 정리할 수 있는데,

---

1) 려증동(1974)에서 'mental image'를 '머릿속 그림'으로, 'mental imagination'을 '머릿속 그림그리기'로 잡았다. 말이 머릿속에서 생각의 흐름이 지닌 전국성(holophrastic)과 전일성(all-at-onceness)으로 구현된 모든 것을 그려내며, 머릿속 그림은 이들 전개가 엮어진 것으로 파악된 것을 의미한다(이상태, 1978 : 150).

2) 국어지식의 가치 혹은 위상은 여러 연구자들에 의해 논의되어 정리된 바 있다. 그것을 보이면 다음과 같다(이문규, 2003 : 261~265). (1) 어떤 경우에도 국어지식은 지도할 만한 가치가 없다. (2) 국어지식의 교육적 가치는 언어 사용 기능의 신장에 기여할 수 있는 범위 안에서만 확보될 수 있다. (3) 국어에 대한 지식은 독자적으로 충분한 교육적 가치를 가진다. (4) 국어지식은 언어 사용 기능 신장에 도움을 줄 수 있고, 독자적으로도 교육적 가치를 가진다. 이성영(1995)은 위 네 관점을 무용론, 통합론, 독자론, 상호 보완론이라 하였고, 김광해(1997)는 (1)을 제외한 나머지 세 가지에 대해 각각 통합적 입장, 독자적 입장, 포괄적 입장이라 불렀다. 이문규(2001)는 (1)을 무용론, (2)를 기반 지식적 가치론, (3)을 독자적 가치론, (4)를 포괄적 가치론이라 불렀다.

문법의 응용 혹은 실용적 가치를 강조하는 입장과 문법의 본질과 응용이 함께 중요하다는 포괄적 관점으로 나눌 수 있다. 이러한 관점의 차이는 문법 교육이 가르쳐야 할 지식의 성격과 문법 교육의 기능에 대한 논의라고 볼 수 있다. 문법 교육에서 가르치는 지식이 그 자체로서 의미가 있느냐, 아니면 그 지식이 다른 영역이나 학습자의 능력에 활용할 수 있어야 하느냐에 대한 견해의 차이에서 나온 것이라 볼 수 있다.

기능 중심 교육과정을 표방한 5차 교육과정 이후 대두된 문법 교육 무용론은 기존의 문법 교육 연구 관행을 반성하게 하는 계기가 되었다. 이전까지의 문법 교육은 국어학적 지식의 등가물로 인식되어 국어학 연구와 다를 바 없이 동일하게 이루어졌으며, 논의의 대상도 기존의 국어학적 지식을 효과적으로 교수하는 방법에 대한 논의가 중심이었다. 김광해(1997)에 의해 제기된 탐구학습은 그 대표적인 연구 성과라 하겠는데, 이에 대한 논의는 그 후 김은성(2005/2006)의 '국어인식활동', 이병규(2006)의 '국어 탐구 활동', 남가영(2007)의 '문법 인식 경험' 등으로 전개된다. 이들 연구는 문법 교육의 고유한 활동으로 탐구활동을 다루어 기존 다른 영역과 내용상 차별성을 부각시키려 애썼다는 점에서 의의를 찾을 수 있다.

1963년 학교 문법에 사용되는 용어를 통일하여 1985년 단일 문법 교과서를 편찬하기까지, 문법 교육에 대한 대부분의 논의는 주로 통일된 관점의 교재 편찬, 즉 학교 문법에 사용되는 용어의 통일에 집중되었다. 그리고 그 초점은 문법 용어의 사용과 문법 체계, 특히 품사 체계에 두어져서 문법학자마다 자기가 지지한 다양한 이론 문법을 어떻게 학교 문법에 반영할 것인가에 대한 논의가 주류를 이루었다(김민정, 2002 : 3). 이러한 흐름에 대해 이용주(1995 : 433)에서는 문법 교육이 교육적 맥락

이 아닌 국어학에서 시작되었고, 따라서 기존 문법 기술의 관점이 국어
학의 관점과 일치한다고 지적하였다. 문법 교육에 대한 논의는 의사소
통능력의 신장을 위한 문법 지식이라는 문법 지식의 소극적 가치 탐색
에서 문법 지식의 독자적 가치를 궁구하는 방향으로 진척되면서 본격적
인 내용 연구의 장(場)으로 발전하게 된다. 문법 지식의 독자적 가치를
모색하기 위해 방인태(2003 : 543~547)에서는 국어교육이 의사소통만을
중시하는 교육에서 한 걸음 더 나아가 문화 교육으로 발전해야 한다고
보았다. 기존 문법 교육에 대한 반성적 고찰에서 출발한 이들의 논의는
국어학과는 차별성을 띤 '교육으로서의 문법 교육'의 정체성과 가치를
확립하고자 하는 시도였다. 다만 이들 논의는 대안으로서 문법 내용을
실질적으로 구현되지 못했다는 한계를 지닌다.

　신명선(2007)은 기존의 문법 교육이 추구해 온 교육적 인간상을 지식
인과 실용인으로 정리한 후, 앞으로의 문법 교육은 언어적 주체 형성에
좀 더 초점을 두어야 함을 강조했다. 이 논의는 문법 교육이 추구해야
할 교육적 인간상을 본격적으로 제안했다는 점에서 그 의의가 크다 하
겠다. 여기서 그는 문법 교육에 대한 기존 논의를 분석하여 문법 교육의
필요성과 위상 약화 문제, 체계적 지식에 대한 신화와 사고력 및 탐구력
중시의 경향, 유용성과 도구성의 강조로 현재 문법 교육을 진단하였다
(신명선, 2007 : 440~450). 이는 언어를 형식적 구조로서 독립적으로 다루
어 오던 기존 관점에서 언어 주체로서 화자의 역할을 인식하는 관점으
로 전환하는 연구 성과로 본 연구의 문제의식과 맥이 통하는 것이다.

　현재 문법 지식의 근간은 이론 언어학의 성과로 얻어진 지금까지의
국어학적 업적이라는 점을 분명히 밝힌 윤국한(2007)은 선천적인 문법
지식을 터득한 모국어 화자에게 의미 있는 국어지식은 무엇이냐에 대한

탐구를 본격적으로 시도하고 있다. 이 논의는 구체적인 국어지식의 모습을 제시하지는 못했으나 암묵적으로 용인되었던 국어지식의 실체에 대해 선명하게 문제제기를 했다는 데에 의의가 있다.

이창근(2007)에서는 초등학교 문법 교육을 독자적인 연구대상으로 삼고 있다. 그는 기존의 문법 교육 연구가 중등학교 중심이었기에 초등학교에서의 문법 교육은 소외되어 초등 문법 교육의 부재 상황을 야기했다고 보았다. 따라서 초등 문법 교육에 대한 논의가 절대적으로 필요하다고 강조한다. 이를 위해 초등학생들의 발달 특성을 살린 전일체적 관점에서 초등 문법 교육이 이루어져야 한다고 주장하고 있다.

2. 문법 교육의 내용과 체계

문법 교육의 내용과 체계에 관한 논의는 권재일(1995)와 최영환(1995), 김광해(1997), 이관규(1998), 이춘근(2002)3) 등에서 이루어지는데, 이들 역

---

3) 위 학자들의 문법 영역의 내용 체계를 정리하면 다음과 같다.

학 자	영 역
권재일(1995)	언어의 이해 : 언어의 본질, 언어와 인간, 국어의 특질, 국어 연구의 발자취 국어의 역사와 문자 : 국어의 계통, 국어의 역사, 국어의 문자 현대국어의 구조 : 음운, 단어(품사, 조사), 문장, 의미, 담화 국어의 올바른 사용 : 국어의 규범, 올바른 국어 사용, 국어의 앞날
최영환(1995)	언어 구조에 대한 지식 : 음운과 문자, 단어, 문장, 담화 언어의 본질 및 사용에 대한 지식 : 언어의 본질, 언어와 인간, 국어의 사용
김광해(1997)	우리말알기 : 언어 규범, 언어 일반, 국어 문화, 국어 탐구 우리말가꾸기 : 바른 언어생활, 풍부한 언어생활, 국어 사랑의 태도
이관규(1998)	지식 : 언어 일반, 국어 특수(공시론/통시론) 사용 : 규범 규정, 국어 생활 태도 : 한글 가치, 국어 사랑
이춘근(2002)	언어의 일반적 특성, 음운, 단어, 토(조사와 어미), 문장

시 '문법 지식'을 가르쳐야 한다는 전제에서 논의하고 있다. 권재일(1995)은 국어의 체계를 배우는 것 자체가 교육적 가치가 있다고 보아 국어학적 지식 체계를 그대로 문법 교육의 내용 체계로 설정하였다. 최영환(1995)은 언어 사용의 기반으로서 문법이 중요함을 주장하였으나 그가 제시한 내용 체계는 국어학적 지식 체계와의 차별성을 띠지 못한다. 김광해(1997)에서는 문법 교육의 내용 체계를 '우리말 알기'와 '우리말 가꾸기'로 설정하고 '우리말 알기' 영역에서 '국어 탐구'를 제안하였다. 김광해(1997)의 논의는 문법 교육의 내용 체계에 태도의 성격을 띤 '우리말 가꾸기'를 대영역으로 설정하였다는 점, 지식의 성격을 띤 '우리말 알기' 영역에서 '탐구'의 방법을 제안하여 교육적 맥락을 강조하였다는 점에서 의의가 있다 하겠다. 이관규(1998)에서는 학교 문법을 용어로 제안하고, 이를 지식, 사용, 태도의 세 영역으로 나누어 제시하였다. 그는 여기서 문장 관련 지식 내용을 중요하게 다루고 있는데, 그 이유로 문장이 서술 내용의 기본 단위라는 점을 들고 있다. 이춘근(2002)에서는 국어 문법 단위와 언어 사용과의 관련을 직접적으로 살피고 있다. 이들 논의에서 공통점은 일관된 원리에 의해 내용 체계가 구성되지 않았다는 점이다. 김광해(1997), 이관규(1998)의 논의를 제외한 대부분의 논의가 국어학의 체계를 그대로 재현하고 있는 것이다. 문법 교육 내용에 대한 본질적인 원리를 세우지 못하고 교육의 내용을 선언적으로 구성한 한계가 드러난 것이다.

　문법 교육의 내용 선정 원리에 관한 연구는 이은희(1994), 이성영(1998), 이춘근(2002), 주세형(2005), 이상태(2008)를 들 수 있다. 이들 연구는 다른 연구들이 기존의 문법 체계에 대한 견해를 선언적으로 제시한 반면에 학교 문법 내용의 선정 원리를 명시적으로 제안하고 있다는 점에서

의의가 있다.

이은희(1994 : 533~547)에서는 언어 영역의 목표를 고려한 내용의 선정을 강조하였다. 여기서 제시된 내용 선정의 기준을 살펴보면 아래와 같다.

(1) 이은희(1994)의 내용 선정의 기준
첫째, 언어 영역의 내용 선정은 기존의 다른 학문의 응용에서 벗어나서, 언어 사용 기능 향상에 도움을 줄 수 있는 지식적 기초의 제공이라는 그 자체의 목표 위에서 새롭게 재구성되어야 한다. 이러한 인식의 전환 위에서만 언어 영역의 내용이 지금까지와 같은 국어학적 연구 성과의 요약이 아닌, 언어 영역의 본질에 부합되는 것이 될 수 있을 것이다.
둘째, 언어 영역은 언어 사용을 위해 필요한 언어에 대한 모든 지식을 제공해 주는 것이라고 볼 때, 언어 영역 내용의 범위는 현재의 것에서 보다 확장되어야 한다.
셋째, 언어 영역의 내용이 실제 언어 사용에 기반을 제공해 주기 위해서는 탈상황 맥락적인 개별 문장에 한정해서 언어를 기술하는 방식이 변화되어야 한다.
넷째, 언어 영역에서 언어를 접근하는 방식이 기존의 형식 중심적 방식에서 의미와 형식을 동시에 고려하는 방식으로 변환되어야 한다.

우선 문법 교육 내용이 기존의 학문 문법의 응용에서 벗어나 언어 사용 기능 향상에 도움을 줄 수 있는 지식이 되어야 함을 제시했다는 것을 알 수 있다. 이를 위한 교육 내용이 무엇이어야 하느냐에 대한 구체적인 기술은 찾아 볼 수 없으나, 내용 범위를 확장시키고 개별 문장의 층위에서 벗어나 실제 언어 사용과 관련되는 내용을 다루어야 한다는 점, 그리고 의미와 형식의 조화를 꾀하고 있다는 점은 이후 문법 교육 내용 연구에 큰 방향을 제시하고 있는 것이다. 즉, 이 연구는 학문적 지식의 응용에서 벗어나 언어 사용 기능 향상에 도움을 주는 내용이 학교 문법의 내용이 되어야 함을 선언적으로 제시했다는 의의가 있다.

다음으로 살펴볼 연구는 이성영(1998 : 242)의 논의인데, 그는 교육 목표의 지향성, 언어 사용의 실제성, 통일성과 규범성을 교육 문법의 내용 선정 원리로 제안하였다. 그는 문법 교육이라는 용어 대신 교육 문법이라는 용어를 사용하여 교육 문법은 교육적 가치를 실현하는 교육 내용을 담아야 하며, 이에 대한 기준이 필요하다고 하였다. 여기서 교육적 가치의 실현이라는 지향성을 명시적으로 제안했다는 점에서 의의가 있으나 내용 선정의 기준이 지나치게 포괄적으로 제시되었다는 한계가 있다.

기존의 연구와는 달리 이춘근(2002)의 연구는 교육적 적절성을 내용 선정의 기준으로 제안하였다는 점에서 차별성 있는 연구라 하겠다. 여기서 그는 교육 내용의 선정 원리를 교육적 적절성과 언어학적 타당성이라는 두 가지 큰 기준으로 제시하였는데 그 자세한 기준은 다음과 같다.

> (2) 이춘근(2002)의 내용 선정의 기준
> 　　1. 교육적 적절성
> 　　　　1.1. 문법 교육의 목적
> 　　　　1.2. 일반적인 개념과 원리
> 　　　　1.3. 탐구 과정의 경험(절차)
> 　　2. 언어학적 타당성
> 　　　　2.1. 형태 중심 지식과 기능 중심 지식의 조화
> 　　　　2.2. 새로운 지식과 검증된 지식의 조화
> 　　　　2.3. 보편 문법적 지식과 개별 문법적 지식의 조화

그러나 '1.1. 문법 교육의 목적'만이 내용 선정의 기준으로 성격을 지니고 있고, 나머지는 문법 교육 활동의 실제이거나 기술의 원리를 들고

있어 내용 선정의 원리라고 보기에는 일관성이 떨어지고 있다. 다만 '1.3. 탐구과정의 경험'을 중요한 기준으로 제시한 것은 이후 남가영 (2008)의 연구에서 구체화되어 성과를 맺고 있다.

주세형(2005)은 독자적 관점이 우세하던 문법 교육 연구의 경향에 통합적 관점을 본격적으로 제안한 연구이다. 특히 문법 교육이 학문 문법과는 분명히 다른 원천을 가지고 교육적 맥락에서 이루어져야 함을 밝혔다는 데서 그 의의가 새롭다. 그는 문법 교육의 내용 설계의 원리를 학습자 중심성에서 출발하여 기능 중심성, 통합 중심성으로 삼고 문법 영역과 타 영역의 통합 방안을 실제적으로 제안하였다. 또한 언어의 본질을 밝혀 이를 교육적 관점에서 분석하고 세계와 문법과의 관계를 설명하려는 시도는 문법 교육의 철학적 기반을 다지는 중요한 성과라 하겠다. 다만 이러한 내용의 설계가 완성되지 않고 기본 원리의 제시 정도에 그친 것이 아쉽다 하겠다.

이상태(2008)에서는 교육 문법은 표현된 결과로서 말/글의 구조의 바름과, 표현 과정을 포함한 사고의 바름을 모두 포괄해야 한다고 강조하며, 교육 문법은 참말, 정확한 말, 바른말의 훈련을 위한 체계라고 규정하고 있다. 말과 글을 사용할 때 대상 세계와 화자의 사고, 논리가 관여한다고 보았는데, 이러한 연구는 화자가 문법 지식을 어떻게 생성하느냐는 언어 인식의 과정을 살펴보았다는 점에서 교육적 의의가 있다.

이들 연구에서 몇 가지 문법 교육의 발전 방향을 확인할 수 있다. 다음 표를 통해 확인해 보도록 하자.

(3) 문법 교육 내용의 선정 원리에 관한 논의

연구자	문법 교육 내용의 선정 원리	연구의 의의
㉠ 이은희 (1994)	언어 사용 기능 향상에 도움을 줄 수 있는 지식적 기초의 제공 언어 영역 내용의 범위 확장 개별 문장에 한정한 언어 기술 방식의 변화 의미와 형식을 동시에 고려	문법 교육의 지식이 언어 사용 능력의 향상에 기여함
㉡ 이성영 (1998)	교육 목표의 지향성, 언어 사용의 실제성, 통일성과 규범성	언어 사용의 양상에 대한 설명을 문법 교육의 안으로 이끔
㉢ 이춘근 (2002)	교육적 적절성과 언어학적 타당성	교육적 맥락에서 문법 교육을 기술해야 한다는 관점을 제기함
㉣ 주세형 (2005)	학습자 중심성, 기능중심성, 통합 중심성	통합의 양상을 선언적으로 제기하고 이의 실천을 모색함
㉤ 이상태 (2008)	참말, 정확한 말, 바른말	말/글의 구조와 표현 과정의 바름을 모두 교육해야 함

　(3)의 논의들은 학자들마다 기본 관점과 전제가 다르기에 일관된 원리는 찾을 수 없다. ㉠, ㉡은 언어 사용의 실제성에 초점을 맞추어서 언어 사용을 위한 문법 지식을 교육해야 한다는 입장인 반면 ㉢은 문법 지식을 가르치되 교육적 맥락에서 가공하면 된다는 관점이다. ㉣은 문법이 화자의 의미 구성 과정에 작용하는 생산적 도구로서의 성격을 지닌다는 확장적 문법 인식을 제안하고 이러한 문법 지식의 효용성에 초점을 두고 다른 영역과 통합적으로 가르쳐야 한다는 내용이다. 그리고 ㉤은 대상 세계에 대한 화자의 사고와 언어화 과정을 일관되게 교육해야 한다는 관점이다.

　문법 교육 내용에 대한 일련의 연구에서 확인할 수 있는 사실은 문법 교육이 실제성을 띠고 교육의 현장에서 가치가 있는 지식을 탐구해야 한다는 필요성이다. 학문문법의 옮김이 아닌, 교육적 맥락에서 유의미한 문법 지식을 교육의 내용으로 삼아야 한다는 것이다. 학문문법의 내용 체계는 구조주의적 연구 방법에 따른 형식주의의 경향이 강했다. 그러다 보니 문법 교육에서도 같은 양상이 이어졌었다. 그러나 교육적 맥락에서는 필요성과 실제성에 의한 의미/기능과 그에 대한 인식이 중요해진다. 따라서 형식중심의 기술에서 벗어나 의미/기능을 형식과 조화시킨 기술로 나아가야 하는 것이다.

그런데 이러한 논의가 언어 사용을 위해 문법 지식을 부수적으로 교육해야 한다는 관점은 아니다. 이 글에서는 오히려 문법의 본질적 기능을 화자의 언어 표현 생성 과정에서 찾아 그 기능을 제대로 교육한다면 이러한 교육의 결과로 언어 사용 능력은 자연스럽게 발달할 것이라고 본다. 이는 문법의 기능을 확대하여 해석하는 진지한 모색이며, 문법 교육 본령의 차원에서 교육 내용을 모색하는 것이다. 기존 연구에서는 문법 지식과 응용적 가치를 구별하여 논의하고 있지만, 이 글에서는 문법 지식의 고유한 가치와 응용적 가치를 통합하여 모색하고자 하는 것이다. 즉 언어 표현 생성 과정에서 작용하는 문법의 기능이 언어 사용 능력의 토대가 된다고 보는 바이다.

제4차 교육과정부터 제7차 교육과정까지의 문법 영역 지도 내용 진술에 대해 이창근(2007 : 61)에서는 두 가지 문제점을 지적한 바 있다. 우선 문법 영역의 내용 서술에서 언어 사용 기능과의 연관성이 직접적으로 드러나지 않는 경우가 많다는 것이다. 둘째는 문법 영역의 지도 내용 진술에서 문법 영역을 키우기 위한 내용은 없다는 것이다. 주로 문법이 언어 사용에 작용하는 것에 관한 지도 내용만 제시되어 있고, 문법 능력을 키우기 위한 지도 내용은 없다는 것이다.

남가영(2008)은 '문법 탐구 경험'을 문법 교육의 내용으로 재개념화하여 구체적인 내용 요소들을 제안하였다. 내용 선정의 기본 틀로서 언어 관점을 구조체로서의 언어, 실천적 작용소로서의 언어, 관념적 반영체로서의 언어로 나누고 관련된 탐구 경험의 양상들을 체계화하였다. 교육 방법으로만 연구되어 온 탐구를 교육 내용으로 개념화하고자 하는 시도는 독창적이고 또한 기존의 언어학의 연구 방법을 문법 교육의 내용으로 통합하여 시도하고 있다는 점에서 의의가 있는 연구라 하겠다. 문법 지식을 확장함으로써 문법 교육을 생산적으로 도모하고자 한 시도는 유의미하나 수사학적 지식을 문법 교육의 내용에 포함시켜 또 다른 지식의 부담을 학습자에게 줄 우려가 있을 수 있다.

3. 문법 교육 연구와 사고

(1) 문법과 사고의 관계

언어와 사고의 관계에 관한 대표적 이론은 언어 상대성 이론(Theory of linguistic relativity)[4]으로 사피어-워프(Sapir-Whorf) 가설로도 알려져 있다. 워프(Whorf)는 기본적인 구문론적 차이점이 언어 집단 사이에 존재한다는 것을 발견하고 이를 바탕으로 한 문화의 언어 구조가 그 문화에 있는 사고의 형태와 습관을 설정해 준다는 가설을 세웠다. 그는 인간의 사고과정 및 세상을 보는 방법이 언어의 문법 구조에 의해 형성된다고 보았다. 그는 호피족(Hopi) 언어와 표준 평균 유럽언어(SAE)를 대조하여 시

---

4) 언어 상대성 이론에 대한 내용은 Stephen.W. & Karen.A.(2005), 김홍규 외(2007 : 420~424)에서 참조 요약하였다.

간에 대한 언어적 차이가 시간에 대한 인식 및 행동의 차이를 가져온다
는 것을 발견했다.[5] 따라서 시간과 물질의 개념들은 본질상 모든 인간
의 경험에 의하여 같은 형태로 제시되는 것이 아니라 언어의 사용 혹은
본질에 의존한다는 결론을 도출하였다. 언어적 상대성은 한 문화 안에
서 기호(단어와 문법)와 사고과정의 보다 직접적인 관계를 의미하며 따라
서 의미론과 구문론은 사고 과정과 문화에 직접적인 영향을 미친다는
추정을 할 수 있는 것이다.

　이와 유사한 연구로 권재일(1991 : 57)에서는 한국어에서는 시제를 과
거, 현재, 미래로 인식하지만 벤바어에서는 시제의 원근성이 세밀하게
발달되어 과거시제도 4단계로 구별한다는 관찰 결과를 제안한다. 벤바
어에서는 before yesterday, yesterday, earlier today, within 3-4 hours로
시제를 구별한다는 것이다. 자연적 시간의 흐름은 동일하지만 그것을
인식하는 화자 인지의 차이가 문법 범주를 다르게 정한 것이라고 해석
하였다.

---

5) 호피어와 유럽언어의 대조 내용을 구체적으로 살피면 아래와 같다.
　He is running.(호피어 : wari－running as a fact, 사실로서 달리는 것에 대한 진술이며 과
　거에 달리기를 한 것에 대한 진술로도 사용함, 기억으로부터의 달리기에 관한 과거의 사
　건에 대한 말하기 era wari)
　He will run.(호피어 : warikni－예상으로서의 달리기를 의미함)
　He runs on the track team.(호피어 : warikngwe－조건, 상황으로서의 달리기를 의미함)

	호피족(Hopi)	표준 평균 유럽언어(SAE)
관념	시간을 통과 또는 과정으로 인지, 지속기간과 질서로 인식, 구체화하지 않음	명사로서 시간의 지점 언급(계절), 하나의 라인으로 명시
	관찰된, 회상된, 기대되어지는 사실의 여부	공간적 유사성에서의 위치나 장소를 나타냄
동사	시제 없음, 지속기간과 질서에 관련 있음	세 가지 시제-과거, 현재, 미래-를 사용

이러한 언어적 차이의 결과로 호피와 SAE 문화의 구성원들은 시간에 관해 다르게 생각
하고 행동할 것이다. 호피족은 시간의 과정 동안에 누적되는 경험을 강조하기 때문에 장
황한 준비활동에 열중하는 경향이 있다. SAE 문화권은 시간을 공간적으로 처리하기 때
문에 과거에 일어난 사건들 중 구체화된 것들을 기록하려고 한다.

문법을 세계를 인식하는 보편적 인지 도식으로 간주하는 인지 언어학에서는 언어의 구조와 개념 구조 간에 존재하는 유사성을 '도상성'으로 설명한다. 임지룡(2008 : 345)에서는 국어의 복합어, 문장, 그리고 담화에서 이러한 도상성[6]을 광범위하게 확인하고 있다. 여기서 도상성은 인간의 경험과 경향성이 언어 구조에 반영됨으로써 의사소통의 효율성을 극대화한다는 점에서 설명력을 갖는다. 그는 언어에 있어서 구조와 기능은 유기적으로 상관관계를 형성하고 있으며 이러한 맥락에서 국어에 내재한 구조적 도상성의 함의는 효율성을 비롯하여 경제성, 자연성, 현저성에 대한 국어 공동체의 경험과 인지적 경향성이 언어 구조에 반영된 것이라고 하였다. 이러한 논의는 언어 형식과 의미 간의 관계를 자의성으로만 해석하던 입장에서 동기화[7]의 정도성으로 살피는 전환점을 제시한다. 인지언어학에서의 이러한 연구 성과는 인간의 언어와 사고의 관계가 보다 밀접하게 상호작용하는 관계임을 보여 준다.

이처럼 언어와 사고, 언어와 인지의 발달은 언어 공동체의 특수성과

---

6) 임지룡(2008)에서는 도상성의 핵심 영역으로 구조적 도상성을 들었는데, 구조적 도상성 (structual iconicity)은 언어 형태의 어떤 특징들이 의미 구조의 양상과 대응하는 것이다. 임지룡(2008 : 327~330)의 구조적 도상성과 관련된 논의를 정리하면 아래와 같다.
　ㄱ. 양적 도상성 : 개념의 복잡성 정도가 언어적 재료의 양과 비례하는 경우
　　－아이 : 아이들, 눈/물 : 눈물, 개/살구 : 개살구, 가다 : 들어가다 : 뛰어들어가다
　ㄴ. 순서적 도상성 : 시간적 순서나 우선성의 정도가 언어 구조에 반영된 경우
　　－어제오늘, 작금, 조만간, 여닫다, 오르내리다, 승하차, 앞뒤, 상하, 이곳저곳, 장단
　ㄷ. 거리적 도상성 : 개념적 거리와 언어적 거리가 비례 관계를 형성하는 것
　　－소문나고 맛있는 울릉도 호박엿, 아버지 : 아버님, 때리다 : 손 좀 봐 주다
7) 인지주의는 언어외적 측면에서 언어 사용의 원리는 일반적 인지 원리를 구체화하며, 언어내적 측면에서 언어 법칙의 원리는 음운론, 통사론, 의미론을 망라하는 것이 옳다고 본다. 인지주의에서는 언어와 다른 정신적 처리 과정간의 차이는 본질적인 차이가 아니라 정도의 문제이며, 언어내적으로 인지 영역을 가로질러 공유된 원리를 탐구하는 것이 바람직하다고 본다. 요컨대, 인지주의는 언어란 언어를 사용하는 인간의 일반적 인지 경향을 반영하고 그것에 의해서 동기 지어진다는 관점이다(임지룡, 2008 : 107).

보편성을 함께 띠고 있다. 언어는 단순히 정보를 전달하는 일방향적인 수단이 아니라, 일상적으로 언어 공동체 안의 모든 요소와 상호작용을 주고받으며 구성원들의 가치, 의견, 행동에 영향을 준다는 사실을 확인할 수 있었다. 이런 측면에서 문법은 세계를 인식하는 보편적 인지 도식인 동시에 개인의 의미 구성에 작용하는 실체의 성격을 띠는 것이다.

국어교육의 가치는, 국어를 어떻게 보느냐는 국어관과 교육적인 의미가 있느냐는 교육관의 통합(단순한 결합이 아니라)에 의해 생각할 수 있다. 따라서 국어를 어떻게 바라보며 국어의 기능을 어떻게 규정하느냐는 국어교육의 중요한 기반이 된다. 국어교육에서는 국어를 형식적인 분석의 대상이나 의사소통의 중요한 도구로서 규정하여 왔다. 그러나 언어적 사고를 통해 개인 및 공동체의 사고와 문화가 발전하고 사회문화적 맥락에 의해 언어가 변화해 온 사실을 볼 때, 우리는 사고하는 힘으로서의 국어로까지 확장하여 논의해야 할 것이다. 따라서 언어와 사고의 상호작용에 대한 인식은 문법 교육의 본질적 토대라고 할 수 있다.

(2) 문법 교육과 사고

① 국어교육과 사고

국어교육에서 사고의 중요성은 일찍이 인정되어 왔으나, 주로 교육학의 일반적인 목표 진술이나 전략의 측면에서 다루어졌을 뿐이다. 국어교육의 내용과 직접적으로 통합시켜 다룬 연구는 사고를 텍스트의 이해 및 표현과 관련시킨 서혁(1997)과 이상태(2002),[8] 이상태(2006ㄱ)의 연구

---

8) 서혁(1997)에서는 사고를 텍스트의 이해 과정과 관련시켜 논의하였고, 이상태(2002)에서는 작문 모형을 필자의 사고 과정에 따라 새롭게 구안하여 제시하였다.

로 한정되어 있을 뿐이다. '국어적 사고력'9)이란 용어를 처음으로 제시한 것은 서혁(1997)으로, 사고력 신장으로서의 국어교육이 언어사용기능 신장을 위한 국어교육보다 국어교육의 본령에 더 가깝다고 판단하여 이를 텍스트의 주제적 이해와 직접 연관시켜 논의하였다. 사고의 도구로서 모국어의 기능을 인식하고 국어교육에서 사고와 논리를 교육 내용으로 삼아야 함을 강조한 이상태(2006ㄱ)의 논의는 모국어 교육으로서의 국어교육의 정체성을 확립한 중요한 성과이다. 다만 모국어와 사고의 관계를 구체적인 부면으로 드러내지 않았다는 점이 아쉽다. 사고를 국어교육의 내용 영역과 관계시키기 위해서는 사고의 범주를 국어교육의 차원에서 재정립시킬 필요가 있다 하겠다.

국어교육 내용으로서의 사고의 중요성을 일찍이 인식한 박수자(1996)에서는 국어교육은 언어를 통한 의사소통 차원에서 학습자로 하여금 '효율적인 언어 구사자'가 되도록 하고, 동시에 언어가 사고의 수단이기 때문에 언어 자료를 통한 '사고의 계발을 의도하는 언어 경험'을 국어과 교육의 학습내용으로 도입해야 한다고 하였다. 또한 언어적 의사소통(언어적 사고력)의 신장을 목표로 한 국어과 교육의 내용구조는 사고(개념 혹은 정보)의 언어화 과정과 언어의 사고화 과정을 중심으로 조직해야 한다고 밝혔다. 그러나 구체적인 교육 내용으로의 구현은 이루어지지 않았다. 비판적 사고를 비판적 읽기와 관련시켜 논의한 김혜정(2008)에서

---

9) 언어가 가지는 보편성과 특수성을 고려할 때, 언어적 사고는 '국어적 사고'라고 말해도 무리가 없을 듯 하다. '국어적 사고'란 국어로 표현하고 이해하는 인지적이고도 정의적인 심리활동의 과정이다. 즉, 국어적 사고란 국어를 통한 사고를 말하는 것으로, 국어(텍스트)를 바탕으로 다양한 생각들을 인식, 조정, 생산(창조)하는 사고 수행 능력을 가리킨다(이삼형 외, 2000 : 142). 이는 사고를 언어화하고 언어를 사고화하는 국어적 사고능력으로 국어의 표현과 이해의 과정과도 상통한다.

도 역시 내용과 이해 방식에 대한 훈련, 사고의 과정을 구체적으로 제시
해야 한다고 강조하며 사고와 연관시킨 교과내용의 구성을 언급한 바
있다.

② 문법 교육과 사고

문법 교육에서는 사고를 학습자 성취의 하나로만 다루어 왔을 뿐 그
실제적 내용에 대해서는 충분히 논의하지 않았다. 문법 교육의 독자적
인 위상을 정립하기 위해서 '사고하게 하는' 문법의 탐색은 반드시 필요
한 요소라 할 수 있다.

문법 교육에서 사고와 관련한 기존 연구[10]는 크게 두 가지로 구분하
여 살펴볼 수 있다. 먼저 살필 관점은 문법 교육의 학적인 기반을 국어
학의 지식으로 보고, 국어학의 지식 자체를 학습함으로써 즉 문법 법칙
과 체계를 배움으로써 국어학에 담긴 논리적 사고를 익힐 수 있다는 관
점이다. 국어학의 지식 체계 자체가 인문학적 전통 속에서 연구되어온
성과이고 국어학의 지식 자체를 익힌다면 국어학에 담긴 사고 방식도
함께 자연스럽게 익힐 수 있다는 것이다. 학문적 관점에서 문법 교육을
인식하는 관점으로 문법 교육을 지식학습의 측면에서 바라본 성격이 강
하다. 이 관점은 권재일(1995), 고영근(2004), 박덕유(2005) 등에서 대표적
으로 확인할 수 있다.

권재일(1995)은 국어학적 관점에서 언어 지식 영역 지도 내용을 제시
하고 언어 지식 고유의 독자성을 유지하자고 주장하였는데, 이는 언어
지식 자체는 고유의 가치를 가질 뿐 아니라 언어 사용 능력에도 적극적

---

10) 이에 대한 논의는 고춘화(2009ㄴ : 160~163)를 요약하여 인용하였다.

으로 도움을 준다고 보아 언어 지식 자체의 가치를 강조한 논의이다. 고영근(2004)은 문법 교육의 독자성을 강조하면서 제8차 교육과정부터는 국정을 해제하여야 하며, 문법의 고유 분야인 음성, 단어, 문장에 국한되는 3부 체계의 틀을 주장하며 오히려 전통문법으로 돌아가자고 제기하였다. 박덕유(2005)에서는 문법 지식을 지도할 때는 국어학적인 관점을 기저로 하되, 문법 지식의 내용 체계에 따라 보다 체계적이고 위계화된 배열로 조직되어야 한다고 보았다. 언어 기능에 관련된 문법 지식은 체계적으로 구조화되지 않은 반면, 문법 지식 자체는 독자적인 지식 체계를 갖추고 있기 때문에 이러한 독자적인 지식 체계를 교육시키면 논리적이고 합리적인 사고력을 기를 수 있다는 것이다(박덕유, 2005 : 95~96).

문법 교육과 사고에 대한 또 다른 관점은 문법 현상을 연구하는 학자의 연구 방법을 학습의 과정에서 가르치면, 특히 탐구학습의 과정에서 학습자의 사고력을 향상시킬 수 있다는 관점으로 김광해(1997), 김은성(2005), 남가영(2008) 등의 연구에서 확인할 수 있다. 김광해(1997)는 '탐구학습'을 문법 교육의 새로운 교수학습모형으로 제안하면서 연역적 지식 전달의 교수상황을 귀납적 지식 도출의 학습상황으로 변화시킬 것을 주장하였다. 그는 탐구 학습을 도입함으로써 언어 현상을 흥미로운 탐구 대상의 하나로 인식시키고 학습자들에게 특정한 주제에 대해 사고하는 방법을 체계적으로 훈련시킴으로써 사고하는 과정을 경험할 수 있게 한다는 데서 그 의의를 찾는다(김광해, 1997 : 107). 김은성(2005)에서는 국어의 다양한 국면을 다양한 관점으로 의식적으로 주목하고 깨닫는 행위를 '국어인식'11)으로 명명하고, 국어를 아는 것은 단순히 지식의 차원이

---

11) 김은성(2005)에서는 국어 인식 활동을 국어에 대해 탐구하고 사고하는, 고도의 인간 사고 활동으로 규정하고 이러한 활동을 문법 교육에서 촉진시켜야 한다고 주장함으로써

아니라 아는 행위 차원이라고 규정하고 있다. 남가영(2008)에서는 '탐구 경험'을 문법 교육의 고유한 속성으로 규정하고, 문법을 문법적으로 사고하는 고유한 경험으로서 교육 내용을 재개념화하고 있다. 이 연구는 '탐구'에 대한 개념을 기존의 교수학습과정과 관련된 층위에서 확장하여 교육적 경험으로 다루고 있다는 점에서 주목할 만하며, 또한 문법적 사고가 단순히 탐구 과정에서 이루어지는 활동이 아니라 문법 자체의 특질에서 그 내용을 갖추어야 한다는 점에서 의미 있는 연구이다.

문법 교육에서의 사고에 대한 두 가지 관점은 결국 문법 교육의 결과로서의 문법 지식 체계(사고의 결과)와 문법 탐구 과정(사고 과정) 중 어디에 강조점을 두느냐의 차이에서 출발한다고 볼 수 있다. 즉 교육 결과로서의 문법 지식을 중요시 하느냐, 교육 과정으로서의 문법적 사고를 중시 하느냐의 문제인 셈이다. 지금까지의 연구에서는 문법 지식과 지식 탐구 방법이 구별되어 논의되어 왔다. 문법 지식으로서 국어학적 지식을 중요하게 다룬 관점은 교육 내용을 중요시한 입장이고, 탐구 과정을 중요시한 관점은 교육 과정을 중요시한 입장인 것이다.

여기서 문법의 교육내용과 교육과정을 일관성 있게 설명하면서 통합적으로 구성할 수 있는 발전적 대안을 모색해야 할 필요성이 제기된다. 문법 지식과 문법적 사고의 과정은 교육의 장에서 연속적으로 이루어지므로 그 구성 과정과 내용을 통합적으로 살펴야 하는 것이다. 이는 사고 내용의 표현 과정에 작용하는 문법의 기능을 탐구하는 데에 중요한 전제가 되는 내용이다.

학습자 인식의 중요성을 강조하고 있다.

4. 문법 교육과 표현의 관계

언어 표현 생성 과정을 분명하게 인식, 고려하고 한국어 문법을 기술한 연구는 전재호 외(1979, 1987)를 들 수 있는데 여기서 그는 바른말을 위한 한국어 표현 문법을 제안하고 있다. 그는 한국어를 분석하여 문법의 제반 기능 ― 명사 첩용, 불완전명사, 연결어미, 조사 등 ― 을 밝히고, 그에 의하여 표현력을 배양하고자 하였다. 각 기능을 제대로 익히면 주술 관계 범주와 서법 관계 범주를 효과적으로 구현할 수 있게 되고 따라서 올바른 표현을 하는 데에 효과적이라고 본 것이다. 문법 기술 내용이 비록 간략하게 제시되어 있지만 표현 과정과 문법 요소를 연관하여 인식했다는 점에서 가치 있는 연구라 하겠다. 성광수 외(2005)에서는 표현을 위한 한국어 문법을 주창하고, 한국어 표현 문법을 한국어의 개별 특수 규칙을 위주로 기술하고 이해보다는 활용 위주로 기술해야 한다고 제안하였다. 이런 관점에서 문법 내용을 문장 구조, 양상, 특이 표현으로 구분하여 제시하고 있다. 이들 연구는 문법을 언어구조체로만 인식하던 기존 연구 관점에서 나아가 실제 언어생활에서 표현하는 데에 작용하는 문법의 기능에 대해 관심을 갖기 시작했다는 점에서 의의가 있다.

문법 교육에서 표현에 대한 인식은 문법 교육의 응용, 실제적 가치를 모색하는 과정에서 본격적으로 시작된다. 최영환(1995)은 언어지식(문법) 영역의 지도 내용은 언어 사용 능력과 관련시켜 선정해야 한다고 하였고 주세형(2005ㄱ)은 문장을 언어 구조로서 보던 관점에서 벗어나 '의도한 하나의 사태인 정보구조'로 개념화하면서, 언어활동의 전 과정에서 의미와 경험을 구성하는 생산적 도구로서의 문법 지식이 필요하다고 제안하고 있다. 이들의 논의는 언어 사용 영역과의 통합을 지향하고 있지만, 실제 문법 교육 내용을 통합적으로 구현하여 제시하지는 못하고 있다.

지금까지 표현 활동과 연계한 문법 교육 연구는 대부분 문장 표현에 한정되어 논의되고 있으며 그 내용도 대부분 문형 지도와 비문을 교정하는 것에 제한되어 있다. 조태희(2000)는 국어의 기본 문형 익히기와 확대하기 활동을 통해 문장 구성력이 향상될 수 있음을 보였고, 이춘근·김명순(2003)은 읽기·쓰기 능력의 발달을 이루기 위해서는 문장 교육이 필수적임을 전제하고, 문장 구조를 능숙하게 사용할 수 있는 단계별 문형 교육의 방안을 보이고 있다. 이춘근(2004)에서는 국어 사용 능력의 발달을 위해서 문장 변형 훈련을 통해 문장 사용 능력을 발달시키고자 한다. 이들 연구는 국어 문장의 기본 문형 제시와 단계적 연습을 통해 문장 구성력을 향상시킬 수 있다는 것을 입증했다는 점에서 의의가 크지만, 문장 구성력의 문제를 지나치게 세분화된 문형 교육으로만 접근하고 있다는 점에서 한계를 지닌다.

황재웅(2007)에서는 쓰기 능력 향상을 위한 문법 교육 방안을 문장 단위를 중심으로 연구하여 제시하였다. 여기서 그는 언어 기능과 지식의 통합과 표현 과정을 고려한 문장 분류를 교육할 것을 제안하였다는 점에서 의의가 있으나 교육 내용으로 실제 구현하지는 못하고 있다.

이들 연구는 문장 단위의 문법 교육을 통사론적 지식의 제시라는 자원을 넘어, 그 지식을 활용하여 보다 직접적으로 비문법적인 문장을 교정할 수 있는 능력을 키워준다는 점에서 가치가 크다. 7차 국어과 교육과정의 문장 교육은 이들 연구의 성격에 맞게 비문을 교정하는 차원에서 적극적으로 이루어지고 있기도 하다. 그러나 비문의 교정 활동은 문장 표현의 차원이 아니라, 제시된 문장을 이해 분석하는 차원에서 이루어진다는 점에서, 이들 연구를 표현을 위한 본격적인 문법 교육으로 보기는 어려운 점이 있다(황재웅, 2007 : 332).

5. 마무리

  지금까지 문법 교육의 연구 성과를 문법 교육의 본질 및 관점, 문법 교육의 내용과 체계, 국어교육 특히 문법 교육에서의 사고와 관련된 논의, 문법 교육과 표현과의 관계에 관한 이론과 연구로 나누어 살펴보았다. 이러한 검토는 다음과 같은 점을 시사하고 있다.

  첫째, 문법 교육의 관점과 관련된 선행 연구를 살펴 볼 때, 언어에 내재한 다양하고 폭넓은 가치를 적극적으로 탐색하여 문법 교육의 가치로 포괄하여 그 가치에 맞게 가르치자는 논의가 확대되고 있다. 즉 문법 지식의 본질과 응용 혹은 실용적 가치를 모두 수용하여 문법 교육의 가치를 적극적으로 개진할 필요가 있다는 것이다. 따라서 문법 지식을 그 본질적 측면과 응용적 측면에서 적극적으로 탐색하고 그 양자를 통합하여 살펴서 교육 내용으로 구현하는 연구가 필요한 것이다.

  둘째, 표현을 위한 문법 교육에 대한 논의는 이해 중심의 문법 교육에서 더 나아가 표현 중심의 문법 교육에 대한 연구가 필요하다는 인식의 변화를 보여주고 있다. 이러한 문제 제기는 기존 교육이 문장 쓰기에 한정되어 교육되고 있으며 또한 논의되는 방안 역시 문형의 훈련과 문장의 오류를 교정하는 차원에 한정되어 있다는 문제의식에서 비롯되었다. 이는 언어를 형식적인 구조체로만 인식하고 언어 생성의 과정에서 작용하는 문법 지식의 기능을 관심 있게 살피지 못한 데서 제기되는 한계이기도 하다. 따라서 표현을 위한 문법 교육을 위해서는 화자가 세계

를 인식하고 사고하여 표현하는 과정에서 작용하는 문법의 기능을 적극
적으로 탐색할 필요가 있다.

셋째, 기존의 논의에서 바른 표현과 관련된 구체적인 논의는 찾아보
기 힘들며 표현과 관련된 문법 교육 내용들은 구체적인 실행 방안이 제
시되지 않은 채 선언적으로 주장되는 데 그쳐서 현실적인 변화를 도모
하지 못했다. 그러므로 표현을 위한 문법 교육의 내용 구성 및 체계의
설정은 구체적인 실행 방안을 함께 제시할 수 있어야 한다.

제 3 장 │ 사고력 함양을 위한 문법 교육

1. 문법 교육의 인식

문법 교육에 대한 기존의 논의는 문법 교육의 필요성과 문법 지식의 가치를 어떤 관점에서 보느냐에 따라 이루어져 왔다. 문법 교육의 필요성에 대한 관점은 크게 독자론과 통합론[1]으로 양분하여 살펴볼 수 있는데, 독자론은 문법 지식이 그 자체로 학문적 가치를 지니고 있기 때문에 교육해야 한다는 인문주의적 전통을 고수하는 입장인 반면, 통합론은 문법 지식을 익히는 것이 학습자의 언어 사용 능력에 기여하기 때문에 교육할 필요가 있다는 입장이다. 두 관점은 결국 '왜 문법 교육을 해야 하는가'라는 문제 제기에 대해 그 해답을 모색하는 과정에서 도출된 것이다.

문법 교육에 대한 이러한 논의들은 문법의 교육적 가치를 높이고 문

---

[1] 여기에서 무용론은 논지 전개와 관련하여 거리가 멀기에 언급하지 않기로 한다.

법 교육의 위상을 바로 세우기 위해 반드시 필요한 탐색이다. 그 중에서
도 학교 문법[2]에 대한 탐색은 기존의 학교 문법이 국어학적 지식의 요
약에 지나지 않았다는 문제의식에서 출발한다. 학교 문법이 단순한 학
문 문법의 축소판이 되어서는 안 된다는 비판은 기존의 문법 교육이 문
법 지식의 단순한 암기 학습에 그쳤으며, 학교 문법이 통일 문법의 틀에
갇혀 국어학적 성과를 제대로 포괄하지 못했다는 문제의식에서 그 타당
성을 가질 수 있다. 따라서 문법 지식의 독자적인 가치를 찾거나 문법
지식을 교수학적으로 변환시켜 교실 수업에 적극적으로 활용할 수 있는
방안을 모색하는 일련의 연구는 이론에 대한 실천적 모색이라는 측면에
서 의미가 있다 하겠다.

이와 같은 인식을 바탕으로 이 글에서는 기존 문법 교육에서 공통적
으로 추구한 교육적 가치를 검토해 보고, 문법의 '사고적 기능'[3]을 탐구
해 보고자 한다. 이를 위해 우선 문법 지식의 성격을 교육과정을 통해
살필 것이다. 그런 후, 문법 교육과 사고[4]에 대한 기존의 논의를 정리하
고 문제점을 개선시키기 위한 대안을 문법 지식의 발생학적 맥락에서
모색할 것이다. 모국어 화자가 일차적으로 익히는 '명사'를 예로 들어

---

2) 이 책에서는 '문법 교육', '학교 문법', '교육 문법'의 용어가 거의 유사한 의미로 사용되
   고 있으나 문맥에 따라 다소 차이가 있다. '문법 교육'은 일반적으로 사용할 경우에, '학
   교 문법'은 학문 문법과의 차별성을 강조할 경우에, '교육 문법'은 교육적 맥락을 강조할
   경우에 사용하고 있다.

3) 이 글에서는 문법이 학습자의 사고력을 향상시키는 역할을 한다고 보고, 이를 문법의
   '사고적 기능'이라고 명명한다. 또한 문법의 사고적 기능을 통해 얻어지는 학습자의 사
   고를 '문법적 사고'라고 한다. 문법 지식 자체에 모국어 화자의 사고 과정이 반영되어
   있으므로 문법 지식 중 사고와 밀접하게 관련된 요소를 추출하여 교육한다면 학습자의
   사고력을 향상시킬 수 있을 것이라고 판단한 것이다. 이에 대해서는 다음 장에서 자세히
   살필 것이다.

4) 대상을 찾고 그에 대한 심리적 상태를 변화시키는 정신 작용을 '사고'라 하고, 이 정신
   작용을 운용할 수 있는 힘을 '사고력'이라 한다(서울대국어교육연구소, 2007 : 380).

그 사고적 기능을 탐구하고 이를 교육 내용으로 삼아 효과적인 교육 방안을 제안할 것이다. 문법5)은 국어의 특질과 논리를 함의하고 있기에 문법 교육을 통해 학습자의 합리적 이성과 지성적 판단 능력을 발달시킬 수 있다. 따라서 국어의 특질 및 사고와 관련된 문법 지식을 도출하고 이를 바탕으로 문법 교육 내용을 재정립시킴으로써 교육 문법의 체제를 정립하는 기본 원리를 삼고자 한다.

2. 문법 교육과 사고

문법 교육과 사고의 관계에 대한 연구는 크게 두 가지 관점으로 나누어 살펴 볼 수 있다. 관점 1은 권재일(1995), 고영근(2004), 박덕유(2005) 등에서 확인되고, 관점 2는 김광해(1997), 신명선(2004), 김은성(2005), 남가영(2008) 등에서 확인된다.

관점 1의 연구는 공통적으로 국어학적 관점에서 문법 지식 고유의 학적 체계를 중요시 여기고, 학문 문법의 구조나 체계를 중심으로 교육시킴으로써 그 속에 담긴 학문적 사고방식을 익힐 수 있다고 여긴다. 즉 문법 교육은 구조나 체계 중심으로 이루어져야 바른 언어생활을 할 수 있고, 논리적인 사고력도 함양시킬 수 있다고 전제하고 있는 것이다. 그러나 이 관점은 문법 교육의 내용으로 기존의 국어학적 지식을 압축하

---

5) 여기서 '문법'은 다양한 맥락에 따라 사용된다. 학문 문법을 논할 때는 구조와 체계의 의미로 사용되고, 교육과정이나 교육의 상황을 논할 때는 교과의 의미로 사용된다. 일반적인 경우에는 모국어 화자가 의미를 생성하는 과정에 작용하는 인지 능력의 의미로 사용한다. 전체적으로 문법(언어)은 본질적으로 의사소통의 도구이자 내적 사고의 도구라는 점을 전제로 한다.

여 제시하고 있고, 압축된 지식도 문법 용어의 나열과 해설 위주로 진술하는 문제점을 가지고 있다. 기존 문법 교육의 문제점으로 꼽히는 형식 위주, 암기 위주, 교사 일방적 수업의 해결책을 내지 못한 채 문법 교과의 독자성을 강조한 셈이다. 문법 교육의 내용으로서 국어학적 지식의 가치만을 강조하고 있으며, 그 국어학적 지식마저도 국어학계의 발전된 논의는 반영시키지 못한 것이다. 따라서 이 관점은 국어학적 지식을 제대로 교육하면 학습자의 사고력은 자동적으로 향상될 것이라는 선언적 성격이 강하다.

관점 2의 연구는 문법 현상을 관찰하는 학습자를 언어 주체의 측면에서 중요한 교육의 요소로 인정하고 있다. 학습자가 문법 현상을 관찰하고 판단하는 사고 과정 자체를 중요시 여기고 교육의 장에서 그 과정을 촉진시키는 방안에 대해 다양한 이론적 모색을 하고 있다. 그러나 이 관점에서도 문법 교육에서 가르쳐야 할 교육 내용은 기존의 국어학적 지식의 테두리를 벗어나지 못하고 있다. 교육내용은 여전히 학문 문법의 틀을 유지한 상태이고 다만 교수학습과정의 변화에만 초점을 맞추고 있다. 남가영(2008)에서 교육 내용으로서 '탐구 경험'을 새롭게 구안하고 있으나 형식위주, 내용위주, 기능위주라는 기존 언어학의 연구 방법을 활용하는 한계를 보인다.

여기서 문법의 교육내용과 교육과정을 일관성 있게 설명하면서 통합적으로 구성할 수 있는 발전적 대안을 모색해야 할 필요성이 제기된다. 문법 지식과 문법적 사고의 과정은 교육의 장에서 연속적으로 이루어지므로 그 구성 과정과 내용을 통합적으로 살펴야 하는 것이다.

그렇다면 문법적 사고를 위한 교육 내용은 어디에서 구해야 할 것인가라는 의문이 생긴다. 결국 문법 교육의 내용은 문법 자체의 본질 속에서 사고 과정을 유추하여 도출할 수 있다. '지식의 발생학적 맥락'에서 따져 볼 때 문법 지식은 문법을 탐구하는 사고의 과정에서 구성되는 지식이다. 문법 지식은 언어 주체가 문법 현상을 인식하고 관찰하여 이를 분석하고 해석하여 설명하는 과정에서 이루어지는 지식이란 것이다. 교육의 장에서는 이러한 지식의 구성 과정 자체가 중요하다. 문법 지식에는 세계를 인식하는 화자의 사고 과정이 내재되어 있고 이러한 문법은 학습자의 사고력을 향상시키므로 여기서는 이를 문법의 '사고적 기능'이라고 한다. 문법의 사고적 기능이 잘 구현된 지식을 교육내용으로 선정하여 교육하는 것은 효과적인 사고력 신장 방안이 될 것이다.6)

예를 들어 '명사'가 어떻게 생겼으며, 그에 관한 지식이 어떤 과정을 거쳐 이루어졌는지를 살피면 명사의 속성이 뚜렷이 밝혀질 것이다. '명사'의 발생학적 맥락을 화자의 세계 인식의 과정에서 살핌으로써 '명사'의 의미 기능과 특성을 타당하게 설명할 수 있을 것이다. 이러한 과정은 학습자의 문법적 사고를 신장시킴과 동시에 학문 문법과는 차별성이 있는 교육 문법의 내용을 세우는 기반이 될 것이다. 이는 학문 문법을 부정하는 것이 아니라 오히려 그 성과를 분석하고 세계와의 관계 속에서 살핌으로써 교육적 맥락에서 적극적으로 활용할 요소를 도출하는 것이다.

---

6) 여기서 우리는 문법 교육은 문법 지식을 다루되, 그 실행은 교육의 장(場)에서 교사와 학습자간의 상호 작용에서 이루어진다는 점을 상기해야 할 필요가 있다. 다시 말하면, 문법 교육은 언어 주체와 교육 상황, 교육적으로 가공되어진 문법 지식 간의 상호작용으로 실행되는 것이다. 따라서 문법 교육 내용의 탐색은 문법(언어) 지식이 어떻게 해서 생겨났으며 발전했는가에 대한 의문에서 출발해야 할 것이다. 언어 주체가 세계 속에서 대상을 어떻게 관찰하고 언어화했는가를 생각하는 데서 문법 지식을 살펴볼 필요가 있는 것이다.

지금까지의 논의를 정리하면 다음 표와 같다.

[표 1] 문법 교육과 사고에 대한 논의

관점	관점 1	관점 2	관점 3
지식	국어학적 지식 강조	국어학적 지식 인정	국어학적 지식 재인식
교육내용	국어학적 지식의 요약 형식 위주의 기술	국어학적 지식의 변환 의미 기능의 모색	문법의 사고적 기능 강조 의미 기능 중심의 기술
교수학습	설명식, 강의식	탐구학습	설명식과 탐구학습의 통합
인식	객관주의	구성주의	구성주의
특징	교육내용, 교육의 결과 강조	학습자, 교육의 과정 강조	교육내용과 학습자, 교육의 과정 강조

관점 1은 고전교과로서의 문법에서 사고력 신장을 도모했던 것으로 국어학 지식 자체가 논리적이고 분석적인 성격을 띠기 때문에 그 내용을 교육받은 학습자는 자동적으로 논리적인 사고를 할 수 있다는 관점이다. 이 관점에서의 문법 교육은 절대적 지식의 틀을 학습자에게 훈련시키는 교육을 지향함으로써 분석적이고 논리적인 사고에 편재된다. 관점 2는 관점 1에 비해 학습자의 역동적 사고 과정을 중요시하여 지금 이 시대의 문법적 사고의 발전을 도모하였다. 기존의 국어학적 지식을 교육적 맥락에 맞게 변환하는 작업을 적극적으로 모색하고 학습자의 능동적인 참여를 이끄는 탐구모형을 '선구적'으로 제안, 발전시켰다. 기존 관점에 비해 학습자의 문법적 사고 과정을 중요시하여 문법 교육에서의 사고에 대한 인식 자체가 확장되었다고 볼 수 있다.

관점 3은 관점 2의 발전적 모색이라고 볼 수 있다. 관점 3은 '언어의 본질'과 '문법 지식의 생성 과정' 자체에 천착하여 기존의 문법 지식을 재조명해 보고자 하는 시도이다. 문법과 사고의 역동적인 관계를 전제하고 화자가 세상 인식의 과정 속에서 문법 지식을 생성하는 과정을 재구성해보고자 한 것이다. 기존 국어학적 성과를 문법적 사고의 관점에서 되짚어 봄으로써 교육내용의 실제성을 확보하고자 한 것이다. 이러한 관점의 제기는 문법 교육 철학의 바탕이 되기도 한다. 관점 2에 비해 '사고'에 방점을 두고 교육내용과 교수학습과정 전체에 일관된 원리를 찾고자 한 것이다. '학교'라는 맥락에서 학습자로 하여금 언어와 세계의 관계 및 문법 지식의 생성과정을 스스로 체험하고 사고하게 하자는 것이다.

문법의 사고적 기능을 밝혀 교육내용으로 삼고 교수학습과정에서 학습자의 사고력을 활성화시키는 방안을 모색하여 교육하는 일련의 과정은 학습자의 문법적 사고를 함양하는 효과적인 방안이 될 것이다. 교육내용 자체에 사고적 기능이 내재되어 있기 때문에 교육 과정 자체에서 학습자의 사고 작용은 자동적으로 활성화될 것이기 때문이다. 따라서 문법 교육내용을 국어의 특질을 살리고 학습자의 사고 작용을 촉진하는 문법 지식으로 선별하여 재구성해야 하는 것이다. 여기서는 우선 명사를 대상으로 하여 문법적 특성을 분석하고, 학습자의 사고 작용을 촉진할 수 있는 명사 내용 요소를 도출하고 효과적인 교육 방안을 모색하고자 한다.

3. 문법의 사고적 기능 모색 : 명사를 중심으로

여기서는 문법의 사고적 기능을 밝히기 위한 한 실례로서 실생활 속에서 '명사'의 속성을 살피고자 한다. 언어 주체가 세계 속에서 '명사'를 알아가는 과정, 즉 언어 주체가 '명사'를 인식하고 사고하는 과정을 통해 명사의 속성과 의미 기능을 살피고 이를 명사의 교육 내용으로 재구성할 것이다.[7] 명사의 존재적 의미를 교육 내용으로 삼고, 의미 기능을 중심으로 교육함으로써 학습자의 문법적 사고를 진작시키고자 함이다. 종(種)의 진화를 분석함으로써 개체의 진화를 도모할 수 있듯이 명사의 보편적인 발생 과정을 분석함으로써 개별 학습자의 사고를 발전시킬 수 있기 때문이다.

명사는 언어 범주들 중의 하나로 세계에 대한 인식과 관련이 깊다. 명사에는 인간이 세계를 범주화하고 명명하고 인식하는 방식이 표상되어 있으며, '고유명사−보통명사−추상명사−의존명사'에는 각기 구체적으로 서로 유의미하게 구별되는 사고 작용들이 내재되어 있다. 제7차 교육과정 문법 교과서에서는 명사를 '체언 중에서 가장 일반적인 부류인데, 구체적인 대상의 이름이라는 점에서 다른 체언과 구별된다.'고 설명하고 있다. 명사의 정의에 해당하는 설명이 '구체적인 대상의 이름'이라는 진술에 그치고 있다.

대상에 대한 이름붙이기는 '범주화'와 관련된다. 어린이의 언어 습득 과정에서 '범주화'[8]는 개념과 언어를 익히는 필수적인 단계이다. 범주화

---

7) 여기서 제시하는 명사에 대한 설명은 기존 논의의 발전적 모색이다. 새로운 지식을 구성해낸다는 차원이 아니라, 명사 지식에 대해 지식 생성의 과정을 복원함으로써 문법적 사고 향상에 도움이 되는 지식을 선택하여 교육 내용으로 구성해 보고자 하는 시도이다. 문법 교육은 학습자의 성장을 위한 끊임없는 탐색과 선택의 과정이어야 한다는 것이 연구자의 생각이다.

8) Piaget의 인지발달단계 중 제2단계인 전 조작 시기에 아동이 반드시 획득해야 할 요소가 '범주화' 개념이다. 유아가 '공'이라는 단어를 처음 말하게 되었을 때, 처음엔 자기가 가지고 노는 공만 공인 줄 안다. 그러나 차츰 친구가 가지고 노는 공도 공인 것을 알고, 바람 빠진 것도 공이고, 색깔이 달라도 크기가 달라도 공이라는 것을 알게 된다. 하나의 이름이 특정한 한 개의 지시 대상을 가리키는 것이 아니라 하나의 개념을 가지고 있음을 알게 되는 것이다. 그러다가도 동그란 것이면 무조건 '공'이라고 하기도 한다. 노란 귤도

는 세계에 존재하는 사물에 대해 이름을 붙이는 행위로서 대상을 관찰, 구별, 분류하는 일련의 사고 작용이 활발하게 이루어지는 과정이다. 그 중에서도 구체적인 사물에 대해 이름을 붙이고 이를 기호로 표현한 것이 '명사' 부류이다. 즉 명사는 '사물에 대한 단순한 이름'이 아니라 인간 인지 발달의 중요한 범주화의 과정이 반영된 문법 요소인 것이다. 따라서 '명사'에 대한 접근은 형식적 용어와 특성보다는 '우리 문법에서는 세상을 어떻게 범주화하고 있는가'라는 본질적인 측면에서 이루어져야 한다. 일찍이 최현배(1937/1965)에서는 품사에 대한 분석을 의미 기능 중심으로 시도하면서 명사를 '형체가 있고 없고에 상관없는 일과 사물의 개념'(최현배, 1965 : 212)이라고 정의하였다. 모국어 화자가 대상을 가리켜 부르는 말은 모두 명사가 되는 것이다. 즉 새로운 사물에 대해 이름을 붙이는 과정을 분류한 것이 명사인 것이다. 의미에 따른 명사의 구분은 세상을 인식하는 화자의 인지 작용과 관계가 깊으므로 초등학교 저학년에서 명료하게 다룰 필요가 있다.[9]

공이라 하고, 밤하늘 보름달도 공이라고 하고 둥그렇게 감긴 털실 타래도 공이라 한다. 그러면서 그것들의 차이점을 인지하고 다른 범주로 구분하게 된다. 이처럼 유아들의 인지 발달은 언어 습득과 함께 세상에 존재하는 대상들을 구별하고 범주화한다. 사람들이 공통적으로 경험하는 사유의 세계를 언어를 통해 차츰 익혀나가는 것이다(김미형 외, 2005 : 70~75).

9) 이를 위해 이 글에서는 최현배(1965)의 구분을 참고로 제시하겠다. 두루 이름씨(보통명사 또는 통용명사)란 것은 한 가지의 일과 몬(物)에 두루 쓰이는 이름씨를 일컬음이니 :
  1. 자연물 : 사람, 개, 나무, 돌, 곳, 하늘, 땅
  2. 인조물 : 집, 배, 기차, 먹, 붓
  3. 동안(시간) : 밤, 낮, 봄, 가을
  4. 얼안(공간) : 동, 서, 남, 북, 상, 중, 하
  5. 얼(정신) : 뜻, 마음, 생각, 기쁨, 슬픔, 걱정
  6. 짓(행동) : 일, 울음, 노래, 싸움
  홀로 이름씨(고유명사 또는 특칭명사)란 것은 다만 어떠한 특정한 일과 몬(物)에 홀로 쓰이는 이름을 일컬음이니 :
  1. 사람 이름 : 단군, 신지, 세종 대왕, 이순신, 주시경

'개념'이란 동일 속성을 가진 대상들로부터 추상한 일반화된 관념이다. 즉 <개념>이란 동일 속성들로 추상된 대상을 가진 일반 관념이고, '개념'이란 낱말은 방금 정의한 그러한 내용을 표현하는 술어(기호)이다.[10] 우리가 '나무'라고 부르는 <나무>라는 개념은 많은 종류의 나무들을 지칭하며 동시에 나무들이 갖는 많은 속성을 내포하고 있는 것이다. 다시 말해 명사는 세상에 존재하는 각각의 사물과 일에 대한 공통의 속성을 추상화하여 집합시킨 언어기호인 것이다. 명사의 이러한 속성은 사물과 언어의 본질적 관계를 인식시키기에 좋은 교육 내용이 될 수 있다.

Potter(1976 : 142)은 명사의 진화에 대해 다음과 같이 언급했다(윤희수, 2008 : 122 재인용).

> 언어의 초기 단계에서 최초의 어휘는 이름이며, 모든 이름은 주로 고유명사임을 쉽게 알 수 있다. Man, animal, tree와 같은 총칭적인 이름은 후에 발생했고, courage, ferocity, greenness와 같은 추상명사는 더욱 뒤에 생겨났다. 고유명사는 유일한 사람, 동물, 장소 혹은 사물을 가리키는 칭호이다. 말할 때 이름을 천박하게, 또는 악의적으로 사용하는 것은 그 이름을 가진 사람에 대한 모욕이나 해를 준다는 의미를 가질 수 있다. 이름 그 자체를 신성시했다.

개체에 대한 이름짓기에서 출현한 고유명사와 종류에 대한 추상적인

---

2. 나라 이름 : 조선, 고구려, 신라, 백제
3. 나라, 땅의 이름 : 평양, 한양, 런던, 워싱턴
4. 산, 강의 이름 : 가마 매(백두산), 얄루 가람(압록강), 금강산, 낙동강, 한강
5. 특정한 일몬의 이름 : 삼국유사, 논어, 맹자, 살수대전
10) 개념은 다양한 사물에서 그 공통된 성질에 의하여 하나의 통일된 생각으로 결합시킨 관념, 즉 지각과 기억과 상상에 나타나는 개별적 표상에서 공통된 속성을 추상하여 집합시킨 하나의 심적 통일체로, 그것을 언어화하면 단어 또는 어구가 된다(김봉주, 1988 : 26~28).

개념의 획득으로 등장한 보통명사의 출현을 짐작할 수 있는 대목으로 '명사'의 존재적 의미를 짐작하게 한다. 화자가 대상을 인식하는 과정에서 고유명사가 발생하고, 개별 고유명사들의 공통점을 찾는 과정에서 보통명사가 발생했음을 알 수 있다.

또한 명사는 자립명사와 의존명사로 나눌 수 있는데, 한국어에서 의존명사는 형식적이고 추상적인 의미 기능을 하므로 그 의미를 맥락에 따라 정확하게 이해하는 것이 필요하다.

지금까지 명사의 특성을 말의 본질적 측면과 그 의미 기능적 특성을 중심으로 살펴봤다. 범주화와 명명의 과정, 개체와 부류에 대한 구별, 구체와 추상, 형식에 대한 인식의 차이가 언어로 표상된 것이 '명사'라는 점을 확인하였다. 명사의 의미 기능과 관련된 사고 작용 및 교육 내용을 요약하면 다음 표와 같다.

[표 2] 명사 속성과 교육내용

종 류	고유명사	→	보통명사	→	추상명사	→	의존명사
의미 내용	개체	→	부류, 속성	→	추상개념	→	형식성, 양상
사고 작용	개념화	→	개념화 범주화	→	추상화 관계성	→	판단과 해석
학습자 수준11)	초등학교 저학년	→	초등학교 중학년	→	초등학교 고학년	→	중등학교

11) Piaget의 발생적 인식론에 따르면 학습자들은 구체적 조작기에 도달하면 대상을 구체적으로 인식하고 조작할 수 있게 되는데, 이 시기가 바로 초등학교 시기이다. 초등학교 학습자들은 대상을 직관적이고 구체적으로 인식하여, 사물들 간의 관계를 이해함으로써 대상을 분류하고, 유목화하고, 나열할 수 있게 된다(이현림 외, 2006 : 71). 중학교 시기는 형식적 조작기에 해당하는데, 이 시기의 학습자들은 본격적으로 논리의 세계에 진입하여 가설을 세워 사고할 수 있다. 전 단계의 구체적 경험에 기초한 개념을 추상적 사고를 통해 형식적이고 명제적으로 표현할 수 있게 된다. 여기서 제시한 교육 내용은 위계성을 중심으로 제시한 것으로 전 학년에 걸쳐 반복, 심화시켜 이루어져야 할 것이다. 고유명사, 보통명사, 추상명사, 의존명사의 제시 순서를 중심으로 구안한 것이고,

명사는 대상을 개체와 부류, 구체와 추상과 형식으로 인식하는 과정에서 구성된 문법 지식으로 화자는 명사를 익힘으로써 범주화, 개념화, 추상화, 판단 등의 사고 작용을 활발하게 하게 된다. 이러한 내용을 명사 교육 내용으로 삼아 그 구체적인 교육 방안을 모색해 보겠다.

4. 사고력 함양을 위한 명사 교육 방안

명사를 세상과의 관련 속에서 다루는 교육은 모국어 화자가 세상을 어떤 식으로 인식하여 표상하였는지를 확인할 수 있는 효과적인 방안이 될 것이다. 여기서는 효과적인 명사 교육을 위해 명사 의미범주와 분류, 보통명사와 고유명사의 구별, 추상명사의 이해, 명사의 생산과 명명, 의존명사와 해석 등을 교육하는 방안을 모색해 보았다.

언어 접근 방법12)에는 청자식 접근 방법과 화자식 접근 방법이 있는데 언어의 성질을 잘 파악하기 위해서는 화자식 접근 방법, 즉 생성적 방법이 효과적이다(김봉주, 1988 : 9~11)는 주장이 있다. 이러한 주장은 기존의 형식 위주의 기술보다는 내용과 의미를 중요시 여기고, 또한 문법 지식의 생성과정을 중요시 여기는 접근이므로 교육 방안을 구상할

학습자의 수준을 발생적 인식론에 따라 대략적으로 제시한 것은 앞으로의 과제이기도 하다.

12) O. Jespersen(1924 : 33)은 청자식 접근 방법을 O→I법이라 부르고 후자를 화자식 접근 방법을 I→O법이라 하였다. 전자는 언어접근을 외부(the outward)로부터 내부(the inner)로 들어가는 방법이고, 후자는 내부로부터 외부로 들어가는 방법으로 그동안의 언어연구법이 대부분 O→I법으로 이루어져 왔다. 청자식 접근의 결과 언어 연구에서 형식이 우선하고 그것의 내용(의미)이 뒤에 오는, 이를테면 해석적 방법을 써 온 것이 통례였다.

때 참조하였다.

(1) 명사 의미범주와 분류하기

명사는 세상에 대한 범주화의 기본이 되는 어휘이다. 세상과 언어와
의 관련성을 학습자에게 인식시키는 것은 말의 본질을 교육시키는 출발
점이 될 수 있다. 따라서 초등학교 저학년에서 명사를 대상으로 세계와
의 관련성을 생각하며 분류하는 과정은 필수적이다.

범주화를 교육하기 위해서 우선 다양한 범위의 명사를 학습자에게 제
시한 후, 이를 일정한 기준에 따라 묶어 보게 한다. 자료의 구성은 앞에
서 언급한 최현배(1965)의 범주를 참고로 하여 적절하게 제시한다. 보통
명사와 고유명사, 구체명사와 추상명사를 구별하게 한 후, 보통명사의
경우는 다시 실체의 존재양상에 따라 다시 묶어 보게 한다. 이러한 단계
를 거치면서 학습자들은 자연물, 인조물, 시간, 공간, 정신, 행동, 고유한
개체로 세상에 존재하는 실체를 분류할 수 있고 이를 명명한 것이 명사
라는 사실을 인식할 수 있을 것이다.

> (1) 명사 분류하기
>   [발문] 다음은 사물의 이름이다. 일정한 기준에 따라 묶고 공통적
>   인 범위를 정해 보자.
>   [언어자료] 집, 개, 나무, 밤, 뜻, 걱정, 노래, 싸움, 봄, 동, 서, 기차,
>   세종대왕, 조선, 백두산, 하늘, 컴퓨터, 낮, 하, 이념
>   [분류 예]
>   1. 자연물 : 개, 나무, 하늘
>   2. 인조물 : 집, 기차, 컴퓨터
>   3. 동안(시간) : 밤, 봄, 낮

4. 얼안(공간) : 동, 서, 하
5. 얼(정신) : 뜻, 걱정, 이념
6. 짓(행동) : 노래, 싸움
7. 고유한 이름 : 세종대왕, 조선, 백두산

 명사를 분류할 수 있게 되면 보통명사와 고유명사의 차이점을 구별할 수 있게 언어자료를 제시한다. 초등학교의 고학년에 이르면 개체와 종류를 구별할 수 있게 된다. 따라서 전칭과 특칭, 개체와 부류의 개념을 이해할 수 있을 것이다. 이 때 보통명사와 고유명사의 차이점을 관찰하여 구별할 수 있게 한다. 특히 고유명사가 특칭성과 유일성을 가지고 있어 그 자체가 한정성이 강하기 때문에 수식은 오히려 어색하다. 학습자가 이러한 고유명사의 특성을 감지할 수 있게 언어자료를 구성하는 것이 좋다. 보통명사와 고유명사의 차이가 개체와 부류, 전칭과 특칭이라는 의미 특성에서 생겨난다는 것을 학습자에게 인지시킨 후, 거기에서 파생되는 용법상의 제약을 탐구하게 한다.

 먼저 의도적으로 구성한 '질문'에 학습자가 응답하게 한 후, 응답의 내용에 따라 고유명사와 보통명사의 차이를 확인하게 한다. 이 때 추상의 사다리13)를 활용하여 개념적인 차원에서 추상의 원리를 설명해 줄 수 있다. 또한 고유명사가 '보편적인 속성'을 갖게 되면 보통명사화되는 현상을 함께 제시하여 생각해 볼 기회를 제공한다.

  (2) 보통명사와 고유명사 구별하기
   ㄱ. 질문과 응답을 통한 고유명사의 특성 알기

---

13) 상위로 올라갈수록 개념의 외연이 증가하고 그 내포는 감소하고, 하위로 내려올수록 개념의 외연이 감소하고 그 내포는 증가하는 형식이다. 상위일수록 추상적이고 일반적인 반면, 하위일수록 구체적이고 특수한 개체에 가까워진다.

- 우리 한글을 만든 분이 누구지? - 세종대왕
- 우리나라의 산 중 예전부터 신성한 산으로 여겨져 온 산으로 민족의 정기가 어린 가장 높은 산은 어디지? - 백두산

ㄴ. 예문 분석을 통한 고유명사의 특성14) 알기
- 영자들이 마구 몰려 왔다.
- 이 영자가 저 영자를 때렸다.
- 두 백제가 삼한의 패권을 노리고 있다.
- 설악산마다 단풍이 아름답다.
- 우리는 장래의 세종대왕들을 기다린다.

ㄷ. 고유명사의 보통명사화 이해하기
- 영수는 의자에 앉아 있다.
- 영수는 학생이다.
- 영수는 한국의 에디슨이다.

(2) 추상명사 이해하기

추상명사는 '명제, 자유, 이상'과 같은 추상15)적인 개념을 지칭한다. 추상명사는 학습자가 실제로 지각할 수 없는 인지상의 개념이기 때문에 학습자가 익히기에 상당히 어려울 수 있다. 추상명사는 학습자의 인지

---

14) 여기서 ㄴ의 '영자'는 동일 인물로 그 해석을 제한한다. 또한 ㄴ의 '세종대왕들'은 고유 명사의 보통명사화로도 해석이 가능하다. 여기서 확인할 수 있는 고유 명사의 특성은 다음과 같다.
  ㄱ. 고유 명사는 복수에 대한 표현이 어렵다.
  ㄴ. 고유 명사는 이, 모든, 새 따위의 관형사와 결합하기 어렵다.
  ㄷ. 고유 명사는 수와 관련된 말과 결합하지 않는다.
  ㄹ. 고유 명사가 복수형을 취하면 보통 명사가 되기도 한다.
15) '추상'이란 개념은 Lyons(1977 : 442~445)의 개념 분류(ontology)에서 확인할 수 있는데, 그는 의미 유형을 <실체>, <사건>, <상태>, <추상>으로 분류하였다. <추상>은 시간과 공간에 독립적으로 존재하며 관찰이 불가능한 개념으로 '개념, 생각, 정보, 명제, 사실, 증거' 등이 이에 해당한다(차준경, 2008 : 403).

발달에서 논리적 사고가 가능해지는 단계에 이르러야 학습이 가능하다. 따라서 추상명사를 어떻게 익히게 할 것이냐는 단순히 사전을 찾아 그 뜻을 확인하는 과정을 거치는 것만으로는 학습에 한계가 있다. 학습자가 추상명사를 적재적소에 잘 사용할 수 있고 그 의미를 텍스트의 맥락 속에서 잘 이해할 수 있기 위해서는 문장과 텍스트의 활용을 통해 개념과 개념을 관련시키는 과정이 필요하다.

(3) 빈칸 메우기와 맥락을 활용한 추상명사 지도
　ㄱ. 그는 피해자의 주장이 사실과 다르다고 반박했다.
　ㄱ′. 그는 피해자의 주장이 (　　)과 다르다고 반박했다.
　ㄴ. 그가 나를 위해 좌석을 양보했다는 사실을 훨씬 뒤에야 알았다.
　ㄴ′. 그가 나를 위해 좌석을 양보했다는 {사실/정보/소식/소문}을 훨씬 뒤에야 알았다.
　ㄷ. (경우)에 어긋나는 행동은 하지 마라.
　ㄹ. 비가 올 (경우)에는 경기를 연기한다.
　ㅁ. 독자가 어떤 텍스트를 읽고 해석하는 과정은 또한 텍스트가 독자를 해석하는 과정이기도 하다는 말이 있다. 이것을 달리 말하자면, 텍스트를 해석하는 행위 속에서 우리는 거기에 들어 있는 객관적 의미를 해독하기만 하는 것이 아니라 자신의 개성, 기질, 관념, 상상 등의 요소를 투영한다는 것이다. 그렇게 본다면 독서 행위란 책이라는 거울을 통해 자신의 모습을 발견하는 일이라 해도 좋을 듯하다. 꼭 이런 (경우)가 아니라 해도 사람마다 감명받은 책이 다른 것은 각자의 개인사와 관심이 다른 때문인 수가 많다. 이런 (일반론)을 생각하면서 재 자신의 독서 체험을 돌이켜 보노라면 지금부터 약 16, 17년 전 무렵에 다산 정약용의 저작을 읽던 일이 가장 인상 깊게 떠오른다(고은 외, 1994 : 46).

'사실(事實)'을 살펴보자. '사실'은 실제 있었던 일이나 현재에 있는 일을 의미하며, 보문절과 결합해서는 보문의 전제가 참임을 가정하는 역할을 한다. ㄱ에서는 사실이 '실제로 일어난 일'의 의미로 쓰였고, ㄴ에서는 '그가 나를 위해 좌석을 양보했다'는 명제의 내용을 지시하면서 '사실'을 통해 해당 명제의 내용이 참임을 전제하고 있다. 따라서 ㄱ에서 사용된 '실제 있었던 일'로서의 '사실'의 의미가 ㄴ에서는 명제의 내용이 '실제로 있었던 일'로서 '긍정적인 점'이라는 화자의 평가를 더한 것으로 볼 수 있다. 따라서 학습자에게 아래와 같이 문장을 제시한 후 사실 대신에 정보, 소문, 소식으로 대치시켰을 경우 달라지는 의미의 변화를 살펴보게 하면 '사실'의 의미를 보다 쉽게 인지하게 할 수 있을 것이다. ㄱ'처럼 '사실'에 해당하는 부분을 빈 칸으로 제시한 후, 학습자로 하여금 채워 넣게 함으로써 학습자의 추상명사에 대한 인지 정도를 확인할 수 있다. 또한 ㄴ'처럼 제시한 후, 학습자로 하여금 사실 대신에 소문으로 대치할 경우 앞의 해당 명제의 내용이 참이지 않을 가능성이 높아지면서 화자의 부정적인 평가가 개입하게 됨을 확인할 수 있다.

ㄷ과 ㄹ의 경우도 마찬가지이다. 다만 ㄷ의 경우에는 '사리나 도리'를 뜻하는 반면, ㄹ에서는 관형어를 동반하여 '놓여 있는 조건이나 놓이게 된 형편이나 사정'을 뜻한다. 이러한 현상은 텍스트 속에서도 확인할 수 있다.

특히 ㅁ의 경우를 살펴보면 추상명사가 개념의 복합적인 관계와 사회적인 공통의 해석을 함의한다고 볼 수도 있을 것이다. ㅁ에서 '경우'는 앞의 문장들을 의미상 일정한 덩어리로 묶는 작용을 하고 있는데, 이러한 과정은 추상명사의 의미상의 추상성을 확인시켜 주는 부분이기도 하다. 또한 '일반론'의 경우 앞 문장의 의미를 '전체에 두루 통용되는 학설이나 논리'로 평가하는 역할을 하고 있다. 따라서 이러한 추상명사의 학습은 단순한 어휘 학습의 차원이 아니라 텍스트를 구조적으로 읽는 능력과도 밀접한 관련이 있다 할 것이다.

추상적인 개념을 구체화시키면 문장이 되고, 구체적인 문장을 추상화시키면 추상명사가 될 수도 있다. 이러한 활동은 추상적인 사태의 구체화로서 단락쓰기와도 관련되는 활동이다. 이는 역으로 생각해 보면, 텍스트에서 제목 붙이기와도 관련된다.

(4) 추상명사의 사태화
지금부터 우리 반에서 해결해야 할 문제를 찾아 봅시다. 예를 들어
(   ) 등이 될 수 있겠지요.

'문제'는 해결하기 어렵거나 난처한 대상이나 그런 일로서 부정적인 평가를 받는 사안이다. 따라서 '예를 들어'라는 안내 표지어를 둠으로써 추상적인 '문제'의 개념을 구체화시켜 서술하게 하는 사고 작용을 통해 학습을 도울 수 있다.

(3) 명사의 생산과 명명하기

어린이의 언어 습득 과정에서 인형이나 장난감에 이름을 붙이고 그것을 가상의 친구를 설정하고 실제 친구처럼 대화하고 노는 것을 관찰할 수 있다.16) 이른바 '이름붙이기' 과제를 통해 대상에 의미를 부여하는

---

16) 어린이 언어 습득 분야를 전공한 언어학자 겸 심리학자인 Justin Cashel(노스웨스턴 대학교) 교수는 대화 능력을 갖추고 있는, 일종의 아바타이며 가상 에이전트인 '가상친구'를 개발했다. 어린이들이 좋아할 수 있도록 만화식으로 그려진 에이전트 캐릭터들에게

행위는 어린이의 언어 습득 과정에서만 관찰할 수 있는 현상이 아니라 보편적인 현상이다. 좋은 상표 이름 붙이기를 통해 대중의 소비를 유도하려는 광고 마케팅이나 낙인찍기를 통해 상대방을 고립시키는 사회적 현상은 일상적인 것이다. 따라서 학습자들에게 책이나 상품, 가게의 이름 붙이기 과제를 제시하는 것은 대상을 효과적으로 분석하여 재해석할 수 있는 방법이 될 것이다. '명명하기'의 결과는 기본적으로 명사로 표현되지만, '수식+명사'의 형식이나 문장의 형식으로 다양하게 나타나기도 한다.

이러한 방안은 개정 교육과정에서 제시하는 맥락과 탐구/사고와 내용의 결합을 구현할 수 있는 설계가 될 수도 있다. 광고를 제작하는 맥락과 그 속에서 상품명을 짓는 과정은 명명행위를 통해 새로운 명사를 만들어내는 과정이기 때문이다. 이처럼 명명하기는 언어의 생성적 측면에서 구안할 수 있다. 다음은 상품의 이름짓기와 관련된 일련의 지도방안이다.

(5) 상품의 이름 짓기
　ㄱ. 관련 사진 자료 제시
　ㄴ. 대상에 대한 기본적인 정보 제공하기
　ㄷ. 이름붙이기
　ㄹ. 이름에 대해 설명하기

는 '샘'이나 '알렉스' 등의 이름이 붙여졌으며 이들은 대화능력을 갖추고 있어 어린이들과 대화를 할 수 있다. 그는 아이들이 친구들과 대화하고 놀면서 언어 능력을 키운다는데 착안해 이 같은 '가상친구'를 개발했으며 이처럼 어른 수준의 언어 능력을 갖춘 만화 캐릭터와 대화를 나누는 것은 어린이들의 언어 능력 수준 향상에 도움이 될 수 있을 것으로 기대하고 있다(http://cafe.daum.net/CheminLife/5sUS/62).

(6) 물놀이장의 새로운 이름 짓기[17]

내 용	실 제
ㄱ. 안내 공고	물놀이장(가칭)의 새로운 이름을 지어주세요~ 안녕하세요, 옥토끼 우주센터입니다. 옥토끼 우주센터에서 2009년 여름, 옥토끼 가족 여러분의 새로운 추억의 장소가 될 강화도 최고 규모의 유수풀 물놀이장 오픈을 준비하고 있습니다. 그런데… 옥토끼 물놀이장, 너무 밋밋하지 않나요? 때문에 여러분의 기발하고 참신한 아이디어를 공모하여 여러분의 많은 참여 부탁드립니다.
ㄴ. 관련 사진	
ㄷ. 선정된 이름	• 은하수 유수풀 　푸른 하늘 은하수^^ 은하수는 별의 강이고 길다랗게 늘어져 있는 것이 꼭 옥토끼 우주센터를 두르고 있는 유수풀의 모양과 흡사하다.^^ 아마 물이 담겨지고 아이들이 놀고 있으면 햇빛이 반사되서 물도 반짝반짝해서 낮에 뜨는 별과 같을 것 같다는 생각이 든다^^ • 옥토끼 워터조이 　롯데월드처럼 물과 관련된 놀이시설을 나타내죠 ^^ • 옥토끼 물장구터 　첨벙 첨벙 아이들이 물장구 치며 놀이하는 물놀이장을 표현해 봤어요.

(4) 의존명사 해석하기

의존명사는 실질적인 내용을 뜻하는 것이 아니라 추상적이거나 형식적인 뜻(양태, 수량)을 가리키므로 '형식명사'라고도 한다. 따라서 문장에서 사용될 때 그 의미기능을 분명히 밝혀 학습하는 것이 필요하다. 가장 대표적인 의존명사로 '것'을 들 수 있는데, '것'의 의미기능을 문장에서

---

17) http://oktokki.tistory.com/385?srchid=BR1http%3A%2F%2Foktokki.tistory.com%2F385 참조. 실제 인터넷 사이트에서 공개적으로 해당 물놀이장의 이름을 공모한 사례임.

밝혀 익히다면 효과적인 표현을 할 수 있다. '것'의 의미기능으로 강조, 명사구의 형성, 가리킴(지시) 등을 들 수 있다(전재호 외, 1994 : 74). 다양한 언어자료를 제시하여 학습자로 하여금 '것'의 의미기능을 밝혀 문장의 의미를 해석할 수 있게 한다.

(7) '것'의 의미기능 확인하기

　ㄱ. 내가 산 예술품은 19세기의 것이거나 그 이전의 것들이다.

　ㄴ. 내가 말한 것을 그에게 그대로 전해줘.

　ㄷ. 예술이란 것은 인생의 축도다.

　ㄹ. 사람들은 무언지 모르는 행복을 끊임없이 추구하고 있는 것이다.

　ㅁ. 더 큰 행복을 위해 고행도 수난도 감수하는 것임은 두말할 것
　　도 없다.

　ㅂ. 행복은 도에 어긋나지 않고 순리로 얻어지는 것이어야 한다.

ㄱ에서 '것'은 모두 앞말 '예술품'을 가리켜 구체적인 내용을 지시하는 대명사적인 기능을 하고 있다. ㄴ에서 '것'은 나의 발언 내용 또는 발언 그 자체를 지시하고 있어 ㄱ에 비해 추상적인 내용을 지시하는 기능을 하고 있다. ㄷ에서 '것'은 '-이란+것'의 형식을 취하여 선행어인 '인생' 자체를 강조하고 있다. ㄱ, ㄴ, ㄷ을 통해 '것'은 구체적인 내용과 추상적인 내용을 지시하거나 강조하는 기능을 함을 확인할 수 있다. ㄹ은 '-것+이다'의 표현 형식을 취해 주어가 '어찌하다, 어떠하다, 무엇이다'라고 단정하는데 '-것'을 삽입함으로써 강조를 하고 있다. 즉 ㄹ은 '사람들은 행복을 추구하고 있다'를 강조하며 단정한 것이다. ㅁ은 명사구를 형성하기 위해 '-것'을 사용하는 경우이다. ㅁ을 '감수함임은 두말할 것도 없다'로 바꾸어도 무방하다. ㅂ은 주어인 '행복'을 가리키는 것으로 주어를 대입시켜도 말이 통한다.

의존명사는 앞에 관형어를 동반하여 화자의 명제 내용에 대한 심리적 태도를 나타내기도 하는데 그 대표적인 경우가 '추측'의 양상이다. 추측은 화자가 판단의 주체이므로 '내가 생각하기에는'과의 공기관계가 자연스러울수록 화자의 추측의 정도는 강하다고 볼 수 있다.[18]

    (8) 의존명사와 추측하기
        ㄱ. 철수가 학교에 올 {것이, 듯하, 모양이, 셈이, 터이}다.
        ㄴ. (내가 생각하기에는) 철수가 학교에 올 {것이, 듯하, *모양이,
           *셈이, *터이}다.

'내가 생각하기에는'을 ㄱ~ㅂ의 앞에 넣을 때 가장 자연스러운 것은 '올 것이다, 올 듯하다'이므로 이것들이 주관적인 판단이 강하다고 볼 수 있다. 반면에 '올 모양이다'의 경우에는 객관적 판단의 태도가 강하게 드러난다.

의존명사 중 사물의 수량 단위로만 사용되는 종류는 '분류사'라고도 하는데, '분류사'란 셀 수 없는 대상을 셀 수 있게 단위화해 주거나, 셈의 대상이 되는 명사의 의미론적 특성을 명시해 주는 기능을 하는 단어를 일컫는다(서울대국어교육연구소, 2007 : 236~237). 국어의 수량 단위 의존명사는 수량의 단위를 나타내 주면서도 한편으로는 셈의 대상이 되는 명사의 의미론적 자질을 표시해 준다. '마리'는 그 앞의 명사가 식물이나 광물이 아니요 사람도 아닌 동물이라는 것을 알려 주는 기능도 있으

---

18) 이를 김동욱(2000)에서는 화자가 자신의 판단에 주체적인 태도를 취하는가 객관적인 태도를 취하는가로 구분한다. 이를 쉽게 판별할 수 있는 기준은 화자 자신이 판단의 주체임을 명시하는 '내가 생각하기에는'과의 공기 관계를 살펴보는 것이다. '내가 생각하기에는'과의 공기 관계가 자연스러울수록 주체적이며 화자의 추측의 정도가 강하다고 판단할 수 있는 것이다. 이러한 테스트는 김동욱(2000 : 182~184)에서 실시된 바 있고, 그 전의 논의에서도 문장의 주체가 누구인가를 가리기 위한 방법으로 사용되었다.

며, 그 앞에 명사가 나타나 있지 않아도 '권'은 이 단위의 대상이 책이
라는 것을 나타내 주며, '척'은 배 종류를 이야기하고 있음을 알려 준다.
분류사는 명사의 의미 자질에 의해 자동적으로 결정되는 것만이 아니라
화자의 사회적, 심리적 상황 설정에 의해 선택되기도 한다. 예컨대 물이
유리창에 붙어 있을 때는 '한 방울'이지만 시험관에 들어 있을 때는
'1cc'로 단위화되고, 우물에서 이고 올 때는 '한 동이', 요리할 때는 '한
컵', 마실 때는 '한 모금'이 된다(이익섭 외, 1999 : 139~141). 이러한 특성은
학습자에게 의미와 형식의 관련성을 인식시키기에 적절한 자료가 된다.

(9) 분류사 익히기
  • 묶음 의존 명사 : 바늘 한 (쌈), 장작 세 (뭇)
  • 재료 의존 명사 : 장미 세 (송이), 신발 다섯 (켤레)
  • 부피 의존 명사 : 쌀 다섯 (되), 고등어 한 (손)
  • 길이 의존 명사 : 밧줄 서 (발), 비단 넉 (자)
  • 무게 의존 명사 : 쇠고기 한 (근), 두 (돈)짜리 금반지
  • 기타 : 배 열 (개), 고양이 두 (마리), 약 12(첩), 비행기 한 (대), 5
    (분) 늦었다, 쌀 한 (톨)

지금까지 명사의 의미 기능과 사고 작용을 관련시켜 교육 내용으로
설정한 후, 이를 바탕으로 명사 교육 방안을 살펴보았다. 이를 표로 정
리하면 다음 [표 3]과 같다. [표 3]에서처럼 명사 교육 내용의 개략적인
순서는 고유명사, 보통명사, 추상명사, 의존명사의 순을 따르되, 그 구체
적인 지도 방안 및 학습자의 수준에 따른 계열화는 명사의 종류와 반드
시 일치하지는 않을 수 있다.

[표 3] 명사 교육 방안[19]

종 류	고유명사	→	보통명사	→	추상명사	→	의존명사
의미 내용	개체	→	부류, 속성	→	추상개념	→	형식성, 양상
사고 작용	개념화	→	개념화 범주화	→	추상화 관계성	→	판단과 해석
학습자 수준	초등학교 저학년	→	초등학교 중학년	→	초등학교 고학년	→	중등학교
교육내용 및 지도방안	• 명사 의미 범주에 따 라 분류하 기 • 명명하기1 (가상의 친 구)		• 보통명사 와 고유명 사 구별하 기 • (의존명사 중 분류사 익히기)		• 추상명사 이해하기 • 추상명사 의 사태화 • 명명하기2 (광고/상 품명)		• 보통명사의 고유명사화 • 의존명사의 의미기능 해석하기 • 의존명사의 양태표현 판단하기

5. 마무리

말은 객관적인 사물에 붙는 이름이 아니고 인간이 그의 삶의 환경과 대결하면서 취하는 태도와 더불어 구성된 사념(思念)을 표현하는 것이다. 즉 말은 객관적인 사물을 단순히 '표시'하는 것이 아니고 '의미'하는 것이다. 여기에서 말이 사물을 의미한다는 것은 말이 그 사물을 분류하고 정리할 뿐만 아니라 그 사물을 일정한 각도에서 해석하고 일정한 방법으로 파악한다는 것을 뜻하는 것(이규호, 1998 : 73)으로 이는 말의 창조적

---

19) 현재 초등 문법 교육이 제대로 이루어지지 않는 문제 상황과 이로 인한 학교급별 교육 내용의 단절은 교육과정에 대한 근본적인 '개혁'을 통해 해결할 수 있다. 이 표는 연구자가 초등학교부터 문법 지식을 사고와 활동 중심으로 교육시키는 방안으로 제안한 것이다. 정의, 전칭과 특칭, 개체와 종 구별, 구체와 추상, 형식, 해석 등의 사고 과정의 위계에 따라 명사교육내용을 위계화한 것으로 선정의 과정 자체에 초점을 둔다.

인 힘인 동시에 대표적인 인간의 사고작용이다. 따라서 말을 생산하고 사용하는 인지능력으로서의 문법은 사고와 밀접한 연관을 가지며 문법 교육은 가장 효과적인 사고 교육으로서의 본질적 속성을 가지고 있는 것이다.

기존의 문법 교육과정과 각종 논의에서 살펴본 바와 같이 문법 교육이 지향하는 궁극적인 목적은 '잘 사고하는 인간의 육성'이 될 수 있다. 문법 지식의 교육적 가치에 대한 적극적인 탐색을 한 주세형(2005)에서는 문법 교육관의 혁신을 위해 탐구 학습의 해석적 지식관이 중요함을 제기하고 이를 위해 문법 지식의 고정성을 극복하여 해석의 가능성을 열어주는 것이 중요함을 지적하였다. 또한 국어학과 차별화되는 문법 교육론의 정체성을 확보해야 함을 역설하며 다양한 문법의 속성 중 학습자에게 의미 있는 측면이 어떤 것인가를 논의의 중심에 두었다. 이는 언어철학적인 바탕 아래서 언어의 본질을 교육의 장에서 되살리는 의미 있는 담론이다.

이 글에서는 문법 교육이 지향해야 할 방향으로서 '사고하는 문법', '잘 사고하는 인간'을 설정하고, 그 구체적인 방안으로 문법의 사고적 기능을 찾아 교육내용으로 설정하고 그 교육방안을 구상해 보았다. 즉 문법적 사고를 일관된 원리로 삼아 교육내용과 교수학습과정을 연속성 있게 설계한 것이다. 이를 위해 '명사'의 의미특성 자체에서 '범주화, 개념화, 추상화, 관계성'의 사고 작용을 도출하여 이를 적극적으로 구현하는 실행방법을 제시하였다. '명사의 사고적 기능'을 교육내용으로 삼아 학습자가 학습한다면 학습자의 사고력은 자동적으로 신장될 것이다. 이러한 명사 교육 방안은 국어의 특질을 살리고 교육 문법의 토대를 구축하고자 하는 필자의 의도에서 출발한 것이다.

언어는 인간의 사유나 가능성을 열어 주기도 하고 또한 제약하기도 한다. 그리고 언어의 문장 구조는 인간의 사유 과정의 길이이며, 말의 힘은 사람의 생각을 함께 이끌어 간다(이규호, 1998 : 88). 따라서 문법 교육의 기본 체제가 되는 교육문법은 국어의 특질을 살려 구성해야 한다. 한국인의 사고와 한국어의 본질에 맞게 교육문법은 구성되어야 한다. 이를 위해 우선 초등학교부터 제대로 된 문법 교육을 실시해야 할 것이다. 초등학교의 문법 교육은 언어와 사고의 관계에 기반한 본질적인 교육의 내용으로 이루어져야 할 것이다.

문법 지식은 이제 실용성에 얽매이지 말아야 한다. 인문학적 전통의 지식 교육은 사고 교육으로서 의미가 있는 것이다. 교육의 전반적인 목적이 학습자의 사고력 신장이란 점에는 이의가 없을 것이다. 그렇다면 문법 교육에서도 문법적 사고력의 신장을 중심으로 교육 내용이 구성되어져야 할 것이다. 문법적 사고는 문법의 사고적 기능을 밝혀 재정립시키는 것으로 시작되어야 한다. 이 글은 사고 문법으로서의 성격을 띤 교육문법의 구축을 위한 시발점이 될 것이다.

02 ┃ 문법 교육과 표현

제 4 장 문법 교육과 바른 표현

제 5 장 바른 사고와 바른 표현

제 6 장 한국어 문법의 기능과 특질

제 7 장 한국어 문장의 의미 구성 과정

제 4 장 | 문법 교육과 바른 표현

1. 바른 표현을 위한 문법 교육

모국어 화자는 직관적으로 문장의 적격성을 판단할 수 있으며, 수많은 문장을 생성할 수 있다. 이는 모국어 화자의 머릿속에 적절한 말과 글을 생성할 수 있는 심리적 기제가 작용하고 있음을 보여 준다. 따라서 언어 표현 생성 과정에 작용하는 모국어 화자에 내재된 내재 규칙으로서의 문법은 화자가 사고한 내용을 표현하는 과정에 일정한 작용을 할 것이다. 이런 관점에서 문법 교육은 학습자들이 '말을 바르게 하고 글을 바르게 쓰'도록 이끌기 위해 대상 세계와 사고와 표현을 포괄하는 문법의 체계를 갖추어야 하는 것이다. 이는 표현된 결과로서 말과 글의 구조의 바름과 표현 과정을 포함한 사고의 바름을 포괄하는 교육(이상태, 2008 : 126)으로 화자가 언어를 생성하는 기저를 연구하는 것이 청자 중심의 언어 수용 기저를 연구하는 것보다 언어 교육에 더 필요하다는 인식과도 관련되는 것이다.

지금까지 국어교육에서 바른 표현에 대한 교육적 필요성은 강조되어 왔음에도 불구하고 그 필요성이 당위적으로만 인식되어 바른 표현의 개념이 정확하게 규명되지 않고 규범성의 차원에서만 설명되어 왔다. 또한 바른 표현에 대한 교육은 국어교육의 여러 영역에 분산되어 이루어져서 체계성을 갖추지도 못했다. 그런데 화자의 표현 과정, 즉 언어 표현 생성 과정의 관점에서 문법의 기능을 확대해서 이해한다면 그 문법의 본질과 기능을 교육하는 문법 교육에서 바른 표현을 위한 교육의 많은 부분을 맡아야 할 필요가 있는 것이다.

바른 표현을 위한 문법 교육을 구상하기 위해서는 표현 과정에 작용하는 문법의 기능이 중요하다. 이 기능은 화자가 세계를 인식하고 의미를 생성하고 사고하여 표현하는 과정에서 문법이 하는 작용을 의미한다. 이를 드러내기 위해서는 세계 인식 과정에서의 언어 작용과 문법 요소에 관한 화자의 인식을 분석하는 것이 필요하다.

화자는 사물을 인식하여 이에 대한 개념을 생성하고, 여러 개념을 연관시켜 단순 명제를 형성하고, 여러 명제의 관계를 해석하여 복합 명제를 구성하고, 더 나아가 의미를 통합하여 텍스트를 생산한다. 즉 화자의 사고는 개념, 명제, 복합 명제, 통합된 의미의 층위로 전개되고, 이는 단어, 문장, 텍스트로 표현된다. 한국어에서는 주로 문법 형태소에 의해 의미가 연합되고 결합되어 단어에서 문장, 문장에서 텍스트가 생성된다. 한국어의 특질상 문법 요소가 화자의 사고 전개에 강하게 작용하므로 이를 표현의 과정에서 분석하는 것이 선행되어야 할 것이다. 그리고 문법 요소에 관한 화자의 인식을 객관화하는 중요한 방편은 의미와 사용 양상을 살피는 것이다. 그러므로 의미를 생성하는 사고의 측면과 의미와 형식을 결합하는 표현의 측면에서 문법 요소의 작용을 살피는 것이 표현 과정에 작용하는 문법의 기능을 밝히는 방안이 된다.

(1) 4차, 5차, 6차 중학교 교육과정 문법 영역 관련 내용

	4차	5차	6차	
국어과 목표	국민학교의 교육 성과를 발전시키고, 국어와 민족문화에 대한 관심을 깊게 한다. 2) 국어에 관한 체계적인 지식을 가지게 한다.	국어 생활을 바르게 하고, 국어와 민족의 언어 문화에 대한 이해와 관심을 가지게 한다. 2) 국어에 관한 기초적인 지식을 익히고, 국어를 정확하게 사용하게 한다.	국어 생활을 바르게 하고, 국어와 민족의 언어 문화에 대한 이해와 관심을 가지게 한다. 나) 국어에 관한 기초적인 지식을 익히고, 국어를 바르게 사용하게 한다.	
학년별 목표 및 내용	1) 문장의 성분을 안다. 2) 짜임에 따른 문장의 종류를 안다. 3) 품사의 뜻과 종류를 안다. 4) 음운 변화의 주요 규칙을 안다.	가) 단어를 품사로 분류해 보고, 각 품사의 특성 밝히기 나) 단어의 짜임새를 살펴보고, 우리말의 단어 형성 방법을 이야기하기 다) 하나의 단어를 중심으로 이와 관련되는 여러 단어들을 찾아보고, 각 단어들의 의미관계 분석하기 라) 문과 비문을 구분하고, 문장이나 글에서 비문을 찾기 마) 문장의 성분을 분석하고, 각 성분 사이의 관계와 문장의 구성 원리를 파악하기 바) 문장이나 글 속에서 사동 피동, 시간표현, 높임 낮춤 등에 관계되는 문법요소를 찾아 그 의미와 기능을 이야기하기 사) 음운 변동의 주요 규칙을 알고, 그 원인을 밝히기 아) 성장 단계에 따른 유아의 언어를 관찰하고, 언어 발달에 관심을 가지기	언어의 본질	1) 언어의 특성 2) 언어와 인간 3) 언어와 사회
			국어의 이해	1) 음운의 체계와 변동 2) 단어의 형성 3) 문장의 구성 요소와 기능 4) 단어의 의미 5) 문장과 이야기
			국어의 사용	1) 표준어와 표준 발음 2) 맞춤법 3) 국어 순화 4) 국어를 정확하게 사용하는 태도 및 습관

초기 학교 문법에서는 문법을 '말을 바르게 하고, 글을 바르게 쓰는 규칙'으로 인식하고 있었다. '말을 바르게 하기' 위해 표준어와 표준발음 익히기부터 교육 내용에 포함하고, '글을 바르게 쓰기' 위해 정서법 익히기부터 교육 내용에 포함하고 있다. 이러한 인식은 4차에서 6차 교육과정에서 문법 영역과 관련된 목표 진술과 교육 내용에서 확인할 수 있다.

(1)에서 보이듯이 4, 5, 6차의 국어과 교육의 공통된 목표에는 '국어를 바르게 사용'할 수 있는 능력을 학습자에게 함양시키겠다는 목표가 명시되어 있고, 문법 영역의 교육 내용에는 '국어를 바르게 사용'하기 위해 필요한 일련의 지식 체계가 규범성을 띤 규칙으로서 제시되어 있다.

그런데 '바르게'의 개념을 넓게 잡으면 틀린 말을 하지 않고 바른 말을 한다는 의미를 포함한다. 바른 말이란 대상 세계를 정확하게 인식하고 이와 관련되는 개념들을 논리적으로 구성해서 의미를 구현한 말이다. 틀린 말은 사실을 잘못 파악한 말과 글이나 정확하지 않은 말과 글을 가리킨다. 즉 바르게 말하고 글을 쓴다는 것은 표현된 결과로서의 말과 글에 대해서만 논의하는 것이 아니라 대상 세계와 표현된 말과 글과의 부합 정도와도 관련이 깊으며 문법 교육에서도 이러한 관점에서의 논의가 필요하다고 볼 수 있다.

생성이론에서의 문법은 모국어 화자의 적절한 문장 생성 능력 및 규칙으로 정의되기도 하고, 학문 문법에서는 이러한 모국어 화자의 마음속에 내재된 내재 규칙을 기술한 학자의 기술체계를 문법이라고 하기도 하였다. 그런데 지금까지는 주로 언어의 구조를 중심으로 연구하고 기술하였고 이러한 내용을 주로 문법 교육에서 교육 내용으로 삼아 왔다. 의미를 생성하는 화자의 사고와 논리의 측면에서 보면 문법의 기능은 개념을 명제로 묶어주고 단순개념을 복합개념으로 묶어주는 작용을 하는 것이기도 하지만 이러한 관점에서의 접근은 지금까지 시도되지 않고 있다.

여기서 2007 개정 교육과정에서 논의하는 문법의 개념 범위를 잠시 살펴보기로 하자.

> (2) 2007 개정 문법 교육과정에서의 문법의 성격
> 문법은 언어에 내재하여 있는 원리와 규칙을 가리킨다. 따라서 국어 문법은 개별 언어로서의 국어에 내재해 있는 원리와 규칙을 가리킨다. 이러한 원리와 규칙은 국어 생활, 즉 듣기, 말하기, 읽기, 쓰기의 활동에서 국어를 정확하고 효율적이며 창의적으로 사용하는 데 필요한 기저 지식 체계라고 할 수 있다.
> 국어 문법은 국어의 구조와 기능을 분석적으로 이해하고 국어를 통합적으로 구사할 수 있는 국어 능력을 기르는 데 기여한다. 문법 능력은 국어 능력의 토대로서 듣기, 말하기, 읽기, 쓰기, 문학 등과 관련을 맺으며, 국어의 소중함과 가치를 일깨우고 국어 의식을 높이는 데에 기여한다.

(2)에서 문법은 국어에 내재한 원리와 규칙으로 진술되지만, 이때의 문법은 언어 규칙이 작용한 결과로서의 언어 구조만을 교육 대상으로 삼는 것이 아니라 화자가 의미를 생성하고 표현하는 언어 생성 과정도 함께 포함하고 있다. 이는 언어적 앎으로서의 언어 지식과 언어적 삶으로서의 언어 사용을 일치시키고자 하는 교육적 의도를 드러낸 것으로, 문법 교육에서 문법에 대한 인식의 전환을 도모하고 있는 것으로 볼 수 있겠다. 즉 문법 교육에서 문법에 대한 관점이 규범으로서의 문법 지식에서 생산으로서의 문법 지식으로 그 인식이 변화하고 있음을 볼 수 있다.

문법은 문장을 적절하게 생성하는 내재 규칙이기도 한데, 기존의 연

구에서 문법은 언어의 구조를 짜는 규칙으로만 인식되어 왔다. 그렇지만 실상 문법은 문법의 구조를 갖추는 규칙일 뿐만 아니라 언어의 생성 원리 및 작용에 대한 내재 규칙이기도 하다. 따라서 이 글에서 사고 내용의 표현 과정에 작용하는 문법의 기능이라고 할 때의 '문법'은 이러한 언어의 생성 원리 및 작용에 대한 내재 규칙으로서의 문법을 의미한다. 그리고 문법 교육에서의 '문법'은 국어교육의 한 영역을 뜻하며 교육 내용으로서의 문법을 의미한다.

2. 국어교육과 바른 표현

현재의 국어교육에서 사고와 표현과의 관련성은 암묵적으로만 제시되어 있다. 또한 바른 표현의 개념이 명확하게 규명되지 않고 그 교육 내용이 체계적이지 않다.

국어교육에서 '국어를 정확하고 효과적으로 사용해야 한다.'는 의식은 규범성을 띠고 확산되어 있다. 이는 국어 영역의 목표에서도 확인할 수 있다.

> (3) 국어 영역 목표
>> 가. 제7차 국어과 교육과정
>>> 언어활동과 언어와 문학의 본질을 총체적으로 이해하고, 언어 활동의 맥락과 목적과 대상과 내용을 종합적으로 고려하면서 국어를 정확하고 효과적으로 사용하며, 국어 문화를 바르게 이해하고, 국어의 발전과 민족의 언어 문화 창달에 이바지 할 수 있는 능력과 태도를 기른다.

나. 2007 국어과 교육과정

국어 활동과 국어와 문학의 본질을 총체적으로 이해하고, 국어 활동의 맥락을 고려하면서 <u>국어를 정확하고 효과적으로 사용하며</u>, 국어 문화를 바르게 이해하고, 국어의 발전과 민족의 국어 문화 창조에 이바지할 수 있는 능력과 태도를 기른다. (밑줄 연구자)

(3)의 가, 나에서 알 수 있듯이 국어과 교육과정에서 국어를 정확하고 효과적으로 사용해야 한다는 명제는 암암리에 국어교육 전반에 자리하고 있다. 그런데 '국어의 정확하고 효과적인 사용'에 대한 진술은 목표 차원에서 그칠 뿐, 정작 그 내용이 상세하게 기술되어 있지는 않다. 교육과정 곳곳에 '바른 말', '정확한 말'이 제시되어 있으나, '바른 말'이란 무엇인지, '정확한 말'이란 무엇인지에 대한 구체적인 규명이 없는 상태로 당연히 그렇게 해야 한다는 당위성이 강하게 전제되어 있는 것이다.

(4) 2007 개정 국어과 교육과정 '국어' 영역 내용 중 관련 진술

[6-문법-(3)] 문장에 쓰인 호응 관계의 적절성을 판단한다.

[내용 요소의 예]

• 적절한 호응 관계의 중요성과 필요성 이해하기
• 문장의 호응 관계를 알고 바르게 표현하기
• 각종 매체에 나타난 언어 표현에서 호응 관계에 맞지 않는 부분을 찾아 바르게 고치기

[해설]

이 성취 기준은 문장에 쓰인 호응 관계의 적절성을 판단하는 능력을 신장시킴으로써 <u>정확하고 효과적인 문장을 생산 및 이해할 수</u> 있도록 하기 위하여 설정하였다. 문장의 호응 관계를 알고 바르게 표현·이해할 수 있게 지도하되, 특히 현재 각종 매체 등에서 호응 관계가 부적절한 문장이 널리 쓰이고 있는 현실을 감안하여 현재

　　의 국어 생활 문화 환경을 비판적으로 점검하고 인식할 수 있는
기회를 제공하고 국어를 올바로 사용하려는 태도를 지니게 하는
데 중점을 둔다.
　　호응이란 앞에 오는 어떤 말에 응하는 말이 뒤따라오는 것을 가리
키는 말로, '결코' 뒤에는 반드시 부정어가 와서 '결코 ~ 할 리가
없다' 등과 같이 사용되는 현상을 가리킨다. 이와 같은 호응 관계
에 대한 개념 이해를 바탕으로 다양한 언어 자료에 나타난 문장의
호응 관계를 관찰하고 분석하여 적절한 호응 관계의 중요성과 필
요성을 이해하고 바른 문장 표현의 중요성을 깨닫도록 지도한다.
각종 매체에 나타난 언어 표현에서 호응 관계가 잘못된 부분을 찾
아 바르게 고치는 활동을 하여 현재의 국어 생활 문화 환경을 비
판적으로 인식하고 정확한 언어 표현의 중요성을 체감하도록 교수
학습 계획을 수립한다. (밑줄 연구자)

　　(4)의 해설 부분에서는 문장의 호응 관계 교육의 필요성을 '정확하고
효과적인 문장의 생산과 이해'에서 찾고 있다. 그리고 이를 확장하여
'국어의 올바른 사용 태도'를 함양하기 위해 문장의 호응 관계의 적절성
을 판단하는 능력이 필요함을 진술하고 있다. (4)의 진술에서 '바른 표
현'과 관련된 용어는 곳곳에 산재하여 드러나지만, 정작 '바른 표현'의
개념을 정밀하게 규명하고 있지는 않음을 볼 수 있었다.
　　이러한 문제점을 오현아(2008 : 297~298)에서는 일제강점기를 거치면
서 국어 사랑이 곧 나라 사랑이라는 의식이 강하게 확산되면서 외래적
인 요소들을 배척하고 국어의 순수성을 회복하려는 국어 순화 차원에서
설명하고 있다. 국어 사랑에 대한 의식들은 '우리말의 정확하고 올바른
사용'[20]이라는 목표를 자연스레 강조할 수밖에 없었고 이를 당연하게

─────────────

20) 앞으로의 논의에서는 국어의 올바른 사용이란 말을 '바른 표현'이라고 통일하여 사용하
　　기로 하겠다. 여기서는 '바른 표현'의 의미로 기존에 통념적으로 사용해 온 정확한 표

받아들이게 된 것이라는 설명이다. 이러한 사회적 상황이 '정확한 사용과 표현'이 무엇인지, '바른 사용과 표현'이 무엇인지에 대한 검증 없이 규범적인 성격에 치우쳐 교육 내용을 구성하게 하였다고 볼 수 있다. 또한 이러한 현상은 '올바르다', '정확하다'라는 말의 속살에 해당하는 사고의 부면을 미처 살피지 못하고 단지 표현된 결과로서의 언어 형식적 구조만을 살핀 결과로도 해석할 수 있겠다.21)

7차 국어과 교육과정에서 '바른 표현'과 관련된 교육 내용을 살펴보면22) 다음과 같다.

(5) 7차 국어과 교육과정 '바른 표현' 관련 내용

내 용	수준별 학습 활동의 예
㉠ 쓰기2(4)자신의 생각을 문장으로 <u>정확하게 표현</u>한다.	[기본] • 그림의 내용을 생각해 보고, 그 내용을 문장으로 쓴다. [심화] • 이어진 그림의 내용을 생각해 보고, 그 내용을 문장으로 쓴다.
㉡ 말하기3(5)<u>어법에 맞게</u> 말한다.	[기본] • 사진이나 그림을 보고, 그 내용을 어법에 맞게 말한다. [심화] • 친구나 가족, 연예인들의 말에서 어법에 맞지 않는 예를 찾는다.
㉢ 국어지식3(4)<u>바른말</u>을 사용하려는 태도를 가신나.	[기본] • 바르지 않은 말을 사용한 경험과 관련지어 바른말을 써야 하는 이유를 말한다. [심화] • 주위 사람이 쓰는 바르지 않은 말을 찾아 바른말로 고친다.

현, 규범에 맞는 표현과 관련된 내용을 정리하여 제시하였다.
21) 표현된 결과로서의 언어 구조만을 다룬 경향은 국어교육의 다른 부면에서도 확인된다. 여기에 대해서는 2절에서 상세히 다루기로 하겠다.
22) 2007 개정 교육과정에 따른 교과서가 모든 학년에 걸쳐 제작되지 못했기에 교육과정과 교과서의 내용을 관련시키기 위해서 7차 교육과정의 내용과 교과서 구성을 살피기로 하겠다.

내 용	수준별 학습 활동의 예
㉣ 쓰기8(4)문법에 맞게 글을 쓴다.	〔기본〕 • 어순이나 문법요인의 쓰임, 호응 관계 등이 적절한지 판단하며 글을 쓴다. 〔심화〕 • 우리말의 문법을 효과적으로 활용하여 글을 쓴다.
㉤ 쓰기8(6)정확하게 글을 쓰려는 태도를 지닌다.	〔기본〕 • 정확하게 글을 쓰는 것이 왜 필요한지 말한다. 〔심화〕 • 정확하게 글을 쓰는 사람의 예를 들고, 정확한 글이 읽는 이에게 어떤 느낌을 주는지 토의한다.

　'바른 표현'에 관련된 내용이 말하기, 쓰기, 국어 지식 영역에 분산되어 제시되어 있음을 알 수 있다. ㉠은 제시된 그림 자료를 관찰하여 이와 관련된 문장을 쓰는 것을 내용으로 하고 있고, ㉡과 ㉢은 어법 즉 표기법에 맞게 말을 사용하는 것을 내용으로 하고 있으며, ㉣은 문장 구조와 문법 요인의 쓰임, 즉 문법에 맞게 표현하기를 내용으로 하고 있으며, ㉤은 자신의 생각이나 느낌을 정확하게 표현하기를 내용으로 하고 있다. '바른 표현'에 대한 교육 내용이 문장 표현, 규범에 맞게 사용하기, 생각의 표현 등으로 구성되어 일정한 체계성을 갖지 못함을 알 수 있다. 또한 교육 내용이 규범성에 한정하여 구성되어 풍부한 설명력을 갖지 못하고 있다.

　국어과 교육과정에서 확인할 수 있는 바처럼 '바른 표현'의 국어교육적 필요성은 인식하면서도 현재 국어교육에서 '바른 표현'의 의미가 제대로 규명되지 않은 상태에서 정확하고 규범에 맞는 표현 정도의 의미로 암묵적으로 사용하고 있는 것이다. 또한 국어교육에서 바른 표현을 위한 교육 내용이 말하기, 쓰기, 문법(국어지식) 영역에 분산되어 체계적으로 구성되어 있지 않은 현상도 확인할 수 있었다. 이러한 논의를 바탕으로 국어교육에서 '바른 표현'에 대한 개념화가 선행되어 이루어져야 하고, 이를 바탕으로 '바른 표현'과 관련된 교육 내용이 체계적으로 구성될 필요가 있음을 확인할 수 있었다.

이러한 문제점은 교과서 진술에서도 마찬가지로 나타난다.

(6) 7차 중학교 생활국어 2-1 교과서 '6. 바르게 쓰기' 단원

관련 영역 내용	〔8-쓰-4〕 문법에 맞게 글을 쓴다 〔8-국지-7〕 국어 사용에서 발견되는 문제를 파악하려는 태도를 지닌다
단원의 길잡이	학습목표 1. 문법에 맞는 문장을 쓸 수 있다. 　　　　 2. 국어를 바르게 사용하는 태도를 지닌다. ㉠ 좋은 글을 쓰기 위해서는 먼저 바르고 정확한 문장을 쓰려는 자세가 필요하다. 정확한 문장이란, 이렇게도 이해되고 저렇게도 이해될 수 있는 문장이 아니라, 글을 읽는 사람에게 의미가 명확하게 전달되는 문장이다. 이런 문장을 쓰려면 우리말의 어순, 문법 요소의 쓰임, 호응 관계 등을 잘 알아야 한다.

(1) 바른 문장 쓰기

문법에 맞지 않은 문장은 뜻이 분명하지 않으므로 나타내려고 하는 생각을 명확하게 전달할 수 없다. 그러므로 생각을 글로 바르게 나타내기 위해서는 문장이 문법에 맞는지 살펴보아야 한다.

　(가) 꽃나무가 이리저리 왔다 가요.
　(나) 6월이면 여름은 시작합니다.
　(다) 지난 추석에는 송편을 빚어 놓고 제사를 지냅니다.
　(라) 철수야, 선생님이 오시래.
　(마) 손님이 다 오지 않았다.

㉡ 위의 (가)는 주어와 서술어가 어울리지 않는다. (나)에서 '여름'은 시작합니다'라는 능동적인 동작이 불가능하다. (다)는 시간 표현이 맞지 않는 문장이고, (라)는 높임 표현이 잘못된 문장이다. (마)는 '손님이 한 사람도 오지 않았다.'와 '손님이 오긴 왔는데, 다 온 것은 아니다.'의 두 가지 뜻으로 해석될 수 있다.
이들을 다음과 같이 고쳐 쓰면 바른 문장이 될 수 있다.

　(가) 꽃나무가 이리저리 흔들려요.
　(나) 6월이면 여름이 시작됩니다.
　(다) 지난 추석에는 송편을 빚어 놓고 제사를 지냈습니다.
　(라) 철수야, 선생님께서 오라고 하셔.
　(마) 손님이 다 오지는 않았다.

㉠에서 바르고 정확한 문장을 쓰려는 자세의 필요성을 논의하면서 '바르다'에 대한 의미는 제시하지 않고, 정확한 문장을 청자/독자가 의미를 혼동하지 않게 명확하게 의미를 이해할 수 있게 표현된 문장이라고 규정하고, 정확한 문장을 쓰기 위해서 문법에 맞게 글을 써야 한다고 진술하고 있다. 그리고 생각을 글로 바르게 나타내기 위해서 문장이 문법에 맞는지 살핀다고 진술하고 있는 것으로 보아, 정확한 문장과 바른 문장의 의미를 혼용하여 사용하고 있다는 것을 알 수 있다.

이처럼 국어교육에서 '바른 표현'을 '정확한 표현'과 혼용하여 사용하고 있고, 또한 '바른 표현'을 그 의미에 대한 자세한 규명 없이 당연히 따라야 하는 원칙으로만 인식함으로써 표현 과정에서 문법의 규범적인 성격만을 강조하게 되어 교정 차원에서 텍스트를 논할 수밖에 없는 한계점(오현아, 2008 : 305)을 갖게 된다. 즉 표현된 결과로서 말과 글만을 대상으로 인식하고, 이를 규범에 따라 교정하는 차원에서 '바른 표현'에 대한 교육 내용이 구성되어 있다는 것이다.

지금까지 살펴본 바와 같이 국어교육에서 바른 표현은 어법에 맞는 표기를 하는 것과 문법에 맞는 표현[23]을 하는 것을 뜻한다. 이런 측면에서 표현의 바름은 표기의 바름과 문장 구조의 바름을 뜻하게 된다. 그리고 바르지 않은 표현은 어법에 맞지 않거나 문법에 적절하지 않은 표현으로 주로 규범에 맞지 않는 표현으로 여겨진 것이다. 따라서 지금까지 국어교육에서 사용해 온 바른 표현에서 '바름'의 의미는 표기상의 바름과 문법상의 바름의 두 층위로 사용되어 온 것으로 볼 수 있겠다.

그런데 과연 앞에 제시된 의미만으로 '바른 표현'을 규정함에 충분한

---

23) 여기서의 문법의 바름은 문장 구조의 바름과 문법 요소의 바른 사용을 주로 의미하는 것으로 규범성을 강하게 띠고 있다.

것인지를 되짚어 봐야 한다. 바꾸어 말하면 생각을 말과 글로 바르게 나타내기 위해서 과연 문장이 어법과 문법에 맞는지를 이해만 하면 되는지를 고려해 봐야 한다는 것이다. 왜냐하면 문법에는 맞지만 틀린 문장도 가능하기 때문이다. 예를 들어 '경찰이 도둑을 잡기 위해서 난투극을 벌이는 장면'을 보고 행인이 '경찰이 시민을 폭행하고 있다!'라고 표현하면 그것은 사실과 부합되지 않은 표현이기 때문에 바른 표현이 될 수 없다. 왜냐하면 경찰이 도둑을 잡는 격투 장면을 시간적 인접성에 의해서만 해석을 했기 때문에 경찰이 도둑을 잡기 위해서 격투를 하고 있다는 논리적 의미 관계를 살피지 못하고 표현했기 때문이다.

(7) 바르지 않은 표현
  가. 그 팀의 선수들은 훌륭한 선수들이기 때문에 그 팀은 훌륭한 팀임에 틀림없다.
  나. 이 팀은 훌륭한 팀이기 때문에, 이 팀의 선수들은 훌륭한 선수들임에 틀림없다.

(7가)와 (7나)는 팀 전체와 소속 선수와의 관계, 즉 전체와 부분의 관계를 단순히 부분의 합이 전체로 생각했기 때문에 나타나는 잘못된 표현이다. 전체는 이것을 이루고 있는 부분들의 속성을 반드시 가진다고 전제할 수 없기 때문에 아무리 훌륭한 선수들이라도 함께 경기를 할 경우 형편없이 경기를 할 수도 있는 것이다. 또한 전체를 이루는 부분들은 전체의 속성을 반드시 가진다고 전제할 수 없기 때문에 개인적으로 뛰어난 선수들이 없더라도, 선수들이 힘을 합쳐서 경기를 잘 할 수도 있는 것이다.

이렇게 볼 때 (7)는 어법이나 문장의 구조는 바르지만, 팀과 선수의 관계에 대한 인식이 바르지 못하기 때문에 사고 과정이 잘못되어 오류 표현이 된 것이다. (6)은 상위 개념으로서의 '팀'과 하위 개념으로서의 '팀의 선수' 간의 개념 관계를 단순한 합의 관계로만 인식했기 때문에 나타나는 사고 과정의 잘못으로 인해 오류 표현이 된 것이다.

이런 측면에서 바른 표현은 표현된 결과로서의 말과 글만을 따질 것이 아니라, 표현 과정에서 화자가 대상 세계를 바르게 인식하고 논리적으로 의미를 구성하는 사고 과정을 함께 연관 지어 살펴야 하는 것이다. 지금까지 살펴본 표현의 바름은 세 가지 층위에서 의미를 확인해 볼 수 있겠다.

(8) '표현의 바름'의 의미

바르다	↔	틀리다
㉠ 표기의 바름	↔	표기의 틀림
㉡ 문장 구조의 바름	↔	문장 구조의 어색함
㉢ 사고의 바름	↔	사고의 오류

표현이 바르다는 것은 (8)의 세 층위를 모두 포함해서 살펴야 하는 것이다. 지금까지 국어교육에서 ㉠과 ㉡의 층위에만 한정해서 표현의 바름을 논의했지만 실상은 ㉢의 층위까지 포함하여 살필 필요가 있는 것이다. (8)의 세 층위를 모두 포함하여 표현의 바름을 논의할 때 비로소 완결성 있게 바른 표현을 구현할 수 있을 것이다. '바른 표현'에는 대상 세계에 대해 '바르게 사고하고 사고한 내용을 바르게 표현하는' 언어 표현 생성 과정이 전제되어 있으므로 이러한 관점에서의 접근이 필요하다.

그러므로 '바른 표현'의 의미를 재정의하되, 그 의미를 기존의 규범성의 차원에서 보다 확장하여 화자가 사고하고 표현하는 언어 표현 생성

과정을 고려하여 해석하는 것이 필요한 것이다. 기존의 국어교육에서는 바른 표현을 표현의 결과로서 말과 글의 구조와 규범적인 성격에 한정하여 살폈다. 그러나 사고가 언어로 표현되는 언어 생성 과정을 고려한다면 화자가 사고하고 그 사고의 내용을 표현하는 과정까지 고려하는 것이 바른 표현의 의미를 전체적으로 통찰하는 데에 필요한 것이다.

3. 국어교육에 반영된 사고의 양상

'사고'[24]는 모든 교과에서 교육의 목표로 여기는 공통적인 내용으로 다양한 교육 국면에서 사용되고 있다. 이는 국어교육뿐만 아니라, 교육의 전반에서 이루어지는 모든 활동이 제대로 사고하는 인간을 키워야한다는 당위성을 보여주는 것이기도 하다(고춘화, 2009ㄱ : 1).

국어교육에서도 사고와 언어[25]가 별개의 기능에서 출발하는 것이 아니며 모국어에 대한 심도 있는 인식이 곧 정확하고 바른 모국어 능력의

---

24) 대상을 찾고 그에 대한 심리적 상태를 변화시키는 정신 작용을 '사고'라 하고, 이 정신 작용을 운용할 수 있는 힘을 '사고력'이라 한다(서울대학교 국어교육연구소, 2007 : 380).

25) 사고와 언어의 관계에 대해서 비고츠키(Vygotsky)는 언어가 사고를 진작시키는 역할을 한다고 보고, 이를 어린아이의 언어 획득 과정을 통해 증명해 보였다. 언어의 역할이 사회적 의사소통에만 있는 것이 아니라 개인 내의 개념 형성 과정에도 있음을 강조한 것이다. 이는 언어가 개인과 외부의 소통의 장면뿐만 아니라 개인 내부에서 자신과의 대화의 장면에도 작용함으로써 사고의 중요한 수단으로 사용됨을 보여준다. 그는 언어적 사고(Verbal thought)를 언어를 통해 이루어지는 사고로 정의하고 언어가 가진 사회문화적 성격이 사고 과정에 작용한다고 보았다. 언어는 다른 사람과 자기 내부의 두 차원을 소통시키는데, 이 때 사고는 언어의 영향을 받아 개인적일 뿐만 아니라 사회문화적 성격을 띠게 된다는 것이다(신현정, 1985). 따라서 한국어의 특질과 그 사회문화적 성격은 한국어 화자의 사고에 영향을 끼치게 됨을 유추할 수 있다.

신장으로 이어지고 이것이 한국인으로서의 문화적 자질로 자리매김한다는 논의는 꾸준히 제기되었다. 이도영(1998 : 102)에서는 언어는 그 사용자로 하여금 비언어적 사고자가 획득할 수 없는 복잡한 수준에서 추상적 개념, 가설과 추론, 규칙과 일반 원리를 형성할 수 있도록 해 주고, 사고자로 하여금 심적으로 암송하고, 주의를 지시하고 유지시키고, 정보를 정돈된 순서로 그리고 차례로 포개진 위계로 배열할 수 있도록 해준다고 보았다. 이러한 언어적 사고의 중요한 이점은 우리 세대의 전체 지식 집합소로 접근할 수 있게 해줌으로써 과거 및 현재의 다른 언어 사용자들의 축적된 경험으로부터 정보를 얻을 수 있게 해준다는 것이다. 그는 국어교육에서 언어의 역할을 언어 공동체의 지식 생성과 문화적 가치 창달로까지 확장하여 논의하였다.

지금까지 국어교육의 목표는 5차 교육과정 이래 언어기능을 중시하는 경향에서 점차 사고와 문화기능을 포괄하는 방향으로 바뀌어 왔다. 또한 구성주의가 몰고 온 교육 패러다임의 변화26)는 국어교육에도 영향을 끼쳐 텍스트에 대한 수동적인 이해와 생성의 관점을 적극적인 이해와 생성의 관점으로 변화시켰다(고춘화, 2009ㄱ : 4). 이러한 변화는 2007 개정 국어과 교육과정에서 확인할 수 있다.

---

26) 객관주의적 인식론에서는 지식의 구조가 학습자의 외부에 존재하고 이 지식을 학습자가 습득하는 것을 교육이라고 보았다. 이는 학습자를 제약된 조건에서 반응하는 수동적인 존재로 전락시켰고, 실제 지식의 의미있는 생성에서 멀어지게 함으로써 교육적 생산성을 떨어뜨리는 문제점을 가져왔다. 7차 교육과정은 구성주의 이론을 채택하고 학습자의 사고력 신장을 최대 명제로 삼아 이를 위한 교육 체제를 구축하기 위해 수준별 교육과정, 자기 주도적 학습, 학습자 개별화학습 등을 강조하였다. 구성주의는 객관주의적 인식론과는 달리 지식은 학습자 내부에서 경험을 통해서 구성된다고 보고, 여러 가지 사례 학습, 상황 학습 등의 교수학습방법을 도입하였다. 학습자를 지식 습득의 대상에서 지식 생성의 주체로 바라보면서, 학습자 내부의 사고의 과정에 적극적인 관심을 가지게 되었다.

(9) 2007 개정 국어과 교육과정의 목표

국어 활동과 국어와 문학의 본질을 총체적으로 이해하고, 국어 활동의 맥락을 고려하면서 국어를 정확하고 효과적으로 사용하며, 국어 문화를 바르게 이해하고, 국어의 발전과 민족의 국어 문화 창조에 이바지할 수 있는 능력과 태도를 기른다.

　가. 국어 활동과 국어와 문학에 대한 기본적인 지식을 익혀, 이를 다양한 국어 사용 상황에 활용하면서 자신의 언어를 창조적으로 사용한다.

　나. 담화와 글을 수용하고 생산하는 데 필요한 지식과 기능을 익혀, 다양한 유형의 담화와 글을 비판적이고 창의적으로 수용하고 생산한다.

　다. 국어 세계에 흥미를 가지고 언어 현상을 계속적으로 탐구하여, 국어의 발전과 미래 지향의 국어 문화를 창조한다.

개정 국어과 교육과정 해설에서는 '가'항을 통해 국어과에서 배우고 익혀야 할 지식은 국어 활동, 국어, 문학에 대한 지식임을 밝히고, 이러한 지식을 배우는 이유는 지식 자체의 습득에 있는 것이 아니라 자신의 언어를 창조적으로 사용하는 국어 능력의 신장에 있음을 강조하고 있다(교육인적자원부, 2008 : 13). 따라서 국어교육 내용의 기술은 국어 능력의 신장을 전제로 함을 알 수 있다. 전통적으로 국어교육에서는 학습자의 국어 사용 능력 신장을 강조하여 왔으나 '국어 사용 능력'이란 용어의 사용이 언어 기능에 치우친 함의를 가진다는 반성에서 2007 개정 교육과정에서는 '국어 능력'을 목표로 제시하고 있다.

(10) 국어 능력

국어 능력은 담화와 글의 수용, 생산 능력을 의미한다. 제7차 교육과정에서는 학습자가 반드시 학습해야 할 내용의 범주로 '본질', '원리', '태도'를 제시하고 있다. 내용 범주인 '본질', '원리', '태도'에서 선정된 지식, 기능을 학습하면 국어 능력이 신장된다는 가정을 하고 있는 셈이다.

그러나 이들 지식과 기능을 학습한다고 해서 저절로 담화와 글의 수용, 생산 능력이 신장되지는 않는다. 학습자의 국어 능력은 다양한 담화와 글을 직접 수용하고 생산하는 활동 속에서 신장된다(교육인적자원부, 2008 : 9).

여기서 국어 능력은 기존 지식의 단순 수용이나 표출 능력이 아니라, 언어 기능을 통합적으로 운용하여 사고(의미)와 언어를 연결짓는 지적 기능으로서의 고등 정신 능력을 뜻한다. 이 능력은 단순히 문자를 읽고 쓸 수 있는 기초 기능이 아닌, 의미를 언어화(표현)하고 언어에서 의미를 추출하여 재구성(이해)하는 데 필요한 지식, 기능, 맥락의 학습이 균형 있게 이루어질 때에 효과적으로 신장되는 능력이다(교육인적자원부, 2008 : 21). 이는 국어 활동의 지적 기반으로서 지식 학습이 강조되어야 함을 의미하며 또한 언어 표현 생성 과정에 대한 관심을 전제로 한 것이다. 이러한 국어 능력을 신장시키기 위해 초등학교에서는 사고력과 상상력을 기르는 데, 중등학교에서는 고등 사고력과 심미적 안목을 기르는 데 초점을 두도록 하고 있다.

(11) 2007 개정 교육과정 국어과 성격
초등학교에서는 국어를 정확하고 효과적으로 표현하고 이해하는 능력과 국어 활동을 통한 사고력과 상상력을 기르는 데 중점을 둔다. 또한 국어에 대해 관심을 가지고 국어 활동을 즐기고 국어를 존중하는 태도를 강조한다. 중등학교에서는 국어를 정확하고, 비판적이며, 창의적으로 표현하고 이해하는 능력과 국어 활동을 통한 고등 사고력과 심미적 안목을 기르는데 중점을 둔다. 또한 국어 문화에 대한 관심을 높이고 국어를 발전시키려는 태도를 강조한다(밑줄 연구자).

(11)에서는 표현·이해 능력과 사고력의 신장을 국어과가 지향해야

할 가치로 명시하고 있다. 이처럼 개정 국어과 교육과정에서 '사고'는 국어 활동과 떨어질 수 없는 중요 내용 요소 및 교육의 목표로 설정되어 있다.[27)]

그런데, 국어과 교육과정에서 국어 활동 영역의 내용을 살펴보면 '사고'는 성취 기준과 내용 요소에 암묵적으로 전제되어 제시되어 있을 뿐이다. 사고 연구의 성과들을 교육적으로 접목시켜 지식의 영역과 지식의 처리 절차(사고과정의 차원)에 따라 교육 내용을 정리한 사람이 마르자노(Marzano)인데 강현석 외(2005 : 32~65)에서는 마르자노의 사고의 핵심적 기능들을 수정하여 다음과 같이 제시하였다.

(12) 사고의 핵심적 기능
　　초점을 맞추는 기능 : 문제 정의하기, 목표 설정하기
　　정보 수집 기능 : 관찰하기, 의문 형성
　　조직 : 비교, 분류, 순서화, 표현하기
　　분석 : 속성과 구성요소, 관계와 양상, 주제, 오류 확인하기
　　생성 : 추론, 예언, 정교화하기
　　통합 : 요약, 재구조화하기
　　평가 : 준거 설정하기, 확증하기

----

27) 특히, 개정 교육과정이 지향하고 있는 창의적, 비판적 국어 사용 능력은 언어활동의 반복에 의한 숙달보다 국어 활동과 국어와 문학에 대한 기초적인 지식의 체계적인 학습이 선행될 때 효과적으로 향상된다. 국어 활동에 대한 지식은 비판적·창의적인 국어 사용 능력을 신장시키는 데, 국어에 대한 지식은 국어 현상을 탐구하고 국어에 대한 의식을 강화하는 데 기여한다. 또한 문학에 대한 지식은 문학 작품의 수용을 통해 인간의 삶을 총체적으로 이해하는 능력과 심미적 정서를 함양하는 데 지적 기반이 된다. 이러한 지적 기반이 곧 국어 사용 양상과 내용을 정확하고 비판적으로 이해하는 능력과 사상과 정서를 효과적이고도 창의적으로 표현하는 능력과 태도를 길러, 국어교육의 이념적 지향인 국어 문화의 이해와 창조에 기여한다는 관점에서 성격을 규정하였다(교육인적자원부, 2008 : 12).

(12)는 지식을 습득하고 생성하는 일련의 과정을 단계화하여 제시한 것이다. 지식 생성의 과정을 문제에 초점을 맞추고 이와 관련된 정보를 수집하고 수집된 정보를 조직하여 구체적으로 분석한 후, 기존 내용에서 새로운 정보를 생성하고 기존 정보와 새로운 정보를 통합한 후 일정한 준거에 따라 평가하는 단계로 구분하였다. 그리고 각 사고 단계의 핵심 기능들을 밝힌 것이다. 지식 생성의 과정을 교육 내용과 접목시켜 각 단계의 핵심 기능들을 명시한 내용이므로, 교육과정의 내용과 비교하여 분석하기에 용이하다. 그래서 개정 교육과정 국어과 7학년 듣기, 말하기, 읽기, 쓰기 영역의 내용을 살펴서 (12)의 사고 기능이 직접 진술된 성취 기준과 내용 요소를 분석해 보았다. 이를 정리하면 다음과 같다.

(13) 개정 교육과정 7학년 국어활동영역 중 사고기능 관련 내용

학년-영역-성취기준	내용 요소	사고기능
7-듣(2)광고를 보거나 듣고 설득의 전략을 파악한다.	• 광고의 특성 이해하기 • 언어 표현이나 이미지 구성 방식 파악하기 • 아이디어 생성 과정 및 기획 의도 추론하기 • 광고의 신뢰성과 타당성 판단하며 듣기	분석 생성 평가
7-듣(3)주변 인물과 면담을 하고 결과를 분석한다.	• 면담의 목적과 의도 이해하기 • 면담 대상에 대한 정보 수집하기 • 매체의 특성을 고려하여 면담하기 • 면담 결과를 목적에 따라 정리하고 분석하기	정보 수집 분석 통합
7-말(1)대상의 특성을 살려 주변의 인물이나 관심사를 인상 깊게 소개한다.	• 소개할 대상의 특성에 맞게 내용 조직하기 • 대상을 인상 깊게 기억할 수 있는 표현 활용하기 • 자신의 관심 대상을 다른 사람과 능동적으로 공유하기	분석 조직
7-말(3)인터넷 게시판의 내용을 비판적으로 분석하고 인터넷 토론에 주체적으로 참여한다.	• 인터넷 매체의 상호작용적 특성 이해하기 • 게시판의 내용을 비판적으로 분석하기 • 논제에 대한 자신의 입장을 적극적으로 개진하기 • 언어 예절, 인권, 초상권 등을 고려하기	분석
7-읽(2)독자의 관점, 입장, 지식 등에 따라 글의 내용이 다르게 이해될 수 있음을 안다.	• 글의 다양한 이해 가능성 이해하기 • 글을 다르게 이해하게 되는 원인 파악하기 • 자신의 이해와 다른 사람의 이해 비교하기 • 다른 사람이 이해한 바를 존중하는 태도 기르기	분석 조직

학년-영역-성취기준	내용 요소	사고기능
7-읽(3)건의하는 글을 읽고 주장의 합리성과 수용 가능성을 <u>평가</u>한다.	• 건의하는 글의 목적과 <u>특성</u> 이해하기 • 문제 상황과 요구 사항 파악하기 • 주장의 합리성과 수용 가능성 <u>판단</u>하기 • 합리적인 문제 해결 방안을 찾는 태도 기르기	분석 평가
7-읽(5)영화에 등장하는 인물의 가치관이나 사고 방식을 <u>비판적으로</u> 이해한다.	• 영화의 매체 <u>특성</u> 이해하기 • 영화의 서사 <u>구조</u> 파악하기 • 주요 인물의 성격 및 인물 형상화 <u>방식</u> 파악하기 • 영화에 나타난 인물의 가치관이나 사고방식에 대해 토론하기	분석 평가
7-쓰(1)다양한 매체에서 내용을 <u>선정</u>하여 <u>통일성</u> 있게 설명문을 <u>쓴다</u>.	• 설명문의 <u>특성</u>, <u>통일성</u>의 개념 이해하기 • 다양한 매체에서 내용 선정하기 • 통일성 있게 내용 <u>정리하고 표현</u>하기 • 통일성을 고려하여 고쳐쓰기	정보 수집 조직 통합
7-쓰(2)<u>절차와 결과</u>가 드러나게 보고서를 <u>쓴다</u>.	• 보고서의 목적, <u>특성</u>, <u>구성 요소</u> 이해하기 • 사실, 자료, 생각을 기록하며 <u>관찰·조사·실험</u>하기 • <u>절차와 결과</u>를 중심으로 내용 <u>정리</u>하기 • 관찰·조사·실험 및 보고의 윤리 지키기	분석 조직 통합
7-쓰(3)<u>문제 해결 방안</u>이나 요구 사항을 담아 건의하는 글을 <u>쓴다</u>.	• 건의하는 글의 <u>특성</u> 이해하기 • <u>문제 및 해결 방안</u>을 중심으로 쓸 내용 정리하기 • 간결하고 명확하며 진지하게 <u>표현</u>하기 • 건의하는 글이 소통되는 일반적인 맥락 이해하기	분석 정보 수집 조직 통합

7학년 쓰기 영역의 '(3) 문제 해결 방안이나 요구 사항을 담아 건의하는 글을 쓴다.'의 성취 기준에 해당하는 내용 요소 중에서 '건의하는 글의 특성을 파악하는 것'은 대상의 속성을 밝히는 '분석'의 사고 기능에 해당하고, '문제 및 해결 방안을 중심으로 내용을 정리하기'는 논제를 관찰하여 의문을 제기하는 '정보 수집'과 요약하고 재구조화하는 '통합'의 사고 기능에 해당하고, '간결하고 명확하며 진지하게 표현하기'는 내용의 핵심을 뽑아 요약하고 이를 진술하는 '통합'과 '조직'의 사고 기능에 해당한다. 7학년 국어 활동 영역의 내용에서 사고와 관련된 기능은 성취 기준에 직접 진술되어 있거나 각 성취 기준의 하위 내용 요소로

제시되어 있기도 하다. 그러나 언어와 사고의 관계 차원에서 이를 설명하는 진술은 찾아보기 힘들다. 이는 기타 학년에서의 국어 활동 영역의 내용을 살펴도 역시 유사한 상황이다.

이처럼 국어 활동의 내용에는 사고 기능이 전제되어 있지만, 사고에 대한 논의는 분산되어 숨어 있을 뿐 이와 관련된 직접적인 설명이나 구체적인 안내는 제시되어 있지 않다. 국어과 교육과정 곳곳에 언어적 사고와 관련된 용어는 제시되어 있으나, 정작 체계적인 설명이나 개념에 대한 규명은 찾기가 힘든 것이다. 이런 현상은 바른 표현에 대한 이해가 표현된 결과로서의 말과 글에 한정되어 논의되어 온 현상과도 무관하지 않은 것 같다.

국어 활동의 양상이 듣기, 말하기, 읽기, 쓰기로 변별되어 있지만, 그 내면에는 사고의 부면이 분명히 존재하고 있는 것이다. 따라서 언어와 사고의 밀접한 관계를 고려할 때 국어과 교육 내용에서 공통된 부분으로서 사고와 관련된 접근이 필요해 보인다. 표현과 이해의 과정을 밝히기 위해서는 화자가 세계를 인식하고 이에 대해 사고하여 언어로 표현하는 과정을 정교하게 살피는 것이 필요한 것이다. 또한 바른 표현의 의미에 대한 규명도 이러한 관점에서 이루어져야 할 것이다.

4. 바른 표현을 위한 문법 교육의 필요성

(1) 문법 교육의 성격

기능 중심의 국어교육에서 벗어나야 할 것을 주장한 김광해(1997 : 9)

에서는 국어교육의 목표는 (1) 언어학습, (2) 언어를 통한 학습, (3) 언어에 관한 학습28)을 골고루 포함하여야 한다고 하였다. 그리고 (3)을 문법 영역의 구체적인 교육 목표라고 규정하고 이론 언어학의 성과와 이를 단순화한 학교 문법을 교육적으로 다루어야 할 때 이제까지의 국어교육에서와는 달리 문법 전반을 새로운 방식으로 다루어야 한다고 주장하였다. 그는 모국어 화자가 우리말의 문법(국어에 대한 다양한 이해를 포함하여)을 공부해야 한다고 할 때 그 목표는 많이 확대된 다음과 같은 내용들로 구성될 수 있다고 보았다.

(14) 문법 교육의 목표(김광해, 1997 : 16)
　① 언어 및 국어의 이해를 통해서 인간이 지니고 있는 언어 능력의 신비에 접근한다.
　② 언어 능력의 실체를 이해해 가는 이러한 과정은 인간 자체를 이해하기 위한 과정임을 안다.
　③ 언어 및 국어를 이해하려는 노력이 가치 있는 과정임을 학생들이 직접 탐구할 수 있도록 한다.
　④ 탐구 과정을 통해서 획득된 인간의 언어 능력에 관한 지식들을 효용성 있게 사용하기 위한 태도를 가지도록 한다.
　⑤ 언어 및 국어에 대한 이해 과정을 통해서 언어와 국어에 대한 바람직한 태도를 가지도록 한다.

(14)에서는 언어 능력에 대한 이해가 인간에 대한 이해와 직결된다(①

---

28) Goodman et al.(1987 : 171)에서는 이를 다음과 같이 상세히 해석하였다.
　① 언어학습(learning lamguage) : 아동으로 하여금 더 효과적인 언어 사용자가 되게끔 도와주는 학습
　② 언어를 통한 학습(learning through language) : 아동들이 사회적으로 바람직한 방향에서 의사소통을 할 수 있도록 해 주기 위한 학습
　③ 언어에 관한 학습(learning about language) : 아동들에게 언어에 관한 지식과 술어를 제공함으로써 언어가 어떻게 작용하는지를 이해하고 논의하게 하는 학습

는 언어의 본질과 언어 표현 생성 과정(②)에 대한 내용을 제시하고 있다. 또한 문법 교육의 목표를 탐구 학습을 통한 학습자의 사고 향상(③, ④)과 국어 문화에 대한 태도 함양(⑤)까지 폭넓게 제안하였다. 여기서 문법에 대한 인식의 폭이 확대되고 있음을 확인할 수 있다.

중등학교에서 가르치는 문법의 성격에 대한 일반적인 인식은 교육과정의 진술을 분석해 보면 알 수 있다. 7차 교육과정과 개정 교육과정 내에서 문법 학습의 성격에 대한 진술을 살펴보자.

> (15) 교육과정에 제시된 문법 학습의 성격
> 　가. 7차 국어과 교육과정 중 문법 영역의 성격
> 　　'국어 지식' 영역의 학습은 <u>언어 현상에서 규칙을 찾아 내는 탐구 학습 활동을 중심으로</u> 하되, 학습한 지식을 국어 사용 상황에 적용하는 활동을 강조한다.
> 　나. 2007 개정 국어과 교육과정 중 문법 영역의 성격
> 　　'문법' 학습은 <u>언어 현상에서 규칙을 찾아내는 탐구 활동을</u> 강조하고, 학습한 지식을 국어 사용 실제에 적용하는 활동을 강조한다. (밑줄 연구자)

(15)에서는 공통적으로 '탐구학습'을 강조하고 있는데, 이는 규범적 지식 전달의 문법 교육에서 언어 현상에 대한 탐구를 통한 언어 주체 중심의 문법 교육으로의 전환을 시사하는 변화이다. 규범을 먼저 익히고 이에 따라 언어생활을 행한다는 하향적 전달 위주의 교수 상황에서 언어 현상을 통해 일반적인 규칙을 발견해 가는 상향적 교수 상황으로 바뀌게 된 것이다.29) 이러한 인식의 변화는 언어를 언어 사용자와 별개

---

29) 여기서 '규범'은 학습자들이 습득해야 할 절대적 지식의 성격을 가진 반면, '규칙'은 학습자들이 발견해 내는 상대적, 상황적 지식의 성격을 가짐을 의미한다.

인 분석의 대상으로 한정하지 않고 언어 주체가 적극적으로 발견하고 사용하는 대상으로 바라보는 것이다. 따라서 학습자들의 의미 있는 학습을 진작시키고 참여를 독려하여 학습 과정에서 사고력, 판단력 등의 신장을 기대할 수 있게 하였다.

다음으로 문법 과목의 목표[30]를 살펴보자.

> (16) 문법 과목의 목표
> ㄱ. 7차 교육과정에서 문법 과목의 목표
> 국어에 대한 탐구 과정을 통하여 길러진 통찰력과 논리적 사고력을 바탕으로 언어와 국어의 문화적 가치를 이해하고 지식을 갖추어, 국어를 올바로 사용하고 국어의 발전에 기여하는 태도를 지닌다.
> ㄴ. 개정 교육과정에서 문법 과목의 목표
> 국어에 대한 이해와 국어에 대한 탐구 활동을 바탕으로 문법 능력을 발달시키고 국어와 국어 문화의 발전에 기여하는 태도를 기른다.

문법 과목에서 토대로 삼아야 할 기본 능력으로 7차 교육과정에서는 '탐구 과정을 통해 통찰력과 논리적 사고력'을 제시하고 있고 개정 교육과정에서는 '국어에 대한 이해와 탐구 활동'을 제시하고 있다 7차 교육과정에서는 '탐구'를 교수학습의 방법으로 삼아 사고력의 함양을 지향하고 있는 반면, 개정 교육과정에서는 '이해'라는 용어를 사용하여 국어에 대한 인식적 앎과 '탐구'의 활동적 성격을 강조하고 '문법 능력'을 국어의 바른 사용을 위한 기저능력으로 전제함으로써 문법 과목에서 지향하는 목표와 내용을 보다 확장적으로 제시하고 있다.

---

30) 이에 대한 논의는 고춘화(2008ㄴ : 157~160)를 수정하여 인용하였다.

이처럼 교육과정에서의 문법은 '국어를 탐구하고 올바로 사용하는 능력'을 함양하는 것을 목표로 설정하고 있다. 7차 교육과정에서 문법 과목의 목표의 핵심 개념은 '탐구와 사고력, 국어의 올바른 사용'으로, 개정 교육과정에서 문법 과목의 목표의 핵심 개념은 '이해와 탐구, 문법 능력'으로 기술되어 있다. 국어 현상을 대상으로 국어 현상을 이해하고 탐구하는 과정은 문법에 대한 합리적이고 이성적인 사고 작용이기도 하다. 이처럼 문법 현상에 대한 관찰과 숙고의 과정을 거쳐 얻는 그 '무엇'은 '문법 능력'이라고 지칭할 수도 있고 '문법적 사고'라고도 지칭할 수 있을 것이다. 여기서 '탐구'는 폭넓게 적용하면 '사고'로 대치하여 사용할 수 있겠다. 그리고 '사고와 바른 사용'에 대한 인식은 바른 표현의 요건이기도 한 것이다.

개정 교육과정에서의 문법은 언어의 규칙, 언어 생성의 원리, 언어 요소의 기능이 연합된 상태라고 볼 수 있다. 문법은 언어 요소가 서로 관계를 맺고 있는 규칙의 체계이자, 음운, 단어, 문장, 담화를 생성하는 원리의 체계이고, 언어 요소가 작용하는 기능의 체계라고 말할 수 있는데 이는 구조주의와 생성주의의 관점을 반영한 것이다. 이러한 원리와 규칙은 국어 생활에서 국어를 정확하고 효율적이며 창의적으로 사용하는 데 필요한 기저 지식 체계로 다양하게 기능한다(교육과학기술부, 2009 : 331). 문법에 대한 이러한 인식은 표현 과정(담화나 텍스트의 생산 과정)에서 작용하는 문법의 기능을 중요하게 바라보는 관점과 관계가 깊다.

문법에 대한 이러한 인식의 변화는 문법 교육의 가치에 대한 관점의 변화와도 관련이 깊다. 문법의 교육적 가치가 언어 사용 기능의 신장에 기여할 수 있는 범위에서만 확보될 수 있다는 응용 혹은 실용적 가치만을 주장하는 관점에서 언어에 내재한 다양하고 폭넓은 본질적 가치를 국어교육이 수용하여 그 가치에 맞게 가르치자는 본질과 응용이 함께 중요하다는 포괄적 관점으로의 변화로 볼 수 있다. 이러한 변화는 문법 교육이 언어의 본질적 측면을 탐구하여 교육한다는 측면에서 문법의 교육적 가치를 확장시켜 살피는 인식과 관련되는 것이다. 그러므로 바른 표현에 대한 성찰은 언어의 본질적 측면을 탐구하고 텍스트 생성에 작용하는 문법의 기능을 인식하는 문법 교육의 관점에서 타당한 교육 내용이 될 수 있다. 즉 바른 표현을 위한 교육은 언어 표현 생성 과정에서 작용하는 문법의 기능을 살피는 데서 출발해야 한다. 바른 표현은 사고와 표현을 동시에 통찰하는 언어 교육의 내용이기 때문이다. 이런 관점에서의 문법에 대한 탐구는 문법 지식의 고전적 가치와 실제적 가치를 통합적으로 고찰하는 방안이 된다.

앞 절에서 국어교육에서 공통된 능력으로서 사고에 대한 논의가 분산되어 숨어 있음을 살펴보았다. 또한 국어교육에서 언어를 보는 관점이 형식적인 구조로 독립되게 다루는 관점에서 언어적 사고의 중요성과 담화와 글의 생산 과정으로서 표현을 고려하여 다루는 관점으로 변화하고 있음을 확인하였다. 따라서 문법에 대한 인식의 확장 차원에서 볼 때 바른 표현에 대한 성찰과 교육은 사고와 언어 표현 생성 과정에서 이루어지므로, 문법 교육에서 나루어야 하는 것이다. 즉 표현 과정에서의 바른 사고와 바른 기술을 가능하게 하는 문법의 역할을 주목할 필요가 있는 것이다.

(2) 국어적 앎과 국어적 삶의 일치

2007 개정 문법 교육과정에서는 '국어와 앎, 국어와 삶, 국어와 얼'로

내용 체계를 설정하고 있다. '국어와 앎'은 언어의 본질과 국어의 지식 체계를 익힘으로써 국어를 본질적으로 이해하는 국어적 앎을 지향함을 내포하고 있다. '국어와 삶'은 국어의 규범에 맞는 국어 생활을 영위함과 동시에 더 나아가 국어적 앎을 생활 속에서 충분히 실천하여 국어적 삶을 구현함을 뜻한다. 여기서 더 나아가 '국어와 얼'은 국어적 앎과 국어적 삶의 일치에서 더 나아가 국어의 역사를 알고 이를 통해 국어의 미래를 창조하는 국어 의식을 일깨우는 것을 지향한다. 여기서 국어적 앎과 국어적 삶의 일치와 국어 의식의 발전으로 이어지는 문법 교육의 목적을 확인할 수 있다.

(17) 2007 개정 문법 교육과정 내용
가. 내용 체계

국어와 앎	
• 언어의 본질	• 국어의 구조
국어와 삶	
• 국어와 규범	• 국어와 생활
국어와 얼	
• 국어의 변천	• 국어의 미래

나. 세부 내용

대범주	소범주	내용 요소	내용 항목
(1) 국어와 앎	(가) 언어의 본질	① 언어와 인간	㉮ **언어와 사고**, 언어와 사회, 언어와 문화의 관계를 이해한다. ㉯ 인간의 언어 습득 과정을 이해하고 실제 언어생활에서 실례를 찾아 설명한다.
		② 언어의 특성	㉮ 언어의 기호적 특성을 이해한다. ㉯ 언어의 규칙성, 창조성, 사회성, 역사성을 이해하고 실제 언어생활에서 실례를 찾아 설명한다.

대범주	소범주	내용 요소	내용 항목
(1) 국어와 앎	(나) 국어의 구조	① 음운	㉮ 음성과 음운을 구별하고 국어의 음운 체계를 이해한다. ㉯ 음운 규칙과 음운 변동 현상을 이해하고 정확한 발음의 원리와 효과를 설명한다.
		② 단어	㉮ 형태소와 단어의 개념, 단어의 구조, 단어 형성법 등을 이해하고, 단어 형성법에 따라 새로운 단어를 만드는 방법을 이해한다. ㉯ 단어의 품사 분류를 이해하고 단어 분류의 의의와 효용성을 국어 생활과 관련하여 설명한다.
		③ 문장	㉮ 문장의 성분에 따라 문장의 구조를 분석하고 문장의 종류를 이해한다. ㉯ **문법 범주를 이해하고 자연스러운 문장 표현 방법을 설명한다.**
		④ 담화	㉮ 의사소통 현상, 매체와 의사소통의 관계를 이해한다. ㉯ 담화의 종류에 따른 특성을 구체적인 사례를 바탕으로 설명한다.
		⑤ 의미	㉮ 단어의 의미 유형과 단어 간 의미 관계, 의미 변화의 양상을 이해한다. ㉯ 문장, 발화, 담화의 의미 생성 방식을 설명한다.
(2) 국어와 삶	(가) 국어와 규범	① 정확한 발음	㉮ 표준 발음법의 원리와 규정을 이해하고 정확하게 발음한다. ㉯ 각 지역 방언의 특징을 이해하고 상황에 맞게 효과적으로 발음한다.
		② 올바른 단어 사용	㉮ 한글 맞춤법 원리와 표준어 규정을 이해하고, 단어를 올바르게 사용한다. ㉯ 외래어 차용 현상을 이해하고, 외래어 표기법의 원리와 규정을 익혀 외래어를 올바르게 표기한다. ㉰ 국어의 로마자 표기법이 필요한 이유를 이해하고, 그 표기 원리와 규정을 익혀 국어를 로마자로 올바르게 표기한다.
		③ 좋은 문장 표현	㉮ 문장부호 사용의 원리와 규정을 익혀 문장 부호를 효과적으로 사용한다. ㉯ 잘못된 어법이나 번역체 등에 의한 문장의 오용 현상을 비판적으로 이해하고 자율적으로 교정한다.
		④ 효과적인 담화 구성	㉮ 담화의 표현 원리를 이해하고 담화를 효과적으로 구성한다. ㉯ 표준 화법과 언어 예절에 맞게 담화를 효과적으로 구성한다.

대범주	소범주	내용 요소	내용 항목
(2) 국어와 삶	(나) 국어와 생활	① 일상 언어	㉮ 일상 언어의 소통 원리와 표현 특징을 이해한다. ㉯ **국어 생활에 문법 지식을 효과적으로 적용하여 사용한다.**
		② 예술 언어	㉮ 예술 언어에 나타나는 다양한 표현 원리와 효과를 문법과 관련지어 이해한다. ㉯ 문법을 고려하되, 창의적이고 효과적인 방법으로 국어를 사용한다.
		③ 매체 언어	㉮ 신문, 방송, 인터넷 등의 매체에 나타난 언어의 표현 원리와 효과를 이해한다. ㉯ 매체에 사용된 언어를 비판적으로 이해하고, 매체 특성에 적합한 언어 표현을 구사한다.
		④ 전문어	㉮ 직업 세계에서 나타나는 언어의 사용 원리와 효과를 이해한다. ㉯ 전문어의 오남용 현상을 비판적으로 이해하고 전문어를 올바르게 사용한다.
(3) 국어와 얼	(가) 국어의 변천	① 국어가 걸어온 길	㉮ 음운, 단어, 문장, 담화/글의 국어 변천사를 개략적으로 이해한다. ㉯ 옛말의 특성에 대한 기초적인 이해를 바탕으로 옛 문헌의 특징을 설명한다.
		② 한글의 창제와 문자 생활	㉮ 한글의 창제 원리와 그 의의를 이해한다. ㉯ 한글 창제 이전과 이후의 문자 생활사를 설명한다.
		③ 선인들의 국어 생활	㉮ 전통적 수사, 속담, 관용어 등에서 알 수 있는 선인들의 국어 생활을 이해하고 이를 실제 국어 생활에 응용할 수 있다. ㉯ 국어 수난의 역사를 이해하고 국어를 지키고 사랑한 선인들의 삶이 지니는 의의를 설명한다.
	(나) 국어의 미래	① 통일 시대의 국어	㉮ 남북한 언어의 공통점과 차이점을 이해하고 동질성 회복 방안을 탐구한다. ㉯ 지역, 성별, 세대, 계층, 인종 간 언어 갈등이 있음을 이해하고 현 국어가 처한 상황을 점검하여 해결책을 탐구한다.
		② 세계 속의 국어	㉮ 국외 한민족 공동체가 직면하고 있는 다중언어 사회의 언어 문제를 이해하고 그 해결 방안을 탐구한다. ㉯ 세계의 다양한 언어들 사이에서 국어가 차지하고 있는 위상을 이해하고 국어의 발전과 보급 방안을 탐구한다.
		③ 국어와 인접 분야	㉮ 정보화 시대에 국어의 정보화 상황을 이해하고 국어의 발전 방안을 탐구한다. ㉯ 국어와 인접 분야(심리학, 사회학, 정보통신공학 등)의 상관성을 이해하고 국어의 발전 방안을 탐구한다.

(17)의 문법 교육 내용은 크게 '앎, 삶, 얼'로 삼분되어 있다. 이러한 틀에 내재되어 있는 핵심어는 '언어, 사회, 인간'인데 이들은 서로 의존적 협조 관계를 맺고 있으며, '인간'과 '사회'는 '언어'가 하나의 생명체처럼 숨 쉬게 만드는 생명력의 근원이다. 문법 교육 내용 체계에서 '국어와 앎' 영역은 인간과 사회를 기반으로 존재하는 언어를 이해하는 데 초점을 두고 있다. '언어의 본질'과 '국어의 구조'로 나누어 '국어'가 갖고 있는 보편성과 특수성을 체계적으로 탐구할 수 있도록 구성하였다. '국어와 삶' 영역은 '언어 사회'에 초점을 두어 '국어 생활'의 다양한 국면을 탐구할 수 있도록 구성하였다. '국어와 규범', '국어와 생활'로 나누어 인간이 실제 국어 생활을 영위하면서 부딪치게 되는 다양한 국어 현상을 살펴보되, 규범적 국어 생활 속에서 효과적 · 창의적 국어 생활의 발전을 도모할 수 있도록 구성하였다. '국어와 얼' 영역은 '언어 사회'의 구성원으로서의 '인간'에 초점을 두고 있다. '국어의 변천'과 '국어의 미래'로 나누어 우리의 문화유산으로서의 국어가 어떤 변천 과정을 겪으며 현재까지 이어져 왔고 앞으로 어떤 모습으로 발전하게 될지를 탐구하면서 궁극적으로는 학습자 개인의 지식과 태도 문제로 수렴되도록 내용을 구성하였다(교육과학기술부, 2008 : 335).

여기서 '국어와 앎'의 부분을 자세히 살펴보고자 한다. (17)에서 국어와 앎의 내용은 학습자의 국어에 대한 인식을 성장시키기에 충분한 내용으로 구현되고 있지는 않은 것 같다. 이규호(2001)는 '앎과 삶'에서 지식에 대한 참된 이해가 곧 삶으로 이어지고, 이러한 삶이 다시 지식의 발전을 가져온다고 보았다. 그는 '삶은 곧 이해'라고 하는 해석학적 방법론을 통해 이 문제에 접근하고 있는 것이다.[31] 이를 국어에 적용시켜 보면 국어적 삶에 대한 이해, 곧 국어적 삶에 대한 인식으로서 국어적 앎에 대한 성찰이 필요한 것이다. 언어는 인간이 지식을 수용하는 도구로서의 수동적 도구만이 아닌 인간이 의미를 구성하는 능동적 기능을 가지고 있으며, 인간은 이러한 언어를 통해 세계를 해석하고 언어를 실제 삶에서 사용함으로써 언어에 대한 이해를 보다 깊게 하게 되는 것이다. 한국인도 마찬가지로 국어를 통해서 세계를 해석하게 되고 국어를 통해 실제 삶을 깊이 있게 성찰하게 되며, 또한 실제 삶에서 국어를 사용해서 생활함으로써 국어에 대한 깊은 이해에 도달하게 되는 것이다. 물론 개정 문법 교육과정에서 이러한 내용 체계를 구성했다는 것은 국어적 앎과 삶에 대한 이러한 인식이 기저에 깔려 있었다고 볼 수 있다. 하지만 (17)의 국어과 교육과정에는 그러한 국어적 앎에 대한 성격이 제대로 구현되지 않고 있다는 것이다. 국어적 삶과의 연관성 속에서 국어적 앎의 이해와 그 실현을 논의해야 하는데, 그러한 의도를 내포하면서도 구체적인 내용으로 구현시키지는 못하고 있는 것이다.

예를 들어 (1)(가) 언어의 본질 부분에서 '언어'를 '국어'로 대치하여 이해하면 '국어의 본질'을 '국어와 한국인, 국어와 사고, 국어와 사회, 국어와 문화의 관계'를 이해한다는 내용으로 볼 수 있겠다. 앞 절에서 바른 표현 개념화의 필요성을 논의하는 과정에서 국어과 교육과정의 곳곳에 숨겨져 있다고 확인한 사고의 부면을 (1)(가)에서 본격적인 내용으로 제대로 구현할 수 있을 것이다. 또한 (1)(나)에서 국어의 구조를 음운, 단어, 문장, 담화, 의미로 구분하여 기존의 문법 지식을 재정리하고 있

---

31) 이규호(2001)의 차례를 살펴보면 앎과 삶이 분리된 것으로 보는 것이 아니라 상호 순환되는 관계로 보고 앎과 삶의 일치를 지향하는 그의 지식에 대한 탐구 자세를 알 수 있다.

1. 지식과 행동	2. 인식론의 운명	3. 기점의 모색	4. 인간과 지식	5. 앎의 순환성
6. 앎의 기반, 삶	7. 행동의 우위성	8. 전이해의 분석	9. 의견과 지식	10. 반성과 비판
11. 감성적 지각	12. 과학적 지식	13. 과학주의의 미신	14. 가설과 전이해	15. 일차원적 지식
16. 인식과 존재	17. 가치중립성	18. 언어와 인식	19. 사실과 경험	20. 진리와 문제

는데, 문법의 성격을 확장적으로 이해하면서도 기존의 국어의 구조 관련 지식에 제약되어 구조상 각 문법 요소가 본질적으로 지니는 사고와 논리, 의미와 기능을 내용으로 구현하고 있지 못하고 있다. 따라서 이러한 내용을 효과적으로 드러내면 (1) '국어와 앎'에서 '국어의 본질' 부분을 더 완전하게 진술하여 교육할 수 있을 것이라는 기대를 할 수 있는 것이다. 특히 (1)(나) '국어의 구조'에서 구조상 각 문법 요소가 지니는 의미와 사고 및 논리의 연관성을 드러내면 국어적 앎에서 [(1)(가) 언어의 본질 ① 언어와 인간 ㉮] 부분을 더 완전히 진술할 수 있게 된다.

2007 개정 문법 교육과정에서 국어와 삶과 국어와 얼의 내용 요소는 7차 교육과정에서 다룬 문법의 성격이나 내용에서 벗어나고 있지 못하다. 다만 국어와 앎의 범주를 넓게 해석한다면 국어적 삶과 앎의 일치를 지향하는 교육 내용을 구성할 수 있는 방안이 가능하다. 즉 '국어와 앎'의 부분에서 화자가 세계를 바르게 인식하고 표현하는 언어 표현 생성 과정에 대해 살필 수 있는 것이다. 화자가 세상을 바르게 인식하고 표현하는 바른 표현을 통해 국어적 앎과 삶의 일치를 모색해 볼 수 있는 것이다. 이러한 측면에서 (17)에서 바른 표현과 관련지을 수 있는 내용 요소를 추출해 보면 다음과 같다.

(18) 2007 개정 문법 교육과정과 바른 표현
  (1) 국어와 앎
    (가) 언어의 본질 ① 언어와 인간 ㉮ 언어와 사고, 언어와 사회, 언어와 문화의 관계를 이해한다.
    (나) 국어의 구조 ③ 문장 ㉯ 문법 범주를 이해하고 자연스러운 문장 표현 방법을 설명한다.

(2) 국어와 삶
 (가) 국어와 규범 ① 정확한 발음 ② 올바른 단어 사용 ③ 좋
  은 문장 표현
 (나) 국어와 생활 ① 일상 언어 ㉴ 국어 생활에 문법 지식을
  효과적으로 적용하여 사용한다.

5. 마무리

지금까지 살펴본 바와 같이 바른 표현의 중요성과 교육적 필요성은
국어과 교육과정 전체와 문법 교육과정의 내용에서 확인할 수 있었다.
문법 교육과정에서도 바른 표현에 대한 인식은 규범성을 중심으로 반영
되어 있었고, 언어 표현 생성 과정에 대한 관심이 요구되면서 개정 문법
교육과정에서는 실제적으로 구현할 수 있는 길이 모색되기도 하고 있다.
다만 이러한 일련의 과정이 문법 교육의 내용으로 적극적으로 탐색되어
구현되지는 못하고 있는 것이다. 바른 표현은 국어적 앎과 국어적 삶의
일치의 한 양상이기도 하므로, 국어적 앎과 국어적 삶의 일치라는 문법
의 교육 내용을 구현하기 위해서도 바른 표현을 위한 교육은 문법 교육
에서 중점적으로 다루어야 할 필요가 있는 것이다.

제 5 장 | 바른 사고와 바른 표현

모국어로 바르게 표현한다는 것은 대상에 대해 바르게 사고하고 이를 정확하게 표현한다는 의미이다. 이를 정밀하게 살피기 위해서는 언어 표현 생성 과정에 작용하는 화자의 사고 과정과 언어화 과정을 고려해야 한다. 즉 화자가 세계를 인식하고 표현하는 과정에서의 언어의 작용을 살피는 것이 필요한 것이다. 이를 위해서 언어 표현 생성 과정과 세계와 언어와의 관계를 살피고 이를 통해 바른 표현의 요건을 추출하여 바른 표현의 개념을 재정립하고자 한다.

1. 언어 표현 생성 과정

먼저 화자가 대상 세계를 인식하고 이에 대해 사고하고 의미를 구성하여 표현하기까지의 과정을 구체적으로 살펴보자.

언어가 화자의 세계 인식의 과정과 관련이 있다는 사실은 '개념설'에서 확인할 수 있는데, 여기서는 언어 표현과 실제 대상과의 관계를 '사고'나 '관념'을 통해서 설명하였다. 이를 통해서 외부에 존재하는 대상 세계1)를 인간의 머릿속에서 어떻게 지각 인식하고, 사고하여 언어로 표현하는지 그 과정을 유추할 수 있는 것이다. 오그던과 리처즈의 기호 삼각형(semiotic triangle)2)은 언어 형식과 개념, 그리고 지시물(대상 세계)과 개념의 관계를 보여주고 있다.

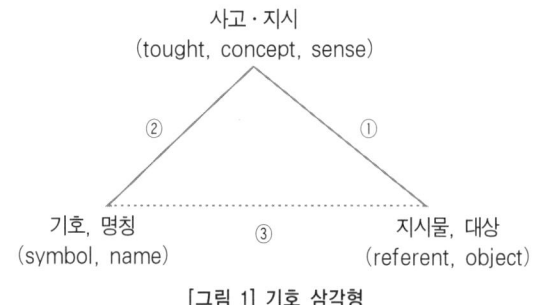

사고·지시
(tought, concept, sense)

②   ①

기호, 명칭   ③   지시물, 대상
(symbol, name)   (referent, object)

[그림 1] 기호 삼각형

얼핏 생각하면 '나무'라는 말(기호)이 실제 나무를 직접 가리키는 것으로 생각하기 쉽지만 사실 '나무'라는 말(기호)에 의해 환기된 화자의 머릿속 영상(개념)에 의해 실제 나무를 지시하게 되는 것이다. 그러므로 [그림 1]은 지시물(대상 세계)이 언어를 통해서 직접 지시되는 것이 아니

---

1) 사물, 사건, 현실, 경험의 객관세계를 뜻한다.
2) '상징'은 낱말과 같은 언어 요소이고, '지시물'은 표현 세계 속에 존재하는 대상물이고, '사고·지시'는 언어 사용자의 인지 구조 속에 존재하는 개념이다. '상징'은 '지시물'과 직접적으로 연결되는 것이 아니라 우리의 인지 구조 속에 있는 개념인 '사고·지시'를 통하여 연결된다. 이 때 '사고·지시'의 부분을 지시하는 개념을 의미로 규정할 수 있다. 우리가 '나무'라는 사물을 실제 세계에서 인지할 때 머릿속에 저장되어 있는 개념인 '나무'를 통하여 '나무'라는 낱말을 부여하게 된다고 보는 이론이다. 울만은 '상징'을 '명칭(name)'으로, '사고·지시'를 '의의(sense)'로, 지시물을 '사물(thing)'로 대치하면서 '의미'는 '명칭'과 '의의' 사이의 상호 관계이며, 그 관계에 의해서 '명칭'은 '의의'를, '의의'는 '명칭'을 환기하게 된다고 보았다(서울대국어교육연구소, 국어교육학 사전, 17~18).

라 화자의 심리적 영상인 개념을 통해서 간접적으로 지시된다는 것을 뜻한다. 기호와 지시물의 관계를 점선으로 제시함으로써 지시물이 직접 기호화되는 것이 아니라 개념화의 과정을 거쳐, 즉 화자의 사고 작용을 거쳐서 그 개념이 비로소 기호화되는 것임을 보여 주는 것이다.

이를 신명선(2008 : 21~22)에서는 '사고(개념)'과 '말(기호)' 사이, 즉 [그림 1]의 ②에는 '상징하는' 관계가, '사고'와 '세계' 사이, 즉 [그림 1]의 ①에는 '지시하는' 관계가 존재한다고 보았다. 이 과정에서 말, 사고, 세계는 서로 연결되어 있으며 마찬가지로 상징 관계와 지시 관계도 서로 연결되어 있어 두 관계는 서로 영향을 주고받는다고 하였다. 그는 어휘 능력이 단어의 형식과 내용과의 관계를 탐구하는 상징 능력과 단어의 내용과 세계와의 관계를 탐구하는 지시 능력으로 구성됨을 밝히기 위해서 기호 삼각형을 통해 하나의 단어가 기능하는 국면을 체계화하고 언어 사용의 양상을 대상 세계와의 관련성 속에서 파악하여 제시한 것이다.

그리고 그는 사고와 말, 달리 표현하여 단어의 내용과 형식만을 문제 삼을 때, 세계는 어느 정도 뒤로 물러나면서 탈맥락적인 상황 설정이 가능해진다고 보았고, 반면 사고와 세계만을 중심에 놓으면 친맥락적인 상황이 설정되면서 단어의 형식 즉 말은 뒤로 물러서게 된다고 하였다. 전자는 의사소통 상황과 어느 정노 거리를 유지한 채 하나의 단어(형식과 내용의 합)에 초점을 두는 시각이라면 후자는 자신이 표현하고자 하는 내용과 세계와의 일치를 추구하면서 구체적인 의사소통 상황에 더 방점을 두는 시각이라고 논의한 후, 전자에서는 '정확성(②)'이 후자에서는 '적절성(①)'이 핵심이라고 보았다.

그런데 ②의 과정에서 언어의 형식과 내용의 결합이 정확하게 이루어져야 한다는 점에서 '정확성'이 갖추어져야 한다는 것은 설득력이 있지

만, ①의 과정에서 의사소통 상황의 적절성을 거론한 것은 다소 설득력
이 떨어진다고 볼 수 있겠다. 왜냐하면 ①의 과정은 화자가 표현하고자
하는 내용과 세계와의 일치를 지향하면서 동시에 화자가 대상 세계를
인식하고 이에 대한 의미를 구성하는 과정이기도 하기 때문이다. ①에
서 화자는 오히려 대상 세계를 정확하게 사실 그대로 인식하고 논리적
으로 의미를 엮어가는 사고의 과정을 할 수도 있는 것이다. 그리고 적절
성은 의사소통의 상황을 고려하여 언어를 사용하는 과정에서 더 필요한
요건이므로 ①보다는 오히려 ③의 과정과 관련시켜 설명하는 것이 더
타당해 보인다.

　여기서 좀 더 생각해 봐야 할 문제는 화자의 세계 인식과 표현의 과
정, 즉 화자가 대상 세계를 어떻게 인식하고 어떻게 의미를 구성하여 언
어로 표현하느냐의 과정을 적극적으로 해석할 필요가 있다는 것이다.
실제 언어가 표현되는 과정은 화자가 세계를 관찰하고 인식하여 언어로
표현하고 사용하는 여러 단계가 연속적이고도 동시적으로 발생한다고
볼 수 있다. 이런 관점에서 [그림 1]의 ①, ②, ③ 단계를 구분하여 논의
하기보다는 언어 생성 과정의 측면에서 [①→②→③]으로 연속적으로
파악하여 해석하는 시도가 필요한 것으로 보인다. 이를 화자가 언어를
표현하는 과정의 연속성에 따라 정리한다면, [① 대상 세계 인식→②
언어화→③ 언어의 사용]으로 설정할 수 있을 것이다.

　화자의 입장에서 ①에서 ②의 과정을 자세히 분석해 보면 문법의 작
용을 확인할 수 있게 된다. 언어 기호화 과정에는 의미면, 문법면, 음소
면이 함께 관여하는데, 의미면은 화자가 나타내고 전달하려는 어떤 의
미내용을 먼저 의미상 단위로 분절화하고, 이를 다시 기호화하는 것이
다. '나는 책을 읽는다.'(我讀書)하면 이 전체적 의미내용을 '我', '書', '讀'

으로 단위화하는 다음에, '我'의 어휘적 의미를 지닌 '나/저', '書'에 맞는 '책', '讀'에 맞는 '읽다'의 여러 어형태로 기호화하여 개별적 의미단위로 구성하는 심적 작용이 전개된다.

문법면은 이들 단위로 나타난 세 형태를 연결하여 하나의 문장으로 구성하는 것이다. 우선 어순을 일정하게 배치하여 '나ー책ー읽다'로 배열한 후, 다음에는 '나'에 '는'의 조사를 연결시켜 주어적 기능을 부여하고, '책'에는 '을'의 조사를 연결시켜 목적어적 기능을 부여하고, '읽다'의 기본형을 시제상 현재법으로 서술하여 '읽는다'라고 어형변화를 시켜 서술적 기능을 부여한다. 이렇게 되면 행동자, 행동대상 구조로 통일되고 완결된 화자의 의미내용이 문장 형태로 구성된 것이다. 이를 구문적 조치라고 한다. 이를 잘 이루려면 각 형태소를 문법 구조적, 통사적 의미에 부합되도록, 하나의 끈을 이루어 내야 한다(이을환, 1972 : 106~107).

이러한 문법적 조치는 모국어를 익히고 사용한 사람이면 이제까지 듣지도 않았던 새로운 문법적 문장을 무한정으로 만들어 낼 수 있게 한다. 이는 바로 인간의 언어 능력의 소산이요, 언어 기호의 유연성을 그대로 보여 주고 있다. 문법 교육은 바로 이러한 학습자의 언어 능력을 적절히 끄집어내어 유연하고 생산 창조적인 표현을 할 수 있게 하는 것에 그 목적이 있는 것이나. 기호의 본실에 입각한 언어의 본성, 기호를 통한 인간의 상호작용, 인식 사고의 발달은 문법 교육에서 중요하게 다루어야 할 지표가 되는 것이다.

이러한 논의는 화자에 대한 인식의 전환과 관계되는 생각으로 화자를 대상 세계가 지닌 의미를 받아들여 수동적으로 표현하는 언어 소비자로 인식하는 것에서 대상 세계를 인식하고 사고하여 표현하는 언어 생산자로 인식하는 것으로의 변화를 의미한다. [그림 1]에서 화자의 사고 작용과 의미 구성에 초점을 두고 화자가 대상 세계를 어떻게 인식하고 이를 어떻게 표현하느냐를 규명하는 것이 언어 사용의 주체로서 화자의 성격을 밝히고 바른 표현의 요건을 밝히는 데에 좋은 방안이 될 것이라 보기 때문에 그러하다.

2. 표현과 세계의 관계

언어 표현의 과정을 언어만을 독립적으로 다루는 것이 아니라 대상 세계와의 관련성 속에서 살피기 위해서는 언어와 대상 세계와의 관계를 자세히 살피는 것이 필요하다. 이는 어떻게 하면 언어를 건전하게 조작, 사용하여 의미를 생성하고 표현하느냐는 문제와도 관계되는 사항이기도 하다.

표현과 대상 세계와의 관계에 대해서 코르집스키(Korzybski)는 언어를 지도로, 대상 세계를 현지로 비유하여 이들 사이의 관계를 규정하였다.

(1) 코르집스키(Korzybski)의 기본 원리[3]
    가. 지도는 현지가 아니다.
      : 말은 사물이 아니다.
    나. 지도는 현지를 다 나타내지 못한다.
      : 말은 사물을 다 나타내지 못한다.
    다. 지도는 자기반영적이다.
      : 말은 자기반영적이다.

(1)에서 지도 그리기의 결과로서의 지도는 표현된 말과 글에, 지도 그

---

3) 이을환(1984 : 84~90)을 요약 인용하였다.

제5장 바른 사고와 바른 표현 **133**

리기의 규칙은 문법의 작용과 대응된다고 볼 수 있다.

(1가)는 표현된 결과로서의 말과 글을 지도에 비유한 것으로 지도가 현지와 동일하지 않은 것처럼 표현된 결과로서의 말과 글도 대상 세계와 일치할 수 없다는 것을 의미한다. 대상 세계는 끊임없이 움직이는 동적인 성격을 지니고 언어는 끊임없이 움직이는 대상 세계를 정적인 상태로 고정시키는 작용을 한다는 것이다. 즉 언어와 대상 세계는 동일하지 않은 존재이고 언어는 대상 세계를 대신, 대표하는 기능만 할 따름인데 이 과정에서 인간이 대상 세계를 추상화, 일반화하는 사고 과정에 의해 언어가 구성된다는 것이다. 따라서 언어는 사물을 대신하고 표상한다는 생각이 중요하므로 말의 정확한 정의와 의미 구성에 관심을 가질 필요가 있는 것이다. 그리고 대상 세계는 끊임없이 변화하는 속성을 지니므로 시간과 공간적으로 한정시켜 구체적으로 표현하는 것, 즉 시공간과 관련된 상황의 명확한 제시가 대상 세계를 사실적으로 이해하는데에 중요한 것이다. 또한 언어의 의미는 말 자체에 있는 것이 아니라 인간이 이 언어에 의미를 부여하는 것이다. 사람마다 동일한 대상 세계를 보더라도 사고·판단하는 방식이 다르며, 언어의 의미도 사람이나 환경, 상황, 문맥에 따라 각각 특색이 있으니 언어에 대한 의미의 이해와 표현에 신중을 기해야 하는 것이다.

(1나)는 지도 그리기 규칙에 대한 비유로 지도를 그릴 때 일정한 규칙을 통해서 그리지만 한계가 있듯이 언어도 일정한 규칙에 의해서 대상 세계를 표현하지만 그 작용에는 한계가 있다는 것이다. (1나)는 지도가 현지의 모든 것을 표시하지 않는 것처럼 언어도 결코 어떤 사물이나 사실에 대해서 다 표현하지 못한다는 것이다. 언어는 한정된 단위와 규칙 (문법)이 상호관계를 맺어 작용하므로 한계가 있다. 또한 무한한 사실세계

를 다양한 용법을 통해 표현할 수 있는 창조력 또한 언어의 가치이기도 하다. 모국어 화자는 자신의 언어의 한계성을 깨달음과 동시에 문법 규칙을 정확하게 구사하여 대상 세계를 정밀하게 표현할 필요가 있는 것이다. 그러므로 언어로 대상을 표현할 때는 대상 세계를 최대한 구체적이고도 객관적으로 표현하되, 언어로 나타내지 못한 잠재적 의미를 항상 염두에 두고 판단해야 한다. 특히, 전제적인 사실과 부분적인 사실을 구분하여 표현하는 전칭과 특칭의 표현을 비판적으로 파악해야 한다는 것이다.

(1다)는 지도는 그려진 다른 지도를 대상으로 해서 계속해서 생산할 수 있듯이 말과 글도 이미 표현된 말과 글을 대상으로 의미를 부여하고 표현할 수 있으며 이 때 화자의 사고는 확장적으로 작용하게 된다는 것이다. 지도에 대한 지도가 목적에 따라 무한정으로 만들 수 있는 것처럼 언어도 서술에 있어서 무한정으로 창조할 수 있다는 것이다. 즉 말로써 말을 서술하거나, 보고, 설명할 수 있다는 것으로 이는 메타언어의 기능이기도 하다. 메타언어는 소통의 과정에서 메타 층위를 상대방과 조정해야 하므로 상대에 대한 고려가 필요하다.

코르집스키는 대상 세계가 기호화, 상징화, 언어화하는 데에 단계를 설정하여 여러 의미 층계를 체계화하였다. 즉 대상 세계에 가장 가깝게 표현되는 것을 보고라고 하여 기술단계라고 하였고, 보고의 보고를 보고 2라고 하여 추론단계 1이라고 하였고, 보고 2의 보고를 보고 3이라고 하여 추론단계 2라고 하였다. 이와 같이 상위로 추상단계를 높일 수 있다는 것이다. 고도의 추상이 되면 될수록 그 과정에서 점점 대상 세계와 거리가 멀어지고, 사실의 특성이 생략, 기각되어 공통성만 남아 더 넓게 추상화, 일반화된다는 것이다. '연필－학용품－도구－물질'의 추상 과정을 볼 때, '물질'은 그 의미영역이 아주 넓어 연필을 물질이라고 나타내면 애매모호하게 표현되어 오류가 생길 수 있다. 따라서 단계가 얕은 말일수록 의미가 명석하며 구체적이며 실제적이어서 정확한 전달이 가능하게 된다는 것이다. 즉 단계가 얕은 말일수록 사실과 유사하게 일치시켜 사고할 수 있는 가능성이 많은 것이다. 따라서 추상의 사다리를 자유롭게 오갈 수 있는 사고와 표현의 훈련이 필요해진다. 이는 대상 세계에 대한 보고, 보고에 대한 추론, 추상화, 일반화의 단계까지 사고의 다양성과 협력의 단계를 고려해야 함을 뜻한다. 화자가 대상 세계를 기술하여 이를 자신의 주관적 경험으로 삼아 다른 사람에게 설명하고 해석하는 과정을 거쳐 표현하는 텍스트 의미 구성의 과정과 관련된다. 이 과정은 하나의 일(사태)을 다른 일과 관련시켜 그 관련성을 판단하고 이를 통해 다른 사실을 추리하는 과정으로 모든 사고 작용의 종합이며 논리적 사고4)의 과정이기도 하다. 이 과정은 의미 구성의 논리성과 표현의 논리성을 가져야 한다.

그러므로 표현된 말과 글은 대상 세계와 동일하지 않고 대표할 뿐이므로 화자나 청자는 항상 이를 의식하며 언어를 사용해야 하는 것이며 언어에 표상된 대상 세계의 의미를 관심 있게 살필 필요가 있다. 또한 사고가 언어로 표현된 것인데 그 과정에 일정한 문법 규칙이 작용하므로 화자는 문법 규칙을 정확하게 이해하고 문법 요소의 의미와 기능을 섬세하게 사

---

4) 김영정(2005)은 단순 기억 능력이나 상기(recall) 능력과 같은 저차적 사고 능력을 제외한 고차적 사고 능력을 7범주로 구별하고 있다. 수리성 방향의 최고 능력으로 기호적 사고(Formal Symbolic Thinking)가 있으며, 예술성 방향의 최고 능력으로 상징적 사고(Material Symbolic Thinking)가 있다. 광의의 논리적 사고는 기호적 사고, 분석, 추론, 종합, 대안적 사고에 이르는 일련의 이성적이고 합리적인 사고의 과정을 통틀어 일컫고 있다. 이러한 과정은 개념의 분석에서 논증, 가설 추리 및 대안 제시 및 재정의로 구체화되는데 이런 일련의 사고 과정은 언어와 앎의 관계에서도 뚜렷하게 확인할 수 있다(김영정, 2005 : 218~219 참조).

용할 수 있어야 한다. 그리고 말과 글은 그 자체가 또 다른 표현의 내용이 되어 계속적으로 생산될 수 있으며 그 생산의 과정에서 화자의 사고 작용은 적극적으로 관여하게 되므로 바른 표현을 통해 학습자의 사고력 신장을 기대할 수 있게 된다. 이처럼 바른 표현을 위해서는 이러한 언어와 세계의 관계를 파악하고 그 특징을 이해하는 것이 필요한 것이다.

3. 바른 표현의 요소

언어 표현의 생성 과정은 화자가 대상 세계를 인식하고 이를 언어화하여 사용하는 과정을 거치게 된다. 언어는 독자적인 규칙에 의해 대상 세계를 상징적으로 표현하며 언어 자체가 표현의 대상이 되기도 한다. 이러한 점을 고려하여 바른 표현의 과정을 살피고 해당 요건을 추출하여 바른 표현의 의미를 개념화하고자 한다.

언어 표현 과정에 대상 세계와 사고와 논리가 관여한다는 논의는 이상태(2008 : 127~128)에서도 확인할 수 있다.

(2) 말/글 사용의 틀과 네 가지 말(이상태, 2008 : 127)

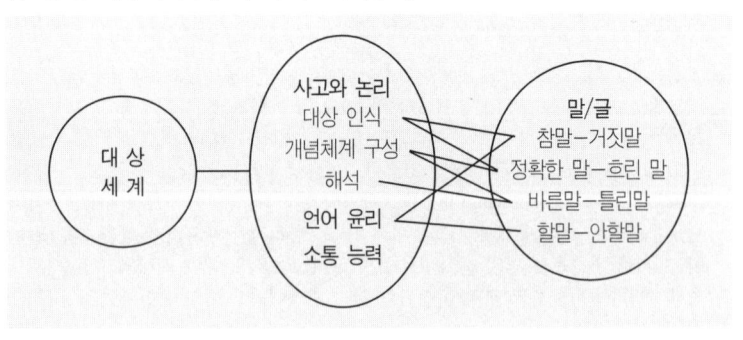

그는 언어 사용에는 대상 세계, 화/청자, 말/글의 세 요소가 관여한다고 보고 화/청자가 대상에 대해 인식하고 논리적으로 사고하는 능력을 사고와 논리라고 하고, 화/청자는 사고와 논리, 언어 윤리, 소통 능력을 가진다고 보았다. 여기서 참말은 대상 세계에 대한 바른 인식 및 화자의 윤리와 관계하며, 정확한 말은 대상 인식의 치밀함과 그에 관한 개념들의 체계적 구성 능력과 관계하며 바른말은 참말과 정확한 말을 바탕으로 해서 여러 현상들을 논리적으로 의미를 구현하는 말이라고 하였다.

여기서는 앞 절에 제시한 언어 생성의 과정과 언어와 세계와의 관계, 그리고 이들을 언어 사용과 관련시킨 이상태(2008)의 논의를 바탕으로 해서 바른 표현의 요건을 자세히 살펴보도록 하겠다.

언어로 표현된 세계와 실제 대상 세계가 유사할수록 건전한 언어 생활이 이루어지므로, 화자는 사실을 정확하게 인식하고 이를 왜곡하거나 과장하지 말고 대상 세계를 정확하고도 정밀하게 표현해야 하는 것이다. 이를 화자의 인식 과정과 관련시키면 다음과 같다. 먼저 화자는 대상 세계를 관찰하고 이에 대한 판단을 내린다. 화자가 대상 세계를 인식해서 말/글로 있는 그대로 표현하는 것은 화자가 이미 알고 있는 어휘를 선택하고 이를 적절한 원리에 따라 연결하여 하나의 문장(혹은 단어)으로 표현하는 것이다. 이 과정에서는 화자가 대상 세계를 얼마나 있는 그대로 인식하여 정의하느냐가 중요하다. 이 때 화자가 대상 세계를 있는 그대로 파악하지 못하면 화자의 말은 원천적으로 참말이 아닌 거짓말이 되어 버리는 것이다. 물론 이 과정에서 화자가 의도적으로 대상 세계에 대한 판단을 거짓으로 꾸미는 경우도 있다.

이런 일련의 과정은 화자가 대상 세계를 얼마나 있는 그대로 판단하여 정의하느냐, 즉 대상을 얼마나 사실대로 인식했느냐는 '대상 인식성'

으로 규정할 수 있겠다. 대상 세계와 맞아 떨어지는 말이 참말이고 그렇지 않은 말이 거짓말이다. 따라서 여기에는 사실에 부합되도록 말하려는 화자의 언어 사용 윤리가 관계되기도 한다. 우리가 흔히 '그가 참말을 했다'에서 '참말'에 해당하는 필수요건이 대상 인식의 사실성인 것이다. 그렇다면 화자가 대상 세계를 사실 그대로 제대로 인식하고 합리적으로 해석하느냐는 대상 인식성이 중요한 요건이 된다.

그리고 화자가 대상 세계에 대해 인식한 내용을 정확하게 표현하느냐는 문제가 남게 된다. 화자가 자기 머릿속의 의미를 온전하게 정확하게 표현한다는 것은 곧 화자의 머릿속 의미를 청자가 최대한 온전하게 이해할 수 있도록 정보를 완결되고도 객관적으로 표현한다는 것을 의미한다. 이는 표현의 정확성으로 표현 내용의 상세함과 표현 구조의 완결성과 관계된다고 볼 수 있다.

화자가 대상을 사실대로 인식한 다음에는 이를 정확한 어휘를 선택해서 발화해야 한다. 어휘의 정확성은 대상인식의 사실성을 전제로 해서 이루어지며, 대상에 얼마나 정확한 어휘냐, 즉 적절한 어휘인가 아닌가로 판단할 수 있다. 그리고 선택한 어휘를 우리 문법에 맞게 선조적으로 이으면 하나의 적격한 문장이 되는 것이다. 이 과정은 어휘 선택의 적절성과 문법 규칙의 규범성에 의해 이루어진다.

화자가 대상 세계를 표현할 때 구체적으로 기술할수록 대상 세계와 정확하게 일치하게 된다. 화자가 대상 세계를 세밀하게 관찰하여 그 관찰한 내용을 자세히 기술하면 기술할수록 언어와 언어의 내용, 그리고 대상 세계는 일치하게 되는 것이다. 반면 화자가 대상 세계를 대충 관찰하여 모호하게 기술하다든지, 추상적으로 기술할수록 진술의 내용은 애매모호하게 된다. 즉 언어 기술의 구체성과 추상성의 정도라고 규정할 수 있다.

따라서 화자가 대상 세계를 기술하는 이 전체 과정은 '정확성'이라 규정할 수 있으며, 이 정확성 안에는 어휘 선택의 적절성과 문법의 규범성, 그리고 기술의 구체성과 추상성의 정도가 작용하게 된다. 여기까지의 단계는 대상 인식과 기술의 객관성과 관계되며 사실적 사고의 측면이 강하다 하겠다.

그 다음으로 화자가 생각하는 개념과 사태의 의미 덩어리들 사이를 체계화하여 표현하는 것이다. 개념들 사이의 관계는 어휘 관계로 표현될 것이고 사태들 사이의 관계는 연결어미 등으로 표현될 것인데, 이 과정에 화자가 의미 덩어리들을 해석하고 논리적으로 관계를 형성하는 사고 작용이 활발히 이루어질 것이다.

이처럼 대상 세계와 사고, 그리고 표현으로 이어지는 언어 표현 과정을 모두 고려할 때 비로소 온전한 바른 표현의 의미가 규명될 수 있는 것이다. 지금까지의 논의를 바탕으로 바른 표현의 과정 및 요건을 도식화하면 다음과 같다.

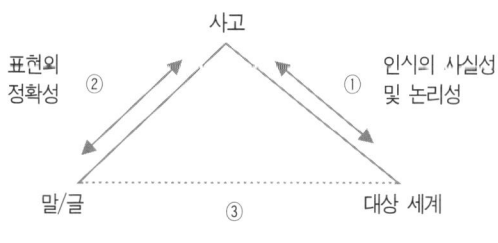

[그림 2] 바른 표현의 과정

여기서 대상 세계는 직접 말/글로 기호화되는 것이 아니라 화자의 머릿속에서 사고의 과정을 거쳐, 즉 대상 세계를 대표하여 의미를 구성한

다음 말/글로 표현된다. ①은 화자가 대상을 인식하여 의미를 구성하는 과정이고, ②는 ①에 의해 구성된 의미를 정확하게 언어화하는 과정이다. 사물, 사태로 이루어진 대상 세계를 화자가 적절한 개념, 명제로 의미를 구성하고 이를 기호화하여 단어, 문장으로 표현하게 되는 것이다. 따라서 [사물, 사태]−[개념, 명제]−[단어, 문장]으로 이어지는 [대상 세계]−[의미/내용]−[형식]의 층위가 적절하게 구성되어야 하는 것이다. 바른 표현은 의미 내용과 표현 형식이 즉 ①과 ②의 과정이 모두 올바르게 구성되고 결합되어야 비로소 가능한 것이다. 다만 언어 생성의 과정에서 화자의 머릿속 사고 과정을 눈으로 확인할 수는 없으므로 표현되는 언어를 통해 짐작할 수 있을 뿐이다. 그러므로 바른 표현을 살필 때에는 이러한 점을 고려하여 판단해야 한다. 설명의 편의를 위해서 ①은 대상 세계 인식의 사실성 및 논리성으로, ②는 표현의 정확성으로 이름을 붙여 살펴보도록 하겠다.

(1) 대상 세계 인식의 사실성 및 논리성

인간이 끊임없이 변화하는 대상 세계를 구체적으로 파악하여 이를 추상화, 일반화하는 사고 과정에서 언어는 구성된다. 이는 화자가 대상 세계를 인식하고 사고하는 과정에 대한 설명이기도 하다.

여기에서 화자는 대상 세계를 사실 그대로 정확하게 인식하고 적확한 어휘로 표현하고, 사태의 속성을 판단하고, 사태 관계를 논리적으로 파악해야 한다. 이는 대상 세계를 바르게 인식하고 논리적으로 사고하는 능력이기도 하다.

실제 발화문5)을 통해서 바른 표현의 의미를 살펴보기로 하겠다.

(3) [장면 1]과 화자의 발화문

[장면 1]	
발화문	(가) 연일 계속된 폭우로 잠수교가 침수되어 경찰이 교통통제를 하고 있다. (나) 잠수교의 정비 공사로 인하여 교통경찰들이 차량을 통제하고 있다. 왜 나하면 혹시 발생할지 모를 사고로 인한 피해를 방지하기 위함이다. (다) 잠수교 앞에는 교통통제라는 커다란 현수막이 세워져 있고, 경찰관이 그 앞에서 교통통제를 하기 위해 서 있다. (라) 잠수교의 교통통제로 인해 경찰이 교통 안내를 하고 있다.

(3가)는 대상 세계를 바르게 인식한 표현으로 명제의 사실성을 따진다면 참말이다. 반면 (3나)는 폭우로 인한 교통 통제를 정비공사로 잘못 인식하여 표현하였기 때문에 명제의 사실성을 따진다면 거짓말이 된다. (3다)는 팻말을 현수막이라고 잘못 인식하여 표현한 예로서 대상에 대한 정확한 어휘를 선택하지 못한 경우이다.

또한 (3)의 모든 화자는 사진 자료를 대상으로 표현하라는 자극에 대해 반응하고 있으므로 대부분 사태를 현재 진행하는 모습으로 판단하여 '-(고) 있다'로 묘사하고 있다. 이는 표현할 문장의 성질을 결정하는 데에, 화자의 주관적 표현이냐, 대상 세계에 대한 묘사/서사 진술이냐, 대

5) 대구대학교 국어교육과 3학년 학생들 25명을 대상으로 2009년 8월 10일에 각기 다른 장면을 찍은 사진 세 장을 제시한 후, 한두 문장으로 표현해 보라고 하였다. 동일한 장면에 대해서도 학생들은 다양한 문장으로 표현하였는데 그 구현 양상이 흥미롭다. 여기서는 설명의 편의를 위해 실제 발화문을 수정 제시하였다.

상에 관한 설명이냐, 대상들에 관한 화자의 판단이냐 등 사태를 판단하는 화자의 인식이 작용한 예이다.

대상 인식 능력은 논리적 사태 관계 구성에도 관계된다. (3가)의 경우 '폭우—침수—교통 통제'로 화자의 개념 체계가 잡혀져서 문장으로 표현된 것이다. 또한 (3가)에서 문장의 의미 구성의 과정에서 '계속해서 많은 비가 쏟아졌다.'가 전제로 표현되고 있음을 확인할 수 있는데 이 또한 화자가 논리적으로 판단한 예이다. (3라)에서 실제 사태는 경찰이 교통통제를 하기 위한 목적으로 교통 지도를 하고 있는 모습인데, 화자가 교통통제가 원인이 되어 그 결과 경찰이 교통안내를 하는 것으로 잘못 인식한 것을 드러낸다.

그러므로 ①에서는 화자가 대상 세계를 얼마나 있는 그대로 인식하여 정의하느냐가 중요하다. 이 때 화자가 대상 세계를 있는 그대로 파악하지 못하면 화자의 말은 원천적으로 참말이 아닌 거짓말이 되어 버리는 것이다. 물론 이 과정에서 화자가 의도적으로 대상 세계에 대한 판단을 거짓으로 꾸미는 경우도 있다.

이런 일련의 과정을 화자가 대상 세계를 얼마나 있는 그대로 판단하여 정의하느냐, 즉 대상을 얼마나 사실대로 인식하느냐는 대상 인식 능력으로서 '바른 인식 능력'이라 부르며, 이 능력은 대상 세계를 사실 그대로 정확하게 인식하는 능력과 사태 관계의 논리성을 파악하는 능력을 필요로 한다.

(2) 표현의 정확성

화자가 사고한 내용을 정확하게 표현한다는 것은 객관적으로 충분히 대상화해서 표현하여 의미의 전달에 오해의 여지가 없게 함을 전제로 한다. 화자의 주관이나 상황에 따라 여러 가지로 해석될 표현보다는 의미가 분명한 표현이 정확한 표현이 되는 것이다.

또한 문법의 작용에 의해 적격한 문장을 구성하는 표현 구조의 바름을 고려해야 한다. 화자가 대상 세계를 인식해서 말/글로 있는 그대로 표현하는 것은 화자가 이미 알고 있는 어휘를 선택하고 이를 적절한 원리에 따라 연결하여 하나의 문장(혹은 단어)으로 표현하는 것이다.

(4) [장면 2]와 화자의 발화문

〔장면 2〕	
발화문	(가) 학교에서 미술작품 전시회가 열렸습니다. (나) 교사가 아이들에게 그림에 대해 설명을 한다. (다) 한 여교사가 세 명의 학생들에게 그림에 대해 설명해 주고 있다. (라) 아이들이 보고 있다.

(4가)는 주체와 서술어의 관계가 잘못 구성되어 적격한 문장을 구성하지 못한 경우이므로 바른 표현이 될 수 없다. (4라)는 '무엇을'에 해당하는 논항을 추가해야 내용이 완결된 표현이 될 수 있는데, 이는 내용의 완결성이 서술어의 논항과 연관된 것으로 세계 인식과 문법 작용의 연관성을 보여주는 것이기도 하다. 즉 논항의 문제는 사태 구성의 완결성과 관련되는 것이다.

(4나)와 (4다)는 문법적으로 적격한 문장이지만, (4나)보다는 (4다)가 적절한 수식을 사용하여 보다 구체적이고 객관적인 표현이 된다. '한 여교사', '세 명의 학생들'로 표현함으로써 대상 세계의 참여자들을 특정하게 한정하여 구체적인 표현이 된 것이다.

여기서는 언어가 전체를 모두 표현하지 못하므로 왜곡하거나 과장하지 말고 대상 세계를 정확하고도 완결되게 표현하는 표현의 정확성을 고려해야 한다. 언어로 대상을 표현할 때는 대상 세계를 최대한 구체적이고도 객관적으로 표현하되, 언어로 나타내지 못한 잠재적 의미를 항상 염두에 두고 판단해야 한다. 화자가 대상 세계를 표현할 때 구체적으로 기술할수록 대상 세계와 정확하게 일치하게 된다. 화자가 대상 세계를 세밀하게 관찰하여 그 관찰한 내용을 자세히 기술하면 기술할수록 언어와 언어의 내용, 그리고 대상 세계는 일치하게 되는 것이다. 반면 화자가 대상 세계를 대충 관찰하여 모호하게 기술하다든지, 추상적으로 기술할수록 진술의 내용은 애매모호하게 된다. 언어 기술의 구체성과 추상성은 화자의 대상 세계에 대한 인식 수준과 관련이 있다. 이처럼 ②에서는 '정확한 표현 능력'을 필요로 하며 이 능력은 대상 세계를 객관적이고 완결되게 표현하는 능력과 적격한 문장 구성 능력을 필요로 한다.

의미가 객관 세계에 대한 대응관계에서 단순한 '지시'나 '진리 조건'이 아니라 '투사된 세계'라는 재켄도프(Jackendoff, 1983 : 29)의 논의는 언어 주체로서의 화자의 역할에 관심을 두었다는 점에서 살펴봐야 한다. 이는 화자의 의도나 발화 목적에 따른 적절한 언어 사용과 관계된다. 즉 담화 상황에 대한 화자의 판단에 따른 언어 사용의 적절성 및 수용 가능성과 관련이 깊은 것으로 정확한 표현의 요건이 된다.[6]

(5) 가. 나도 가지.
　　나. 나도 갈까?
　　다. 나도 간다!
　　라. 나도 갔었지!
　　마. 나도 간다고 전해.

(5가)에서는 화자도 함께 가겠다는 동의의 의미를, (5나)에서는 화자가 가도 되냐는 요청의 의미를 의문의 형태로, (5다)에서는 화자도 간다는 강한 다짐의 의미를, (5라)에서는 과거 사실에 대한 회상을 감탄하는 의미를, (5마)에서는 화자도 간다는 내용을 다른 사람에 전하라는 명령의 의미를 표현하고 있다. 화자의 의도에 따라 동일한 명제 내용이 담화 상황에 따라 다양하게 표현되고 있는 것이다.

이는 어휘의 선택에서도 마찬가지이다. '저 양반, 꼬락서니 좀 보게나/저 녀석 품위 좀 보게나/저 양반 풍채 좀 보게나'처럼 화자의 의도에 따라 해당 상황과 문맥에 적절한 어휘를 선정하고 있는 것이다. 해당 문맥에서 유사한 의미의 여러 어휘 중에서 적절한 어휘를 선택하는 것은 상황에 대한 정확한 인식과 어휘사용능력이 있어야 가능하다. 특히 추상적 개념을 드러내는 개념어의 경우에는 그러한 능력이 더욱 필요하다. 다음 예를 살펴보자.

(6) 식별, 분별
　　가. 우리 선조들은 남녀 간에 식별이 있어야 한다고 생각했다.
　　나. 달빛이 밝아서 멀리 있는 사람도 흐릿하게나마 분별이 가능했다.

---

6) 이 글에서의 정확성은 규범성보다 확장된 성격으로 언어 사용의 적절성을 포함한다. 상황에 적절하지 않은 표현을 정확하다고 말할 수 없기 때문이다.

이 단어들은 고도의 추상적 의미를 지닌 단어들로서 의미가 비슷하지만 서로 미묘하게 차이가 있다. 국립국어대사전에 의하면 (6가)의 '식별'은 분별하여 알아보는 것으로 물체의 정체를 결정하는 데 쓰인다. 반면 (6나)의 '분별'은 서로 다른 일이나 사물을 구별하여 가르는 데 사용되는 어휘이다. '식별'은 대상의 정체를 판단하는 것과 관련이 깊은 반면 '분별'은 대상을 다른 대상과 나누는 것과 관련이 깊게 쓰인 것이다. 따라서 (6가)에는 '분별'을 (6나)에는 '식별'을 사용되어야 하는 것이다. 이처럼 단어들 가운데서 주어진 문맥 상황에 가장 적절한 단어를 선택하는 능력은 수준 높은 언어 능력이다. 이 경우 단어를 정확하게 선택할 수 있기 위해서는 단어의 의미뿐 아니라, 그 단어가 적용되어야 할 대상이나 상황에 대해서까지도 정확하게 인식을 할 수 있어야 한다(김광해 외, 1999 : 351). 유사한 의미의 어휘를 문맥에 따라 적절하게 사용할 수 있는 능력은 미세한 의미의 차이를 구별하고 화용 상황에 따라 적절한 문법 요소를 통해 정확하게 표현할 줄 아는 능력이 근간이 되어야 하는 것이다.

4. 마무리

요컨대 바르게 표현한다는 것은 대상 세계에 대해 바르게 사고하고 이를 정확하게 표현한다는 의미이다. 바르게 사고한다는 것은 대상 세계를 사실 그대로 파악하여 논리적으로 의미를 구성한다는 의미이고, 정확하게 표현한다는 것은 화자가 머릿속에서 구성한 의미를 정밀하고도 적격하게 언어화하고 이를 적절하게 사용한다는 의미이다.

대상에 대한 바른 인식은 대상 세계를 관찰하고 이를 올바르게 인식
하여 정확한 개념과 사태를 구성하고 더 나아가 사태 간의 관계를 논리
적으로 판단하는 것과 관계된다. 화자가 대상에 대해 바르게 인식했느
냐는 개념의 정확한 사용, 사태 구성의 바름, 사태 관계의 논리성 등을
살펴 판단할 수 있겠다.

표현의 정확성은 사태 구성의 적격성과 표현 내용의 완결성과 객관성
을 의미한다. 화자가 정확하게 표현했느냐는 사태 표현이 문법적으로
적합하게 구성되었느냐와 내용이 대상 세계를 어느 정도까지 완결되고
객관적으로 표현하였느냐를 살펴 판단할 수 있을 것이다. 언어 사용의
적절성은 화자의 발화 의도에 따른 표현의 적절성과 담화 상황 및 문맥
(맥락)에 따른 효과적인 언어 사용을 의미하는 것으로 표현의 정확성에
포함시켜 다룬다. 화자가 언어 사용을 적절하게 하였느냐는 화자가 발
화 의도에 따라 표현을 적절하게 생성하였느냐와 담화 상황 및 문맥에
따라 적절한 표현을 사용하였느냐로 판단할 수 있을 것이다.

따라서 바르게 표현한다는 것은 인식의 사실성 및 논리성, 표현의 정
확성을 내포하며 그 구체적인 요소는 다음과 같이 정리할 수 있다.

> (7) 바르게 표현하기
>> 가. 인식의 사실성 및 논리성
>>> ㄱ. 대상 인식의 사실성 : 정확한 개념(어휘) 사용, 바른 사태
>>> 판단
>>> ㄴ. 의미 구성의 논리성 : 개념 체계화, 전제와 함의 구별, 사태
>>> 관계 연결의 논리성
>> 나. 표현의 정확성
>>> ㄱ. 내용의 정확성 : 객관적 표현, 구체적 표현, 특정화 표현(수
>>> 식)

ㄴ. 구조의 정확성 : 적격 문장, 완결된 문장
ㄷ. 사용의 적절성 : 화자의 의도에 따른 적절한 표현, 담화 상
　황에 적합한 언어 사용

　지금까지 화자가 대상 세계를 인식하고 이를 언어로 표현하는 과정을 살펴 바른 표현의 의미를 개념화하였다. 표현의 과정에서 사고와 표현은 독립되어 형성되는 것이 아니라 상호 밀접한 관계를 맺고 작용하는데 이전까지는 표현된 결과만을 살폈다고 볼 수 있다. 따라서 언어 표현 과정을 연속적으로 살핌으로써 바른 표현의 개념을 깊이 있게 분석할 수 있었다. 이러한 표현의 과정은 [대상 세계 인식 → 언어화 → 사용]으로 정리할 수 있는데 이 과정에 모국어 문법이 영향력을 행사한다고 할 것이다. 그 영향력의 정도는 학자에 따라 논의가 분분하고 아직 확실하게 결정된 바는 없지만, 화자가 사고한 내용을 표현하는 과정에 모국어 문법이 어떤 모습으로든지 영향을 끼친다는 데는 이견이 없을 것이다.

제6장 | 한국어 문법의 기능과 특질

문법이 언어 생성 및 표현 과정에 작용하는 양상은 한국어 문법의 특질과 밀접한 관련이 있다. 따라서 한국어 문법의 특질과 작용을 밝힘으로써 화자가 사고한 내용을 바르게 표현하는 과정에 문법이 작용함을 증명할 수 있다. 문법 교육에서 바른 표현을 위한 교육 내용을 선정할 때에 표현의 과정에 작용하는 문법 요소의 기능을 중시하고 살피는 것은 필요한 과정이다. 표현 과정에 작용하는 한국어 문법의 특질을 살피고 표현 과정에 관련된 문법 요소의 기능을 밝히는 것은 바른 표현을 위한 교육 내용 구성에 선행되어야 하는 것이다.

1. 표현 과정에 작용하는 문법의 기능

인간에게는 실재하는 언어 외적 대상조차도 대상 그 자체로서가 아니라, 인간이 자신의 감각적 인식 및 사고 능력 그리고 문화적 배경 및 실용적 관심을 통해서 경험하는 바대로만 존재할 뿐이다. 그래서 인간의 '앎'은 실재하는 대상에 대한 직접적 인식이 아니라 인식을 통해 구성된 것이다. 인식 주체에 의해서 구성된 '의미'(심상)를 표현한 형식이 언어이고, 이 언어가 대상을 지칭하는 수단이 된다. 그러므로 언어가 화자가 세계를 파악할 때에 구성적 기능을 한다고 말할 수 있다. 특히 문법은 화자가 사고한 내용을 언어로 표현하는 과정에서 활발하게 작용한다.

최와 바우만(Choi & Bowerman, 1991)[1])에 의한 우리나라와 미국의 어린이들의 동작동사의 학습 양태의 연구는 어린이들의 언어 습득에는 일정한 개인차가 있으며, 그런 개인차는 엄마나 주위 사람들로부터의 입력의 양과 질에 의해서 생겨난다는 사실을 보여 준다. 이 관찰에서 알 수 있는 사실은 미국의 어린이들은 자동사와 타동사를 처음부터 같이 배우는데 반하여, 우리나라 어린이들은 처음에는 타동사만을 집중적으로 배우다가 얼마 뒤에 가서야 자동사를 배우게 된다는 것이다.

그들은 차이의 원인을 한국어와 영어의 동작 인지 방식의 차이에서 찾았다. 동작동사는 동작주(전경), 목적지(배경), 통로가 동사를 중심으로 융합한 것으로 영어는 해당 통로가 전치사로 표현되는 반면, 한국어는

---

1) 영어 자료는 바우만(Bowerman)이 두 딸의 말을 읽기 형식으로 기록하였고 우리말자료는 최(Choi)가 14~28개월 사이인 네 명의 어린이를 방문하여 자료를 수집하였다. 그 결과 두 나라 어린이들은 모두가 생후 14개월에서 16개월 사이에 동작동사를 사용하기 시작한다는 사실과 그들이 동작동사로 나타내는 동작이나 사건이 놀라울 정도로 같거나 유사하다는 사실을 발견했다. 왜냐하면 앉는 일, 일어서는 일, 의자 등에 올라가는 일, 안아달라고 요청하는 일, 옷을 입거나 벗는 일, 물건을 어디에 넣거나 꺼내는 일 등 사용하는 동작동사의 종류가 공통적이거나 유사한 것은 인지적 발달의 수준이 같기 때문이라는 것이다. 또한 처음에는 미국의 어린이들은 동작적 사건을 전치사만으로 나타내는데 반하여 우리나라의 어린이들은 동작동사로써 나타낸다는 점을 확인하였다. 그리고 미국의 어린이들은 자동사와 타동사를 처음부터 같이 배우는데 반하여, 우리나라 어린이들은 처음에는 타동사만을 집중적으로 배우다가 얼마 뒤에 가서야 자동사를 배우게 된다는 점도 발견할 수 있었다(김진우, 2004 : 283~287).

복합동사의 형식으로 표현하기 때문이라는 것이다. 즉 사람들의 공간적 지식은 동일하지만 동작동사의 유형은 다양하다는 점에서 언어 초기 입력의 중요성을 보여 주고 있다. 여기서 그들은 어린이들의 초기의 공간 어휘의 의미는 언어특수적이라는 사실을 보여주었다. 어린이들의 공간적 어휘의 습득은 입력과 인지적 발달의 상호교섭을 통해서 이루어지며 특히 행위가 문장의 말미에 오는 좌분지적 구절 구조를 갖추고 동사 습득의 양상이 통로를 포함하여 익히게 되는 등의 한국어적 특질은 학습자의 인지 구조와 밀접한 관계를 맺고 있다는 사실을 밝히고 있다.

일찍이 김종록(1991)에서는 국어가 교착어로서 어미와 조사가 매우 발달되어 있으며 특히 연결어미의 기능이 다양하다는 점을 밝히고 있다. 60여 개의 연결어미는 문장과 문장을 이어서 접속문장을 만드는 기능을 가지고 있으며, 아울러 선행문장과 후행문장 사이의 관계를 다양하게 맺어주는 기능을 가지고 있기 때문에 우리의 종합적인 사고 · 표현체계와 대단히 밀접한 관련을 가진다고 논증하였다.

이런 논의들을 통해서 모국어 문법이 화자가 사고하고 표현하는 과정에 영향을 미치고 있음을 유추할 수 있다. 이런 관점에서 문법은 사고를 표현하는 생산적 도구로서 성격을 지닌다고 할 수 있다. 즉 문법은 단순한 규칙이나 체세가 아니라 인간이 세상을 인식하는 과정에서 의미를 구성하고 적절한 어휘와 구문을 선택해서 표현하는 언어화 과정에 작용하는 기제인 것이다. 따라서 문법에 대한 이해와 사용은 바른 사고와 표현에 필수 요건이 된다고 할 수 있다. 이런 측면에서 문법이 인간의 사고를 표현하는 과정에 작용한다는 사실은 문법 교육의 맥락에서 거듭 강조할 필요가 있는 것이다.

그럼 문법이 언어 표현 생성 과정에서 작용하는 양상을 자세히 살펴보도록 하겠다.

> (1) 가. 꽃 좀 봐라.
>   나. 예쁜 꽃 좀 봐라.
>   다. 이 예쁜 꽃 좀 봐라.
>   라. 예쁜 이 꽃 좀 봐라.

봄이 되어 피어나는 거리의 꽃을 그냥 '꽃'이라 표현할 때와 '예쁜 꽃'이라 표현할 때, '이 예쁜 꽃'이라고 표현할 때에는 화자나 청자의 인지에 작용하는 힘이 달라진다. 화자가 '꽃'을 객관적인 대상으로 인식한 의미를 표현할 때에는 (1가)처럼 표현하지만, 화자가 '꽃의 상태가 예쁘다'고 주관적으로 판단하여 표현할 때에는 형용사로 수식하여 (1나)처럼 '예쁜 꽃'으로 표현하며, 화자가 지금 자신과 근접한 현시적 대상으로서 꽃의 속성에 대한 주관적 판단까지 포함하여 표현할 때에는 지시어와 형용사로 순차적으로 수식하여 (1다)처럼 '이 예쁜 꽃'으로 표현하게 된다. 이 때 '예쁜 이 꽃'은 대상의 존재성이 강조되는 반면, '이 예쁜 꽃'은 대상에 대한 지시성이 강조되기도 하는데 이처럼 어순에는 화자가 초점화하고자 하는 의도가 발현되기도 하는 것이다. 표현하면서 사고가 규정되기도 하고, 규정된 사고가 다시 표현되기도 하는 것인데 이 과정에 문법이 작용하고 있는 것이다.

한국어에서 사고가 표현되는 과정을 명시적으로 살피려면 구조어2)의

---

2) 내용어는 낱낱의 개념을 나타내는 낱말로, 구조어는 각 개념을 엮는 역할을 하는 낱말로 구분하였다. 구조어는 개념을 통합, 나열, 대비, 비교, 요약, 구분하는 말로서 조사, 어미, 덩이지움말(보기를 들면, 요컨대, 일반적으로 보면)이다. 바흐만(Bachman)의 '기능어'와 역할이 유사하며, 여기서는 조사와 어미는 통사 장치의 층위에서, 덩이지움말은 텍스트 층위에서의 구조 표지어 및 결속 표지어로 본다. 구조어를 '개념을 엮는 역할을 하는 낱말로서 의미구조에 대한 단서까지 포함하는 용어'로 정의한다.

기능을 밝혀야 한다. 영어와 한국어는 단어의 통사화 방식이 다르다. 영어가 어순고정방식으로 SVO형태로 문장을 구성한다면, 한국어는 낱낱의 개념과 개념의 사이를 문법형태소가 엮음으로써 문장을 구성한다. 말을 엮는 데 어순방식에 의지하는가, 문법형태소 첨가에 의지하는가에 따라 '낱말'이라는 말덩이의 인식에 큰 차이가 생기게 되는데, 이는 사태와 사물의 언어화 방식의 차이와도 관계가 된다(이상태, 1995 : 44).

> (2) 가. 덧버선, 친구의 가방, 상실의 시대
>   나. 공부하다, 공부하기

(2가)의 경우는 접사 '덧-'과 조사 '-의'가 첨가되어 복합개념을 형성한 예인데 '상실의 시대'는 추상명사를 '-의'로 결합함으로써 압축된 사태를 의미한다. 즉 문장의 형식이 아니어도 한국어에서는 형태소 첨가에 의해 사태 표현이 가능한 것이다. (2나)의 경우는 동사어간 '하-'와 어미 '-기'가 연속적으로 첨가되어 명사의 기능이 바뀐 예이다. 이처럼 한국어는 개념과 개념을 형태소로 결합하여 복합 개념을 형성한다.

한국어는 대부분 문법형태소의 첨가에 의해 말을 엮어 문장을 이루는데, 문법형태소가 정보내용을 더 큰 덩이로 묶어 준다. 따라서 표현 과정에 작용하는 한국어 문법의 기능을 정밀하게 파악하려면 내용어와 구조어로 나누어 살필 필요가 있다.

다음 예문을 살펴보자.

> (3) 가. 재동( ) 순희( ) 집( ) 편지( ) 썼( ).
>   나. 재동이가 순희의 집에서 편지를 썼어.
>   다. 재동이가 순희에게 집에서 편지를 썼어.

　　라. 재동이에게 순희가 집에서 편지를 썼어.
　　마. 재동이도 순희에게 집에서 편지를 썼어.
　　바. (나는) 재동이에게 순희의 집에서 편지를 썼어.

　내용어는 '재동, 순희, 집, 편지, 썼-'이고 구조어는 (3가)의 ( )에 들어가는 말로서 내용어 사이를 엮어 문장의 구조를 짜는 역할을 한다. (3가)~(3바)까지 '재동, 순희, 집, 편지, 썼-'의 낱낱의 개념은 같지만 어떤 조사와 어미가 쓰였느냐에 따라 전체 문장의 뜻은 달라진다. (3가)에서 논항이 '쓰다'란 동사이므로 우선되는 참여항은 '쓰다'의 의미로 따져 볼 때 행위자격이 된다. 그 다음 상황맥락에 의해서 여격, 목적격, 처격 등이 더해질 수 있다. (3나), (3다)에서 편지를 쓴 사람은 재동이고, (3라)에서 편지를 쓴 사람은 순희이다. 재동 다음에 조사가 '-가'가 왔느냐 '-에게'가 왔느냐에 따라 편지를 쓴 사람과 받는 사람이 바뀌었다. (3마)에서 편지를 쓴 사람은 역시 재동이지만, '-도'가 붙음으로써 순희에게 편지를 쓴 사람이 더 있다는 것을 함축한다. 물론 내용어가 달라져도 문장의 뜻은 달라지지만, 구조어의 경우는 위와 같이 개념간의 관계를 엮음으로써 보다 더 추상적인 뜻덩이를 만들어 준다. 말엮기에 관여하는 문법형태소는 조사와 어미로서, 조사는 의미와 기능에 따라 다시 격조사, 접속조사, 보조사로 나뉘고, 어미는 어말어미(종결어미, 연결어미, 전성어미), 선어말어미로 나뉜다. 이들은 명제를 이루는 데 참여하기도 하고 문장의 의미나 논리 관계를 연합하고 표현하는 데에 참여하기도 한다(고춘화, 2008ㄴ : 13).

　　(4) 가. 부끄러워서 얼굴을 가립니다.
　　　　나. 부끄러운 얼굴은 가립시다.

　　다. 부끄럽게도 얼굴만 가렸네요.

　(4)의 문장들은 실질적 내용은 같지만, 말엮기에 관여하는 문법형태소들의 차이 때문에 이들의 총체적 의미는 달라진다. (4가)는 얼굴을 가리는 이유를 제시하고 (4나)는 얼굴이 부끄럽다는 상황을 제시하여 얼굴을 가릴 것을 부탁하며 (4다)는 얼굴만 가려져서 부끄럽다는 감정을 표현했다. 모두 공통적으로 [부끄럽-, 얼굴, 가리-]의 개념적 의미를 가졌지만, '-어서/ㄴ/게도, 을/은/만, -니다/시다/었네요'의 구조어를 선택적으로 사용함으로써 사태의 언어화 방식이 달라졌다.

　(5) 우리는 일상 생활(　) [지구가 움직이(　) 있다]는 것(　) 느끼지 못하(　), [해(　) 달이 움직여]서 [낮(　) 밤(　) 생기]는 것(　) 알기 쉽다. 그러나 사실은 [[[지구가 쉬(　)] 않](　) 운동을 하고 있다.

　(6) 명제 분석
　우리는 일상 생활에서 A를 느끼지 못하고, C어서 D로 알기 쉽다. 그러나 사실은 E이다.

　(5)의 빈칸을 메우려면 먼저 (6)에 분석된 명제가 화자의 머릿속에 내재적으로 잡혀 있어야 한나. (5)를 선석으로 읽어가면서 머릿속으로는 다차원적인 의미적 엮음이 이루어져야 하는데, 그 엮음이 적절하게 이루어 졌는지 확인할 수 있는 것이 바로 구조어를 어떻게 넣었는가의 문제이다. (6)의 명제분석에서 진하게 표시된 부분은 (5)에서 조사나 어미의 빈칸으로 의미통사론적인 엮음을 구현하는 구조어이다(고춘화, 2008ㄴ : 14).

　따라서 한국어의 표현 과정에서 구조어는 논항(참여항)−서술항을 엮고, 각각의 개념을 의미-형식적으로 통합, 응결, 결속시키는 기능을 한다. 구조어를 살핌으로써 표층적인 문장의 구조뿐 아니라, 명제의 구조, 정보의 구조, 정보의 흐름을 파악할 수 있는 능력을 갖추게 되는 것이다.

문장에 대한 내용의 이해와 문법 요소의 이해는 아주 긴밀하다.[3] 구조어가 각 개념을 엮는 역할을 한다는 말은 곧 구조어가 각 개념을 한 차원 더 높은 추상의 뜻덩이로 묶는 역할을 한다는 것이다.

> (7) 가. 지수가 책을 읽는다.
> 나. 비가 와서 집에 있었다.
> 다. 코끼리는 코가 길다.
> 라. 영수는 지우개와 크레파스를 샀다.

(7가)에서 '읽-'의 주체와 대상을 묶어 주는 것은 '-가', '-을'이며 (7나)에서는 어미 '-서'가 앞뒤 사태를 인과관계로 묶어 준다. (7다)에서 보조사 '-는'은 화제를 제시하여 구정보임을 알리는 역할을 하고 (7라)에서 '-와'는 앞뒤 대상을 대등하게 나열하여 제시한다.

이처럼 구조어 중 조사는 단위 명제 내부의 서술항-논항의 통사적 관계를, 어미는 단위 명제들 간의 의미론적 관계를, 보조사와 접속조사는 정보의 흐름과 관계를 주로 명세화한다. 글이란 단순히 여러 문장이 선적으로 나열된 것이 아니고 계층적 구조물이므로 그 구조의 복잡성이

---

3) 한국어에서 구조어를 최초로 인식한 것은 이상태(1978)로, 그는 내용 낱말(내용어)과 구조 낱말(구조어)로 나누어 깁기검사를 실시했다. 킨치(Kintsh, 1977)의 이해 모형을 바탕으로 깁기검사의 이론적 준거를 삼고, 내용이 어려운 바탕글 2개와 구조가 복잡한 바탕글 2개를 정해서, 변형률로 내용어나 구조어 부분을 비운 후, 학생들로 하여금 깁게 하였다. 그 결과, 중학생의 이해도보다 고등학생의 이해도가 높다는 사실을 확인했다. 또한 중학생과 고등학생의 구조어 깁기와 내용어 깁기의 검사 결과가 거의 일치하는 것은 내용 이해와 말본요소의 이해가 긴밀히 관계한다는 것을 보여준다고 보았다.

나 단단함의 정도에 따라 읽기 쉽고 어려움의 정도에 차이가 있을 것이다. 구조어는 서술항에 대한 논항의 묶음부터 단순한 어휘의 묶음, 명제적 묶음, 나아가 정보의 관계까지 표시한다.[4] 이러한 구조어의 올바른 이해와 사용은 바른 표현을 위해서 갖추어야 할 필수적 요건이다.

요컨대 한국어 표현 과정에서 사고는 개념, 명제, 복합명제, 텍스트의 층위로 전개[5]되며, 이 사고 전개의 과정은 구조어(문법형태소)에 의해서 구성된다. 따라서 표현 과정에서 작용하는 한국어 문법의 기능은 상당히 특징적이라고 볼 수 있다.

지금까지 살펴본 것처럼 문법은 모국어 화자가 세상을 바라보고 인식한 내용을 표현하는 도구로서의 기능을 하고 있다. 화자의 사고를―개념을 파악하고 명제를 형성하고 각종 사태를 해석하는―표현하는 과정에서 문법 요소가 작용하는 것이다.

화자가 사고하고 표현하는 과정에 작용하는 문법의 기능을 도식화하면 다음 그림과 같이 제시할 수 있다.

[그림 3] 표현 과정에 작용하는 문법의 기능

---

4) 황미향(1998 : 130~138)을 참조하였다.
5) 세상을 구성하는 것은 주체인 인간과 사물인 객체인데, 인간과 객체가 존재하는 양상은 시간과 공간의 지평에서 이루어진다. 이러한 사물을 인지하는 언어적 출발이 '명명'하는 행위이고, '명명'의 기호화된 형식이 '단어'이다. 사물의 본질을 이해하고 해석하는 인간의 능동적 행위는 '명제'를 이루고, 이 '명제'는 문장으로 언어화된다. 단순한 사태에서 보다 복잡한 사태로의 결합은 인간의 사고 작용을 통해 활성화되고, 문장의 층위에서 확장되어 텍스트의 층위로 나아간다.

인간은 시간과 공간, 사물로 이루어진 세계를 인식하고 이들로 이루어진 사태를 파악하여 자기 나름의 관점을 세운다. 세계를 인식하는 과정에서 인간은 자신의 머릿속 심상을 어휘와 문장, 텍스트로 그려낸다. 이처럼 인간이 세상에 대한 의미를 구성해 가는 과정은 표현의 과정인 동시에 모국어 문법6)의 영향을 받는 과정이라 볼 수 있다. 입체적이고 연속적인 세상의 모습을 모국어 문법을 통해 선조화시켜 언어로 표현하는 것이다. 즉 화자가 인식한 머릿속 그림을 언어를 통해 표현하고 화자 인식의 섬세한 차이는 한국어 문법 요소를 통해 표현되는 것이다.

언어에서 발견되는 표현의 다양성은 언어로 표현되는 사고의 다양성을 의미한다. 따라서 사고의 과정을 알아내기 위해서는 사고를 표현하는 언어의 문법적 형태를 조사하는 방법이 효과적이다. 언어사용에서 보이는 표현의 다양성은, 언어사용자의 머릿속에 무의식적인 문법의 원칙이 들어 있음을 시사한다. 우리 머릿속의 내재문법은 우리로 하여금 단어들을 결합하여 문장을 만들 수 있게 하는 능력이다. 그래서 이 능력은 어떤 형식이 사회적으로 용납되는 형식이고 어떤 형식은 용납되지 않은지를 규정할 뿐만 아니라 한 언어가 허용하는 모든 형식을 규정한다. 내재문법7)은 우리로 하여금 모국어의 무한한 문장을 이해하고 생성

---

6) 여기서 '문법'은 모국어 화자의 언어 능력 중 문장을 구성하는 문장문법을 뜻한다. 그러나 '문법'의 의미를 여기에 한정하지 않고 문맥에 따라 국어과 관련한 지식, 모국어 화자의 언어 능력, 문장문법 등으로 다양하게 사용하고자 한다.

7) 내재문법은 언어의 타고난 부분과 학습된 부분의 결합의 산물이다. 언어의 타고난 부분은 언어라는 특수목적에 기인하는 부분과 마음(인지)의 일반적인 특성에 기인하는 부분의 양자에 기초를 두고 있다고 본다. 언어 교육에서는 첫째, 타고난 부분을 자극하는 언어 자극을 풍부하게 입력하고, 둘째, 언어 학습에 있어 학습자의 참여와 창의성을 강조해야 한다. 학습이란 학습자가 자기 마음속에서 지식을 구성해야 하는 것이기 때문에, 교육학적으로 학습자를 학습의 능동적인 주체로 인정해야 하는 것이다(Jackendoff, 이정민 외, 2000 : 68~71).

할 수 있게 한다. 따라서 한국어의 문법은 한국어를 설명하기 위한 학문적 체계일 뿐만 아니라, 한국인이 세상을 인식하고 해석하는 방식을 언어를 통해 어떻게 나타내었는가를 설명한다. 즉 한국인의 사고 과정을 한국어 표현 양상과 문법의 기능을 통해 밝힐 수 있을 것이라 기대하는 것이다.

2. 바른 표현에 관여하는 한국어 문법의 특질

여기서는 바른 표현과 관계되는 한국어 문법의 특질을 살펴보도록 하자. 바른 표현은 대상 세계를 사실대로 인식하고 관련된 의미 구성을 논리적으로 하여 이렇게 사고한 내용을 정확하게 표현하는 것이라고 보았다. 대상 인식의 사실성 및 논리성은 정확한 개념과 바른 사태 판단을 의미하는데 이는 직접 관찰할 수 없고 표현된 형식을 통해 유추할 수 있다.

우선 정확한 개념의 사용 여부는 정확한 어휘8) 사용 여부를 통해서 확인할 수 있다. 어휘는 의미나 개념의 최소 단위일 뿐만 아니라 문장의 최소 구성 단위이기도 하기 때문에 그것은 의미적 내용과 함께 문법적 특성도 지니고 있다. 따라서 어린이들이 어휘를 배운다는 것은 의미나 개념의 양을 늘려나가는 일만 되는 것이 아니라 문법을 배우는 일도 된다. 이러한 어휘는 지력에 의해서 습득되는 것으로 범주화의 과정을 거쳐 언어화된다.

---

8) 어휘란 어휘소를 원소로 하는 집합의 뜻으로 집합 개념이다. 낱말은 개별 어휘의 뜻으로 주로 사용되며, 단어의 집합이란 일정한 범위 안에서 사용되는 단어들을 가리킨다.

(8) 가. 영희는 물고기를 먹었다.
　　 나. 영희는 갈치를 먹었다.
　　 다. 영희는 진실을 모른다.

　영희가 무엇을 먹었는지에 대한 의문을 해소하기 위한 응답으로는 (8
가)보다 (8나)가 더 적절한 표현이라고 볼 수 있다. '물고기'는 '고등어,
꽁치, 명태, 갈치, 조기, 뱀장어…→물고기'의 추상화 과정을 통해 머릿
속에 생긴 의미로서 일반적인 반면에, '고등어'는 영희가 먹은 구체적
대상에 더 가까운 어휘이기 때문이다. 따라서 화자는 청자와의 소통의
효율성을 위해서 개념의 추상화 단계를 적절하게 맞추어서 대답해야 하
는 것이다.

　(8다)의 '진실'은 가리키는 대상 자체가 추상적인 개념어이다. '허위,
지배, 함축, 포괄' 등의 개념어들은 오랜 시간동안 교육을 받아야 비로
소 습득할 수 있기 때문에 개념어를 효과적으로 구사할 수 있는 사람은
고차원적인 사고 능력을 갖추었다고 볼 수 있다.

　인간은 추상화 과정에서 구체적인 대상을 일회적으로 분류하는 것이
아니라 끊임없이 분석하고 분류하는 사고 작용을 하는데 이 과정이 바
로 개념화의 과정이다. 이러한 추상화의 산물이 어휘로서 개인이 사용
하는 어휘는 개인의 사고 작용의 정도를 보여 준다. 이처럼 적절한 어휘
사용 능력은 대상 인식의 사실성 및 사용의 적절성과 관계된다. 개인이
사용하는 어휘를 살펴보면 그 사람의 지적 역량과 해당 사회의 문화를
확인할 수 있다.

　대상 인식의 사실성과 관계하여 사태의 속성을 어떻게 판단하여 표현
하느냐를 요건으로 제시한 바 있다. 이는 사태를 표현하는 한국어 문장

의 진술이 적절하냐 적절하지 않냐로 판단할 수 있다.

(9) 가. 아프리카는 매우 덥다.
　　나. 아프리카는 천국이야.
　　다. 아프리카가 발전하고 있어.
　　라. 아프리카가 빠졌어.

　사태는 주체의 속성에 대한 화자의 판단으로 구성되는데, (9가)는 아프리카의 날씨를 표현하기 위해 형용사로 서술어를 삼은 문장이고, (9나)는 아프리카에 대한 화자의 판단을 비유적으로 표현하기 위해 '이다'로 서술어를 삼은 지정문이고, (9다)는 아프리카가 성장하고 있다는 작용을 표현하기 위해 동사를 서술어로 삼은 문장이다. 모국어 화자라면 일단 대상의 상태, 동작 등을 구별하여 문장으로 표현하는 데에 무리가 없지만, 사태를 표현하는 데에 서술어로 동사, 형용사, '이다' 등이 적절하게 사용되어야 하고 이와 관련된 문법 요소의 특질을 살피는 것이 필요할 것이다. 또한 (9라)의 경우는 (9라)만으로는 의미가 분명하게 전달되지 않으므로 관련된 논항을 채워서 '아프리카가 이번 회의에서 빠졌어.'로 표현해야 의미가 명료해진다. 따라서 문장 구조를 완벽하게 갖출수록 표현이 정확해 진다고 할 수 있겠다.

　어휘가 대상 세계에 대한 개념화의 산물이라면, 문장은 낱낱의 개념을 관련시켜 연합시킨 사고의 산물이다. 문장 층위 이상에서의 사고 작용은 대상 세계와 일대일로 대응하는 것이 아니라 추상적으로 상징화된 개념을 재료로 삼아 이 개념을 밀도있게 관련시켜 명제를 구성하고 이 명제들을 결합시킨다. 황미향(1998 : 11)에서는 대상 세계의 의미와 화자의 의도, 그것들을 표현하는 데 이용되는 해당 언어의 고유한 문법적 특징이 있다고 보았다.

(10) 가. 올해는 비가 많이 왔다. 농사 작황이 그리 좋지 않다.
　　 나. 올해는 비가 많이 왔고 농사 작황이 그리 좋지 않다.
　　 다. 올해는 비가 많이 와서 농사 작황이 그리 좋지 않다.
　　 라. 올해는 비가 많이 왔기 때문에 농사 작황이 그리 좋지 않다.
　　 마. 올해는 비가 많이 왔다. 그래서 농사 작황이 그리 좋지 않다.

(10)[9]은 [올해는 비가 많이 왔다], [농사 작황이 그리 좋지 않다]의 두 사태를 연결하여 문장을 생산한 것이다. 만일 두 사태가 실제 세계에서 관계가 없는 독립적으로 존재하는 사태라면 (10가)처럼 각각 독립적인 문장으로 표현할 수 있다. 화자가 두 사태를 시간의 순서에 따라 발생했을 뿐이라고 인식했을 때는 (10나)처럼 표현할 것이다. 그러나 두 사태가 인과 관계를 맺고 있다고 화자가 인식한다면, 화자는 그러한 인과 관계를 드러낼 수 있도록 특정한 문법적인 장치를 이용하게 된다. 그리고 이때에도 이 두 사태를 어느 정도로 긴밀한 관계로 인식하느냐에 따라 (10다)나 (10라)처럼 하나의 문장으로 엮을 수도 있고 (10마)처럼 표현할 수도 있다. (10다)와 (10라)는 공통적으로 두 사태의 의미적 관련성을 인과 관계로 파악하고 있지만, (10다)는 '-어서'를 사용하여 포괄적인 인과관계로 인식하고 있고, (10라)는 '-기 때문에'를 사용해서 직접적인 인과관계로 인식하고 있는 것이다.

실질 세계를 관찰하고 이에 대한 사태를 구성하고, 사태간의 관계를 어떤 식으로 인식하느냐에 따라 사용되는 문법 요소도 달라진 것이다. 따라서 의미 구성의 논리성은 적절한 연결어미나 관련 문법 요소를 사

---

9) 황미향(1998 : 11)에 제시된 예를 수정 인용하였다.

용함으로써 표현되는 것이다.

앞에서 표현의 정확성은 주관적으로 해석될 여지를 최소화함으로써 표현을 대상화함으로써 가능하다고 보았다. 즉 상황의존적 표현을 상황 독립적으로 바꾸거나, 추상적 표현을 구체화하는 등 객관적이고 구체적으로 표현하는 방안을 모색해야 하는 것이다.

> (11) 정확하지 않은 표현들
> 가. 그 사람보고 그 쪽으로 가라고 해.
> 나. 영수가 공부를 많이 했다.
> 다. 철수는 동쪽으로 떠났어.
> 라. 밤이 매우 춥다.

(11가)의 경우 대용어를 반복해서 사용함으로써 그 사람이 누구인지, 그 쪽이 어디인지를 어림짐작해서 이해할 수밖에 없으므로 의미가 온전하게 전달되지 않는다. 이러한 대용어는 상황이 분명하게 제시된 경우에 한해서 사용해야 정확한 표현이 되는 것이다. (11나)는 '많이'가 영수가 공부를 한 양의 정도를 나타내기 위해서 사용되었으나, 어느 정도인지가 명확하게 드러나지 않는다. 따라서 (11나)를 '영수가 공부를 세 시간 동안 했다.'로 구체적으로 표현하는 것이 의미가 정확히 드러난다. (11라)와 같이 정도나 주관적 판단과 관련된 일부 형용사나 부사도 의미가 모호하게 표현될 수 있으므로 비교 구문 등을 활용하여 더 구체적으로 표현해야 할 것이다. (11다)의 경우 동, 서, 남, 북과 같은 표현은 실제 기준에 따라서 변할 수 있는 상대적 표현이므로 기준점을 제시하여 표현해야 의미가 분명해 질 것이다. (11다)의 경우 '철수는 고향에서 동쪽으로 떠났어.'라고 바꾸어 표현하면 더 정확한 표현이 된다.

이처럼 바른 표현과 관련된 한국어 문법은 각 문법 요소의 의미 기능과 특질과 밀접하게 관련되어 있다. 특히 한국어의 첨가어적 특질은 문법 요소 각각이 일정한 의미와 기능을 가지고 작용하기 때문에 문법 요소가 표현 과정에 직접적으로 영향을 끼치게 함을 유추할 수 있다. 따라서 화자의 사고를 표현하는 과정에 작용하는 한국어 문법 요소의 특질을 바른 표현의 요소와 관련시켜 살펴보는 것이 바른 표현을 위한 교육 내용 구성에 밑바탕이 될 것이다.

3. 마무리

지금까지 문법은 화자가 사고한 내용을 표현하는 과정에 작용하고, 한국어 문법은 조사와 어미 등의 구조어에 의해서 표현 과정에 강하게 작용함을 살펴보았다. 화자의 사고는 문법(언어 표현 장치)을 통해서 실현된다. 따라서 올바른 표현을 하기 위해서는 문법 장치에 대한 이해가 필수적이다. 특히 한국어에서는 한국어의 특질 상 구조어 등이 표현 과정에 중요한 역할을 하므로 구조어의 쓰임새를 섬세하게 이해하고 그것을 바르게 사용하는 능력을 기르면 한국어에 의한 '바른 표현'을 할 수 있게 된다. 이를 좀 더 확장하면 글을 읽거나 말을 들을 때 구조어를 유심히 살피고 이해하면 한국어로 표현된 텍스트에 대한 깊이 있는 바른 이해를 할 수 있게 될 것이다.

한국어 문법은 문장을 중심으로 작용하고 문장은 의사소통의 기본 단위이기 때문에 모국어 화자가 문장을 사용하는 과정을 분석하면 한국인의 표현 과정을 재구할 수 있을 것이다.[10] 또한 한국어는 개개 형태소들이 그들 고유의 문법 의미를 가지고 덧붙는 첨가어이므로, 한국인의 사고를 표현하는 과정에서 문법 요소의 작용을 살피는 것은 바른 표현을 위한 문법의 기능을 확인하는 방안이 되는 것이다. 따라서 문법이 화자의 사고에 작용하여 바른 표현을 생성하는 과정을 밝히고, 바른 문장 표현에 드러나는 문법 요소의 작용을 분석하여 이를 교육 내용으로 삼아 제대로 교육한다면 모국어 화자가 바른 표현을 하는 데 효과적인 방안이 될 것이다.

이 글에서는 모국어 화자가 대상 세계에 대해 사고한 의미 내용을 어떻게 표현하느냐를 주의 깊게 살피고 사고의 표현화 과정에 작용하는 문법 요소의 특질과 기능에 초점을 두고 재기술함으로써 바른 표현을 위한 문법 교육의 내용 구성의 바탕을 삼고자 한다. 이를 위해 바른 표현의 전형적인 문장을 대상으로 하여 그 표현 양상을 구조어를 중심으로 분석한 후, 표현 과정에 작용하는 문법의 기능을 밝힌다면 바른 표현을 위한 효과적인 교육 내용을 도출할 수 있을 것이다.

---

10) 비고츠키(vygotsky, 1962)가 언어는 외적 의사소통 및 사고(내적 의사소통)의 도구라고 규정한 것처럼 한국어도 한국인의 의사소통 및 사고의 도구인 것이다.

제 7 장 │ 한국어 문장의 의미 구성 과정

바른 표현의 과정에는 세계를 인식하여 언어화하는 화자의 사고 과정이 내재되어 있고, 그 표현의 과정에 문법이 작용한다. 그리고 화자가 대상 세계를 인식하고 개념을 구성하고 사태를 생성하는 일련의 사고 과정이 언어로 표현되는데, 한국어 문법은 이 표현 과정에 특징적으로 작용한다는 것을 알 수 있다. 따라서 한국어 문법이 화자의 사고 내용을 표현하는 과정에 작용하는 기능과 특질을 살펴 교육 내용으로 구성하고 이를 제대로 교육한다면 화자가 바른 표현을 하는 데에 기여할 것이다. 이 글에서는 한국어 문법이 화자의 사고 내용을 표현하는 과정에 작용하는 기능과 특질을 밝혀 이를 바탕으로 바른 표현을 위한 문법 교육의 내용을 설계하고자 한다.

1. 문법의 작용과 바른 표현

화자가 세계를 인식하고 사고한 내용을 표현하는 과정에서 문법이 어떤 작용을 하고 어떻게 사용되는지를 살핌으로써 바른 표현을 위한 문법 교육의 내용을 도출할 수 있다. 다만 이 과정은 추상적인 사고 작용이므로 직접 관찰할 수 있으므로 표현된 결과인 말과 글을 통해서 간접적으로 확인할 수밖에 없다. 따라서 표현 과정의 결과로서 바르게 표현된 문장을 대상으로 화자의 사고 과정과 사고한 내용의 언어화 과정(이후 표현이라 함)을 순차적으로 살펴 바른 표현의 과정을 재구할 수 있는 것이다.

숙련된 모어 화자는 자신이 표현하고자 하는 의미를 명확히 하기 위해서 문법 지식을 전략화한다. 같은 상황을 대하더라도 어떤 것에 주목하느냐에 따라, 또한 어떤 것을 표현하고 싶은가에 따라 문법 표지가 달리 나타난다고 할 수 있다. 화자가 표현하고자 하는 의미가 문법을 결정하는 양상을 보이는 것이다. 따라서 화자가 표현하고자 하는 의미는 구체적인 문법 표지에 의해 실현되는 것이다. 이러한 사실은 표현의 결과인 문장을 통해 화자가 표현하고자 의도한 의미를 추측해 볼 수 있는 것이다. 모어 화자는 자신이 사태에서 주목한 의미·표현하고자 하는 의미를 어휘나 문법 장치로써 '언어화'한다. 제시된 문장을 발화한 학생들이 자신이 주목한 의미를 모두 '언어화'할 수 있다는 가정을 해 보자. 이러한 가정 하에, '언어화된 이후'의 문장에서 각 문장의 발화자가 초점화하고자 했던 의미가 무엇인지에 대하여 '역추적'할 수 있다(주세형, 2005 : 82~85).

여기서는 대상 장면을 제시하고 이에 반응한 학습자의 발화문을 분석하여 사고의 표현 과정에 작용하는 문법의 기능을 살펴보기로 하겠다.

(1) [장면]과 화자의 발화문

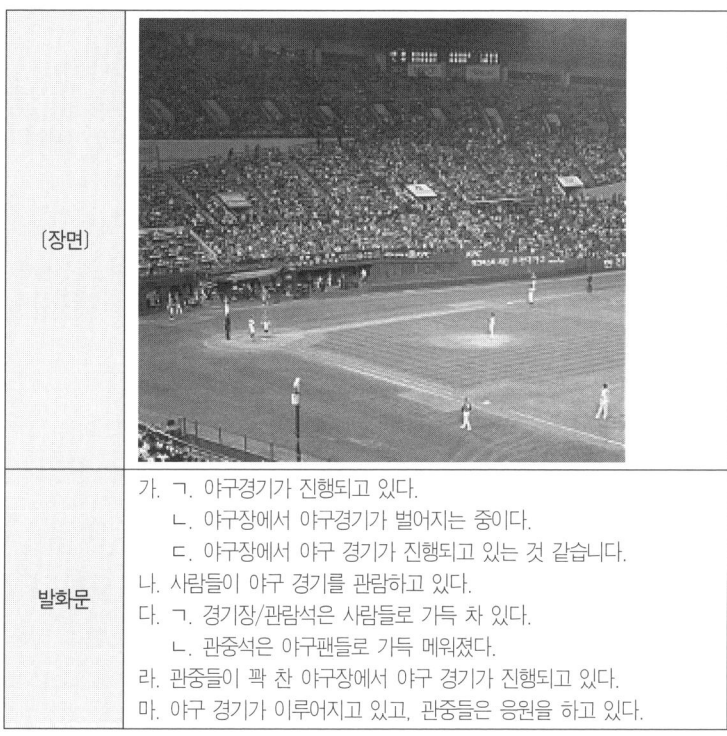

[장면]	
발화문	가. ㄱ. 야구경기가 진행되고 있다. 　　ㄴ. 야구장에서 야구경기가 벌어지는 중이다. 　　ㄷ. 야구장에서 야구 경기가 진행되고 있는 것 같습니다. 나. 사람들이 야구 경기를 관람하고 있다. 다. ㄱ. 경기장/관람석은 사람들로 가득 차 있다. 　　ㄴ. 관중석은 야구팬들로 가득 메워졌다. 라. 관중들이 꽉 찬 야구장에서 야구 경기가 진행되고 있다. 마. 야구 경기가 이루어지고 있고, 관중들은 응원을 하고 있다.

(가)는 [장면]에 제시된 사태를 추상적 상황인 '경기틀'로 인식하여 '야구경기'라는 말로 압축하여 표현했다. 틀[1]은 정형화된 시나리오 ―

---

1) Fillmore(1975)는 틀의미론을 주장하였는데, 거기에서 낱말은 세계에 대한 체험 토대적 도식화(experience-based schematization)인 틀에 근거해서 규명된다. 틀 의미론에서는 낱말이 그것과 관련된 백과사전적 지식인 전체 틀을 상기시키며, 그 틀을 바탕으로 낱말 의미가 정의되고 이해된다고 주장한다(김동환, 2005 : 63).

어떤 사건이 발생하며 상태를 획득할 수 있을 거라고 화자가 기대하는 상황―의 많은 자질을 가진다. 일반적으로, 틀은 도식화된 형태를 하고 있는 어느 정도의 '실재/세계 지식'을 부호화한다. 여기서 화자는 [선수 (우리편, 상대편), 점수, 관중, 심판]을 갖춘 장면을 보고 경기틀로 인지하여 이를 야구경기장이라고 표현한 것이다. (가)에서 화자들은 사태의 시간적 흐름을 현재 계속 진행 중인 것으로 생각하여 표현하고 있는데, (가ㄱ)과 (가ㄷ)은 '-되고 있다'라는 보조 용언을 사용하여 경기의 동적인 측면을 강조하고 있고, (가ㄴ)은 '벌어지는 중'이라는 의존명사를 사용하여 경기를 하는 동안이라는 시간의 측면을 강조하고 있다. 또한 (가ㄱ)과 (가ㄴ)에서 화자는 사태를 단순 진술하는 목적으로 표현하고 있으나, (가ㄷ)에서는 현재 진행되는 상황을 청자에게 직접 보고하려는 발화 의도를 가지고 '-고 있는 것 같습니다'의 경어체를 사용하여 표현하고 있다. 또한 (가ㄷ)에서 화자는 상황의 내용이 직접 확인한 사실이라고 단언하기보다는 간접적으로 안 사실이어서 대략 그럴 가능성이 높다고 판단하고 있음을 '-것 같습니다'를 사용하여 표현하고 있는 것이다.

(나)에서 화자는 사태를 주체가 작용하는 것으로 인식하여 '사람들이 -하다, -하고 있다'는 표현을 사용하여 '사람들'이라는 주체가 어떤 대상을 관람하는 행위를 강조하고 있다. 반면 (다)에서 화자는 사태를 주체(주제)와 그 속성이 결부된 상태로 판단하여 표현하고 있다. 동일한 장면이라도 화자가 사태를 어떻게 인식하고 구성하느냐에 따라 해당 장면의 내용과 표현되는 결과가 달라지는 것을 확인할 수 있다. 또한 (다)에서 화자는 경기장이 가득한 상태에 초점을 맞추어 표현하고 있는데, (다ㄱ)은 경기장이 수용할 수 있는 한도에 도달했다는 공간의 포화 상태를 '-로 가득 차 있다'를 사용하여, (다ㄴ)은 비어있던 경기장이 사람들로

가득 찬 상태가 완료되었음을 '-로 가득 메워졌다'를 사용하여 표현하고 있다.

(라)에서 화자는 대상 장면을 상태와 작용의 양상이 결부된 사태로 인식하여 '관중들로 꽉 찬'이라는 내포절(관형절)을 사용하여 야구장의 상태와 함께 경기가 진행되고 있는 상황을 복합적으로 제시하고 있다. 야구장의 속성과 경기의 진행 양상을 대등한 사태로 그 관계를 판단하지 않고 경기의 한 구성 요소로서 야구장의 속성을 인식하여 표현한 것을 짐작할 수 있다. (마)에서 화자는 대상 장면을 (가)와 (나)의 사태를 단순하게 연관지어 '-고'라는 연결어미를 사용하여 두 사태를 나열 관계로 표현하고 있다.

이러한 논의를 통해 대상 장면에 대한 바른 표현이 어느 문장이냐를 판별해 볼 수 있다. 2장에서 바른 표현의 요건으로 인식의 사실성 및 논리성, 표현의 정확성, 사용의 적절성을 들었다. 먼저 모국어 화자의 직관으로 판단해 볼 때 가장 바른 표현은 (라)라고 볼 수 있다. 그 이유는 사실의 인식성으로 볼 때 대상 장면은 관중석의 상태와 경기가 진행되고 있는 상황을 제시하고 있다. 따라서 한 가지 사태만을 제시한 (가), (나), (다)보다는 (라), (마) 문장이 사실의 인식성 측면에서 더 바르다고 볼 수 있겠다. 또한 정확한 표현의 차원에서 볼 때 (마)는 '야구 경기가 이루어지고 있다'라고 표현하고 있는데 이 장면에서 '경기'는 시간의 흐름에 따라서 진행되는 의미 자질을 내포하므로 정확한 표현이라고 보기에 어색한 면이 있다. 따라서 (라) 문장이 대상 장면을 가장 바르게 표현하고 있다고 볼 수 있겠다.

[장면]에 대한 화자가 사고한 내용을 표현하는 과정을 도식화하면 다음과 같다.

(2) [장면]에 대한 화자의 인식과 표현

사진 관찰	▶	화자 인식	▶		표현
[사진]		[야구경기]	⇒	가	야구경기가-
		사람들→경기	⇒	나	사람들이-
		[경기장] : 사람들	⇒	다	경기장은-
		[야구장]∧[야구경기]	⇒	라	- 야구장에서 야구경기가 -
		[야구경기]∧(관중들→응원)	⇒	마	야구경기가 -고, 관중은-

동일한 장면에 대해서 화자는 (가), (다), (라)에서 '야구경기가 벌어진다/진행된다.'의 피동문으로 표현한 반면, (나)에서는 능동문으로 표현하고 있다. 또한 (마)에서는 능동과 피동의 양상을 모두 표현하고 있다. 화자가 '주체'를 무엇으로 인식하느냐에 따라 문형의 선택이 달라졌다고 볼 수 있겠다.

지금까지 [장면]에 대해 살펴본 것을 통해서 바른 표현의 과정에는 화자가 대상 세계에 대해 사고한 내용을 일정한 언어 형식을 선택해서 표현하는 과정이 내재하고 있음을 알 수 있었다. 여기서 '사고'[2]는 대상

---

2) 사고란 사고의 대상을 찾는 정신 작용과 찾아낸 대상에 대한 인식의 변화를 초래하는 정신 작용을 포함한다. 사고의 대상을 찾는 정신 작용을 단순 사고, 사고의 대상에 대한 인식의 변화를 수반하는 사고를 고등사고로 정의한다. 교육을 통해 사고력을 신장시키다고 할 때의 사고력이란 말도 고등 사고의 운용력을 말한다고 한다. 국어교육은 언어 교육이므로 국어교육에서 신장시켜야 하는 사고력은 당연히 언어적 사고력이다. 여기서 언어적 사고력이란 언어를 매개로 어떤 대상에 대한 인식의 변화를 꾀하는 정신 작용이다. 그런데 인식의 변화는 곧 의미의 변화를 뜻하므로 언어적 사고력이란 언어를 통한 의미의 형성이라고 말할 수 있다. 그런데 의사소통에서의 의미는 그 최소 단위가 논항과 서술의 결합으로 이루어진 명제의 형태를 띤다. 즉 문장이나 글 수준의 언어적 의사소통을 한다는 것은 이미 형성되어 있는 음성이나 문자 연쇄를 단순히 반복하는 것이 아니라, 먼저 수없이 많은 명제 수준의 창조적 사고를 하고, 더 나아가 이러한 명제들을 다시 관련시켜 통일성 있는 큰 의미 덩어리를 만들어 내는 창조를 하는 것이다. 따라서 언어적 의사소통을 할 때 인간은 명제 수준의 내용을 생성해 내는 사고와 그것을 글이나 단락에 대

세계에 대해 화자가 인식하고 판단하는 의미 구성의 과정을 뜻하고, '표현'은 다시 '의미'와 '언어 표현(형식)'을 뜻한다. 여기서 '의미'는 화자가 사고하여 실제로 지칭하는 내용에 해당하고, '언어 표현'은 해당 내용을 나타내기 위해 선택하여 사용하는 언어 형식을 뜻한다. 바른 표현의 과정에서 사고의 층위와 표현의 층위는 단순한 선조적인 관계가 아니라 상호작용하며 관계를 맺는다. 따라서 이 두 층위를 구별해서 논하기보다는 의미 구성의 과정으로서의 사고의 층위와 언어화의 과정으로서의 표현의 층위를 순차적으로 살펴 관계를 짓는 것이 필요하다. 바른 표현을 위한 문법 교육 내용 선정의 층위를 단순화하면 다음과 같다.

(3) 바른 표현을 위한 문법 교육 내용 선정의 층위
  가. 사고의 층위 : 의미 생성 및 구성의 과정
  나. 표현의 층위
    ㄱ. 의미
    ㄴ. 언어 형식

바르게 표현하는 과정은 화자가 대상 세계를 인식하고 사고하는 과정과 사고한 내용을 적절한 언어형식을 선택해서 표현하는 과정으로 이루어진다. 사고의 층위는 화자가 대상 세계를 어떤 모습으로 인식하고 그려서 머릿속 그림으로 저장하느냐의 의미 생성 및 구성의 과정과 관계가 깊다. 표현의 층위는 화자가 저장한 머릿속 그림을 어떻게 의미화하

응되도록 내용을 조직하는 사고를 거치게 된다. 그러므로 언어적 사고력이란 의미(내용) 생성능력이나 의미(내용) 조직 능력, 그리고 이를 적절한 음성 형식이나 문자 형식으로 실체화하는 표현 능력의 세 가지 구인으로 이루어져 있다고 할 수 있다. 이 세 가지 하위 능력들은 선조적인 관계가 아니라 복잡하게 얽혀 서로 상호 작용하며 인간의 언어적 의사 소통을 가능하게 해 준다(서울대국어교육연구소, 2007 : 380~382). 따라서 표현 과정에서의 사고는 의미를 생성하고 이를 관련시키는 일련의 과정을 뜻한다.

고 어떤 언어 형식을 선택하여 언어화하느냐와 관계가 깊다.

한국인은 의미를 엮어 구성한 사고 내용을 문법 요소에 의해 표현한다. 화자가 대상을 인식하고 의미를 구성하고 표현하는 과정에서 문법 요소가 거멀못과 같이 그 과정을 연결하는 작용을 하는 것이다. 표현 과정에 작용하는 문법의 기능은 문법 요소가 문장의 의미를 형성하는 데에 일정한 작용을 하는 것을 뜻한다. 한국어에서 이 기능은 주로 조사와 어미로 대표되는 구조어가 하는데, 구조어는 개념을 결합하여 복합개념으로, 개념을 연합하여 사태로, 단일 사태를 복합 사태로 연결하여 구성하는 작용을 한다. 따라서 한국어의 표현 과정에서 이러한 문법 요소들의 특징을 살피는 것이 중요하다. 바른 표현을 위한 문법 교육의 내용을 선정할 때에는 이러한 점들을 고려하는 것이 필수적이다.

그러므로 바른 표현을 위한 문법 교육 내용을 선정하기 위해서는 문법의 기능을 사고와 표현의 양 층위로 나누어 살펴볼 필요가 있겠다. 또한 이 과정은 화자의 머릿속에서 통합적으로 동시에 발생하지만, 연구의 측면에서 살피기 위해서는 각 층위를 구분하여 순차적으로 살펴야할 것이다. 그러므로 바른 표현을 위한 문법 교육 내용을 선정하기 위해서 우선 전형적으로 바른 문장을 대상으로 해서 한국어 문장 의미 구성의 과정을 살펴 문장의 의미 구성 단위를 설정하고, 다음으로 표현 과정에 작용하는 한국어 문법 요소의 기능과 특질을 살펴 구체적인 교육 내용을 선정할 것이다.

2. 한국어의 문장 층위

한국인이 일상 삶에서 사용하는 말의 기본 단위가 문장이라 할 때, 한국인은 문장으로 세상을 형상화해 바라본다고 할 수 있다. 그러므로 이러한 문장의 구조는 한국인의 사고 과정이 어떻게 표현되는지를 살피는 데 중요한 부분이다.

인간은 구체에서 추상으로의 과정을 거쳐 기본적인 인식의 틀을 갖춘 후, 추상에서 다시 구체로 적용하는 과정을 되풀이하며 인식의 틀을 끊임없이 조정한다. 논리학에서는 이 인식의 틀을 개념, 명제, 논증으로 구분하였다. 이 때 개념은 사물을 다른 사물과 구별하는 통일된 관념을 뜻하고, 명제는 시간과 공간의 층위에서 사물이 존재하는 양상으로 참과 거짓을 구분할 수 있다. 논증은 명제들 간의 관계를 추리와 추론에 의해 해석하고 화자의 의견을 정당화한 것이다. 이 과정은 논리적 사유의 바탕이 된다. 언어학에서는 이 사유의 과정을 단어, 문장, 텍스트의 언어 형식으로 대응시켜 설명한다. 단어는 사물의 개념을 정의한 것이고, 문장은 명제를 진술한 것이며, 텍스트는 화자가 통일된 생각을 완결하여 표현한 것이다. 즉, 화자가 여러 가지 개념(단어)을 연합하여 판단한 것이 명제이고, 이러한 명제들 간의 관계를 연관지어 해석하여 언어로 표현한 것이 문장과 텍스트이다. 따라서 한국어에서 개념, 명제, 텍스트로 표현하는 과정과 이 과정에서의 한국어 문법의 특징적 작용 양상을 살피는 것이 바른 표현의 요소를 구성하기 위해서 선행되어야 하는 것이다.

대상 세계, 즉 사태를 표현하는 말의 기본 단위가 문장이기에 인간은 문장으로 실세계를 형상화해 인식한다. 따라서 문장에는 표현하고자 하는 대상 세계(사태)와 이에 대한 화자의 인식 방법이나 인식 태도가 실현되어 있다. 이런 관점에서 필모어(Fillmore, 1968 : 23)는 문장을 명제와 양태의 결합으로 이루어진다고 보았다. 그는 동사와 하나 이상의 명사(격기능어)로 이루어진 구성체 즉, 주술 구조를 갖춘 구성체로서 시제가 없는 한 묶음의 관계를 명제라 하였다. 따라서 사태를 의미하는 것이 명제이고 문장은 이러한 명제의 표현인 셈이다. 명제라는 말은 원래 논리학에서 사용해 온 말로 사실을 진술하는 문장의 내용으로 참이나 거짓의 대상이 되는 것이다. 언어학에서 명제는 하나의 서술어와 그것의 의미를 충족시키기 위해서 필요한 참여항으로 이루어지는 개념적 단위, 즉 사태를 표상하는 '○○은 ○○하다'란 서술어와 참여항의 관계로 이루어진 구성체로 본다. 이 때 서술어와 참여항은 세계를 구성하는 내용 요소이고, 사태는 이러한 세계를 구성하는 내용 요소들이 결합하여 이루어진 대상 상황(일)이다.

한국어의 문장 형성 원리를 최웅환(1999)에서는 우리말의 문장이 서술어 어간을 중심으로 하여 전접 관계와 후접 관계가 완전히 일치될 수 있을 만큼의 정연한 대응양상을 보인다고 하고 다음과 같이 예를 들었다.

(4) 한국어 문장의 층위(최웅환, 1999 : 46)
[아버지, [아마 [어제 [할아버지께서 [영희에게[책을 읽-] 히] 시] 었] 겠] 습니까?]
[⑥′ [⑤′ [④′ [③′   [②′ [① ① ① ②] ③] ④] ⑤] ⑥]

(4)는 한국어 문장 요소를 전형적으로 완벽하게 갖춘 문장 표현이다. 따라서 바른 표현의 전형이라 할 만하다. 그러므로 이 문장을 중심으로 바른 표현 과정에 전제되는 화자의 사고 과정을 역으로 추적하도록 하겠다.

먼저 (4)를 내용어와 구조어로 구분해 보자. (4)에서 실질적인 개념을 가진 내용어는 '아버지, 아마, 어제, 할아버지, 영희, 책, 읽-'이다. 이 개념을 다시 범주화하면 '아버지, 할아버지, 영희, 책'은 구체적인 형상을 갖춘 대상이고, '어제'는 오늘의 전날이라는 시간을 지칭하는 낱말이고, '읽-'은 작용을 함의하는 낱말이고 '아마'는 화자의 심리적 태도를 의미한다. 여기서 '읽-'은 나머지 개념과는 달리 다른 참여항과 함께 제시되어야 의미가 완성된다. 나머지 '-께서, -에게, -을, -히, -시, -었, -겠, -습니까'는 문법적 의미를 갖고 문장을 엮는 구조어에 해당한다.

①을 중심으로 관련된 참여항이 채워진 P1[할아버지께서 영희에게 책을 읽히-]이 명제로서 사태를 표상한다. 그런데 한국어에서 명제(P1)는 그대로 문장으로 실현되지는 않는다. (1)에서 주/객체의 사회적 관계를 드러낸 ③-③´, 시간을 드러내는 ④-④´, 명제 내용에 대한 화자의 추측을 나타내는 ⑤-⑤´, 화자의 의문과 화청자의 사회적 관계를 드러낸 ⑥-⑥´가 결합하여 문장이 생성되는 것이다. 그러므로 이들 요소들의 관계를 밝히고 구분하면 한국어의 문장 표현 과정이 밝혀지는 것이다.

문장이 명제를 반드시 포함한다는 데는 이의가 없으나, 양상(서법, 양태)에 대한 정의와 기능에 대해서는 논란이 있다. 양상에 대한 논의가 한국어의 특질에 맞게 합의를 이루지 못한 채 양상, 서법, 의도 등이 혼재되어 사용되어 한국어 문장 구성에 대한 체계성을 갖추지 못한 것이다. 황병순(2004)은 담화에 사용되는 모든 문장에는 상황과 양상3)이 실현된다고 보았다. 그는 문장을 사태(대상 상황, 일)와 화자의 인식태도(양

---

3) 국어에서는 'modality'의 개념과 범위에 대한 견해가 아직 일치하고 있지 않아 양상, 양태, 서법이 혼용되고 있다. 서법은 서술 방법, 문체적 표현이란 의미가 강하고, 양태는 화자의 태도를 강조하는 의도가 강해, 여기서는 명제 내용에 대한 화자의 인식(인식태)을 강조하는 의도에서 양상이란 용어를 사용하기로 한다.

상)의 결합으로 보고, 이 양상을 사건의 양상에 대한 화자의 인식 방법 및 태도로 보았다. 이 때 사태는 명제로 실현되고, 양상은 양상요소로 실현된다고 한다. 최동주(1995 : 28)에서는 양상을 서법으로 지칭하고 이 서법에는 명제의 사실성에 대한 화자의 태도, 명제를 제시하는 화자의 심적 태도, 명제와 관련하여 청자에 대해 화자가 갖는 태도가 포함된다고 본다.

양상(modality)은 논리학에서 사용해 온 용어로서 논리학에서는 명제의 부정, 가능성, 필연성 여부 등 명제가 지닌 특성과 관련된 말이다. 언어학에서는 이 양상을 명제 내용에 대한 화자의 심리적 태도란 의미로 사용하고 있다.

모든 문장은 명제와 양상(modality)의 결합으로 이루어졌다고 본 필모어(1968 : 23)에서는 문장 전체에 걸리는 부정, 시제, 서법(mood), 상(aspect) 및 문장 부사를 양상 구성 요소라고 하였다. 격 범주로 이루어지는 추상적 기저형이 문장의 의미를 드러내는 명제이고, 격 범주와 무관한 요소는 양상이라고 보았기 때문이다. 이는 양상의 범주를 포괄적으로 해석한 결과이다. 그에 따르면 부정소나 우리말의 '-시-' 및 보조동사는 명제 구성 요소가 아니다. 왜냐하면 이들이 없어도 동사와 (동사에 따른) 격 기능어로 한 묶음의 관계 즉, 사태를 설정할 수 있기 때문이다.

그런데 황병순(2004 : 4)에서는 부정소나 '-시-', 보조동사 등도 대상 상황을 표현한 것이기 때문에 사태를 표현하는 요소로 포함하고 있다. 황병순(2004)의 논의에 따르면 '-시-'(4③)는 명제에 포함된다. 그런데 '-시-'는 대우관계4)를 표현하는 대표 형태소로서 한국어에서 기능이

---

4) 지금까지 학계에서는 경어법, 높임법, 존대법이라는 용어를 많이 사용했는데, 이들은 모두 높인다는 뜻을 가지고 있다. 그러나 이런 체계는 실제 높임뿐만 아니라 낮춤의 범주

매우 발달해 있다. 또한 '-습니까?'(4⑥)에서처럼 한국어에서는 종결어미에서 표현의도와 대우관계가 함께 작용한다. 그러므로 '-시-'를 명제에 포함시키면 대우관계 체계가 이중적이 되고, '-시-'의 기능을 설명하는 범위가 제한된다. 이는 사태에 화자나 청자의 담화 상황(참여자들의 사회적 관계)을 포함시킬 것인가, 제외할 것인가의 문제이기도 하다.

그러나 화자의 사고 과정을 중심으로 살핀다면, 개념을 인식하고 개념 간의 연관성을 살펴 연합시키는 과정에서 담화 상황에 대한 인식은 자연스럽게 통합적으로 이루어질 것이다. 따라서 여기서 대우 표현은 사태 참여자들의 사회적, 심리적 관계에 대한 즉 간접적 상황에 대한 인식이므로 사태에 포함시켜 논의하기로 한다. 그렇다면 (4)에서 사태에 해당하는 표현은 일단 [할아버지께서 영희에게 책을 읽히시-]가 된다.

이제 (4)에서 [아버지, 아마 어제 [   ]었겠습니까?]를 어떻게 분석할 것이냐의 문제가 남아 있다. 설명의 연속선상 양상과 관련된 표현을 먼저 살피도록 하겠다. 황병순(2004 : 5)에서는 양상의 의미를 포괄적으로 해석하여 화자가 상황을 인식하는 방법과 태도를 드러내는 것으로 보고 있다. 따라서 격 범주를 이루지 않는다고 하여 모두 양상소가 되는 것은 아니라 화자 상황을 인식하는 방법과 태도와 관련된 문법 형태를 모두 양상소로 보고 있다. 이러한 관점은 한국어에서 선어말어미와 종결어미의 양 층위에서 실현되는 화자의 인식 방법과 태도를 섬세하게 구분하지 못하는 한계가 있다. 문법형태소가 발달한 한국어에서는 개별 형태소가 독자적인 작용을 하는데, 그의 논의를 따르면 이 과정이 모호하게 처리된다.

도 포괄하므로 여기서는 중립적인 개념인 대우법 또는 대우관계라는 용어를 사용하기로 한다.

양상의 의미를 협의로 해석한 장경희(1985 : 9)에서는 양상소와 종결어미를 분리하여 양상을 '사건에 대한 화자의 정신적 태도를 나타내는 것'이라고 한다. 그는 양상소에 종결어미를 포괄하는 범주가 불필요하고 언어에 따라서는 두 범주가 상이한 형식으로 표현된다고 보았다. 실제로 양상소에 의해 실현되는 '사실 확인', '추측', '필연' 등의 의미가 사태 자체에 대한 화자의 인식을 나타내 주는 반면에, 종결어미에 의하여 표현되는 '진술', '질문', '명령' 등의 의미는 청자에 대한 표현의도를 드러낸다는 점에서 구별되어야 한다. 특히 (4)에서 명제 내용에 대한 화자의 추측을 나타내는 ⑤-⑤', 화자의 의문과 화청자의 사회적 관계를 드러낸 ⑥-⑥'로 구분되는 한국어의 문장 구성의 층위를 살펴보면 이 둘을 구별하는 것이 타당해 보인다.

박선자(2005 : 199)에서는 칸트가 판단의 범주를 분량, 성질, 관계와 같은 객관적 범주와 함께 양상판단(modality)으로 개연판단, 실연판단, 필연판단으로 나눈 논리적 구분에 따라, 사태를 받아들이는 인식 방법으로서 '인식하는 이의 마음가짐'이라는 주관성을 본질로 하는 심리적 태도가 어미로 실현되는 범주를 양상5)의 범위로 잡고 있다. 한국어에서 이는 선어말어미의 활용으로 실현된다.

이 글에서는 종결어미와 선어말어미에서 실현되는 화자의 심리적 태도가 다르다고 보고, 이를 각각 양상과 발화의도로 구별하여 논의할 것이다. 앞의 논의를 살펴본 결과 '양상'은 화자가 명제 내용(사태)에 대해 인식하는 방식으로 규정하고, 종결어미에서 실현되는 주된 기능은 화자의 청자에 대한 태도 즉 의사소통의 의도로 본다. 그리고 종결어미에서

---

5) 박선자(2005)에서는 서법이란 용어로 사용하고 있으나, 이는 이 글에서는 양상에 해당하는 논의이다.

실현되는 화자의 청자에 대한 태도를 서법(mood),[6] 의향법, 말재 등의
용어로 나타내었는데, 이 글에서는 청자에 대한 화자의 발화 의도가 드
러나는 것이라고 보아, 의향, 또는 발화의도로 사용하겠다.

한국어의 문장 층위를 이상태(2002)에서는 다음과 같이 설명한다.

> (5) 한국어 문장의 층위(이상태, 2002 : 153)
>   가. 명제절 : 풀이씨를 중심으로 이와 깊이 관여하는 한두(세) 논항
>   으로 이루어진다.
>   나. 시제절 : 명제절에 시제의 요소가 더 붙는다.
>   다. 양상절 : 시제절에 양상의 요소가 더 붙는다.
>   라. 의향문 : 양상절에 의향소가 더 붙는다.

그는 명제절을 언어적 진술의 핵심으로 보고, 이를 이루는 핵을 서술
어(풀이씨)로 보았다. 이것이 주어로 나타나는 논항과 어울려 완결된 명
제를 이룬다고 보고, 문장 속의 명제절은 개념의 연합에 핵심을 이루며
정보의 생산과 처리에 중요하다고 보았다. 시제절은 명제절에 시제소가
덧붙어 이루어진 것으로, 사건시와 발화시의 상대적 관계를 나타내는
것이 중요 기능이며 사태 진술을 접속할 때에는 해당 사태의 시간상의
선후를 표현하기도 한다고 보았다. 양상절은 시제절에 양상소가 덧붙어
이루어진 것으로, 필연성이나 가능성, 의지나 추측 등을 나타내는데 그
주체를 화자로 보았다. 의향문은 일상적으로 우리가 대하는 완전한 문장
으로 사태들의 외부논항의 변화와 함께 주어가 바뀌어 문장이 구분된다.

영어의 서법 실현 양상과는 다른 한국어의 특질에 맞는 서법 실현 양

---

6) 허웅(1975)은 들을이에 대한 전달 의도가 말할이의 뜻에 따르는 것이라고 보아 의향법이
   라 칭하였고, 최현배(1937/1975)에서는 '말재'를 뜻하는 용어로 종결어미로 실현되는 문
   장 갈래짓기를 가리는 범주이다.

상을 제시하고 있는 것이다. 여기서 양상은 명제에 대한 화자의 심리적 태도이고, 의향은 화자의 표현의도가 되는 셈이다. 그런데 (5나)시제절은 시간의 범주와 관계된 인식이면서 사태의 변화와도 긴밀한 관련이 있으므로 사태 표현에 포함시켜 살펴볼 수 있다. (4)의 '어제-었-'(④-④)에서 '어제'는 시간 개념을 나타내고 '-었-'은 사태의 흐름과 관계가 깊으므로 양상이나 표현의도보다는 명제 내용과 더 밀착된 요소이다. 그러므로 시제와 관련된 부분은 사태 표현에서 다루는 것이 적절하다.

그렇다면 (4)는 '개념-명제(사태)-양상-의도'로 구성된 표현이라고 할 수 있겠다. 따라서 (4)는 [아버지, [아마 [어제 할아버지께서 영희에게 책을 읽히시었 사태] 겠 양상] 습니까? 의도]로 구성된 바른 표현이 되는 것이다.

지금까지 한국어 문장은 개념과 명제(사태)를 중심으로 구성됨을 살펴보았다. 개념은 주로 내용어로 실현되고, 구조어는 개념과 개념, 명제와 명제를 엮는 기능을 담당함을 알 수 있다. 또한 명제는 서술어를 핵으로 참여항과의 연합으로 구성되며, 이 명제가 바로 문장으로 실현되는 것이 아니라, 양상과 의향(표현의도)이 결합되어서 표현됨을 확인하였다. 그러므로 한국어 문장의 구성 양상은 다음과 같이 다양한 층위에서 살펴볼 수 있는 것이다.

(6) 한국어의 문장 층위

문장	어제	내가	책-을	읽-었-겠-니?
심층격	시간	동작주	대상	서술
기능	내용어	내용어-구조어	내용어-구조어	내용어-구조어
개념의미	시간	사람	인조물	작용
화용	상황어	명제		시제-양상-의도

(6)과 같은 단일한 문장들의 결합은 화자가 여러 가지 사태 간의 관계를 어떻게 인식하느냐는 사고의 과정이기도 하다. 여러 문장의 연결은 사태의 의미에 따라 다양한 관계를 이루며 이루어진다. 두 문장의 연결은 두 명제의 결합이므로 복합명제라고 지칭하고, 이는 의미작용의 연속체이다. 다음 예문을 통해 사태의 관계를 살펴보자.

(7) 사태 관계
　가. 비가 오고 길이 질다.
　나. 비가 와서 길이 질다.
　다. 비가 온 탓에 길이 질다.
　라. 비가 온 것으로 보아 길이 질 것이다.

(7)에서는 모두 '비가 왔다'는 과거 자연 현상과 '길이 질다'는 상태가 공통적으로 확인된다. 그러나 (7가)는 시간의 경과를 중심으로 진술하여 인과관계의 결합 정도가 느슨하다. 반면 (7나)~(7라)는 인과관계의 결합 정도가 단단하다. (7나)는 길이 진 직접적인 원인을 비가 왔기 때문이라는 현상에서 찾고 있다. (7다)는 비가 온 현상에 대한 화자의 부정적인 느낌을 '-탓에'를 사용하여 표현하고 있고 (7라)는 '-것으로 보아'를 사용하여 비가 온 현상으로 인한 예상되는 결과를 화자가 추리하고 있음을 표현하고 있다(고춘화, 2009ㄷ : 55). 이처럼 한국어는 다양한 문법 요소를 사용함으로써 사태에 대한 미세한 해석의 차이를 효과적으로 나타낼 수 있는 것이다. 복합명제가 결합되어 완결된 의미체를 구성할 때, 이를 텍스트라 부른다. 이러한 결합의 양상은 구조어를 통해서 이루어지며, 명제 구성에서 텍스트에 이루기까지의 전개 과정이 한국인이 의미를 구성하는 사고와 논리의 과정이 된다.

개념과 명제를 바르게 사고하고 표현하는 일은 사고의 논리성과 표현의 논리성 양자를 모두 만족시켜야 하는 것이다. 왜냐하면 바른말을 한다는 것은 모든 사고 작용의 종합으로서 의미구성체를 완결 짓는다는 것이기 때문이다. 따라서 사태의 기술과 설명에 필요한 여러 개념들과 개념들 간의 관계가 체계적으로 이루어져야 하는 것이다.

3. 한국어 의미 구성 과정과 문법 교육의 내용 체계

하나의 단어를 적절하게 구사할 수 있기 위해서는 사물이나 개념을 정확하게 인지하는 능력, 나아가 그들 사이의 관계를 파악하고 처리하는 논리적 사고 능력이 더불어 형성되어 있어야 한다. 인간은 고급 추상어들의 의미와 용법을 정확하게 파악하기 위한 훈련을 한다. 구체적 사물을 가리키는 말이거나 고도로 추상적인 개념을 나타내는 말이거나를 막론하고, 단어들의 섬세한 의미 차이를 정확하게 구별하고 사용할 줄 안다는 것은 곧 온갖 사상에 대한 정밀한 분석 능력, 즉 기본 사고 활동이 정확하게 발동되고 있다는 것을 의미한다(김광해 외, 1999 : 351).

사고의 논리성은 개념과 명제를 바르게 추리하는 과정에서 필요한 요소이다. 말과 글을 하기 위해 필요한 개념들의 관계를 연관짓고 사태를 해석하여 설명하는 일련의 과정은 보여지는 사실에서 숨은 전제와 사실들을 추론해 내는 논리적 사고의 과정이다.

표현의 논리성은 문장과 문장, 단락과 단락 사이를 긴밀하게 연결하는 것으로, 결속표지나 말뭉치, 지시어 등을 통해 이루어진다. 한국어는 연결어미와 접속 부사가 매우 발달하여 사태 간의 관계를 맺는 데 중요한 역할을 한다. 연결어미의 사용에 따라 사태 간의 관계가 달라지므로 다양한 연결어미의 의미 기능을 확인하는 것은 필요하다 하겠다.

사고의 논리성과 표현의 논리성은 하나의 텍스트로 구현된다. 내용과 형식의 논리성은 별개로 이루어지는 것이 아니라 통일성을 갖추어 이루어진다. 내용의 일관성, 표현의 응결성, 주제의 통일성은 좋은 텍스트의 요건이기도 하며 이를 텍스트성이라고도 한다.

지금까지의 논의를 바탕으로 한국어의 의미 구성 과정과 관련된 양상을 다음과 같이 정리할 수 있다.

> (8) 한국어의 의미 구성 과정
> 　　단어=개념의 범주
> 　　문장=[명제[상황개념+개념1+개념2+서술개념]+양상+발화의도]
> 　　복합문장=복합명제[명제1+명제2⋯]+양상+발화의도
> 　　말과 글=텍스트 : 의미의 완결, 통일된 생각의 전개[문장1+문장2+⋯]
> 　　(+ : 구조어를 통한 사고의 연결, 결합 작용)

여기서 한국인이 의미를 구성하는 사고 과정은 개념, 명제, 복합명제, 텍스트의 층위로 전개되며, 각 요소가 실현된 언어 표현이 단어, 문장, 복합문장, 텍스트임을 알 수 있다. (8)에서 문장 표현을 중심으로 살펴볼 때 바른 문장 표현은 [[바른 사태 표현 [바른 개념1]+[바른 개념2]⋯]+바른 양상+바른 발화의도]로 구성됨을 유추할 수 있을 것이다.

세계를 인식하는 1차 층위는 사물을 명명한 개념의 범주이다. 2차 층위는 사물과 사물의 속성 및 작용을 연합한 사태이다. 이 사태는 사태 내용인 명제와 양상, 의향(표현의도) 등이 결합하여 문장으로 표현된다. 문장은 단일 사태를 표상하기도 하고, 여러 사태를 관계시킨 복합 사태

를 표상하기도 한다. 3차 층위는 텍스트인데, 이는 통일되고 완결된 의미의 총체를 표상한다. 한국인의 사고가 전개되는 과정에서 구조어(조사와 어미)는 의미를 같은 층위에서 엮고 다른 층위로 묶는 작용을 적극적으로 실행한다.

그러므로 화자가 한국어 문장을 바르게 표현하려면 문장을 구성하는 개념, 사태, 양상, 발화의도 등을 적절한 언어 형식을 택해 구성하는 것이 필요하고, 문장의 요소들을 결합시키는 구조어를 효과적으로 사용할 수 있어야 할 것이다. 즉 화자가 바른 표현을 하기 위한 기본 능력은 하나의 바른 문장을 표현할 수 있는 능력을 갖추어야 한다. 이를 위해서는 개념, 사태, 사태 연결, 양상, 발화의도에 맞는 단어, 문장, 복합 문장을 적절하게 생성하고 관련된 문법 요소를 적절하게 선택하여 표현하는 교육이 필요한 것이다.

(8)을 문법 교육의 내용 체계로 재구조화하면 다음 (9)와 같다. 문법 교육에서는 개념과 문장 층위를 중심 대상으로 하고 텍스트 층위는 언어사용영역에서 적극적으로 다룰 것이기에 체계에 포함하지 않겠다. (8)에서 제시한 문장의 구성 요소를 중심으로 제시하면 개념, 단일 사태, 복합 사태, 양상, 의도인데, 복합 사태는 사태 간의 관계이므로 사태의 표현에 포함시키기로 한다. 또한 담화 상황은 화자와 청자 간의 사회적, 심리적, 물리적 관계에 따라 문법 표현이 달라지는 요소로 사태를 구성하는 요소이므로 이것 역시 사태 표현에 포함시켜 제시한다.

(9) 바른 표현을 위한 문법 교육의 내용 체계
   1. 대상물과 개념의 표현
   2. 사태의 표현
      2.1. 단일 사태의 표현 : [[시공간 [주체+속성/작용]]+상황]

2.2. 사태 관계의 표현
3. 양상의 표현
4. 발화의도의 표현

(1) '아버지, 아마 어제 할아버지께서 영희에게 책을 읽히시었겠습니까?'를 (9)에 따라 화자의 사고 과정(=의미구성과정)과 표현 양상을 해체해 보면 다음과 같다.

(10) (1) 문장의 사고 과정과 표현 양상
　　가. 사고 : 나(화자)는 [㉠어제시간 할아버지께서주체 영희에게객체 책을대상 읽히도록 시켰다작용]고 내가 ㉡추측한 내용을 ㉢아버지에게 여쭈어 확인하고자 한다.
　　나. 표현 : 아버지, 아마 어제 할아버지께서 영희에게 책을 읽히시었겠습니까?

여기서 사태는 ㉠ '[시간－주체－객체－대상－작용]의 개념의 연합으로 구성되었고, 화자가 ㉠에 대해 판단한 양상은 추측이고, ㉢은 화자의 발화의도에 해당한다. 화자는 (10가)의 사고를 (10나)로 표현하고 있는 것이다.

그러므로 한국인이 의미를 구성하는 과정은 대상에 대한 실질적 개념, 개념의 연합과 상황을 결합시킨 사태 구성, 사태 내용에 대한 인식 양상, 그리고 화자의 발화 의도의 층위로 전개되는 것이다. 따라서 한국어의 바른 표현을 위한 교육 내용은 이 네 요소들이 구체적으로 언어화하는 과정에서 도출할 수 있다. 개념, 사태 구성, 양상, 발화의도의 네 요소과 관련된 문법 요소들이 의미 구성과 표현에 작용하는 기능과 특질을 구체적으로 살피는 것이 필요한 것이다.

4. 마무리

지금까지 한국어 문장의 의미 구성 과정을 대상물과 개념의 표현, 사태의 표현, 양상의 표현, 발화의도의 표현으로 살펴 교육 내용의 대범주를 설정하였다.

이 글에서는 대범주별로 의미 구성과 표현의 과정에서 작용하는 문법 요소의 제반 기능과 특질을 분석하여 각 요소별 교육 내용을 추출할 것이다. 화자가 사고한 내용이 표현되는 양상을 살핌으로써 언어 표현 생성 과정에서 작용하는 문법의 기능을 실체화하고 이를 구체적인 교육 내용으로 구성할 수 있는 것이다. 이를 위해 기존의 문법 요소들의 특질을 의미와 표현 형식의 두 차원에서 재기술할 것이다.

먼저 각 요소를 의미(실질 내용)에 따라 구분한 후, 각 의미에 해당하는 구체적인 표현 형식들을 찾아 제시할 것이다. 의미와 관련된 표현 형식들은 연세대학교 한국어 교재(1999)와 경북대학교 한국어 교재(2008)에 제시된 표현들을 기본 자료로 하고 기존 문법 지식들을 참조하여 재분류할 것이다. 그리고 의미와 표현 과정에 작용하는 문법 요소의 제반 기능과 특질을 분석한 후 이와 관련된 내용을 교육 내용으로 선정할 것이다. 화자가 사고한 내용을 표현하는 과정에서 드러나는 문법적 특징을 분석하면 한국인의 사고 과정이 어떤 식으로 표현되는지를 유추할 수 있기 때문이다. 바른 표현에 관여하는 한국어 문법 요소의 특질을 추출하여 교육 내용으로 선정하여 교육한다면, 대상물과 개념의 바른 이해와 사용, 사태의 바른 이해와 사용, 양상의 바른 이해와 사용, 발화의도의 바른 이해와 사용으로 이어져 학습자가 바른 표현을 하는 데에 기여할 것이다.

03 ┃ 문법 교육의 내용

제 8 장 대상물과 개념의 표현

제 9 장 사태의 표현

제 10 장 양상의 표현

제 11 장 발화 의도의 표현

제 12 장 문법 교육의 내용 체계

제 13 장 사태 관계 교육 내용

제8장 | 대상물과 개념의 표현

1. 대상물과 개념

개념은 다양한 사물에서 그 공통된 성질에 의하여 하나의 통일된 생각으로 결합시킨 관념, 즉 지각과 기억과 상상에 나타나는 개별적 표상에서 공통된 속성을 추상하여 집합시킨 하나의 심적 통일체로, 그것을 언어화하면 단어 또는 어구가 된다(김봉주, 1988 : 26~28). '개념'이란 동일 속성을 가진 대상들로부터 추상한 일반화된 관념이다. 즉 <개념>이란 동일 속성들로 추상된 대상을 가진 일반 관념이고, '개념'이란 낱말은 방금 정의한 그러한 내용을 표현하는 술어(기호)이다. 우리가 '나무'라고 부르는 <나무>라는 개념은 많은 종류의 나무들을 지칭하며 동시에 나무들이 갖는 많은 속성을 내포하고 있는 것이다.

개념은 사용되는 낱말들로부터 생겨나며, 머릿속에서 서로 다른 종류의 지식들을 관련짓고 부합시키는 정교한 사고 작용에 의해 창조되는 것이다(McCathy, 김지홍, 2003 : 79). 개념에 대한 의식적 고찰은 낱말의 구

성 과정과 의미 관계의 두 측면에서 이루어진다. 대상물과 개념의 표현
교육은 개념의 바른 이해와 사용을 목적으로 한다.

낱말의 구성 내용을 깨닫는 일은 학습자가 새로운 낱말을 이해하고
생성하는 것을 촉진시킨다. 낱말은 의미와 형태의 측면에서 구성되므로
학습자는 이 양 측면에서 낱말을 분석할 수 있어야 한다. 교육받은 모국
어 화자들은 파생된 낱말들 속에서 어근, 접두사, 접미사들의 출현을 파
악할 수 있으며, 그들이 이전에 한 번도 마주치지 못한 파생어들에 의미
를 더해 줄 수 있으며 새로운 낱말에 대해 유의미한 짐작을 할 수 있다.
언어 심리학의 연구 성과는 화자의 기억 창고 및 인출이 이중 등록항목
원리에 바탕을 두고 있음을 암시한다. 즉 머릿속 어휘는, 이미 만들어져
굳어진 단위로서 저장된 전체적인 파생어 및 전체적인 합성어 낱말들과
새로운 낱말을 만들어내기 위해 결합하는 일련의 접사들 및 어근들로
구성되어 있다는 것이다.[1] 낱말의 개념을 분석하는 것은 실제 생활에서
우리가 자동적으로 사용하거나 애매모호하게 사용하는 어휘의 의미를
학습자가 의식적으로 고찰하게 하는 효과를 갖는다. 이런 이유로 학습
자가 스스로 개념을 구성하고 복합 개념을 형성하고 이를 분석할 수 있
는 능력을 갖출 수 있도록 교육 내용을 선정하는 것이 필요하다.

언어 주체가 세계 속에서 '개념'을 인식하고 사고하는 과정은 명명행
위로 귀결된다. 사물을 다른 사물과 구별하여 인식하고 이를 범주화하
여 명명하는 방식은 '이름'을 붙이는 작용을 통해 드러난다. 한국어에서
이름을 나타내는 언어 범주는 명사(항)이다. 따라서 명사(항)의 의미 기
능을 살핌으로써 개념을 범주화할 수 있는 것이다.

---

1) 형태 인식하기와 관련된 일련의 설명과 내용은 맥카시(McCathy, 김지홍, 2003 : 151~
152)를 수정 인용하였다.

대상에 대한 이름붙이기는 '범주화'와 관련된다. 어린이의 언어 습득 과정에서 '범주화'[2]는 개념과 언어를 익히는 필수적인 단계이다. 범주화는 세계에 존재하는 사물에 대해 이름을 붙이는 행위로서 대상을 관찰, 구별, 분류하는 일련의 사고 작용이 활발하게 이루어지는 과정이다. 그 중에서도 구체적인 사물에 대해 이름을 붙이고 이를 기호로 표현한 것이 '명사' 부류이다. 즉 명사는 '사물에 대한 단순한 이름'이 아니라 인간 인지 발달의 중요한 범주화의 과정이 반영된 문법 요소인 것이다. 따라서 '명사'에 대한 접근은 형식적 용어와 특성보다는 '우리 문법에서는 세상을 어떻게 범주화하고 있는가'라는 본질적인 측면에서 이루어지는 것이다.

2. 명사와 개념

일찍이 최현배(1937/1965)에서는 품사에 대한 분석을 의미 기능 중심으로 시도하면서 명사[3]를 '형체가 있고 없고에 상관없는 일과 사물의

---

2) 피아제(Piaget)의 인지발달단계 중 제2단계인 전조작 시기에 아동이 반드시 획득해야 할 요소가 '범주화' 개념이다. 유아가 '공'이라는 단어를 처음 말하게 되었을 때, 처음엔 자기가 가지고 노는 공만 공인 줄 안다. 그러나 차츰 친구가 가지고 노는 공도 공인 것을 알고, 바람 빠진 것도 공이고, 색깔이 달라도 크기가 달라도 공이라는 것을 알게 된다. 하나의 이름이 특정한 한 개의 지시 대상을 가리키는 것이 아니라 하나의 개념을 가지고 있음을 알게 되는 것이다. 그러다가도 동그란 것이면 무조건 '공'이라고 하기도 한다. 노란 귤도 공이라 하고, 밤하늘 보름달도 공이라고 하고 둥그렇게 감긴 털실 타래도 공이라 한다. 그러면서 그것들의 차이점을 인지하고 다른 범주로 구분하게 된다. 이처럼 유아들의 인지 발달은 언어 습득과 함께 세상에 존재하는 대상들을 구별하고 범주화한다. 사람들이 공통적으로 경험하는 사유의 세계를 언어를 통해 차츰 익혀나가는 것이다(김미형 외, 2005 : 70~75).

3) 명사는 언어 범주들 중의 하나로 세계에 대한 인식과 관련이 깊다. 명사에는 인간이 세

개념'(최현배, 1965 : 212)이라고 정의하였는데 그 구분은 아래와 같다.

(1) 명사의 구분(최현배, 1965 : 212)

두루 이름씨(보통명사 또는 통용명사)란 것은 한 가지의 일과 몬(物)에 두루 쓰이는 이름씨를 일컬음이니 :

1. 자연물 : 사람, 개, 나무, 돌, 곳, 하늘, 땅
2. 인조물 : 집, 배, 기차, 먹, 붓
3. 동안(시간) : 밤, 낮, 봄, 가을
4. 얼안(공간) : 동, 서, 남, 북, 상, 중, 하
5. 얼(정신) : 뜻, 마음, 생각, 기쁨, 슬픔, 걱정
6. 짓(행동) : 일, 울음, 노래, 싸움

홀로 이름씨(고유명사 또는 특칭명사)란 것은 다만 어떠한 특정한 일과 몬(物)에 홀로 쓰이는 이름을 일컬음이니 :

1. 사람 이름 : 단군, 신지, 세종 대왕, 이순신, 주시경
2. 나라 이름 : 조선, 고구려, 신라, 백제
3. 나라, 땅의 이름 : 평양, 한양, 런던, 워싱턴
4. 산, 강의 이름 : 가마 메(백두산), 얄루 가람(압록강), 금강산
5. 특정한 일몬의 이름 : 삼국유사, 논어, 맹자, 살수대전

(1)에서는 명사를 우선 사물의 고유한 이름인가, 일반적인 이름인가 즉 전칭이냐 특칭이냐에 따라 보통명사와 고유명사로 구분하였다. 그 쓰이는 사물 범위의 국한성에 따라 구분하였는데 여기에는 존재적 다름 의 문제가 결부된다. 고유명사는 개체를 표상하는 말로서 유일성을 가지므로 특칭적인 반면, 보통명사는 종류를 표상하는 말로서 보편성을 가지므로 전칭적이다. 따라서 고유명사는 수량과 관련한 표현에 제약을

계를 범주화하고 명명하고 인식하는 방식이 표상되어 있으며, '고유명사-보통명사-추상명사-의존명사'에는 각기 구체적으로 서로 유의미하게 구별되는 사고 작용들이 내재되어 있다(고춘화, 2009ㄴ : 171).

많이 받는데, 이는 고유명사의 특칭적 특성에서 기인한다고 볼 수 있다. 고유명사의 특칭적 특성은 상품의 이름으로 활용되어 청자들에게 강한 인상을 줄 수 있으므로 광고에서 많이 활용되기도 한다. 대상을 개체와 부류(종류), 특칭과 전칭으로 구분하는 화자의 인식 과정에서 보통명사와 고유명사의 구분이 이루어졌고 보통명사는 수량화할 수 있는 것이다.

> (2) A : 자네도 기억하지? 우리 동창, 거시기 말이야, 키가 제일 크고
> 늘 웃던 친구 말이야.
> B : 아, 기철이 말인가? 그 홍기철이 말이야.

　동일한 경험을 공유한 두 사람의 대화에서 어떤 대상을 화제로 삼아 이야기하고자 할 때, 그 대상의 이름이 얼른 생각나지 않거나 바로 말하기 곤란할 때 사용하는 대명사가 '거시기'이다. 그러다가 '친구<기철이<홍기철'의 순으로 보통명사 '친구'에서 '홍기철'이란 고유한 이름이 제시됨으로써 두 사람의 화제 대상은 선명하게 부각된다. 기억 속에 흐릿하던 인물의 모습이 '홍기철'이라는 이름이 발화되는 순간 두 사람의 머릿속에 뚜렷하게 떠오르게 되는 것이다. 이는 그 이름에 대상의 특징이 반영되어 있기 때문이다. 이처럼 고유명사는 대화 참여자들이 배경 지식을 공통적으로 가지고 있다는 전제에서 사용되는 것이 효과적이며, 보통명사는 일반적 상황에서 사용하는 것이 효과적이다. 이처럼 개념의 사용은 구체적인 맥락을 통해 선명하게 드러난다.

　(1)에서는 보통명사를 의미 범주에 따라 자연물, 인조물, 시간, 공간, 정신, 행동으로 구분하여 제시하였다. 자연물, 인조물과 정신은 물리적으로 존재하느냐 정신적으로 존재하느냐에 따라 나눌 수 있다. 즉, 대상의 존재 양상이 구체적이냐, 추상적이냐에 따라 명사는 구체명사와 추

상명사로 나뉘는데, 추상명사란 구체성을 잃은 즉, 시간, 공간에 좌표를 두지 않은 또는 상세한 것을 생략한 것을 이르는 말이다(이향천, 2008 : 176). 추상명사는 명사 단독으로 추상 개념을 나타내기도 하지만, 보문을 취하여 보문의 내용을 지시하기도 한다. 또한 보문을 논항으로 취하는 명사에 대해 이를 명제명사로 부르기도 하는데, 이것은 명사가 보문 내용, 즉 명제를 지시한다는 것을 나타낸다. 이와 같이 추상 개념을 나타내는 명사들에는 통사적으로 보문을 논항으로 취하는 부류가 있다(차준경, 2008 : 402). 이러한 추상명사의 의미 통사적 특성은 텍스트의 결속 기제로도 작용한다.

또한 명사는 자립성의 유무에 따라 자립명사와 의존명사로 나뉘는데, 우리말은 의존명사의 용법이 다양한 것이 특징이므로 관심 있게 살필 필요가 있다. 의존명사는 형식적이고 추상적인 의미를 갖기 때문에 그 의미는 문맥에 따라 해석되는 경우가 많다. 의존명사는 구체적인 대상과 추상적인 관념의 지시, 강조, 명사구의 형성 등 다양한 역할을 한다. 또한 셀 수 없는 대상을 셀 수 있게 단위화해 주거나, 셈의 대상이 되는 명사의 의미론적 자질을 표시해 주기도 한다(이익섭 외, 1999 : 138~140).

지금까지의 논의를 정리해 보면 명사는 사물을 개체(유일성)와 부류(전체성, 종), 구체와 추상, 시간과 공간으로 인식하는 과정에서 구성된 문법 지식으로 화자는 명사를 익힘으로써 범주화, 개념화, 추상화, 판단 등의 사고 작용을 활발하게 하게 된다. 명사의 생성 과정에서 드러난 의미 범주를 전체 대상물과 개념 범주의 구분에 적용하면 다음과 같다.

   (3) 개념 범주
     가. 존재의 양상

　ㄱ. 구체성과 추상성 : 구상과 추상
　ㄴ. 범위의 국한성 : 개체(유일성)와 부류(종)
나. 수량성
다. 시간
라. 공간

이하 내용에서는 (3)의 개념 범주를 구체적으로 살필 것이다.

3. 명사의 개념 범주

(1) 존재의 양상

개념이 가리키는 대상의 실체가 존재하느냐 존재하지 않느냐에 따라 구체개념과 추상개념으로 구분할 수 있다. 구체개념은 구체어로, 추상개념은 추상어로 표현된다. 구체어는 다시 유일한 대상이냐, 종(種)의 대상이냐에 따라서 고유한 이름과 보통의 이름으로 나뉜다. 추상어에는 감정이나 관념을 표현하는 추상명사, 모호한 의미나 사실, 정보를 지칭하는 의존명사, 행위를 명사화한 어휘류가 있다.

　(4) 존재의 양상에 따른 개념 범주
　　성질 : 실재함 ················ 가상임
　　　　　 구상 ···················· 추상
　　어휘 : 구체어 ················ 추상어
　　[자연, 사물, 인간] [감정, 관념, 사상]
　　　　　　　　　의존명사의 사용
　　　　　　　　　동사(사태)의 명사화

(5) 실체성 관련 표현
　　가. 한국, 미국, 이순신, 홍길동
　　나. 사람, 개, 나무, 돌, 하늘, 땅, 집, 배, 기차, 책, 탈춤, 가수
　　다. 화, 울분, 기쁨, 슬픔, 희망, 분노, 열정, 기분
　　라. 사상, 꿈, 이상, 이유, 까닭, 논리, 맛, 값, 사실, 지식, 내용, 학문
　　마. 나를 봤다는 것을 다른 사람한테 말하지 마.
　　바. 공부, 식사, 일, 노래, 울음, 싸움, 공부하기, 식사하기, 일하기,
　　　　노래하기, 울기, 싸우기
　　사. 상실의 시대, 종의 기원
　　아. 이분, 그분, 저분, 이것, 그것, 저것, 나, 너, 자기, 당신, 우리, 누
　　　　구, 여기, 이 때, 그러하다, 이러한

　(5가)는 유일한 대상에 대해 고유한 이름을 붙인 고유명사이고, (5나)
는 자연과 인조물의 종류에 이름을 붙인 보통명사이다. (5다)는 감정을
명명한 감정어이고, (5라)는 관념이나 사상을 명명한 개념어이다. (5마)
는 '나를 봤다'라는 사태 전체를 '-것'으로 묶어서 개념화하였고, (5바)
는 사태나 연속된 행위 전체를 개념화한 표현으로 한국어의 독특한 현
상이다. (5사)는 개념을 합성한 복합 개념으로 '-의'를 사용하여 결합하
였다.
　(5가)와 (5나)는 명명한 대상이 실재하는 구체개념의 표현이고, (5
다)~(5사)는 인간의 머릿속에서만 존재하는 추상개념의 표현이다. 화자
는 사물을 범주화하여 개념을 형성하고 여기에 적합한 이름을 붙임으로
써 대상을 규정짓는다. 이 때 대상이 고유한 개체냐, 일반적 종이냐에
따라 인식의 범주도 달라진다. 따라서 정확하게 개념을 이해하고 표현
하기 위해서는 개념을 구성하고 분석하는 능력을 갖추어야 한다. 또한
개체와 종을 구별하고, (5라)와 같은 추상적인 개념을 정확하게 이해하

고 적절하게 사용할 수 있어야 한다.

초등학교 고학년에 이르면 개체와 종류를 구별할 수 있게 되어 전칭과 특칭, 개체와 부류의 개념을 이해할 수 있게 된다. 이는 보통명사와 고유명사의 차이점을 관찰하여 구별할 수 있는 능력이다. 특히 고유명사의 특칭성을 이해하면 고유명사가 유일성을 가지고 있으며 이로 인해 단어 자체가 한정성이 강하여 수식이 오히려 어색해 진다는 고유명사의 특성을 감지할 수 있게 된다. 따라서 보통명사와 고유명사의 차이가 개체와 부류, 전칭과 특칭이라는 의미 특성에서 생겨난다는 것을 학습자에게 인지시킨 후, 거기에서 파생되는 용법상의 제약을 탐구하게 한다. 이런 점을 고려해서 개체와 부류의 사용 특성을 이해하는 것을 교육 내용으로 선정할 것이다.

'추상'이란 개념은 라이온즈(Lyons, 1977)의 개념 분류(ontology)에서 확인할 수 있는데, 그는 의미 유형을 <실체>, <사건>, <상태>, <추상>으로 분류하였다. <추상>은 시간과 공간에 독립적으로 존재하며 관찰이 불가능한 개념으로 '개념, 생각, 정보, 명제, 사실, 증거' 등이 이에 해당한다(차준경, 2008 : 403). 화자가 '나는 코뿔소가 무서워'라고 발화할 경우, ㄱ 화자의 머릿속에는 '덩치가 크고 뿔이 달린 동물'이 추상적으로 그려진 상태이지, 실제 화자의 눈앞에 '그 코뿔소'가 존재하지는 않는다. 따라서 실재 대상을 지칭하는 물질 명사들조차도 그 대상 자체를, 즉 그 대상을 절대적 실재의 상태로 지칭하는 것이 아니고, 대상을 어디까지나 인식하는 주체의 의식 속에 주어진 대로 지시한다. 이는 인간에 의해 창조된, 정신적으로 형성된 가치와 관련된 추상 명사에서는 더욱 분명해진다(슈밋터, Schmitter, 신형욱 외, 2003 : 166). 추상개념은 학습자가 실제로 지각할 수 없는 인지상의 개념이기 때문에 학습자가 익히기에 상당히 어려울 수 있다. 이는 학습자의 인지발달에서 논리적 사고가 가능해지는 단계에 이르러야 학습이 가능하다. 따라서 추상명사를 어떻게 익히게 할 것이냐는 단순히 사전을 찾아 그 뜻을 확인하는 과정을 거치는 것만으로는 학습에 한계가 있으므로 교육적 처방이 필요하다. 따라서 학습자가 추상 개념을 이해하도록 교육 내용을 구성해야 하는 것이다.

(5마)에서 의존명사 '-것, -이, -분, -자, -놈, -축' 등은 앞에 의존명사가 나타낸 명사와 함께 쓰이는 것이 보통으로, 관형어와 함께 나타나 사람이나 사물을 가리킨다.

(5바)는 행위와 관련된 사태를 압축하여 명사화한 것이다. 이 때 압축된 사태를 다시 정교하게 서술하는 것은 장면을 재구성하여 의미를 정확하게 이해하는 과정이 된다. '식사'는 관련 사안들이 복잡하게 결합되어 있는데 구체적으로 상기시키려면 누가, 언제, 어디서, 무엇을, 어떻게, 왜 등의 질문에 대해 유의미한 답을 찾게 해야 한다. 이 때 질문과 답을 적절하게 재구성하면 '아침 식사'를 화제로 한 텍스트가 생성될 수 있다.

(5사)의 복합 개념은 실질 대상의 관계에서는 '-의'를 사용하여 소유나 전체와 부분, 위치를 제시하지만, 추상 개념을 합성하는 경우에는 사태를 압축하여 표현한다. '상실의 시대'는 '상실'과 '시대'라는 추상 개념을 '-의'로 결합시킴으로써 '시대가 자아로 하여금 존재의 의미를 잃어가게 한다'는 의미를 암시한다.

(5아)는 구체적이거나 추상적인 대상을 대신 지시하는 표현으로 한국어에서 대명사류나 지시, 대용과 관련된 관형사, 형용사 및 시간이나 공간 표현에서 광범위하게 사용되고 있다. 이 중 특히 대명사는 대표적인 지시 기능을 가진다. 명사가 사물의 이름을 가리키는 역할을 한다면 대

명사는 이름 대신에 임시적으로 그 사물을 가리키는 말로 화자와 사물 자체와의 관계에 따라 동일 사물을 부르는 방법이 다르다. 대명사의 경우 명사와 유사한 기능을 하면서도 명사와는 달리 해당 상황에서 사물의 '이름' 대신 직접 지시하거나 정확한 이름을 모를 때 모호한 대상을 지시하는 기능을 하므로, 해당 상황을 재구성하여 대명사의 발생 과정을 실제적으로 인식하게 할 수 있다. 이러한 지시 표현을 적절하게 사용하는 것이 학습자가 바른 표현을 하는 데에 필요한 교육 내용인 것이다.

지금까지 실체성의 의미를 지닌 개념을 대상으로 표현 형식의 특징을 살펴보았다. 먼저 한국어에서 개념을 구성할 때에 형태소 첨가에 의해 개념을 결합하여 복합 개념을 형성한다. 또한 고유 명사와 보통 명사의 의미와 쓰임의 구별이 뚜렷하고, 추상어가 발달되어 있으며, 사태를 압축하여 개념처럼 표현하기도 한다. 또한 개념을 지시하는 표현이 다양하게 발달해 있다. 이러한 특징들을 중심으로 교육 내용을 추출할 수 있는 것이다.

또한 낱말의 의미를 다른 사람에게 설명하거나 새롭게 정의를 내리는 과정은 화자 자신이 낱말의 의미를 의식적으로 관찰하게 하는 효과를 가진다. 실제 낱말의 의미를 가장 많이 설명하는 사람은 교사인데 의미 설명을 위해 교사가 하는 바를 분석하면 낱말의 의미에 대한 교육 방안이 될 수 있다. 쇼드롱(Chaudron, 1982)은 교실 수업에서 교사들이 낱말을 설명하기 위하여 다양한 전략을 사용한다는 것을 밝혔는데 주로 유의어, 반의어, 몸짓, 추가적인 예시, 관련된 낱말, 의미 관련성을 구별하여 사용하였다고 보고하였다.[4] 따라서 개념 의미를 메타적으로 설명하는 교

---

4) 맥카시(McCathy, 김지홍, 2003 : 171)에서 수정 재인용하였다.

육 내용은 개념의 의미를 학습자가 의식적으로 깊이 있게 이해할 수 있는 방안이 되는 것이다.

지금까지 살펴본 실체성 개념의 표현상의 특징과 교육적 가치를 정리하여 교육 내용으로 구성하면 다음과 같다.

> (6) 실체성 개념 표현의 교육 내용
> 가. 개념 구성과 분석하기
> 나. 개체와 부류 사용 특성 이해하기
> 다. 추상 개념 이해하기
> 라. 지시 표현 적절하게 사용
> 마. 개념 의미의 메타적 설명하기

(2) 수량 개념

사물의 수와 양을 인식한다는 것은 단일 개체와 여러 개체의 무리, 전체 집합으로의 증감을 파악한다는 것이다. 즉 수량 개념은 사물의 분절성, 단위성, 범주성을 바탕으로 한다. 또한 사물의 범위를 구분하는 것은 명사(항)를 수식하는 등의 한정적인 역할을 통해서 가능하다. 이 연구에서는 수량의 개념을 기존의 수사에 제한되어 있던 관점보다 좀 더 포괄적으로 본다.

> (7) 수량성에 따른 개념 범주
> ㄱ. 성질 : 단일성 ― 다수성 ― 전체성
> 어휘 : 단수 ―― 다수 ―― 전체수
> ㄴ. 성질 : 분절성, 단위성, 범위 한정
> 어휘 : 분류사, 수식언

(8) 수량성 표현

　　가. 하나, 둘, 셋/ 일, 이, 삼

　　나. 첫째, 둘째, 셋째/ 제 일, 제 이, 제 삼

　　다. 학생/학생들, 집/집집마다, 밥들 드시오.

　　라. 책 한 권, 개 두 마리, 배 세 척, 봉투 넉 장, 쥬스 한 잔

　　마. 한, 두, 세/석/서, 여러, 모두, 다, 전부/이 중에/한 학생, 어떤 학
　　　　생, 모든 학생

　(8가)는 실제 사물의 수를 세는 단위 표현이고, (8나)는 차례를 세는 표현인데, 한국어는 고유어와 한자어의 이중의 표현 체계를 갖고 있다. (8다)는 복수를 표현하는데, '-들'은 대상이 복수임을 암시하기도 한다.

　이처럼 수량 개념의 표현은 일상생활에서 단위를 세는 경우, 여러 개를 묶어 세는 경우, 반복되는 단위를 세는 경우 등 다양하게 사용된다. 한국어에서 대상의 수량이나 순서를 나타내는 데는 고유어와 한자어 수사를 섞어 쓰고 있으나 큰 숫자가 되면 한자어 수사를 더 사용하므로 고유어와 한자어의 수 표현을 이해하는 것이 필요한 것이다.

　우리가 실제 수사를 쓸 때에는 많은 수사를 합한 합성수사로 사용한다. 수사는 실제 생활에서 수를 세는 기능을 하며 절차에 따라 단계를 밟아가는 계열화와 수량과 척도를 단위화하고 선후 순서를 정하는 사고 과정을 거쳐야 한다. 이러한 단계를 이루어야 정도, 비교 등의 사고 작용을 할 수 있다. 그러므로 학습자들이 다양한 수 개념이 한국어에서 일정한 형식으로 표현되고 있음을 인지할 수 있도록 내용을 제공해야 한다. 이를 통해 학습자가 여러 가지 수를 정확하게 표현할 수 있는 능력을 갖출 수 있을 것이다.

　(8라)는 단위를 세는 분류 표현이다. (8라)는 분류사5)로 주로 수량 단

위 의존명사인데, 이는 수량의 단위를 나타내 주면서도 한편으로는 셈의 대상이 되는 명사의 의미론적 자질을 표시해 준다. '마리'는 그 앞의 명사가 식물이나 광물이 아니요 사람도 아닌 동물이라는 것을 알려 주는 기능도 있으며, 그 앞에 명사가 나타나 있지 않아도 '권'은 이 단위의 대상이 책이라는 것을 나타내 주며, '척'은 배 종류를 이야기하고 있음을 알려 준다. 분류사는 명사의 의미 자질에 의해 자동적으로 결정되는 것만이 아니라 화자의 사회적, 심리적 상황 설정에 의해 선택되기도 한다. 예컨대 물이 유리창에 붙어 있을 때는 '한 방울'이지만 시험관에 들어 있을 때는 '1cc'로 단위화되고, 우물에서 이고 올 때는 '한 동이', 요리할 때는 '한 컵', 마실 때는 '한 모금'이 된다(이익섭 외, 1999 : 139~141). 이러한 특성은 학습자에게 의미와 형식의 관련성을 인식시키기에 적절한 자료가 된다. 따라서 학습자가 적절한 분류사를 사용할 수 있도록 교육 내용을 구성할 필요가 있다.

(8마)는 수식을 통해 전체 범위 중에서 해당 사물의 범위를 한정하는 것이다. 수식을 통해서 범위를 명확하게 한정하기도 하고, 경계가 애매모호하거나 불확실한 경우에는 '어떤, 어느' 등을 사용해서 표현하기도 한다. 따라서 정확한 표현을 위해서는 수식을 적절하게 사용하는 것이 필요하다.

수식이란 말 자체는 다른 대상을 좀 더 자세히 진술하는 목적을 함의한 말이다. 한국어의 기본 문형에 수식언을 첨가하게 되면 사태를 자세히 풀어쓸 수 있게 된다. 관형사를 첨가하면 체언에 중심을 두고, 부사

---

5) '분류사'란 셀 수 없는 대상을 셀 수 있게 단위화해 주거나, 셈의 대상이 되는 명사의 의미론적 특성을 명시해 주는 기능을 하는 단어를 일컫는다(서울대국어교육연구소, 2007 : 236~237).

를 첨가하면 용언에 중심을 두고 서술하게 된다. 이는 문법 요소가 효과적 표현에 어떤 식으로 관여하는지 그 과정을 확인하는 과정이기도 하다. 수식언은 개념의 외연의 제한과 내포의 추가를 통해 사태를 보다 명료화시킨다. 'ㅇ 컵'의 형태로 컵을 수식하는 경우를 생각하면 관형사(저 컵, 한 컵, 새 컵)를 사용하거나, 대명사와 명사(내 컵, 유리 컵, 우리 집 컵)를 사용하거나 관형어(예쁜 컵, 낡고 오래된 컵, 독일서 사 오신 컵)를 사용함을 알 수 있다. 개념의 내포와 외연의 관계에 따라 추상의 상위 계층과 하위 계층을 구분하였다. 개념의 내포가 증가하면 할수록, 그 외연은 감소되고 반대로 그 외연이 증가하면 할수록 내포가 감소된다. 따라서 수식을 통해 내포를 증가시키고 외연을 감소시킬수록 대상 세계를 더 정확하게 표현하게 된다.

특히 '한정'은 다음 (9)와 같이 대상의 속성을 명시함으로써 해당 대상의 범위와 경계를 명확하게 구분하는 것이다.

(9) 한정

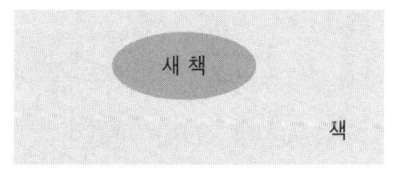

'새 책이 적다'를 재진술하면 '여러 가지 책들 중에서 새 책이 적다'이며 적은 것은 새 책일 뿐이고 나머지 책들은 적지 않다란 의미를 함축하고 있다. 이처럼 한정의 의미에는 이미 알고 있는 대상의 범위를 제한한다는 전제가 함축되어 있다. 반면 부정(不定)의 경우는 한정과는 상반되게, 정해져 있는 대상이 없이 범위가 무제한적으로 개방되어 있다.

따라서 부정은 한정과는 상반된 수식이라고 볼 수 있다. 반면 미정은 대상을 모르거나 정해지지 않은 대상을 제시한다. 한정, 부정, 미정의 개념 범위를 구별하는 것은 수의 개념을 확장적으로 이해하는 데 필요한 능력이다.

이처럼 수식을 통해서 대상의 범위, 수, 속성 등을 명확하게 표현할 수 있다. 따라서 대상을 정확하게 표현하기 위해서 수식은 적절하게 사용해야 하는 것이다.

지금까지 살펴본 수량 개념의 표현상에 드러나는 특징들을 정리하여 교육내용으로 추출하면 다음과 같이 구성될 수 있다.

> (10) 수량성 개념 표현의 교육내용
> 　　가. 고유어와 한자어의 수 세기
> 　　나. 여러 가지 수 표현하기
> 　　다. 분류사 넣기
> 　　라. 범위 한정하기 : 적절한 수식 사용하기

(3) 시간 개념

우리는 일상적으로 시간에 대한 인식 양상을 다양한 방법으로 표현하는데, 모든 언어에는 제각기 독자적인 시간 표현 방식이 존재한다고 할 수 있다. 시간을 표현하는 방법으로는 두 가지가 있는데, 문장에서 어휘로 시간을 지정해서 말하는 방법과 말하는 사람이 인식하고 있는 문장 내용의 시간적 위치를 서술어의 어미를 통해 반영하는 방법이 있다. 이러한 시간은 연속적으로 이어지는 추상적인 자연의 흐름인데, 화자의 인식에 따라 절대적 표현과 상대적 표현으로 나누어 살필 수 있다.

(11) 시간 개념의 의미와 표현

　　ㄱ. 객관적 인식 : 절대적 시간 표현

　　　• 단위 : 1초, 1분, 1시 / 1일(날)/ 1월(달)/ 1년(해), 저녁 때

　　　• 범주 : 계절 : 봄, 여름, 가을, 겨울

　　　　절기 : 설날, 대보름, 단오

　　　　하루 : 오전, 오후/ 새벽, 아침, 점심, 저녁/ 낮, 밤/ 반나절

　　　　전후 : 과거, 현재, 미래/ 한 시간 전에, 한 시간 후에/ 시작,

　　　　　　　중간, 끝

　　　　기간 : 한 시간 동안, 한 시간쯤, 날마다(=매일), 여름내내

　　　　상황의 시간화 : 비가 올 때, 여름이 되면, 책을 다 읽은 후

　　　　　　　　　　　에, 전화를 하는 도중에, 집에 가는 길에

　　ㄴ. 주관적 인식 : 상대적 시간 표현

　　　• 단위 : 아래, 어제, 오늘, 내일, 모레

　　　• 흐름 : 처음, 지금, 나중

　　　• 상황 : 이(맘)때쯤, 그(맘)때쯤/ 이때, 그때, 저때

시간 개념은 연속적인 흐름이기 때문에 일정한 기준에 의해서 범주화한 개념체계를 이해하는 것이 중요하다. (11)에서 알 수 있듯이 한국어의 시간 표현은 풍부하게 발달되어 있다. 그러므로 문화와의 관련 속에서 시간 범주 체계를 이해하는 것이 중요하다. 시간의 범주는 (11)에서처럼 연속적인 시간의 흐름을 계절, 절기, 하루, 전후, 기간을 기준으로 분절적으로 나눈 것이다. 따라서 해당 계열을 적절하게 사용해야 정확한 시간을 표현할 수 있다. 이러한 시간 범주를 학습자가 이해하도록 교육 내용을 구성해야 하는 것이다. 또한 (11)에서는 일정한 상황이 의존명사와 결합하거나 조건절의 형태로 제시되어 시간 개념을 드러내기도한다. 이는 시간 개념이 단순한 수치나 단위가 아닌 화자의 언어 인식과도 관련됨을 보여주는 것이다.

또한 상황에 따라 시간 표현을 적절하게 사용하는 것이 정확한 표현에 필요하다. 기준이 상대적인 주관적 시간은 화자가 발화하거나 사건이 발생하는 시간 등에 따라 사용하는 표현이 달라진다. 주관적 시간 개념의 적절한 사용은 시제 개념의 이해와도 관계된다. 어휘 차원에서 시간 개념을 이해하는 것과는 달리 사태 차원의 시간은 시제로 처리하여 사태 표현 층위에서 다루도록 하겠다.

일상생활 속에서 시간 개념이 중심적으로 사용되는 담화는 일기예보이다. 일기예보는 시간의 흐름에 따른 기상의 변화를 미리 예측하여 알려주기 때문에, 해당 내용은 시간의 흐름에 따라 진행된다. 그러므로 일기예보를 활용하면 한국어의 다양한 시간 개념 표현 특징을 확인할 수 있을 것이다.

지금까지 논의한 시간 개념 표현의 특징을 추출하여 교육 내용으로 구성하면 다음과 같다.

(12) 시간 개념 표현의 교육 내용
  가. 시간 범주 이해하기
  나. 상황에 따라 시간 표현 적절하게 사용하기

(4) 공간 개념

공간은 사물의 존재감을 있게 하는 근원적이고 지평적인 대상인데, 한국어에서는 객관적 공간과 사람간의 관계나 상대적 기준에 따라 변하는 주관적 공간으로 구분한다. 객관적 공간은 물리적 공간으로 구체적인 지명이나 위치어, 방향어 등이 있고, 주관적 공간은 시점, 상황과 관련된 상대적 기준에 따라 다르게 사용하므로 지시어 등이 있다. 이러한 공간 범주를 이해하는 것이 공간 개념의 올바른 사용에 기본이 된다.

> (13) 공간 개념의 의미와 표현
> ㄱ. 객관적 공간
>> • 지명 : 대구, 월드컵 경기장, 팔공산
>> • 방향, 위치 : 앞, 뒤, 옆, 곁 / 위, 아래, 오른쪽, 왼쪽 / 상, 하,
>>　좌, 우
> ㄴ. 주관적 공간
>> • 지시 : 여기, 거기, 저기 / 이 곳, 그 곳, 저 곳 / 이쪽, 그쪽,
>>　저쪽 / 이쯤, 그쯤, 저쯤 / 저 뒤에, 저 앞에, 저 옆에, 저 건너
>>　편에
>> • 상황 : 발이 멈춘 곳은, 내가 살았던 곳은

　객관적 공간 개념은 위치와 방향에 대한 인식을 포함하므로, 지도나 자료의 분석에 바탕이 된다. 주관적 공간에서 사람간의 관계는 화자와 청자, 주체와 객체와의 관계에 따라 구분되며 이는 담화내의 공간이 된다. 화자 중심의 공간은 여기, 이곳 등으로 지시되고, 청자 중심의 공간은 거기, 그곳 등으로 지시되며, 양자관계에서 객관적인 공간은 실제 공간의 이름, 저기, 저곳, 어느 곳 등으로 지시된다고 볼 수 있다. 시간과 공간 개념 중 화청자 간의 거리에 따라 달리 시시되는 표현은 담화 상황과 밀접한 관련이 있다.

　공간 개념의 표현은 지도나 위치를 안내하는 경우에 많이 활용되고 이 때 화자나 관찰자의 인식에 따라 공간 개념은 전환되어 활용된다. 위치, 방향, 지명 등이 공간 속에서 일정한 지점을 가리키므로 해당 범주와 실제 사용을 정확하게 익히도록 한다. 지도, 안내 등의 실제 사용에서 공간 개념이 어떤 방식으로 활용되는지 익히는 것은 공간 개념을 정

확하게 사용하는 것이 왜 필요한지를 인식시키는 방안이 된다. 따라서 장면 전환에 따라 공간 표현을 적절하게 사용하는 것이 교육 내용으로 구성되어야 하는 것이다.

지금까지 살펴 본 공간 개념의 표현상 특징을 추출하여 교육 내용으로 구성하면 다음과 같다.

(14) 공간 개념 표현의 교육내용
    가. 공간 범주 이해하기
    나. 장면 전환에 따라 적절하게 표현하기

제 9 장 │ 사태의 표현

　　우리들은 일상생활 속에서 수많은 경험을 쌓으면서 삶을 영위한다. 일상의 경험은 '의식 속의 사실'로 기억되는데, 우리들은 그것의 일부만을 언어로 표현하면서 의사소통을 하게 된다. 우리들이 겪는 '경험'은 언어로 표현되면 '어떠하다, 어찌되다, 어찌하다' 따위로 표현되는데 결국은 여러 실체가 포함된 상태, 과정, 동작으로서의 일인 것인데, 이 일을 '사태'라 한다(김일웅, 1987 : 16). 사태는 구체적인 사물의 속성을 표시하는 데서 출발하여 추상적인 사물의 속성으로까지 확장된다. 사물 자체의 속성과 여러 사물들 간의 속성을 비교하고 대조하고 분석하는 사고 과정을 거쳐 공통점을 나누고 묶어 지시한다. 한국어에는 사물과 속성을 연결시켜 주는 문법 요소가 따로 있어 그 기능이 섬세하게 발달해 있다.

1. 단일 사태의 구성

사태는 명제의 의미를 띠고 문장으로 표현된다. 먼저 단일 사태의 구성을 살펴보기로 하겠다.

(1) 단일 사태
    사태=[시간+[공간+[주체+속성]]]

주체는 실체성을 가진 개념으로 명사적[1]이다. 이는 사물을 다른 사물과 비교, 대조, 분석, 분류, 정의하는 사고 과정을 거쳐 언어화되어 지시된다. 속성은 사물의 성상, 움직임 등의 특성을 표현하는데, 한국어에서는 문장의 끝에 '어떠하다'의 형태로 제시되므로 서술적[2]이다. 여기에 시간과 공간 등의 상황어가 결합하여 사태를 형성한다. 각 항을 연결하는 것은 구조어인데, 이들은 한국어의 교착어적 특질을 나타내는 문법 요소로서 문장의 짜임과 관련되고 표현의 섬세한 차이를 드러낸다. 따라서 정확하고도 완결되게 사태를 표현하기 위해서는 구조어를 적절하게 사용하는 것이 필수적이므로 사태 구성의 교육 내용으로 선정되어야 한다.

문장의 명제적 의미를 따져 보면 국어 문장의 기본 문형[3]이 나온다 (성광수 외, 2005 : 167).

---

1) 한국어의 명사, 대명사, 수사가 구체적, 추상적 사물을 지칭하므로 대표격인 명사적이란 용어를 사용하였다. 이는 Halliday(1985)의 인식에서 영향을 받았다.
2) 사물의 속성(움직임과 상태 포괄)을 표현한다는 의미에서 서술적이란 용어를 사용하였다.
3) 문의 기본이 되는 틀을 문형(sentence pattern)이라 한다. 문형은 무한한 수의 문장을 대표하는 제한된 수의 추상적인 문이며 한 언어의 모든 구문을 죄다 포용할 수 있는 기본적인 구문이다. 문형의 기본적인 것을 기본 문형(basic sentence pattern)이라 하며, 이것은 변형 생성 문법에서의 핵문(kernel sentence)의 개념과 비슷하다.

(2) 기본 문형
   가. 너는 학생이다.
   나. 꽃이 붉다.
   다. 철수가 노래한다.
   라. 개가 닭을 쫓는다.

(2가)는 '무엇이 무엇이다.'의 형태로 서술격 조사 '-이다'를 사용하여 주어의 정체를 지정하고 있다. (2가)와 같은 문형을 지정사문, 환언문이라고 하고 이런 문형은 내용을 인정하거나 부정, 또는 화자가 대상을 판단하는 표현이다. (2나)는 '무엇이 어떠하다.'의 형태로 서술어가 주어의 속성이나 상태를 표현하는 상태문으로서 서술어 자리에 주로 형용사가 온다. (2다)는 '무엇이 어찌한다.'의 형태로 서술어의 자리에 자동사가 위치해서 동작을 서술하는 자동사문이다. (2라)는 '무엇이 무엇을 어찌한다.'의 형태로 서술어의 자리에 타동사가 자리해서 목적 대상에 영향을 미치는 작용을 서술하는 타동사문이다. (2)에서 [너-학생], [꽃-붉-], [철수-노래하-], [개-닭-쫓-]을 연합시키는 것은 조사 '-는, -이, -가, -을'로 이들은 거멀못의 역할을 한다.

전재호 외(1995 : 167)는 기본 문형을 서술어의 활용과 조사의 기술을 고려하여 지정사문, 형용사문, 자동사문, 타동사문으로 분류하였고 기본 문형이 확대, 배합되어 실제 언어생활에서 표현된다고 보았다. 문의 확대는 체언의 확대, 동사의 확대, 형용사의 확대로 살펴보았는데 체언의 확대와 관련된 것이 주로 관형사(관형어)이고, 동사나 형용사의 확대와 관련된 것이 부사(부사어)이다. 국어의 기본 문장을 학습자가 많이 생산하게 하고 해당 문장의 명제적 의미를 스스로 설명할 수 있게 하는 과정이 세계와 언어의 관계를 인식시키는 방안이 된다.

최현배(1937/1965 : 121)에서는 서술어를 문장의 성격을 결정하는 문장의 핵으로 보고 다음과 같이 말했다.

> 대체, 사람의 생각을 드러냄에는 낱낱의 개념이 필요한 것을 말할 것도 없거니와, 그 낱낱의 개념만 있고 이를 하나 만들어서 판단하는 일함(作用)이 없을 것 같으면, 생각의 완전한 들어냄이 되지 못할 것이다. 이 하나 만들어 판단하는 일함을 말로 나타낸 것이 곧 풀이씨이다. 원래, 우리 사람의 생각은 판단에 있다는 논리학의 주장이 참이라 할진대, 풀이씨가 우리의 생각을 드러냄에 가장 소중함을 더 말할 것도 없다.
> 풀이씨는 풀이힘과 함께 여러 가지의 속성을 들어내는 힘을 가진 것이 거의 그 전체이다.

위에서 알 수 있듯이 서술어를 낱낱의 생각을 완전하게 만들고 판단하는 역할을 하고 풀이하고 대상의 속성을 드러내는 것으로 보고 중요시 여기고 있다.

그러므로 화자가 주체와 서술항의 관계를 동일한 대상이라고 인식하느냐, 대상과 대상의 성질로 인식하느냐, 대상과 대상의 작용으로 인식하느냐에 따라 사태를 다음과 같이 구분할 수 있다.

(3) 사태 표현의 의미 구분
　　ㄱ. 지정 : 동일성
　　ㄴ. 주체와 성상
　　ㄷ. 주체와 작용

문장은 대상 세계의 사태를 완결 짓는 표현이다. 문장의 기본 문형에서 시작하여 수식, 접속 등을 통해 문장을 확장하는 것은 사태를 보다 정교하게 표현하는 사고의 과정이기도 하다. 한국인의 기본 사고는 국

어 문장을 바탕으로 진행된다고 볼 수 있다. 즉 국어 문장은 한국인의
세계 인식의 틀로서 작용하는 것이다. 따라서 문법 교육에서는 문장을
세계에 대한 이해와 사고 표현의 양 층위에서 동시에 살필 필요가 있는
것이다. 문장을 이해의 관점에서 대할 때는 구조를 중심으로 문장 성분
을 분석하는 과정을 따르고, 생성의 관점에서 다룰 때는 의미와 기능을
중심으로 표현의 상세화 과정을 따르는 것이다.

　기존의 학교 문법에서는 문장을 구조적 관점에서 기술한 지식을 교육
내용으로 삼아왔다. 현행 학교 문법의 문장 관련 기술은 문장 성분을 중
심으로 한 문장 구조의 이해에 중점을 두고 있다. 문장을 구성하는 성분
을 요소별로 분류하고 문장을 분석하는 과정을 기술해 온 것이다. 교육
적인 목적에서는 문장의 이해뿐만 아니라 생성도 상당히 중요하다. 의
사소통상의 맥락이나 화자의 전달의미가 어떤 문장의 형식으로 표현되
고 왜 그런 방식으로 표현되는지가 상당히 중요해 진다. 언어 생성의 과
정에서 문장의 기능과 표현의 효과에 대한 교육 내용이 필요한 것이다.

　그러므로 국어의 기본 문형을 적절하게 완성하는 교육을 초등학교 저
학년부터 실시해야 학습자가 자신의 생각을 정확하게 표현할 수 있을
것이다. '무엇은 무엇이다'란 지정문은 사태의 정체를 밝히는 문장으로
설명할 수 있고, '무엇이 어떠하다'의 어떠하다는 상태와 관련이 깊고,
'무엇이 어찌하다'의 어찌하다는 작용과 관련이 깊다는 것을 구별할 수
있게 한다. 이 때 상태와 작용/동작의 의미는 기본적인 층위에서 시작하
여 고학년에 올라갈수록 상태란 무엇인가, 작용이란 무엇인가라는 개념
적 의미를 스스로 탐구할 수 있는 방향으로 나아가게 교육내용을 구성
할 수 있다.

　현재 초등학교 교과서에서는 문장 성분 구성 분석을 통한 문장 구조

를 이해하게 제시하고 있다. 그런데 초등학교에서는 문형이나 표현 하나하나가 가지는 표현적 가치나 의미를 학습자로 하여금 효과적으로 인식, 학습하게 하는 것이 필요하다.

그리고 문장은 개념을 표상하는 내용어를 조사나 어미 등의 구조어가 연결하여 구성한다. 따라서 구조어를 적절하게 사용하여 단일 사태를 구성할 수 있는 능력은 바른 문장 표현의 기본 요건이 된다.

지금까지 단일 사태 표현과 관련된 문법적 특징을 추출하여 교육 내용으로 선성하면 같이 구성할 수 있다.

> (4) 사태 구성의 교육내용
> 가. 구조어 적절하게 사용하기
> 나. 단일 사태 구성하기

(1) 지정

우리나라 문장은 '무엇은 무엇이다', '무엇은 어떠하다', '무엇은 어찌하다'의 세 가지 문형으로 대표하여 표현한다. 이 중 가장 기본적이면서 가장 생산적인 문형은 '무엇은 무엇이다'의 형이다. 기본문 '무엇이 무엇이다'를 이루는 서술어는 '-이다'뿐으로 이는 지정문 또는 정의문이라고 한다. 우리는 낱낱의 대상들을 관찰하고 그 특성을 살펴서 대상의 이름을 짓는다. 이러한 명명행위를 수사학에서는 정의라 일컬어 왔다. 정의는 주로 '무엇은 무엇이다'를 기본 형태로 한 문장으로 제시된다. 즉, 인간이 명명하는 사고 과정을 언어화하기 위해서 낱낱의 대상을 가리키는 낱말과 '-이다'라는 표현을 이용한다는 것이다. 이 표현들의 여러 가지 양상을 알아내는 것은 '지정', '정의'의 사고 과정이 국어에서

어떻게 실현되고 있는가를 문장 구조와 연관지어 살피는 좋은 방안이
된다.

'−이다'는 두 명사를 단순히 연결하는 것이 아니라, 두 명사가 동일
성, 분류, 포함 관계[4]와 같은 의미 관계를 갖게 하는 서술어이다. '철수,
학생'과 같이 단순한 두 명사의 나열만으로는 문장이 이루어지지 않는
다. '−이다'가 서술어로 자리를 잡아야 '철수는 학생이다'의 문장이 완
성되는 것이다. 문장 '무엇이 어떠하다'와 '무엇이 어찌하다'는 '무엇'의
상태와 동작을 다양한 서술어를 통하여 표현하는 데 비해 '무엇이 무엇
이다'는 두 '무엇'의 관계를 '−이다'를 통해 밝히는 것이다.

논리학에서 '판단'은 어떤 대상에 관해서 어떤 사실을 주장하거나 반
대로 부인하는 것으로, 주어와 술어 개념의 일치와 불일치가 '이다'와
'아니다'로 나타나는 것으로 해석한다. 두 개념의 일치 또는 불일치의
단정이 판단이고, 이것을 언어를 빌려서 표현한 것이 명제라는 관점에
서 볼 때 '그가 간다', '이 꽃이 예쁘다'는 아직 판단 이전의 직접적인

---

4) ㄱ. 샛별은 금성이다. 금성은 샛별이다.
　　ㄴ. 고래는 포유동물이다. *포유동물은 고래이다. 이 포유동물은 고래이다.
　　(ㄱ)처럼 두 명사의 역이 성립하는 경우는 동일 관계이고 (ㄴ)처럼 역이 성립하지 않는
　　경우는 포함 관계이다. 포함 관계는 분류문으로 구분되기도 한다. 특성 시칭에서는 포함
　　관계도 두 명사의 역이 가능하다. 동일과 포함 관계는 명사들의 의미 관계에 의한다. 지
　　정 구문의 동일성이나 지시로 나타나는 정체성과 내포의 의미 관계를 이루는 서술성은
　　선행 명사인 주어가 모습(Figure), 후행 명사인 서술명사 또는 보어가 바탕(Ground)을 이
　　룬다. 주어의 의미 역할은 대상이고 보어도 동질성의 관점에서 보면 역시 대상이라 할
　　만하다. 그러나 보어의 의미 역할은 대상이 아닌 위치로 해석하는 것이 더 합리적이다.
　　'고래는 포유동물이다'는 '고래는 포유동물에 속해 있다' 또는 '포유동물에는 고래가 있
　　다'의 의미라는 점에서 고래는 대상 의미역, 포유동물은 위치 의미역이다. 같은 원리로
　　'샛별은 금성이다'도 샛별이 대상 의미역, 금성은 위치 의미역으로의 확장된 해석이 가
　　능하다. 위치 의미역과 대상 의미역이 동일한 모습과 바탕의 특별한 관계이다. 지정문은
　　이런 관점에서 대상의 의미역과 위치 의미역으로 이루어지는 문장으로 해석된다(김기혁,
　　2006 : 70~80).

표상이라 할 수 있다(하일먼 외, 1994 : 47). '철수가 간다'는 어떤 사태나 사건을 의미함에 비해, '철수가 가는 것이다'는 '철수'와 '가는 것'이라는 개념의 일치를 의미하고 이를 토대로 참/거짓의 진리치도 결정된다. 지정 구문은 논리학에서 판단 명제를 나타내는 문장 구조이고, 논리적 개념의 실현이다. 이러한 관점에서 '-이다'는 판단 서술의 기능을 한다고 볼 수 있다.

김기혁(2000 : 91)에서는 판단 서술문의 의미를 명사절과 구별하여 설명하였다.

> (5) 가. 사랑은 후회하지 않는 것이다.
>   나. 그는 후회하지 않는 것이다(=않는다).

'사랑'과 '후회하지 않는 것'은 동일성의 관계가 형성되지만, '그'와 '후회하지 않는 것'의 관계는 '-이다'로 연계되는 관계가 아닌 '후회하지 않는다'에 대한 판단 서술이다. 이처럼 '-이다'는 주어와 객어 사이의 동일성에서 비롯되는 판단 서술의 의미를 갖고 있다. '-이다'가 논리적 판단 개념의 서술어로 기능함은 지정 구문은 판단 서술의 의미를 서술하기 위한 문장 형식이며, 이러한 지정의 기능이 극대화한 것이 정의의 수사학적 방법으로 전개된 것임을 추정할 수 있다.

다음 예문을 살펴보자.

> (6) '-이다' 구문
>   가. 나는 김철수이다.
>   나. 나는 학생이다.
>   다. 나는 시방 위험한 짐승이다.
>   라. 나는 최고이다.

　마. 나는 자장면이다.
　바. 나는 [　　　]이다.

　(6가)는 주체인 '나'와 대상인 '김철수'가 동일함을 의미하는 문장으로서 지시적 의미를 가진다. (6나)는 주체인 '나'가 학생으로서의 속성을 지니기 때문에 학생이라는 집단의 구성원으로 포함된다. (6다)는 비분류 구문으로 비유적 구문이다. '나'의 불안하고 방황하는 모습을 '짐승'의 모습에 대응시켜 효과적으로 드러낸 구문이다. (6라)는 '최고'라는 추상 명사에 '이다'가 결합하여 형용사의 역할을 하는 구문으로 나의 능력이나 상태에 대해 판단하고 있다. (6마)는 중국집에서 먹을 음식을 주문하는 상황에서 발화한 구문으로 상황에 의해서만 의미가 해석된다. (6가)는 동의어를 통한 설명이고 (6나)는 대상이 속한 집단 구성원을 밝히는 설명이며 (6다)는 나의 모습을 비유를 통해 드러내는 방법이며 (6라)의 경우는 나의 상태와 관련된 설명이다. (6마)는 선택의 상황에서 나의 의견을 제시하는 표현이다.

　이들은 (6바)로 기본형을 잡을 수 있는데, 이는 나 자신을 판단하고 지정하는 과정이다. 나 자신을 정의한다는 것은 나 자신을 반성적으로 살펴보는데서 출발한다. 스스로의 모습과 현재 상황을 고찰해서 자신의 모습을 가장 효과적으로 지정하여 정의내리는 것은 단순한 정의문의 학습에 그치는 것이 아니다. 나 자신을 정의하는 하나의 문장을 생성하기까지 화자는 자신의 특성을 나열하고 분류하고 그중 가장 중요한 것에 가치를 부여하고, 가장 중요한 특성을 언어화하는 사고 과정을 충분히 거쳐야 하는 것이다.

　여기서 또한 중요한 것은 주어가 일인칭 '나'라는 사실이다. '나는'이라고 문장을 시작하도록 제안하게 되면, 제안하는 순간 '나는'이란 말은 화자로 하여금 자신과 문제 상황을 연관시키도록 힘을 발휘한다. 우리 말에서 특히 일인칭 주어 '나'의 생략이 많았던 이유는 이러한 직접 작용의 힘을 완화시키는 간접 화법의 양상일 가능성도 있다 하겠다.

이처럼 '-이다' 구문은 단순히 서술의 기능만을 하는 것이 아니라, 지정, 판단, 존재, 소유의 의미도 표현한다. 따라서 구문의 의미를 좀 더 섬세하게 살피는 것이 필요하다. 지금까지 살펴 본 '-이다'의 의미 기능과 사고 작용을 바탕으로 교육 내용을 선정하면 다음과 같다.

(7) 지정 표현의 교육 내용
　가. '-이다' 구문 구성하기
　나. '나는 ──이다' 구성하고 설명하기

(2) 주체와 성상

'무엇이 어떠하다'는 주체의 상태와 성질을 표현하는데, 이를 인식하는 과정에 화자의 주관성의 개입여부에 따라 표현의 객관성이 달라진다.

(8) 성상 표현
　가. 있다, 없다, -에 있다
　나. 빨갛다, 달다, 덥다, 맵다, 고요하다, 미끄럽다, 단단하다/아프다, 어지럽다, 답답하다
　다. 많다/적다, 크다/작다, 가깝다/멀다, 푸짐하다, 산더미처럼 쌓이다
　라. 같다, 비슷하다, 다르다, 유사하다, 판이하다, ~보다 낫다/못하다
　마. 착하다, 예쁘다, 곱다/추하다, 쉽다/어렵다, 옳다/그르다, 좋다/나쁘다, 싸다/비싸다
　바. 기쁘다, 슬프다, 그립다, 재미있다, 초조하다

사. 알다, 모르다, 여기다/믿다, 생각하다/-는 줄 정말 모르다
아. 이러하다, 그러하다, 저러하다, 어떠하다
자. 약, 가량, 퍽, 아주, 매우, 몹시, 너무, 잘, 참, 굉장히, 아마, 꽤

　(8가)는 존재를 나타내는데, 주체가 '-에 있다'로 표현되면 소유나 소속, 위치를 나타내기도 한다. (8나)는 시각, 미각, 청각, 후각, 촉각 등의 감각을 통해 경험한 주체의 속성을 표현한다. (8다)는 상대적 척도가 있어서 주체의 수량이나 거리를 드러내고, (8라)는 대상 사이의 속성을 견주어 드러낸다. (8가)~(8라)는 비교적 객관적 판단에 준거하여 드러낸다고 볼 수 있으나 (8마)~(8차)는 주관적 판단이 작용한다. (8마)는 주체가 대상에 대해 평가하고 판정하여 판단을 내리고, (8바)는 주체의 심리와 감정을, (8사)는 주체의 인지와 사유를 나타내어 그 심리적, 내적 상태를 표현한다. (8아)는 맥락 속에서 상태를 지시하고 (8자)는 상태의 정도를 강화하거나 약화시키는 표현들이다. 이 표현들은 대체로 형용사를 중심으로 구성되며, 주체의 성질이나 상태를 표현하거나 주체의 심리적 상태를 표현하므로 의미나 사용이 다양하게 발달해 있다. 이처럼 사태의 속성에 대한 표현은 공통적으로는 대상과 관련한 속성이나 상태를 표현한 것이지만 그 문장이 표현하는 의미는 미세하게 다르다.
　그러므로 화자는 대상 세계에 대한 자신의 인식이 주관적 느낌인지, 대상에 대한 평가인지, 대상 자체의 속성인지를 구분하고 이에 적절한 표현을 사용하여 표현해야 하는 것이다. 화자가 자신이 표현하고자 하는 내용이 정교하게 인식하면 사태를 표현할 때도 보다 정확하게 할 수 있는 것이다. 따라서 학습자는 화자가 사태를 어떤 속성으로 인식하느냐에 따라 진술의 특성이 달라진다는 것을 학습해야 하는 것이다.

또한 화자 자신의 인식을 정교화하기 위한 연장선에서 대상에 대한 묘사하기를 교육할 수 있다. (8나)와 같이 한국어에서 감각을 드러내는 표현은 굉장히 다양하게 발달해 있으므로 화자가 시각, 청각, 미각, 후각, 촉각을 동원해서 대상의 속성을 파악한 후 감각어를 충분히 활용하여 자세히 묘사하게 하는 것이다. 이를 통해 학습자는 대상을 의식적으로 관찰하고 정확하게 표현하는 능력을 갖추게 된다.

최현배(1965 : 474)에서는 형용사의 중요한 특질로 "모든 그림씨를 두가지의 다름을 견줌에 쓸 적에는 그 견주는 다름을 드러내기 위하여 특별한 어찌씨를 그 위에 붙이느니라"고 하여 비교의 속성을 중요한 특성으로 제시했다. 김정남(2001 : 174~175)에서는 형용사의 공통된 의미를 어떤 대상의 상태, 그러한 상태에 대하여 기술하는 것으로 보아 상태 동사, 또는 비동작 동사라고 규정한 후, 형용사의 공통 의미 자질로 [+상태성], [+지속성], [−순간성], [−변화성], [+완료성], [−과정성], [+정도성]을 들었다. 여기서 [+정도성]의 의미 자질은 '보다'라는 비교격 조사를 사용하여 확인하였다.

    (9) 상태 비교하기
        가. 나는 심심하다. < 나는 누구보다 심심하다.
        나. 거리가 고요하다. < 거리가 집 안보다 고요하다.
        다. 상점 안은 요란하다. < 상점 안은 바깥보다 요란하다.
        라. 철수는 다부진 아이이다. < 철수는 영희보다 다부진 아이이다.
        마. 참기름은 고소하다. < 참기름은 들기름보다 고소하다.

(9가)~(9마)에서 보듯이 비교의 대상을 드러내어 나타내면 더 자세하고 그만큼 객관적인 표현이 된다. 따라서 형용사를 통해 주관적 표현을

객관적 표현으로 전환하는 방법과 비교하기를 통해 보다 정확하게 표현할 수 있게 된다. 이러한 측면에서 주관적 표현의 객관화와 비교하기를 교육 내용으로 선정할 것이다.

특히 (8다)의 경우는 많다와 적다가 대치되어 존재하지만, 사실 그 사이에 척도가 존재한다. 표현은 이치적으로 이루어지지만, 실재 수량이나 거리의 척도는 다치적으로 존재하는 것이다. 그러므로 다치적으로 표현하거나 비교하는 것이 실재를 정확하게 표현하는 것이 된다. 실제 세계의 다양한 모습을 정확하게 인식하고 표현하기 위해서는 가능한 모든 경우를 고려하고 살펴서 이를 정확하게 표현하는 다치적 판단을 하는 활동을 해야 한다. 따라서 사태의 속성이나 상태를 표현할 때에도 좀 더 생각하고 분석해서 다양한 방식으로 표현하려고 시도해야 한다. 이는 형용사의 풍부한 사용을 통해서 사태를 다양하게 인식하는 관점을 가지게 한다.

(8라)와 같이 비교 대상을 나타내는 와/과(하고) 형태의 부사어를 반드시 거느리는 통사론적 특성을 지닌 형용사가 있(고종석, 1999 : 145)는데 이러한 형용사도 비교 대상을 드러냄으로써 보다 객관적인 표현이 된다.

> (10) 가. 이 영화는 그 영화와 비슷하다.
> 나. 마돈나는 마릴린 먼로보다 젊다.
> 다. 마돈나는 마릴린 먼로같이 비슷하다.*

(10가)의 '비슷하다'의 경우는 '같다, 다르다'처럼 비교 표시 부사어들을 반드시 수반하기 때문에 이를 '비교 형용사'라고 한다. 비교 형용사는 (10다)과 같이 일반적인 비교 구문5)에는 사용되지 않는다.

(8마)는 화자의 판단이 개입하는데, '영희가 착하다'라고 진술한 경우

더 정확하게 의미를 밝히려면, 왜 영희가 착하다고 판단했는지 그 이유를 함께 살펴야 한다. 판단의 이유를 판단의 내용과 함께 진술하는 것이 표현의 객관성을 담보할 수 있다.

사태의 속성과 상태에 대한 화자의 판단은 주관이 개입할 여지가 높다. 따라서 왜 그렇게 판단하게 되었는지 이유를 생각해 보는 것은 무의식적인 언어 사용을 의식적으로 고찰하는 효과를 가져온다. '나는 기쁘다'는 화자의 주관적 감정을 표현한 것이므로 청자마다 그 해석이 다를 수 있다. 따라서 '나는 ~해서 기쁘다'라고 이유를 밝힘으로써 객관적인 표현이 가능하다. 이처럼 언어 현상에 대해 생각해 보고 판단의 타당성을 화자가 반성적으로 사고하는 과정을 거침으로써 보다 정확하고 적절한 표현을 생성하게 된다.

(8바)는 주로 심리형용사로 주어의 주관적 심리 상태를 나타기 때문에 주어의 인칭을 선택하는 데 제약이 있다. 심리형용사는 '기쁘다, 즐겁다, 반갑다, 슬프다, 분하다, 외롭다, 싫다, 두렵다, 쓸쓸하다, 아깝다, 섭섭하다, 귀찮다, 그립다' 등이 있다(고종석, 1999 : 140).

> (11) 심리 표현
> 가. {나/*너/*그}는 기쁘다.
> 나. {*나/너/*그}는 기쁘니?
> 다. 그 아이가 너무 괴로워해.
> 라. *내가 괴로워해.
> 마. 나는 네가 이사 가는 것이 섭섭하다.

이들은 (11가)처럼 평서문에서 1인칭 주어와만 어울리고, 의문문에서

---

5) 비교 구문은 '처럼, 같이, 보다' 같은 조사로 이뤄지는 구문을 뜻한다.

는 (11나)처럼 2인칭 주어와만 어울린다는 통사—의미론적 제약을 지닌
다. 또한 심리 형용사는 '-어하다'와 결합하여 동사화되는데, '기쁘다'의
경우 마음속으로 느끼는 심리 상태를 서술하지만 '기뻐하다'가 되면 그
런 심리 상태를 적극적으로 드러내는 행위를 서술하기 때문에 행동성을
나타내는 동사처럼 사용된다. (11다)처럼 '괴롭다'에 '-어해'가 결합하여
'괴로워해'로 쓰일 경우에는 현재형에서 3인칭과 어울리는 것이 가장
자연스럽다. 왜냐하면 어떤 관찰의 결과를 서술하기 때문이다. 반면 (11
라)의 경우는 어색한 문장이 되는데, '괴로워해'는 어떤 관찰의 결과를
보고하는 것인데, 내가 나를 관찰해서 상대방에서 서술한다거나, 눈앞에
보이는 상대방의 행동을 관찰해서 그것을 당사자에게 서술한다는 것은
어색하기 때문이다. 또한 이 경우는 (11마)처럼 타동사로 쓰이는 일이
흔하다. 이러한 변환은 상태를 동작화 시켜 수동적인 의미 규정에서 대
상에 대한 적극적인 의미 구현으로 바꾸는 효과를 가진다.

(8아)는 지시를 나타내는데, 동일한 지시의 기능이라도 관형사는 대상
을 한정하는 반면, 지시형용사는 상태를 가리킨다.

(12) 지시 표현
 가. 모든 일이 그러하구나.
 나. 그 책 : 대상 지시
 다. 그러한 책 : 상태 지시

화자와 청자의 관계나 장면내적이냐 장면외적이냐에 따라 지시표현은
다양하게 사용된다. (12가)는 앞의 상황과 동일함을 드러내고, (12나)는
한정하여 지시하며, (12다)는 책의 상태를 드러낸다.

이처럼 주체와 상태성의 연합은 감각, 지각, 판정, 사유, 심리의 다양

한 층위를 포함하고 있으며 화자의 주관적 인식과 객관적 인식이 함께 구현되는 사고 과정이다. 사태의 속성이나 상태에 대한 화자의 인식에는 주관적 판단이 개입할 여지가 많다. 특히 대상을 평가하거나 감정을 표현할 경우에는 주관적이 될 확률이 높다. 따라서 사태의 속성이나 상태에 대한 진술은 사실성, 객관성을 지향해야 바른 표현이 된다.

지금까지 주체와 성상 표현 양상을 중심으로 문법 요소의 특징을 살펴보았다. 이를 바탕으로 교육 내용을 추출하여 구성하면 아래와 같다.

> (13) 주체와 성상 표현 교육 내용
> 　　가. 인식의 정도와 진술의 특성 파악하기
> 　　나. 감각을 통해 묘사하기
> 　　다. 다치적 판단하기
> 　　라. 주관적 표현의 객관적 표현하기
> 　　마. 비교하기

(3) 주체와 작용

용언은 따로 독립되어 있는 대상을 연결시켜 사태를 완결 짓는 역할을 한다. 논항을 채우면 채울수록 사태는 구체적이고 객관적으로 표현되므로 용언은 문장과 밀접한 관계 속에서 교육하는 것이 효과적이다. 특히 대상에 대한 영향력의 작용에 따라 논항도 달라지므로 주체와 작용의 연합에서 논항을 채우는 것은 사태를 완결되게 표현하는 데 있어서 중요하다. 이러한 점에서 완결된 사태를 표현하는 것을 우선적으로 교육 내용으로 선정할 것이다.

동사는 대상을 서술하고 그 움직임을 표현하는 속성을 가지고 있다.

같은 서술성을 가진 형용사와는 달리 활용이 자유로워 화자의 표현의도를 효과적으로 구현할 수 있다. 따라서 동사는 문장 속에서 대상과의 관계와 움직임의 구체적인 의미를 중심으로 교육해야 할 것이다. 즉 어떤 단어가 동사인지 형용사인지 구별하는 것보다는 실제 의미와 다른 대상과의 관계를 교육하는 것이 유의미한 교육내용이 된다 할 것이다. 그러므로 동사는 독립적인 단위로 다루는 것이 아니라 논항을 채워 문장을 완성하는 과정을 함께 다루어야 한다. 한국어에서 동사는 서술어의 역할을 할 뿐만 아니라 동사 자체의 의미 구조를 통해 논항을 실현시켜 문장을 구성하는 역할을 하기 때문이다. 한국어에서 동사 의미는 문장의 구조에 잘 반영된다. 잘 발달된 조사가 동사가 지시하는 사건과 논항 참여자의 관계를 직접적으로 제약하기 때문이다. 한국어는 술부 중심 언어이고 술부는 동사류로 구성되며 동사류가 필요로 하는 의미격에 의해 문장이 구성된다. 따라서 동사의 의미 기능과 문장 구조의 정확성과의 관계를 살펴 이를 정확하게 표현하는 것을 학습자가 익혀야 하는 것이다.

　논항 구조의 표시는 의미역을 직접 사용하여 표시하는 방법으로 비교 언어들 간의 의미역 구조와 내재 논항들의 지위를 표시할 수 있는 장점이 있고, 언어들 간의 고유한 특징을 고려할 수 있기 때문이다. 또한 의미역을 고려하는 논항 채우기 연습은 언어 현상과 그 의미에 대해 설명을 해 내도록 학습자의 해석을 능동적으로 이끄는 효과가 있을 것이다 (조경순, 2007 : 90).

　(14) 동사의 의미격
　　　철수가 영희를 도왔다.
　　　　　　돕다(행위자격, 대상격)

논항에 대한 교육은 학습자들이 일상생활 내에서 암묵적으로 가지고 있는 의미를 명료화하고 사물들의 관계를 언어를 통해 연결하고 정리하는 과정이기도 하다. (14)의 경우 행위자는 철수이고 행위의 대상은 영희인데 '돕다'라는 움직임을 통해 둘의 관계가 구성되는 것이다.

주체와 작용의 연합은 동사에 의해 구현된다. 주체의 작용이 주체에 한정되어 영향을 끼치느냐, 다른 대상에 영향을 끼치느냐에 따라서 구현 양상은 달라진다.

일반적으로 주체의 움직임은 동사로 나타낸다. 이 때 움직임이란 시간의 흐름 속에서 움직임의 단계가 연결되는 과정을 포함한다. 상태가 고정적, 정지적인 성질을 가진다면 움직임은 변화적, 이동적인 성질을 가진다고 볼 수 있다. 이를 최현배(1965 : 253)에서는 '사물이 시간 가운데에서 과정적으로 달라짐(변화함)은 다 움직임'이라고 규정하고 이러한 움직임을 나타내는 풀이씨를 움직씨라고 명명하였다.

동사는 시간의 과정을 내포하고 있으므로 형용사에 비해 활용이 자유로운 특징을 가진다. 이광정(2001 : 76)에서는 품사 분류사에 나타난 의미 문제를 검토하였는데 여기서 그는 기존 연구에서 한국어의 동사를 의미에 따라 분류한 연구는 보이지 않는다고 한다. 그는 형용사의 경우는 '성질, 상태, 형태, 시간, 부정, 비교, 지시, 성상, 의문, 수량'으로 의미를 분류할 수 있는 반면 동사의 경우는 여러 가지 기준에 따라 다양한 분류양상을 보이고 있다고 하였다. 동사가 가진 의미 범주가 폭넓고 활용이 활발하여 의미 범주를 단일한 기준으로 세우기가 힘든 작업이라고 볼 수 있겠다.

(15) 주체의 작용 표현

　가. 가다, 읽다, 잡다 / 흐르다, 피다, 뜨다 / 죽다, 자다
　나. 좋아하다, 싫어하다, 귀여워하다, 갑갑해하다
　다. 닮다, 어울리다, 싸우다, 합치다, 협력하다, 맞서다, 견주다
　라. 가다, 오다, 다니다, 들르다, 모이다 / -어 가다, -어 오다

(15가)의 작용도, 사람이 주체인 경우, 자연이 주체인 경우, 생물의 상태가 변화한 것으로 의미가 분류된 것이다.6) 이는 동사를 그 주체와 관련시켜 의미 범주를 나누었다는 점에서 교육 내용으로 살펴볼 의의가 있다. 학습자는 백지와 같은 상태로 학교에 오는 것이 아니라 나름의 경험을 통해 이미 어느 정도의 의미를 잠재적으로 습득한 상태로 학교에 온다. 교육은 잠재된 학습자의 의미를 자극하여 활성화시켜 기존의 의미를 수정, 변형, 구성하게 하는 지적 활동이기도 하다. 이런 의미에서 (15)와 같은 동사의 구분은 객관적으로 존재하는 세계의 움직임을 관찰하고 유의미하게 다룰 수 있는 기반을 제공할 수 있는 것이다. (15나)는 앞 절에서 살펴본 심리 형용사에 '-어하다'가 결합하여 심리 동사가 된 것이다.

동사는 주어의 동작이 어떤 다른 대상에 영향을 주느냐 주지 않느냐에 따라 자동사와 타동사로 나뉜다. 자동사는 '분다, 흐른다'처럼 주어 스스로의 움직임을 나타내고 타동사는 주어의 동작이 다른 대상에 미치어 그 대상을 지배하는 것으로 '들다, 읽다, 몰다, 쓰다, 보다, 하다, 믿다, 꺾다' 등이 있다. 자동사와 타동사를 겸하는 동사로 '물다, 놀다, 자

---

6) 최현배(1965 : 253)의 동사 구분을 제시하면 다음과 같다. ㄱ. 뜻있는 꼴있는 움직임(유의 유형의 동작) : 가다, 읽다, 잡다 ㄴ. 뜻있는 꼴없는 움직임(유의 무형의 동작) : 생각하다, 사랑하다, 뜻하다 ㄷ. 자연의 작용(일함) : 흐르다, 피다, 뜨다 ㄹ. 생물의 모양이 어떻게 되는 것 : 닮다, 죽다, 자다

다, 뛰다, 울다' 등이 있다. 전재호 외(1995 : 82)에서는 타동사의 특징을
다음과 같이 제시하였다.

> (16) 타동사의 특징
> ㄱ. 어떤 사물에 동작이 미치어 변화를 일으킨다
>   : 논을 갈다, 기계를 고치다
> ㄴ. 주어의 동작이 어떤 대상에 단순히 미치기만 한다
>   : 책을 읽는다, 물건을 본다.
> ㄷ. 행동의 결과로 어떤 사물을 만들어 낸다
>   : 집을 짓는다, 아이를 낳는다.
> ㄹ. 그 대상을 행위화 또는 구체화한다
>   : 잠을 잔다, 공부를 한다.

(16)의 연구는 동사가 함의하고 있는 의미를 목적어와의 관계를 통해
분류하고 있는데 동사 자체만을 독립적으로 다루지 않고 대상 사물의
속성과의 관계를 분석하여 표현 문법을 주창했다는 점에서 의의가 있다.
주체가 '갈다'는 움직임을 통해 '논'이라는 대상을 파서 뒤집어 논에 직
접적인 변화를 일으켰다는 실제 내용에 초점을 둔 것이다. 따라서 '갈
다'는 동사는 반드시 대상을 필요로 한다는 것이다.

(15다)는 주체 혼자서 서술하는 동작을 이룰 수 없어 반드시 짝이 필
요한 동사들로 대칭성 동사라고 한다. 대칭성 동사를 서술어로 갖는 주
어의 짝이 되는 것이 '-와/-과/-하고' 형태의 상대 표시 조사를 수반한
다(고종석, 1999 : 145).

> (17) 대칭성 작용
> 가. 나는 그 애와 마주쳤다.
> 나. 나는 지난번 수영 대회에서 그와 겨루었다.

다. 그 애와 나는 마주쳤다.

라. 그와 나는 지난번 수영 대회에서 겨루었다.

　(17가)의 '마주치다', (17나)의 '겨루다'처럼 상대가 반드시 있어야 동작이 성립하는 동사들로서 이외에도 '싸우다, 씨름하다, 경쟁하다, 언쟁하다, 어울리다, 합치다, 결합하다, 화합하다, 공모하다, 협력하다, 상담하다, 의논하다, 혼인하다, 연애하다, 맞서다, 부닥치다, 맞닥뜨리다, 견주다, 비교하다' 등이 있다. 이들은 문장의 의미를 손상시키지 않은 채 자리 이동을 할 수 있다.

　(15라)는 주체의 이동을 드러내는데, '위치어+에', '지량점/경로+로', '이동의 목적+-(으)러'의 형태로 나타난다.

　작용에서도 주체가 전환됨에 따라 문장 형성이 달라지고 의미의 초점이 바뀐다.

　(18) 주체 전환

　　가. 영수가 가방을 들었다.

　　나. 형이 영수에게 가방을 들게 했다

　　다. 가방이 영수에게 들려졌다.

　(18)의 문장은 모두 동일한 장면을 표현하고 있지만, 주체를 무엇으로 보느냐에 따라 능동과 피동, 주동과 사동으로 문장 형성이 바뀌고, 장면의 초점도 변화한다. (18가)가 (18나)로 전환되면서 행동을 시킨 주체가 형이라는 사실이 현저하게 드러나고, (18다)로 전환되면서 '가방'에 초점이 집중된다. 이처럼 피동은 '-어지다, 당하다'의 형태를 통해서, 사동은 '시키다, -게 하다'의 형태를 통해서 표현된다.

주체의 능동성과 움직임에 따라 작용은 능동과 피동, 주동과 사동으로 이루어진다. 흔히 피동형은 일반적으로 주제를 문장의 처음 부분으로 옮길 때, 또는 행위자가 중요하지 않거나 알려져 있지 않을 때 사용한다. 학습자는 주동에서 사동으로의 전환, 능동에서 피동으로의 전환을 통해 표현상의 차이를 인식할 수 있게 된다. 학습자는 문장 전환을 적절하게 함으로써 바른 표현을 할 수 있게 되는 것이므로 이를 교육 내용으로 선정할 것이다.

이처럼 사태의 작용이나 움직임은 동사로 주로 서술되는데, 이 때 작용이나 움직임은 행위 주체, 행위 대상, 행위의 과정, 행위의 결과 등을 수반한다.

문장의 의미는 다양한 정보의 결합으로 이루어지므로 의식적으로 자세히 설명하는 교육이 필요하다.

    (19) 가. 책이 적다.
       나. 새 책이 적다.
       가′. 적은 것은 책이다.
       나′. 적은 것은 새 책이다.
       나″. 헌 책은 많은 수도 적을 수도 있다.
       나‴. 헌 책에 비해 새 책이 적다.

(19가)와 (19나)를 (19가′)와 (19나′)처럼 주제화 시키면 두 문장의 의미 차이가 선명하게 드러난다. 특히 (19나)의 경우, 그 의미가 다양하게 해석될 수 있으므로 정확한 수식언을 사용함으로써 사태를 보다 자세히 나타낼 수 있음을 보여 준다.

전제와 함의[7]를 구분하는 것은 문장에 제시된 의미를 추론하고 그 중요성이나 독립성 정도를 판단하는 사고 과정과 관계가 깊다. 한 문장 안에서 기존정보와 신정보가 공유되어 있을 경우, 그 문장이 참이 되기 위해서는 서로 다른 두 정보가 조화되어야 한다. 전제란 문장 속에서 전달하려는 초점 정보에 부가되는 의미 정보의 한 유형을 뜻하는데, 주 명제가 부정되거나 의문문으로 변형시켜도 그 정보가 보존된다. 따라서 전제란 초점 정보의 바탕, 근거가 되는 의미이다. 전제와 구별되는 것으로 함의가 있는데, 함의는 주명제가 부정되었을 때 그 의미가 보존되지 못하는 특징을 지닌다. 따라서 학습자에게 제시된 문장에서 전제나 함의를 찾게 하는 것은 의미를 상세히 생각하게 하는 기회를 제공하는 것이다. 이런 이유로 전제와 함의를 구별하고 파악하는 것을 교육 내용으로 선정할 것이다.

또한 화자가 세상을 인식하고 해석하는 것은 매 순간 다르다. 여러 명의 화자가 동일한 대상을 보더라도 대상에 대해 진술하는 것이 다를 수 있다. 또한 동일한 화자가 동일한 대상을 보더라도 관찰하는 상황의 맥락에 따라 진술하는 것이 다를 수 있다.

(20) 가. 저 달맞이꽃이 오늘따라 더 고와 보인다.
　　나. 학교 담장 아래에 달맞이꽃이 피어 있나.
　　다. 달맞이꽃은 남아메리카의 칠레가 원산지이다.
　　라. 달맞이꽃의 씨를 섭취하는 것은 성인병 예방에 적절하다.
　　마. 달맞이꽃은 토양을 정화시키므로 보급을 확산시켜야 한다.

동일한 달맞이꽃을 대상으로 진술하더라도 (20가)는 화자의 주관적 느낌을 표현하고 있고, (20나)는 달맞이꽃이 피어있는 상태를 표현하고

---

7) 전제와 함의에 대한 기본 설명은 김광해 외(1999 : 282~285)를 참조하였다.

있다. (20다)는 달맞이꽃의 원산지를 설명하고 있으며 (20라)는 달맞이
꽃의 효용성을 판단/판결하였으며 (20마)는 달맞이꽃의 보급을 주장하고
있다. (20가)는 화자의 주관적 표현을 진술하고 있는데, 주로 판단형용
사를 서술어로 삼고 있다. (20나)는 감각적 인상을 중심으로 진술하는
묘사이고, (20다)는 대상의 특성에 대해 해설하는 설명이다. (20라)는 무
엇이 맞다/그르다, 적절하다/적절하지 않다를 기준에 비추어 판단하는
판결이고, (20마)는 주장을 담은 정책 진술로서 '~해야 한다' 등으로 끝
맺는다. 문장 표현의 다양성을 대상 세계와 관련해서 이해하는 것이 필
요한 것이다. 이러한 문장 층위의 진술의 차이는 문단, 텍스트로도 이어
지므로 화자의 발화 의도를 고려하여 진술의 성격을 밝히고, 적절한 문
법 요소를 선택하여 표현하는 것이 필요하다.

낱말은 개념을 나타내고, 여러 개의 개념은 관계를 맺어 일관된 생각
(사고)를 문장으로 표현한다. 생각을 문장으로 나타낸 것을 진술이라고
한다. 생각을 나타내는 모든 문장은 생각의 질과 방식에 따라 다양하게
표현된다.

먼저 대상의 관찰가능성과 관련하여 구체적 표현과 추상적 표현으로
구분할 수 있다. 구체적 표현은 구체적으로 존재하여 감각적으로 관찰
할 수 있는 대상을 표현한 진술이다. 반면 추상적 진술은 관찰되지 않는
관념적 존재의 질, 상태, 작용, 과정을 추상어로 표현한 진술이다(이대규,
1991 : 33). 따라서 구체적 표현과 추상적 표현을 교육할 경우에는 구체
어와 추상어8)의 구별, 표현의 구체성과 추상성의 정도를 함께 교육해야

---

8) 구체어는 시간과 공간 속에 있으며, 볼 수 있고 만질 수 있는 존재를 가리키는 낱말이다.
   추상어는 볼 수 없고 만질 수 없는 질, 상태, 작용 등을 가리키는 낱말이다. 추상어의 의
   미는 관념적으로 알 수 있다(이대규, 1995 : 34).

하는 것이다.

일반어는 다른 낱말의 개념을 포함하는 낱말이고, 특수어는 그 개념이 다른 낱말의 개념에 포함되는 낱말이다. 일반과 특수의 관계는 낱말뿐만 아니라 표현에도 성립한다. 일반 진술은 다른 진술들의 관념을 포함하는 진술이고, 특수 진술은 다른 진술의 관념에 포함되는 진술이다. 개체와 속성, 개별과 보편의 관계가 특수 표현과 일반 표현으로 드러난 것이다.

표현의 주관성과 객관성은 상대적인 관계이다. 화자 지향의 의미를 추구할수록 주관적 표현이 되고 대상 지향의 의미를 추구할수록 객관적 표현이 된다.

서술어가 주관적 느낌을 나타내는 심리형용사일 경우, '아름답다'라는 형용사로 진술하는 것보다는 비교대상을 설정하여 진술하는 것이 판단의 기준을 세울 수 있어 더 객관적인 표현이 된다. 감각으로 인지할 수 있는 한 자세히 명료하게 서술하는 것이 객관적인 표현을 지향하는 자세일 것이다.

표현의 객관성을 지향한다는 것은 표현을 모호하게 하는 것이 아니라 정확하게 표현한다는 것이다. 모호함과 정확함의 차이는 상대적이지만 학술적 텍스트나 문법 교육에서는 정확한 표현에 대한 지향성이 더 강하다. 여기서의 객관적 표현이라 함은 대상 세계를 사실 있는 그대로, 정확하게 재현한다는 것이다. 예를 들어 '사과가 여러 개 있다.'라는 비확정적인 표현보다는 '세 개의 사과가 내 책상 위에 있다.'는 식으로 확정적인 표현을 사용하고, 구체적인 상황을 함께 제시하는 것이 문장의 명료함과 표현의 객관성을 높이는 방안이 된다.

동일 대상의 속성을 표현하더라도 대상 지향적(객관적)으로 표현하면

'이순신은 16세기 한국의 장군이다.'라는 문장이 되고, 화자 지향적(주관적)으로 표현하면 '이순신은 위대하다.'라는 문장이 된다. 따라서 대상의 속성을 표현할 때 대상 지향적 표현과 화자 지향적 표현을 표현의 목적에 따라 자유로 오갈 수 있는 능력을 교육시키는 것이 중요하다 하겠다.

또한 의미의 중의성을 제거함으로써 의미의 정확성을 높일 수 있다. 의미의 중의성은 문장에서는 대부분 수식 범위의 차이에 따른 중의적 해석에서 나오므로 수식의 범위를 정확하게 제한함으로써 해결할 수 있다.

지금까지 주체의 작용과 관련된 표현 양상을 살피고 문법상의 특징들을 살펴보았다. 이러한 특징들을 교육 내용으로 추출하여 구성하면 다음과 같다.

(21) 주체와 작용 표현의 교육 내용
　　가. 완결된 사태 표현하기
　　나. 문장 구조의 정확성 이해하기
　　다. 문장 전환하기
　　라. 전제와 함의 파악하기
　　마. 문장 표현의 다양성 이해하기

(4) 상황어의 결합

사태는 복합적이어서 구성요소 간의 관계 양상, 시공간의 결합, 주체의 성격 등의 다양한 요소 간의 상호작용에 의해 구성된다. 화자가 사태를 구성할 때는 작용의 과정과 결과, 주체와 객체, 산물 등을 시공간 상에서 사상(mapping)시키는 활발한 사고 작용이 이루어지게 된다. 특히 작용과 시간의 결합은 시제 범주로, 시공간과 작용의 결합은 진행과 완료의 상적 범주로 나타난다.

(22) 상황과 작용
　　가. 시간과 작용의 결합 : 시제
　　　　과거 ·················· 현재 ·················· 미래
　　　-었다, -었었다 / -다, ㄴ다, -이다 / -겠다, ㄹ것이다

　　나. 시공간과 작용의 결합 : 상
　　　ㄱ. 진행 ······························ ㄴ. 완료
　　　ㄱ. -고 있다, -고 있었다, -하는 중이다, 계속이다, 연장이다.
　　　ㄴ. -다, -었다, 었었다, 완료되었다, -게 되었다, -결과이다.

한국어에서는 시간을 나타내는 문법 범주가 상을 함께 드러내기도 해
서 관련된 표현이 풍부하게 발달해 있다. 시간의 범주를 명시적으로 확
인시키기 위해서는 학습자에게 도식과 언어 자료를 함께 제시해 주고
관련시키는 활동을 하게 하면 효과적일 것이다.

(23) 시간의 범주 확인하기[9]
　　사람들은 대체로 사건이 일어난 시점과 말을 한 시점을 비교하여 시간
　　을 '과거', '현재', '미래'로 나누어 인식한다. 또한 사건이 일어나는 양상
　　에 따라 '신행', '완료'로 구분하여 인식하기도 한다.

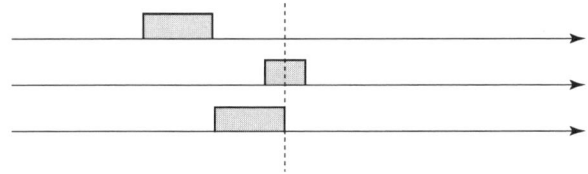

9) 2005년 전국연합평가 6. 14자 시제 문항을 수정 인용하였다.

[시간 표현의 예]
• 나는 밥을 먹고 있다.
• 어제 나는 박물관에 갔었다.
• 우리는 한글을 오랫동안 사용해 왔다.

시간의 흐름과 사건의 양상 사이의 관계를 제시된 문장과 연관시켜 직접 대응시키는 활동을 학습자가 하게 한다. 처음 도식의 경우는 사건이 발화하는 시점 이전의 시간에 동떨어져 일어났으므로 '어제 나는 박물관에 갔었다.'의 문장과 대응된다. 특히 '어제'라는 시간 부사가 직접 제시되어 있으므로 시간의 인식에 도움을 주고 있다는 점을 확인한다. 두 번째 도식은 발화하고 있는 시점에도 사건이 진행되고 있는 양상이다. 따라서 '나는 밥을 먹고 있다'라는 문장의 시간 인식과 대응되고 '-고 있다'를 통해 진행되고 있음을 보여준다는 것을 확인시킨다. 마지막 도식은 사건이 발화 이전에 일어났지만 현재까지 영향을 미치고 있다는 점에서 '우리는 한글을 오랫동안 사용해 왔다.'의 문장과 시간인식이 대응됨을 알 수 있다. '오랫동안'이란 부사가 기간을 표현하는 효과를 가지고 있고 '-어 오다'가 현재까지 영향을 미치는 추상적인 시간을 구체적 감각적으로 드러내는 효과를 지니고 있음을 알려 줄 필요가 있다.

지금까지 논의된 내용을 바탕으로 교육 내용을 선정하면 아래와 같다.

(24) 상황어 표현 교육 내용
　　가. 시제 범주 이해하기
　　나. 진행와 완료 이해하기

(5) 대우관계

대우 표현은 대화자 간의 사회적 관계, 심리적 거리 등의 상황과 관련한 화자의 판단에 의해 드러난다. 즉 대우관계는 화자와 청자, 주체와 객체 사이의 사회적 위치나 신분, 심리적 거리 등의 상황에 따라 어휘, 선어말 어미 '-(으)시-', 종결어미 등을 통해서 다르게 표현된다. 따라서 사태 표현과 간접적으로 관련된 요소라고 보고 사태 표현의 범주에서 다루기로 한다. 대우 표현에는 높임의 상황을 세분화하여 참여자들 사이의 관계를 살펴, 청자를 높이는 상대높임, 행동의 주체를 높이는 주체높임, 행동의 대상을 높이는 객체높임이 있다.

(25) 대우 표현
　　가. 밥 : 진지, 집 : 댁, 아랫사람 : 윗사람, 선생 : 선생님
　　나. 읽다 : 읽으시다, 있다 : 있으시다
　　다. 하십시오 : 하오 : 하게 : 해라, 해요 : 해
　　라. 먹다 : 드시다, 잡수시다

(25가)는 상대와의 관계에 따라 어휘를 달리 사용하여 상대를 높이는 표현이고, (25나)는 주체 높임법으로 화자보다 서술의 주체가 나이나 사회적 지위 등에서 상위자일 때, 서술의 주체를 높이는 방법이다. 주체 높임을 실현하는 방법은 선어말 어미 '-으시-', 주격 조사 '께서'를 사용하는 것이 대표적이다. 이밖에 접사 '-님', 또는 주체를 높이는 특수한 어휘를 사용하는 방법도 있다. (25다)는 상대 높임법으로 우리말의 높임법 가운데 가장 발달되어 있는 것으로 화자가 청자, 즉 상대에 대하여 높이거나 높이지 않고 말하는 법을 일컫는다. 학교 문법에서는 격식

체로서 아주 높임, 예사 높임, 예사 낮춤, 아주 낮춤과 비격식체로서 해요체와 해체로 구분하여 제시하고 있다. (25라)는 객체 높임법으로 서술의 객체에 대한 높임의 태도를 나타내는 문법 기능이다. 객체는 문장에서 모통 목적어나 부사어로 나타난다. 객체를 높이는 방법으로는 객체를 높이는 특수 어휘, 접미사 '-님', 부사격 조사 '-께'를 사용한다.

이처럼 대우 표현은 사회적 위치, 즉 화자와 청자의 사회적인 관계에 따라 특수 어휘나 선어말어미, 종결어미 등을 구별하여 사용된다. 높이는 대상이 누구인가에 따라 높임을 실현하는 방법이 달라지는데, 청자를 높이는 상대 높임법, 문장의 주어를 높이는 주체 높임법, 대상을 높이는 객체 높임법으로 구분된다. 이는 문화적 맥락을 익힌다는 차원에서 장면의 전환에 따라 표현할 수 있어야 한다.

대우 표현은 말하는 사람의 인격이나 말하는 상황에 대한 말하는 이의 의식이 크게 작용하여 나타나는 문법 현상이며 한국어의 특성이기도 하다. 교육적 맥락에서 높임법의 사용은 공적 상황에서 화자의 교육 정도를 판단하는 척도로 작용하기도 한다. 또한 대인관계에서 상대를 식별하여 상황에 알맞게 표현하는 능력과도 관계되는 요소이다.

지금까지 논의를 바탕으로 교육 내용을 선정하면 아래와 같다.

(26) 대우 표현 교육 내용
　　가. 사회적 관계에 따라 적절하게 대우 표현하기
　　나. 장면의 전환에 따라 대우 표현 전환하기

2. 사태 관계

사태와 사태 간을 관련짓는 것은 추상적인 인간의 사고 과정이지만, 이 과정을 북돋워 주는 것은 문법의 힘이다. 사태에 대한 해석은 상황에 대한 화자의 판단과 화자의 듣는 사람에 대한 태도를 통해 이루어진다. 문장의 연결은 언어의 논리적 연결로서 한국어에서는 접속 부사와 정도 부사, 연결어미, 화용조사 등을 통해 이루어진다. 사태 간의 연결, 즉 사태 해석의 양상은 비교, 대조, 분석, 분류, 예시, 인과 등의 관계로 나타나는데, 이는 과거 수사학의 주된 관심사이기도 하다.

사태의 해석은 상태의 비교, 시간의 흐름, 공간의 흐름, 사태의 관계를 기준으로 하여 이루어진다. 이는 문장과 문장의 연결에서 나아가 복잡한 사태로 진전되면서 단락과 단락의 연결을 거쳐 텍스트의 층위로까지 확장된다.

> (27) 가. 하늘이 바다보다 더 푸르다.
> 　　　나. 하늘이 바다보다 덜 푸르다.
> 　　　다. 하늘이 푸르기가 바다가 푸르기보다 더하다.
> 　　　라. 하늘이 푸르기가 바다가 푸르기보다 덜하다.

(27가)와 (27나)는 하늘과 바다의 비교이지만 좀 더 자세히 살펴보면 (27다)와 (27라)처럼 하늘의 푸른 정도와 바다의 푸른 정도, 즉 사태 간의 정도를 '더/덜'을 통해 드러낸 것을 알 수 있다.

사태 간의 관계 양상은 화자의 주관적인 느낌과 해석에 따라 각각 다르게 관계되는데 이 점은 접속 부사의 사용을 통해 분명하게 확인할 수 있다.[10]

(28) 가. ㄱ. 낮말은 새가 듣는다. 그리고 밤말은 쥐가 듣는다.

　　　ㄴ. 낮말은 새가 듣고, 밤말은 쥐가 듣는다.

　　나. ㄱ. 호랑이는 죽어서 가죽을 남긴다. 하지만 사람은 죽어서 이름을 남긴다.

　　　ㄴ. 호랑이는 죽어서 가죽을 남기지만, 사람은 죽어서 이름을 남긴다.

　　다. ㄱ. 비가 왔다. 그래서 길이 질다.

　　　ㄴ. 비가 와서 길이 질다.

　　라. ㄱ. 기업이 없다. 그렇다면 근로자도 없다.

　　　ㄴ. 기업이 없으면 근로자도 없다.

　　마. 한라산 등반을 하려고 우리는 아침 일찍 일어났다.

　　바. 내가 집에 가는데, 저쪽에서 누군가 달려왔다.

　　사. 설령 비가 올지라도, 우리는 어김없이 출발한다.

(28가)는 앞뒤 사태가 대등하게 나열될 수 있는 관계이고, (28나)는 상반되는 내용을 대조시켜 사람다움의 중요성을 강조했다. (28다)는 앞뒤 사태를 원인과 결과의 관계로 해석하였고, (28라)는 앞뒤사태의 공생 관계를 조건지움을 통해 드러냈다. (28마)는 목적과 행위의 관계로, (28바)는 상황이 배경으로 전제되어 있고 (28사)는 양보의 관계로 의지를 강조한다. 이처럼, 접속 부사는 사태를 연속적으로 해석할 수 있게 결속시키는 문법 요소이다. 한 문장으로 제시된 상황과 또 다른 문장으로 제시된 또 다른 상황을 어떻게 잇느냐에 따라 두 상황의 관계는 달라지고, 세상 인식의 관점도 달라짐을 확인할 수 있다.

또한 연결어미는 두 개의 사태를 하나의 사태로 통합시켜주지만, 접

---

10) 접속의 관계를 권재일(1992)은 나열, 대조, 선택, 인과, 조건, 목적, 평가, 결과, 첨의, 강조로 구분하였고, 이상태(1995)에서는 열거, 선택, 반복, 제시, 시간, 조건, 양보로 구분하였다. 여기서는 학교 문법의 범위에서 다룬다.

속 부사는 두 개의 사태를 각각의 독립적인 사태로서 연관시키는 역할을 한다는 것도 확인할 수 있겠다. (28다)의 경우, '그래서'로 연결할 때는 비가 온 현상과 길이 진 현상이 독립적인 성격이 강하게 인식되지만, '-어서'로 연결될 때는 인과관계의 복합적인 하나의 현상으로 인식되는 성격이 강하다. 이는 결속표지로서의 역할의 차이 때문이라 볼 수 있겠다.

　이처럼 접속 부사와 연결어미가 관계짓기의 한 방법으로서 사용된다는 사실은 사고력 함양에 좋은 교육방법이 된다. 또한 사태 간의 관계짓기가 교육의 내용이 되어야 교육 문법의 본질이 살아난다 하겠다. 시간과 공간, 사건은 문장의 층위에서 실현되고 관계짓기의 사고작용에 의해 문장 이상의 층위인 담화 텍스트가 생성된다. 이러한 전개는 기초 사고 능력에서 고등 사고 능력으로의 발전 과정과 통한다.[11]

　독립된 두 사태의 내용을 연관시키는 데는 화자의 사고 작용이 활발하게 일어난다. 두 문장을 대등적으로 혹은 종속적으로 관계짓는 것, 또는 인과, 조건, 나열 중 어떤 방식으로 관계를 해석하느냐에 따라 다양하게 문장은 표현된다. 여기서 굳이 표현이라는 용어를 강조하는 것은 문장이 단순히 형식적인 완결이 아니라 대상 세계에 대한 화자의 사태 해석이 반영된 형식이라는 것을 강조하기 위해서이다.

　　(29) 가. 사람은 책을 만든다.
　　　　나. 책은 사람을 만든다.
　　　　다. 책은 사람을 만들고 사람은 책을 만든다.
　　　　라. 사람은 책을 만들고 책은 사람을 만든다.

　(29가)와 (29나)는 대등적으로 이을 수 있는 내용들이다. 그런데 (50

---

11) (48)과 (49)에 관한 논의는 고춘화(2009ㄷ : 50~51)를 수정 인용하였다.

다)보다는 (29라)의 내용이 훨씬 효과적이다. 왜냐하면 (50다)의 경우는 앞문장이 지나치게 강조되어 뒷문장이 있으나마나한 문장이 되어 버린다. 반면 (29라)의 경우는 일상적인 과정을 거쳐서 사람의 만든 산물이 책이지만 그 책을 잘 읽으면 훌륭한 사람이 될 수 있다는 교훈적 의의가 효과적으로 드러나게 된다. 이처럼 문장을 관련시켜 연관짓는 데는 대상 세계에 대한 화자의 해석이 의도적으로 이루어지는 것이다. 다음의 경우를 살펴보자.

> (30) 가. 기업이 없다.
> 　　　나. 근로자가 없다.
> 　　　다. 근로자가 없으면 기업도 없다.
> 　　　라. 기업이 없으면 근로자도 없다.

(30가)와 (30나)를 합하여 (30다), (30라) 어느 문장으로 구성해도 적절하다. 단지 (30다)로 구성할 경우에는 근로자의 존재에 초점이 부여되고 (30라)로 구성할 경우에는 기업의 존재에 초점이 부여되어 화자가 강조하는 바가 달라진다. 화자가 노사관계에서 어느 쪽을 중요하게 인식하느냐가 문장으로 표현되는 것이다.

기존 학교 문법에서는 문장의 접속을 연결어미 유형에 따라 정리하는 형식적 접근에 그치고 있다. 하지만 연결어미라는 표지를 사용하는 데는 앞에서 본 바와 같이 화자의 대상 세계에 대한 인식과 사고 과정이 반영되어 있음을 알 수 있다. 따라서 접속으로 구성되는 문장의 의미와 화자의 사태 해석을 깊이 있게 다룰 필요가 있다. 이를 위해서는 개별 사태가 표상하는 의미를 정확하게 이해하고 이를 다른 사태와 관련시켜 총체적으로 파악해야 세상에 대한 바른 인식과 표현이 이루어지는 것이다.

개별 사태가 표상하는 의미와 사태 간의 관계를 정리해 보자.

> (31) 가. 나는 피아노를 치고 동생은 노래를 부릅니다.
>   나. 나의 소원은 첫째도 조국의 독립이요, 둘째도 조국의 독립이
>   요, 셋째도 조국의 독립입니다.
>   다. 나는 학교에 걸어가거나 자전거를 타고 갑니다.
>   라. 학생들이 공부하는데 떠들지 마십시오.
>   마. 책을 다 읽은 후에 독후감을 쓰세요.
>   바. 밖이 시끄러우면 문을 닫지 그래요.
>   사. 정말 공부는 하면 할수록 어려워요.
>   아. 선물을 주었는데 좋아하지 않아요.
>   자. 값이 싸니까 사람들이 많이 삽니다.
>   차. 아이를 찾으러 친구 집에 갔습니다.

(31가), (31나)는 두 사태를 단순히 열거하거나 또는 반복하는 단순 관계이다. (31다)는 여러 가지 중 포괄적으로 선택해서 연결하거나 배타적으로 선택해서 연결하는 선택 관계이다. (31라)는 한 사태에 대해서 상황을 제시하거나 설명을 보완하는 제시 보완 관계이다. (31마)는 시간의 흐름이 순차적으로 관계를 맺는 시간 관계이다. (31바), (31사), (31아)는 조건관계로서 이 때 조건은 아직 일어나지 않은 일을 가정하거나, 해당 사태가 어떤 결과를 야기하는데 필연적인 경우, 해당 사태가 비례 조건으로 작용할 경우, 해당 조건을 부정하는 결과가 예상되는 경우 등으로 관계가 맺어진다. (31자)는 두 사태의 관계가 이유와 결과, 원인과 결과의 관계로 맺어지는 인과 관계이다. (31차)는 두 사태의 관계가 목적과 수단으로 이루어진 목적 관계이다.

이러한 사태 관계를 연결하는 표현 형식[12])을 정리해 보면 다음과 같다.

(32) 사태 관계 의미와 표현 형식

단순 관계	열거	-고, -으며, -을뿐더러, -하고, -는데다가, 첫째, 둘째, 또, 그리고
	반복	-을락, -거니, -다가, 즉, 다시 말해서, -도 하고
선택 관계	포괄적	-든지, -나, -거나, 또는, 혹은
	배타적	-하기도 하고, -는가 하면, 그런가 하면
제시 관계	상황 제시	-어(서), -으니, -는데, -는바, -은즉,
	설명 제시	-하자면, 현 상황은, 설명하자면, -에 의하면, -은 -에 잘 나타나 있다
시간 관계	순차적 관계	-고(서), -어(서), -으니, -는데, -다가, -으며, -자, -으면서, -고 보니, -어 가면서, 그리고, 그래서
조건 관계	가정	-어(서), -으니, -으면, -거든, -던들, -었으면, -다 보면, -(으) ㄹ 것 같으면, 그러면, 만약 -라면
	필연	-어야
	비례	-을수록, -는데다가, -어 감에 따라, 그럴수록
	조건부정 (양보)	-어도, -은들, -던들, -더라도, -으나, -지마는/-지만, -(으)ㄹ 망 정, -(으)ㄹ 지언정, 그래도
인과 관계	이유-결과	-으니까, -으므로, -으매, -기에 -(으)ㄹ테니까, -었으니, -니 만 큼, -기 때문에, -은 탓에, -은 덕에, -(으)ㄹ 것 같아서, -때문에, 그러므로, 따라서, 그래서, 이런/그런 이유로, 사유로
목적 관계	목적-수단	-게, -도록 -으려고, -(으)ㄹ 겸, -(으)려면, -자면, -(으)려고, -도 록, -어 보기 위해서, -를 위해서, -를 통해서, -을 목적으로, -을 의도로, -기 위해서 -하다, -을 위해서 -을 -려고 하다.

(32)에서 보이는 바처럼 사태 관계와 관련된 한국어 표현은 굉장히 다양하게 발달되어 있다. 사태 관계를 표현하는 것은 두 사태 간의 의미적 연관성을 논리적으로 파악하여 적절하게 표현하는 것이다. 대상 세계에 각각 독립되어 존재하는 사태들을 의미적으로 연관시키고 이를 복합사태로 구성하는 데에 다양한 문법 요소들이 사용된다. 학습자가 사태 관계를 학습하기 위해서 기본적으로 사태 관계의 의미적 연관성을 파악하는지와

---

12) 이은경(1996 : 158)에 제시된 연결 어미의 의미 범주에서 공통된 의미 범주를 뽑아 정리한 것이다.

이를 적절한 문법 요소를 사용하여 결합시키는 교육 내용이 필요한 것이다. 이 과정이 사태 관계를 적절하게 연결시키는 활동으로 드러난다.

앞서의 교육 내용이 제시된 단일 사태들을 의미적으로 연관지어 연결하는 수준이었다면, 다음으로 제시된 단일 사태에서 추론하여 논리적으로 관련되는 새로운 사태를 생성하여 연결하는 것이다. 또한 동일한 인과 관계에 대한 표현이라도 '-어서'와 '-인 까닭으로'를 사용하여 표현할 때에는 인과성에 대한 화자의 인식이 다른 것이다. 그러므로 한국어에서 사태 관계를 표현하는 것은 단일 사태들의 의미적 연관성을 정확하게 파악하고 이러한 의미적 논리성을 적절한 문법 요소를 사용하여 표현하는 과정인 것이다. 따라서 이러한 특징들을 추출하여 교육 내용으로 구성해야 한다.

사태의 의미는 여러 가지 대상 세계의 요소가 결합된 내용이다. 따라서 단순하게 보이는 단일 사태의 의미도 관련된 대상 세계의 상황을 재구성하면 복잡한 의미를 내포하고 있다. 즉 사태에 내재된 의미를 미분화하는 것이다. 이를 교육 내용으로 선정하면 사태 교육을 통해서 대상 세계를 정교화하는 심도 있는 경험을 학습자는 할 수 있게 된다. 이러한 교육 내용은 사태를 바르게 표현하는 능력을 기르는 데에 효과적으로 기여할 것이다.

지금까지 논의한 내용을 바탕으로 교육 내용을 선정하면 아래와 같다.

(33) 사태 관계 표현 교육 내용
　　가. 사태 관계 적절하게 연결하기
　　나. 관계 추론하여 생성하기
　　다. 사태에 내재한 대상 세계 정교화하기

제 10 장 | 양상의 표현

    양상은 명제 내용에 관한 화자의 심리적 태도를 의미하며, 명제 내용의 사실성, 개연성, 필연성에 대한 화자의 판단을 표현한다. 양상에 대한 진술은 시제, 서법과 함께 혼재되어 논의 중이다. 명제의 내용과 긴밀한 관련이 있으므로 담화 내용 관련 효과로 볼 수 있다. 화자는 청자에게 담화 내용을 전달할 때, 담화 내용에 대한 화자의 인식 정도에 따라, 양상 층위에서도 가장 효과적인 표현을 선택하게 된다고 할 수 있다.

    앞장에서 살핀 한국어 문장 구성 층위에서 종결어미는 표현의도의 기능을 주로 담당하고 양상은 종결어미의 선접요소에서 주로 담당하거나 종결어미와 함께 이루어짐을 확인할 수 있었다. 또한 명제 내용에 대한 화자의 인식성 양상은 논리학과 언어학에서 지속적으로 살펴 온 분야였으므로 이 부분에 한정하여 논의할 것이다. 이는 정보의 확실성에 대한 화자의 판단에 해당하는 논의이기도 하다.

1. 한국어 양상 표현

박재연(2004)에서는 이러한 양상을 다음과 같이 의미 범주화하고 종결어미를 대상으로 그 종류를 나누었다.

(1) 한국어 양태의 범주
정보의 확실성에 대한 판단 - 확실성 판단, 개연성 판단, 가능성 판단
정보의 획득 방법 - 지각, 추론, 전언
정보의 내면화 정도 - 이미 앎, 새로 앎
정보에 대한 청자 지식에 대한 화자의 가정 - 기지가정, 미지가정

(2) 종류
-네 : (현재) 지각, 새로 앎
-군 : 지각, 추론, 새로 앎
-어, -다 : 객관성, 중립성
-거든 : 이미 앎, 미지가정
-지 : 이미 앎, 기지가정

명제 내용에 대해서 화자는 크게 사실인가 아닌가, 가능한 일인가 아닌가, 반드시 이루어져야 할 일인가 아닌가에 대해서 판단하고 자신의 태도를 밝힌다. 이러한 명제 내용에 대한 화자의 판단은 긍정과 단언, 가능성에 대한 추측, 필연 및 의도로 표현된다. 사실성에 대한 판단은 '명제P는 사실이다/아니다'로 표현되므로 긍정과 부정 표현으로 드러난다. 그러므로 여기서는 긍정과 부정 표현을 사실성에 대한 화자의 판단 부분에 포함하여 논의할 것이다. 또한 화자는 명제 내용이 어느 정도 가능하냐에 따라 개연성과 필연성을 구분하여 판단하고 이 화자의 인식은 한국어에서 굉장히 다양하게 표현된다. 이런 점에서 양상의 범주를 이

해하는 것을 교육 내용으로 선정하고자 한다.

　모국어 화자는 자신의 생각을 적절한 문법 요소를 선택하여 표현하고 청자는 문법 요소에 의해 표현되는 미묘한 의미의 차이를 변별하여 이해할 수 있는데, 양상의 표현에서 뚜렷이 확인된다.

　　(3) 승객 : 월드컵 경기장까지 몇 정거장을 더 가야 하지요?
　　　　기사1 : 앞으로 여섯 정거장만 더 가면 됩니다.
　　　　기사2 : 아직 여섯 정거장을 더 가야 합니다.

　같은 상황이라도 기사1과 기사2의 인식은 차이가 난다. 기사1은 여섯 정거장만 더 가면 되니, 승객이 편한 마음으로 기다리라는 의미이고, 기사2는 여섯 정거장을 더 가려면 시간이 더 걸리니 참고 기다리라는 의미이다. 이는 기사1과 기사2가 사태를 인식하는 해석이 다름을 보여주는 대화이다. 기사1과 기사2가 전제하는 사태는 [여섯 정거장을 가다]는 명제로 양자가 공통적으로 전제하고 있지만, 이 사태를 해석하는 기사1과 기사2의 인식의 차이가 문법 요소를 선택하는 과정에 영향을 미쳐 '앞으로'와 '만'/'아직' 등의 부사와 조사를 선택하게 한 것이다. 기사1은 '-면 된다'는 가능의 양상으로 판단한 반면, 기사2는 '-어야 한다'는 필연의 양상으로 판단하였다. 이는 개인의 인지 차이에 따라 해석이 달라지며 이는 의미구성과정에서 문법 요소의 선택과 표현으로 드러나게 된다는 사실을 보여 준다.

　한국어 양상을 드러내는 표현을 살피면 다음과 같다. 이러한 다양한 양상 표현 요소를 사용하여 정확하게 표현하는 활동을 교육 내용으로 구성할 필요가 있는 것이다.

(4) 양상 표현 요소

사실성	긍정	단순 긍정	예, -입니다, -이에요/예요, -ㄴ/는다, -다, -습니다/ㅂ니다, -(으) ㅂ니다, -아/-어요, -에 있어요, -았/었습니다, -지요, -지
		단언, 확인	(어)ㄹ 지 알다, -는지 알다, -말이다, -ㅁ/임이 틀림없다, 확실하 다
	부정	단순 부정	아니오, -이/가 아니다, -지 않다, -지 않습니다, -는지 모르다, (어)ㄹ 지 모르다, 여간 -지 않다
		능력 부정	못, 못하다 -어, -(으)ㄹ 수조차 없다, -에 지나지 않다, -에 불과하 다
		의도 부정	아니다, 못-, 못하다, 안-, -지 않다, 그렇다고 -(으)ㄴ/는 것은 아 니다, 그리 -하지 않다, -려는 것은 아니다
개연성	가능		-(으)ㄹ 수 있다/없다, -(으)ㄹ 줄 알다/모르다, -(으)ㄹ 지도 모르 다, -(으)ㄹ 확률이 높다, -(으)ㄹ 수조차 없다
	추측		-겠-, -(으)ㄹ까요?, -(으)ㄹ거예요, -인 것 같다, -(으)ㄹ 것 같 다, -아/어 보이다, -리-, -(으)ㄴ 모양이다, -(으)ㄹ 만하다, -(으) ㄹ 지도 모르다, -(으)ㄹ게 뻔하다, -(으)로는 -이/가 그만이다
필연성	의무와 당연		-아/어야 하다, -아/어야 되다, -(으)면 안되다, -(으)ㄹ 수 밖에 없다, -기만하면 되다, -(으)ㄹ 리가 없다, -어야지.
	의도		-겠-, -기로 하다, -(으)려고 하다, -고 싶다, -(으)러 가다, -아/어 보다, -아/어 주다, -(으)려던 참이(었)다, -아/어야겠다, -지 않으 면 안되다

2. 화식 부사

한국어에서 부사는 다양하게 발달하여 문장 의미에 대한 화자의 심리
적 태도를 드러내는 데에도 사용된다. 이를 화식부사1)라 칭하는데 이는

1) 부사를 사용하여 문장 명제에 대한 화자의 심리적 태도를 표현할 수 있는데, 이러한 부
사를 화식부사(말재어찌써, 진술부사, 서법부사, 양태부사, 양상부사)라고 한다(장경희,
1997 : 219). 부사가 지닌 의미에 상응하여 특정한 서술 방식을 요구한다는 점에서 화식
부사(modal adverb)라고 하고, 주로 문두에 위치하여 문장 명제에 대한 화자의 심리적 태
도를 나타내 부이는 것으로 문장수식부사로서 서법적 의미를 표시하는 기능을 가진다.
문법적 의미는 발화태도의 방식과 호응하여 화자의 서술태도를 분명하게 하는 것이고,

명제 내용에 대한 화자의 판단 작용이기도 하다.

    (5) 가. 마땅히 부정과 부패는 근절되어야 한다.
        나. 아마 이번에는 합격할 것이다.

  (5가)에서 마땅히를 사용하여 진술 내용에 대한 당위성을 단정적으로 표현하고 있고, (5나)에서는 아마를 사용하여 불확실한 상황에서 화자의 추측을 나타내고 있다. 이처럼 화식부사는 주로 문두에 위치하여 문장 명제에 대한 '화자의 심리적 태도'를 나타내 보이는 것으로 정의되는 바, 문장수식부사로서 서법적 의미를 표시하는 기능을 가지고 있다고 할 수 있다. 그래서 화식부사는 다른 부사와는 달리 피수식어인 서술어의 어휘적 의미와는 관계가 없고 문법적 의미, 즉 발화태도의 방식과 호응하여 화자의 서술태도를 분명하게 하는 것이 임무이다. 그러므로 명제에 대하여 내리는 화자의 판단이나 견해는 화식부사가 지닌 서법적 의미에 의해 특정한 표현형식하고만 호응하는 통사적 제약을 갖게 되는 것이다(장영희, 1997 : 220). 이러한 사용 양상을 고려할 때, 부사를 사용하여 다양하게 표현할 수 있는 교육을 하는 것이 중요하다.

  언어 현장에서 화자가 말한 문장은 명제 내용 외에 화자의 심적 태도가 언어 형식으로 실현된 것이 서법인데 화식부사는 문장 속에 화자의 심적 태도를 나타내는 요소가 일정한 형식소로서 남아 있어서 이들 형식소와 공기관계를 맺는 기능을 가지고 있는 것이다. 화식부사가 실현하는 의미를 분석하여 그 유형들을 살펴보는 것이 필요하겠다. 이런 점

여기서 화식이란 말은 고정적인 구조를 가진 문장 형식을 뜻한다. 화식부사에는 제발, 아무쪼록, 설마, 아마, 과연, 결코, 모름지기, 바야흐로, 부디, 하물며, 도리어, 정녕코, 응당, 다행히, 확실히, 분명히, 특히, 별안간, 만약, 말하자면, 왜냐하면 등이 있다.

에서 부사를 적절하게 사용하여 바른 양상 표현을 할 수 있도록 교육
내용을 선정할 것이다.

(6) 화식부사 목록(장영희, 1999 : 226 수정 인용)

의 미	부사 유형
확인성	(과연) 그 분은 위대한 인물이었다. (역시) 이번에도 한국이 우승했다.
추측성	(아마) 어쩌면 그가 거짓말을 했는지 모른다. (아무래도) 당신이 억지를 쓰고 있는 것 같다. (혹시) 내일 그가 올까? (행여) 오늘은 임이 오시려나 (설마) 무슨 큰일이야 있으랴?
당위성	(물론) 위기가 기회일 수는 없다. (모름지기) 여성은 아름다움을 위해 끝없이 노력하고 투자해야 한다. (마땅히, 응당, 의당, 당연히) 학생은 학업에 힘써야 한다. (반드시, 꼭) 모든 계획은 실천에 옮기기 전에 심사숙고하여야 한다. (기필코, 기어이, 기어코) 이번 시합에서 1등을 하겠다. 새로운 일을 하려면 (으레) 반대자가 있다.

　명제 내용에 대한 화자의 판단을 적절하게 표현하는 것은 정확한 의
사 표현과 관련이 깊다. 그러므로 명제 내용에 대해서 정확하게 판단하
고 이에 대한 인식을 드러내는 것은 중요한 교육내용이 된다. 따라서 학
습자들은 일정한 사태 내용에 대해 그 참과 거짓을 판단하거나, 가능성
을 추측하고, 필연성을 고려하여 표현하는 과정을 학습해야 한다.
　명제 내용에 대해 화자가 사실성, 개연성, 필연성을 판단하는 것은 실
제 대상 세계의 모습에 대한 인식과 이에 대한 추론과도 연관되어 있다.
따라서 구체적인 자료나 맥락을 통해서 학습자가 양상 범주를 판단하고
적절하게 표현하는 내용을 구성해야 한다. 또한 한국어에서는 양상을
표현하는 데에 다양한 화식부사가 활용되는 것을 알 수 있었다. 따라서

적절한 부사를 활용하여 화자의 명제 내용에 판단을 정확하게 표현하는
교육이 필요한 것이다.

지금까지 살펴본 양상 표현과 관련된 문법상의 특징을 추출하여 교육
내용을 선정하면 다음과 같이 구성할 수 있다.

(7) 양상 표현 교육 내용
    가. 양상 범주 이해하기
    나. 다양한 양상 표현하기
    다. 적절한 부사 사용하기

제 11 장 | 발화 의도의 표현

한국말은 끝까지 들어봐야 안다고 하는데, 이는 서술어가 문장의 마지막에 오고 그 문장의 성격이 바로 그 서술어 끝에 달린 종결 어미에 의해 결정되는 것을 두고 이르는 말이다. 종결 표현은 문장을 끝맺는 종결 어미를 사용하여 화자의 생각이나 느낌을 청자에게 여러 가지 방식으로 전달하는 것을 말한다. 일상생활 속에서 생겨나는 다양한 생각과 느낌을 다른 사람에게 효과적으로 잘 전달하기 위해서 우리는 종결 어미를 적절하게 사용할 줄 알아야 한다. 따라서 다양한 실제 상황을 제시하여 학습자가 상황 속에서 실제 해 보도록 하는 기능 중심의 활동을 하게 하는 것이 필요하다.

1. 발화 의도와 표현

화자의 소통 목적에 따라서 화용 기능을 나누면, 화자의 의도가 작용하느냐 하지 않느냐, 상대 행동을 유도하느냐, 함께 움직이느냐에 따라서 단순제시, 의문, 명령, 권유, 약속, 감탄으로 나눌 수 있다.

> (1) 화자의 발화 의도
> 　가. 나는 보물을 찾는다.
> 　나. 당신은 보물을 찾습니까?
> 　다. 보물을 찾아라.
> 　라. 우리 함께 보물을 찾읍시다.
> 　마. 내일 보물을 찾자.
> 　바. 드디어 보물을 찾으러 가는구나!

(1가)는 상대방으로 하여금 어떤 행위를 하게 하는 등의 의도가 없는 단순 제시이고, (1나)는 화자가 의문점을 해소하기 위해 답을 구하기 위한 질문이고, (1다)는 상대로 하여금 특정 행위를 하게 명령하는 표현이고, (1라)는 함께 특정 행위를 할 것을 권유하는 표현이고 (1마)는 일정한 행위에 대한 약속이고, (1바)는 화자의 감탄을 표현한 것이다. 화자의 의도가 작용하느냐 하지 않느냐에 의해 단순 제시와 나머지 의도는 구분된다. 명제 내용에 대한 서술이나 인용 등은 단순 제시의 의도를 가진다. 화자의 의도가 작용하는 것은 의문 해소, 명령, 청유로 구분되며, 이 중에서도 명령과 청유는 요청하는 행위가 청자에 국한되느냐, 화자 자신도 포함하느냐에 따라 의도가 구분된다. 한국어의 표현 의도를 정리하면 다음과 같다.

> (2) 발화의도의 의미 범주
> 　가. 단순 제시 – 서술, 인용
> 　나. 질문하기 : 의문, 확인

　　다. 명령하기 : 청자 행위 작용
　　　　－지시, 허락, 제안, 충고, 부탁
　　라. 청유하기 : 화자, 청자 동시 작용
　　　　－요청, 권유, 약속

(3) 발화의도의 의미와 표현 형식

단순 제시	서술	-다, -라, -지. -습니다.
	인용	라고 한다. -라고 하더라. 라던데.
질문	의문 해소	누구, 무엇, 어느, 어디, 무슨, 얼마, 왜, 몇, 언제 -입니까?, -ㅂ니까/-습니까?, -나요?, -지요?, -기가 어떻습니까?, -어?, -지?, -까?, 어떻습니까? -(으)ㄹ까요?, -니까? 묻다, 질문하다.
	확인	그렇습니까?, -지요?, -(으)ㄹ까요?, -(이)라고요?, -지 않아요?, -지 않습니까? -지요?, -다고요?, -은/는요? 확인하다
명령	명령, 지시	그만, -마라, -해라, -하렴, -아/어요, -(으)십시오, -도록 하세요, -(으)세요 시키다, 요구하다, 지시하다, 명령하다
	허락과 금지	-아/어도 괜찮다, -하렴, -하십시오, -어도 되다, 허락하다 -지 마십시오/-지 맙시다/-어도 안 되다, -해 주렴, -해 주세요. 금지하다, 불허하다
	충고	-는 게 좋다, -기에 좋다, -는 것보다 -는 게 낫다, -것이 좋다, -하세요, -하는게 어때?, -지, -지요. 충고하다
청유	권유와 부탁	-(으)시겠습니까? -지 그래(요)?, -ㄴ/는 게 어때요?, -(으)ㄹ까요?, -하는 게 어떨까요?, -지요. -지, -아 주다, -십시오, -야겠습니다. 권하다, 부탁하다, 간청히디, 제안히디
	요청	-(으)ㄹ까요?, -(으)ㅂ시다, -ㄴ/는게 어때요?, -어 볼까요? 요청하다, 피다, 청하다
	약속	-하자, 그러지, 약속하자.
감탄	감탄	-네요, -구나, -이구나, -았/었더군요, 얼마나 -(으)지 모르다, -(으)ㄹ 줄 몰랐다

　　화자의 발화의도에 따라 적절하게 표현하는 것은 대범주의 구분보다
는 상황에 따라 자세하게 표현하는 것이 필요하다. 동일한 명령이라도

직접적인 표현은 강한 지시가 필요한 상황에서 이루어져야 적절하고, 간접적인 표현은 부드럽게 충고하는 상황에서 이루어져야 적절하기 때문이다.

(2)에서 발화의도는 수행동사로 실행되기도 하는데, 화자와 영수가 대화 중에 '영수야, 부탁한다.'라고 진술하거나 '우리는 사이좋게 지낼 것을 약속합니다.'의 경우가 그러하다. 그러므로 상황과 자신의 구체적인 의도를 정확하게 고려하여 표현하는 것이 필요하다.

그리고 동일한 형식이라도 상황에 따라 화자의 의도를 다양하게 전달하는 의미 기능을 갖는다는 것을 인식시킬 필요가 있다.

2. 문장과 다양한 의미 기능

학습자에게 표현의도를 인식시키기 위해서는 일상적으로 쓰이는 예문을 제시하여 문장 전체의 의미 변화를 관찰하게 하는 것이 중요하다. 다음 예문을 살펴보자.

> (4) -네2 : 해체의 종결어미.
>   가. 어머, 정말 화나셨네!
>   나. 내가 너무 흥분한 것 같네.
>   다. 산에는 꽃이 피네, 꽃이 피네
>   라. 그럼 여기서도 가깝네?

(4가)는 말하는 이의 생각이나 느낌을 듣는 이에게 반말로 확인, 서술하는 뜻으로 사용되었고, (4나)는 말하는 이 스스로의 생각이나 느낌을

반말로 서술하는 뜻이다. (4다)는 어떠한 사실을 감탄하며 기술하는 뜻이고 (4라)는 명제 내용에 대한 말하는 이 자신의 생각에 대하여 듣는 이에게 반말로 동의를 구하여 물어보는 뜻을 나타내고 있다. 이처럼 동일한 형식인 '-네'의 종결어미를 사용했지만 각각 문장 속에서 구현되는 화자의 심리와 의도는 다르게 실현되고 있는 것이다.

의문 해소를 위한 질문하기는 일반적으로 의문문으로 구현된다. 의문문은 화자가 알지 못하는 어떤 사실을 알고자 청자에게 질문을 던짐으로써 해답을 요구하는 문장 유형이라고 할 수 있다. 그런데 의문문은 그 질문의 성격에 따라서 다양하게 나뉠 수 있다.

(5) 의문문의 다양한 의미 기능[1]

> 밥 먹었니? [의문 해소, 판정 요구]
> (예.)
> 어디서 먹었니? [의문 해소, 설명 요구]
> (집에서요.)
> 배가 많이 고팠었지? [확인] 엄마가 늦어서 미안해.
> (괜찮아요. 이젠 제가 알아서 먹어야죠.)
> 얼마나 맛있었을까? [확인]
> (말로 표현 못 하죠.)
> 자, 그럼 이제는? [동의]
> (숙제해야죠.)

위에서 확인할 수 있듯이 화자가 의문 사항에 대해서 판정을 요구할 수도, 설명을 요구할 수도 있고, 청자에게 어떤 내용을 확인하고 동의를 구할 수도 있다. 화자의 의문 내용이 긍정과 부정의 판단에 대한 판정인 경우, 답변은 '예, 아니오'를 요구하는 반면, 화자의 의문이 구체적인 내용을 요구할 경우에는 해당 내용에 대한 자세한 설명을 요구한다. 구체

---

1) 성광수 외(2005 : 100)의 예문을 수정 인용하였다.

적인 내용에 대한 질문을 할 경우에, 각 의미에 대응하는 형태가 다음과
같이 존재한다. 형태가 의문문이라고 해서 무조건 화용 기능이 의문의
해소에 있지는 않음을 확인할 수 있다.

이처럼 한국어는 화자의 발화 의도에 따라 동일한 표현이라도 다양한
의미를 가진다. 그러므로 화자가 상황에 적절하게 효과적으로 자신의
발화의도를 표현하는 교육이 필요한 것이다.

이런 논의를 바탕으로 교육 내용을 선정하면 아래와 같다.

(6) 발화의도 표현 교육 내용
발화의도에 따라 적절하게 표현하기
－서술하기, 질문하기, 명령하기, 청유하기, 감탄하기

제12장 │ 문법 교육의 내용 체계

1. 사고와 표현의 관계

한국어 문장에서 드러난 사고와 표현의 관련 양상을 보다 구체적으로 정리하면 다음과 같다. 이 장에서는 한국어 문장의 의미 구성 단위와 표현의 결합 양상을 살피고 각 요소별로 관련된 문법 요소들이 의미 구성과 표현 과정에 작용하는 특질과 제반 기능들을 살펴 해당 내용들을 교육 내용으로 선정하였다.

(1) 한국어 문장의 사고와 표현의 관련 양상

사 고 (의미구성)	표현(의미-표현 형식)	
개 념	실체성	구체개념(구상) 추상개념(추상)
	수	수량개념
	시간	시간개념
	공간	공간개념

사 태	단일사태 (주체, 속성, 상황 연합)	실체와 지정 실체와 속성 실체와 작용
	사태관계 (사태 간의 의미관계 연결)	단순연결 선택연결 제시연결 시간연결 조건결과연결 인과연결 목적수단연결
양 상	명제내용에 대한 화자의 심리적 태도	사실성 개연성(가능과 추측) 필연성(의무/당연과 의도)
발화의도	화자의 소통목적	서술, 의문, 명령, 청유, 감탄

2. 한국어의 표현 층위

　기존의 문법 교육은 언어 구조에 대한 지식을 이해하거나 언어 사용 기능을 위한 보조 지식으로 활용하는 데에 목표를 두고 이루어져 왔다. 이 장에서는 문법 교육의 목표를 좀 더 확장하여 바른 표현 능력을 기르기 위한 본질적 지식1)으로서 문법 요소의 기능과 특질을 살펴보았다.

　바른 표현에는 화자가 대상 세계에 대해 바르게 사고하고 표현하는 과정이 통합적으로 내재되어 있다는 보았다. 이런 관점에서 바른 표현의 과정을 화자가 의미를 구성하고 이를 언어화하는 두 층위로 살펴보았다. 먼저 한국어 문장의 의미 구성 과정을 살펴 개념, 사태, 양상, 발

---

1) 바른 표현을 위한 본질적 지식이란 용어를 사용한 것은 문법을 언어 구조 규칙에 한정하여 인식하는 것이 아니라 인간이 사고한 내용을 표현하는 과정에 작용하는 내재적 생성 원리라고 본다는 인식을 강조하기 위해서이다.

화의도의 요소를 찾아낼 수 있었다. 이를 대상 세계와 기존 문장 분석의 틀을 고려하여 정리하면 다음과 같다.

(2) 대상 세계와 의미 구성과 표현

㉠ 대상 세계	대상물	+	사건					
㉡ 문장의 의미	개념	+	사태(명제)	+	양상	+	발화의도
㉢ 문장의 표현	명사항	+	논항과 술어	+	양상소	+	종결어미
㉣ 문장의 구조	단어	+	문장					

지금까지는 문법 교육의 내용을 ㉣중심으로만 선정하였다면, 바른 표현을 위한 문법 교육에서는 ㉠~㉣을 통합적으로 고려하여 선정하게 된다. 이 중 한국어 문장의 의미적 구성은 [[[[[개념1＋개념2＋개념3] 명제1＋[개념4＋개념5＋개념6] 명제2]] 양상] 발화의도]로 분석되는데 이 의미적 어순은 [[[[개념]명제]양상]발화의도]의 규칙성을 지니게 되는 것이다. 이 때 의미를 연결하고 결합하는 역할을 문법 요소가 하며 각 의미 구성 단위들이 표현되는 데에 일정한 작용을 하게 된다. 따라서 한국어 문장을 의미적 측면에서 살피면 문장의 정보내용(메시지)을 개념, 명제, 양상, 발화의도가 순차적으로 결합되어 이루어지는데 이 과정이 문장의 의미를 형성하는 사고 과정인 것이다.

이런 논의들을 바탕으로 한국어 문장의 표현 과정을 분석하여 그 표현 층위를 다음과 같이 제시하였다. 그리고 이 표현 층위를 바른 표현을 위한 문법 교육의 대범주 체계로 설계하였다.

(3) 한국어의 표현 충위

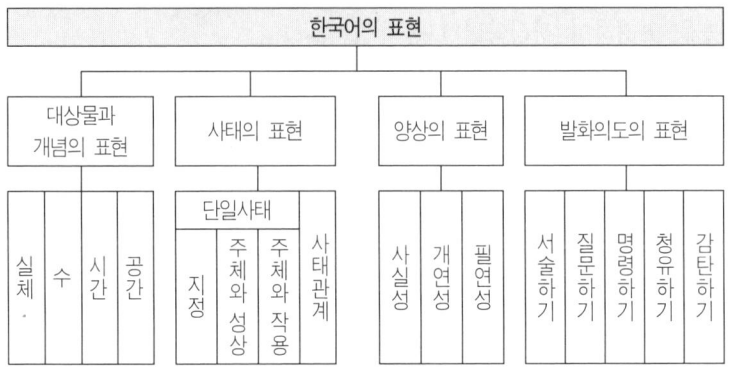

3. 문법 교육의 내용 체계

바른 표현을 위한 문법 교육은 화자가 바르게 사고하고 표현하는 능력을 기르기에 적절한 내용으로 구성되어야 한다. 이를 위해 각 단위별로 관련 문법 요소들이 표현 과정에서 작용하는 특질과 제반 기능들을 살펴 바른 표현 능력 기르기에 적절한 내용들을 교육 내용으로 선정하였다. 여기에서는 앞에서 설계된 문법 교육의 내용 체계의 대범주에 따라 각 영역의 의미와 표현 형식의 구현 양상을 분석하여 그 특징에 맞게 교육 내용을 선정하였다.

바른 표현을 위한 문법 교육 내용의 체계를 제시하면 다음과 같다. 교육의 목표는 학습자의 바른 표현을 길러 주는 것이므로 실제 학습자가 바르게 표현할 수 있어야 한다. 이를 위해 기본적으로 바른 문장을 표현할 수 있게 하기 위해 대상물과 개념의 표현, 사태의 표현, 양상의 표현, 발화의도의 표현을 적절하게 할 수 있어야 하는 것이다. 각 범주별 표현을 바르게 하기 위해서는 바르게 사고하기와 정확하게 표현하기를 고려해야 한다. 따라서 바르게 사고하고 정확하게 표현하는 과정, 즉 바른 표현 과정에 작용하는 문법 요소의 특질과 제반 기능을 교육 내용으로 삼아 학습자에게 교육해야 하는 것이다. 이 과정은 상호 밀접한 관계를 맺고 이루어져야 하기 때문에 경계를 구분하지 않는다. 그러므로 바른 표현을 위한 문법 교육의 내용 체계는 아래와 같이 제시할 수 있을 것이다.

(4) 바른 표현을 위한 문법 교육의 내용 체계

대범주	소범주		교육내용
대상물과 개념의 표현	실체성개념		• 개념 구성과 분석하기 • 개체와 부류 사용 특성 구별하기 • 추상 개념 이해하기 • 지시 표현 적절하게 사용하기 • 개념 의미 메타적으로 설명하기
	수량개념		• 고유어와 한자어의 수 세기 • 여러 가지 수 표현하기 • 분류사 넣기 • 범위 한정하기 : 적절한 수식 표현 사용하기
	시간개념		• 시간 범주 이해하기 • 상황에 따라 시간 표현 적절하게 사용하기
	공간개념		• 공간 범주 이해하기 • 장면 전환에 따라 공간 표현 적절하게 사용하기
사태의 표현	단일 사태	사태구성	• 구조어 적절하게 사용하기 • 단일 사태 구성하기
		지정	• '-이다'구문 구성하기 • '나는 -이다' 구성하고 설명하기
		주체와 속성	• 인식의 정도와 진술의 특성 파악하기 • 감각을 통해 묘사하기 • 다치적 판단과 표현하기 • 주관적 표현의 객관적 표현하기 • 비교하기

대범주	소범주		교육내용
사태의 표현	단일 사태	주체와 작용	• 완결된 사태 표현하기 • 동사의 의미 기능과 문장 구조의 정확성 이해하기 • 문장 전환하기 • 전제와 함의 파악하기 • 문장 표현의 다양성 이해하기 • 상황어의 결합 : 시제, 진행과 완료
		상황어의 결합	• 시제 범주 이해하기 • 진행과 완료 이해하기
		대우관계	• 사회적 관계에 따라 적절하게 대우 표현하기 • 장면의 전환에 따라 적절하게 대우 표현하기
	복합 사태	단순관계	• 사태 관계 적절하게 연결하기 • 관계 추론하여 새로운 사태 생성하기 • 사태에 내재된 대상 세계 정교화하기
		선택관계	
		제시관계	
		시간관계	
		조건관계	
		인과관계	
		목적관계	
양상의 표현	사실성		• 양상의 범주 이해하기 • 다양한 양상 표현하기 • 적절한 부사 사용하기
	가능성		
	필연성		
발화의도의 표현	서술하기		• 발화의도에 따라 적절하게 표현하기 -서술하기 -질문하기 -명령하기 -청유하기 -감탄하기
	질문하기		
	명령하기		
	청유하기		
	감탄하기		

제13장 │ 사태 관계 교육 내용

언어 표현 생성 과정에는 대상 세계와 사고와 언어 표현의 요소가 상호작용한다. 따라서 화자가 대상 세계를 인식하여 바르게 표현하기 위해서는 이 요소들을 올바르게 이해하고 사용하는 능력을 갖추어야 하는 것이다.

이 장에서는 바른 표현을 위한 교육 내용 체계를 보다 구체화하여 실현가능한 교육 내용으로 구성할 것이다. 이를 위해 바른 표현의 요건과 내용 기술시의 고려할 사항을 자세히 검토하고 이에 따라 교육 내용을 구현할 것이다.

1절에서는 바른 표현의 과정에서 도출한 두 가지 요건을 참조하여 바른 표현을 위한 문법 교육 내용 구성 및 기술시 고려할 점을 살피고자 한다.

2절에서는 1절에서 제시한 기준을 참조하여 사태 관계를 대상으로 바른 표현을 위한 교육 내용을 구체적으로 구현할 것이다.

1. 문법 교육 내용 구성의 기준

바른 표현을 위한 문법 교육의 내용 체계는 한국어 표현 과정에 작용하는 문법의 기능을 사고와 표현의 층위에서 분석하여 구성한 것이다. 바른 한국어 문장의 전형을 대상으로 화자가 사고한 내용을 표현하는 과정에서 작용하는 문법의 기능을 분석하고 이를 근거로 하여 교육 내용 체계를 구성한 것이다. 이 장에서는 이렇게 구성된 내용 체계를 보다 실제적으로 구현할 수 있도록 하기 위해서 바른 표현의 요건을 고려하기로 하겠다. 학습자가 바른 표현을 하기 위해서는 실제로 바른 표현을 할 수 있는 능력, 즉 표현에 관여하는 문법의 기능을 실제 사용할 수 있는 능력을 갖추는 것이 필요하다. 따라서 바른 표현의 요건을 고려함으로써 바른 표현을 위한 문법 내용의 요소들을 실제 사용하는 과정을 재현할 수 있게 되고, 이런 표현의 내용과 과정을 모두 고려한 내용을 구현하여 교육함으로써 학습자가 실제 바른 표현을 할 수 있는 능력을 함양할 수 있을 것이다.

(1) 바른 표현의 요건과 교육 내용 요소 선정

바른 표현이란 화자가 대상 세계를 바르게 인식하고 이를 정확하게 언어로 표현하여 적절하게 사용한 결과로서 말과 글이다. 앞에서 바른 표현의 개념을 화자가 대상 세계를 인식하고 이를 언어로 표현하는 과정을 살펴 이와 같이 정의한 후, 그 구체적인 요건으로 인식의 사실성 및 논리성, 표현의 정확성을 들었다.

바른 표현을 위한 문법 교육의 내용을 구성한다는 것은 학습자가 해당 문법 내용을 교육받음으로써 관련 문법 내용을 사용하여 실제로 바르게 표현하는 능력을 함양하게 하려는 교육적 의도를 갖고 있다. 그러므로 바른 표현을 위한 문법 교육의 내용 체계에서 구체적인 교육 내용을 구성하기 위해서는 바르게 표현하는 과정을 학습자가 실제로 경험할 수 있도록 의도적으로 구성하는 것이 필요한 것이다. 그러므로 교육 내용을 구현하기 위해서 바른 표현의 두 가지 요건을 보다 상세히 살펴 교육 내용 요소 선정의 원리로 삼을 것이다.

인식의 사실성 및 논리성은 학습자가 언어 주체로서 능동적인 자각을 하는 것을 함의하고 있다. 기존의 교육에서 언어는 완벽한 구조를 갖춘 형식체로서 존재하였고 그것이 화자가 대상 세계에 대해 사고한 결과로서 존재할 수도 있다는 인식은 명시적으로 제시되지 않았다. 그러므로 교육 내용을 구성할 때에 인식의 사실성 및 논리성을 고려한다는 것은 학습자가 언어의 본질을 깨닫고 자신의 삶 속에서 언어의 의미와 기능을 반성적으로 고찰할 수 있도록 교육 내용을 구성하는 것과 관계된다.

일상적인 생활 속에서 사람이 참말을 하는 사람인가, 거짓말을 하는 사람인가 하는 것은 인간관계를 쌓는 기본적인 준거가 된다. 또한 참말을 하는 인간형을 교육에서 지향하지 거짓말을 하는 인간형을 교육에서 지향하지는 않는다. 그렇다면 참말인가 무엇인가란 의문을 던질 필요가 있다. 참말의 구성 요소는 사실성과 정직성이다. 화자가 대상 세계를 있는 그대로 바르게 인식하였는가의 문제는 내용의 사실성이다. 그리고 화자가 의도적으로 거짓말을 하지 않고 알고 있는 바를 정직하게 말하는 것은 화자의 윤리와 관련된 윤리적 사실성이기도 하다.

문법 교육에서 인식의 대상은 언어 현상이기도 하다. 화자가 사물을 관찰하고 그 특성을 살펴 이름을 짓고 정의내리는 과정에는 관찰하고 비교하고 대조하여 의미 있는 언어로 표현하는 일련의 사고 작용이 함께 일어난다. 대상의 이름짓기는 대상 세계를 바르게 표현하도록 개념과 명제를 선택하고 구성하는 일로 개념론과도 관련이 깊다. 사물에 대한 이름짓기를 어휘 차원에서는 '명명하기'라고 하고 문장 차원에서는 '정의하기'라고 한다. 또한 복합적인 대상 세계에서 발생하는 사태들을 사실 그대로 통찰하여 사태 간의 관계를 논리적으로 구성하는 것도 인식의 사실성 및 논리성에 해당한다.

인식의 사실성 및 논리성을 고려한다는 것은 학습자가 언어주체로서의 자각을 하는 것과 사실대로 대상 세계를 인식하는 것이다. 따라서 화자가 대상 세계를 바르게 인식하고 논리적으로 사태 간의 관계를 구성할 수 있도록 문법 교육의 내용을 선정해야 하는 것이다. 앞서 대상 인식의 사실성은 정확한 개념(어휘)을 사용하고 사태의 속성을 사실대로 판단하는 것으로 규정하였고, 의미 구성의 논리성은 개념을 체계화하고 문장의 의미에 내재된 전제와 함의를 구별하고 사태 관계 연결의 논리성으로 규정하였다. 대상 인식의 사실성과 의미 구성의 논리성은 화자가 바르게 사고하는 과정을 구체화한 것으로 언어 표현을 통해서 간접적으로 확인할 수 있는 사항이다. 바른 표현을 위한 문법 교육 내용 요소를 선정할 때 이러한 점을 최대한 고려하여 교육 활동을 구성하려고 시도할 필요가 있는 것이다.

화자가 대상 세계에 대해 인식한 머릿속 그림은 일정한 표현으로 저장된다. 즉 사고가 표현으로 전환되는 일련의 과정을 거치게 되는 것이다. 따라서 이 전환의 과정에서 머릿속 그림을 얼마나 섬세하고 정확하게 표현해 내느냐가 중요한데, 이는 화자가 어떤 어휘와 문장을 선택하여 구성하느냐의 문제이기도 하다. 즉 표현의 정확성은 화자가 사고한 의미 내용을 정확한 문법 요소를 선택해서 표현하느냐의 문제인 것이다.

표현의 정확성은 표현 내용이 얼마나 정확하냐, 문장 구조가 얼마나 정확하냐, 그 사용이 얼마나 적절하냐에 의해 결정된다. 앞 장에서 내용의 정확성은 객관적인 표현, 구체적인 표현, 적절한 수식을 사용한 특정화된 표현으로 규정하였다. 화자가 눈앞의 대상 세계를 잘 인식했다 하더라도 정확하게 표현하지 않으면 타인에게 전달이 제대로 이루어지지 않을 뿐더러 자신의 지식으로도 오래 기억되지 않는다. 누군가의 존재를 인식하고 그것을 '어떤 사람이 있다'나 '그가 있다'로 표현하는 것보다는 '고길동이 모국어대학교 사범대학교 신관 202호에 앉아 있다.'로 표현하는 것이 사실과 더 정확하게 부합하게 된다. 즉 화자가 인식한 바를 객관적으로, 구체적으로 표현하면 할수록 정확한 표현이 되는 것이다.

문장 층위에서의 정확성은 문장의 의미를 애매모호하게 사용하지 않는 것이다. 화자가 전하고자 하는 의미를 문장을 통해 정확하게 표현하여 중의성을 제거하는 것이다.

(1) 아름다운 시월의 신부는 그날의 주인공이었다.

이 문장은 아름다운 대상이 시월인지 신부인지 정확하게 규정되지 않는 수식으로 인한 중의성을 띠고 있다. 따라서 문장 층위에서의 정확성은 문장 구조로 인한 의미의 애매모호성을 제거하여 정확한 의미를 지향하는 것이다. 이는 문장 구조의 정확성과도 관련되는데, 문장 구조의 정확성은 적격한 문장을 사용하고, 완결된 문장을 사용하는 것으로 규정하고 있다. 사실 내용과 구조의 정확성은 서로 밀접한 상관 관계를 맺으며 일상적으로 구조가 어색하거나 완결되지 않은 문장은 정확한 내용을 표현하지 못하는 경우가 대부분이다.

정확성의 범주에서는 한글맞춤법과 표준발음법에 맞는 표기와 발음을 해야 하는 규범성의 측면도 포함되어야 한다. 특히 공적인 자리에서 정확한 의사전달을 위해서는 이 규범성에 대한 교육은 필요하다고 보아야겠다. 특히 문자 문화의 초입 단계에 들어서는 초등학교 저학년의 문법 교육에 있어서 기본적인 규범성 교육은 고급 문식성을 이루기 위해 필수적으로 갖추어야 할 내용이라 하겠다.

화자가 대상인식을 치밀하게 하면 할수록 개념을 혼동이 없도록 말할수 있기에 정확성은 대상인식성을 전제로 해야 한다. 이러한 인식의 정도는 사태를 구체적으로 표현할 수 있는 만큼 정확성이 높아지는 것이다. 또한 개념들의 관계를 개념망을 통해 체계적으로 인지하고 있다면 문맥에 적절한 어휘를 선택하여 표현할 수 있을 뿐만 아니라 미세한 의미의 차이를 드러내기 위해 어휘를 다양하게 사용할 수도 있는 것이다. 표현의 구체성과 추상성의 정도, 어휘 선택의 정확성, 어휘 사용의 적절성, 문장의 적격성과 정확성 등이 정확성과 관련된 내용 구성이 될 수있겠다. 화자가 알고 있는 바를 정확하게 표현해야 청자의 개념 혼동이 없는 것이다.

그러므로 표현의 정확성을 고려하여 교육 내용을 구성할 때에는 화자가 사고한 내용을 어떤 어휘와 문법 요소를 사용하여 정확하게 표현하느냐의 구조적 문제와 해당 내용을 어떻게 하면 더 구체적이고 객관적으로 표현하느냐의 내용적 문제를 동시에 고려해야 하는 것이다.

또한 발화 의도나 상황에 맞지 않는 표현은 정확한 표현이라 규정할수 없다. 사용의 적절성은 화자의 발화 의도와 담화 상황에 적합한 언어사용을 의미한다는 측면에서 효과적인 언어 사용과도 관련이 깊다. 표현이란 것은 소통을 전제로 하기 때문에 화자의 발화 의도가 얼마나 잘 구현되어 전달되는지를 관심있게 살펴야 한다. 또한 상황과 관련된 참여자들 사이의 관계 및 사회적 맥락을 고려하여 이에 적절한 표현을 사용하여야 소통이 원활하게 이루어질 수 있는 것이다.

화자의 의도가 효과적으로 구현되기 위해서는 신정보와 구정보의 관련성, 의미의 초점 표현의 문제, 언어의 의미 기능적인 측면을 고려하여 표현하는 것이 필요하다. 또한 담화 상황에 적절한 언어 사용은 참여자들 간의 사회적, 심리적 관계와 관련된 표현들, 물리적 거리와 맥락과 관련된 표현들을 적합하게 사용하는 것을 전제로 한다.

완성된 말과 글은 언어 공동체에 의해 향유되어야 하는데 그러기 위해서는 언어 공동체의 관습에 따른 문체와 형식을 따라야 하고, 언어 공동체 내의 구성원 사이의 상호작용이 의사소통을 통해 활발하게 이루어져야 한다. 따라서 언어 사용의 적절성은 표현의 소통성까지 내포하고 있는 것이고 이는 언어 공동체와 언어 환경의 변화를 문법 교육의 범위 안에 적극적으로 수용함을 함의한다. 따라서 표현을 위한 문법 교육에서는 메시지의 교환과 창조까지도 교육 내용으로 포함하여 구성할 수 있는 것이다.

그러므로 교육 내용을 구성할 때에 사용의 적절성을 고려한다는 것은 화자의 의도와 담화 상황을 고려하여 관련된 문법 요소를 적절하게 사용할 수 있게 내용을 구성한다는 것을 의미한다.

이러한 점을 고려하여 바른 표현을 위한 문법 교육의 내용 요소를 구성할 수 있겠다. 앞에서 선정한 대범주별 교육 내용과 바른 표현의 요건을 교차하여 만나는 부분의 내용을 선정하여 구체적으로 구현할 것이다.

예를 들어 대상물과 개념의 표현 교육 내용 중 '개념 구성과 분석하기'와 의미 구성의 논리성이 만나는 지점의 교육 내용 요소는 개념 관계 이해하는 활동이 구현될 수 있겠다. 낱말의 개념이 어떻게 결합되고 나누어지는지를 분석함으로써 개념 관계를 학습할 수 있고 이는 의미를 구성하는 논리적 관계를 파악하는 방안이 되기 때문이다.

대상물과 개념의 표현 교육 내용 중 '개념 의미 메타적으로 설명하기'는 사용의 적절성과 만나는 지점에서 유의어를 적절하게 사용하는 활동으로 구현될 수 있다. 비슷한 개념이 상황이나 문맥에 따라 미세한 의미 차이를 가지고 사용되는지를 설명할 수 있게 학습자의 교육 내용 요소를 선정하는 것이 필요한 것이다.

또한 양상의 표현 교육 내용 중 양상 범주 이해하기가 대상 인식의 사실성과 만나는 지점의 교육 내용 요소는 대상으로서 명제의 내용이 실제 가능한 일인지, 개연성이 있는 일인지, 필연적인 일인지를 판단하는 활동이 구현될 수 있겠다. 이처럼 바른 표현을 위한 문법 교육의 내용 요소를 구성하기 위해서는 대범주별 교육 내용과 바른 표현의 요건이 만나는 지점에 적절한 활동을 선정하여 구현하는 것이 적절해 보인다.

(2) 바른 표현을 위한 문법 교육 내용 요소 구성의 기준

교육내용 / 바른표현요건		대상물과 개념의 표현 교육내용	사태의 표현 교육내용	양상의 표현 교육내용	발화의도의 표현 교육내용
바르게 사고하기	대상 인식의 사실성			명제 내용의 가능성, 개연성, 필연성 판단하기	
	의미 구성의 논리성	개념 관계 이해하기			

교육내용 / 바른표현요건		대상물과 개념의 표현 교육내용	사태의 표현 교육내용	양상의 표현 교육내용	발화의도의 표현 교육내용
정확하게 표현하기	내용의 정확성				
	구조의 정확성				
	사용의 적절성	유의어 적절히 사용하기			

(2) 교육 내용 구성 시 고려할 사항

바른 표현에 대한 재개념화는 문법 교육에서 학습자의 사고와 표현 과정에 대해 관심을 가질 것을 전제로 하고 있다. 표현된 결과로서 언어의 구조만을 교육할 것이 아니라 표현의 심층적인 면으로서 사고의 표현 과정을 탐색하고 이를 문법 교육의 내용으로 구현하자는 것이다.

이는 학습자를 언어를 실제 사용하는 사고하는 주체로서 바라봐야 한다는 생각으로, 구성주의적 교육관에서 학습자를 제약된 조건에서 반응하는 수동적인 존재가 아니라 실제 지식의 의미 있는 생산자로 보는 관점과 통하는 것이다.

지식의 생성과정과 의미해석의 과정을 제대로 표현하는 능력을 기르기 위해서는 학습자가 교육 활동 속에서 실제로 바른 표현의 과정을 경험할 수 있도록 내용을 구성하여 배치하는 것이 필요하다. 따라서 바른 표현을 위한 문법 교육의 내용을 기술할 때에도 학습자의 사고 과정을 촉진시키고 그 내용 면에서도 표현에 관여하는 문법 요소의 기능을 선별하여 기술하는 것이 필요한 것이다.

이러한 문법의 기능을 극대화한다는 것은 정련하게 기술된 지식 결과로서만 문법을 바라보는 것이 아니라 표현의 과정에서 문법이 하는 작용을 실제적으로 인식하게 한다는 것을 의미한다. 언어와 사고는 상호 작용하기 때문에 학령기의 학습자에서는 떼어서 논할 수 없다. 교육에서 중요시 여겨야 할 부분은 언어 교육의 진작이 사고의 활성화로 이어져 학습자를 성장시킨다는 점이다. 즉 한국인의 사고 과정이 한국어 표현에 내포되어 있으므로 바른 표현의 과정을 분석함으로써 드러나는 한국어 문법의 작용을 사고와 표현의 관계 속에서 고찰하고 교육할 때 학습자의 사고는 발달할 수 있을 것이라는 것이다.

　문장의 의미가 정보의 초점어 제시 유무에 따라 달라진다는 점과 기본 문형은 '누군가가 무엇을 어떻게 했다'와 같은 기본적인 인지절차를 언어화한 것이라는 랭그커(Langacker)의 설명(김진우, 2004 : 125)은 기존 학교 문법에는 채택되지 않았지만 인간의 사고와 언어의 관계를 밝히는 측면에서는 중요한 해석이라 보인다. 이러한 기술은 모국어 문법 교육을 통해서 학습자의 사고에 영향을 끼칠 수 있다는 제안의 근거가 될 수도 있겠다.

　또한 사고와 표현의 관련성을 밀도 있게 살피고 사고의 표현화 과정에서 작용하는 문법의 기능을 제시하기 위해서 문법 교육 내용을 의미/기능과 형식을 조화시켜 기술할 필요가 있다. 기존의 문법은 형식적 특성만을 중심으로 기술하다 보니 문법 교육 축소의 문제로 많은 비판을 받아 왔다. 품사 중심의 용어 외우기식의 교육에 대한 대안으로 의미와 기능에 대한 설명이 보완되어야 할 필요가 절실하다. 그러나 이는 형식을 배제하자는 것은 아니라 기존의 문법 교육이 지나치게 형식 위주로 기술되었기 때문에 언어의 총체성을 제대로 살피기 위해서는 실제 쓰이는 언어의 의미와 기능에 대한 설명이 필요하다고 보는 것이다. 따라서 문법 요소들의 논의를 용어 중심의 설명에서 문장 층위로 바꿔, 문장 표현에서의 기능과 특성을 함께 기술해야 할 필요가 있다는 것이다.

그리고 문법의 의미·기능에 대한 설명을 보완하기 위해서는 실제 작용하는 텍스트 층위까지로 기술을 확장할 필요가 있다. 교육의 장에서는 언어학적 연구 방법에 의한 분석도 가치가 있으나 그보다는 실제 언어활동의 양상이 통합적으로 이루어진다는 점도 고려해야 한다.

이러한 정신은 총체적 언어 교수 운동에서 확인할 수 있는 바이다. 일어문 단계의 아기가 '엄마 밥 줘'란 의미를 전달하기 위해서 '밥'이란 한 단어로 말하듯이 실제 언어생활에서는 의미와 기능이 형식보다 우선시된다. 물론 언어 형식을 분석하고 설명하는 것이 교수의 과정에서는 편리한 점이 많다. 그러나 교육의 장이 지식 전달에서 학습자 지식 생성을 중요시여기는 변화 속에서 언어 교수도 변화의 양상을 함께 따라야 한다. 따라서 설명의 편의성보다는 의미 구성의 적극성을 살릴 필요가 있다는 것이다. 언어가 형식이냐 의미냐의 단면적인 기술이 아니라 언어가 형식과 의미의 조화를 통해 살아 움직이는 생명체라는 관점에서 교육 문법은 기술되어져야 할 것이다. 그러므로 교육 문법 내용을 기술할 때에는 형식과 의미를 조화시켜 통합적으로 기술해야 할 것이다.

분법 교육의 내용을 기술하는 차원에서 학습자의 인지 발달 단계를 고려해야 하는 것은 교육의 주체가 학습자이기 때문에 그 수준에 적절한 내용을 이해하기 쉬운 언어로 기술해야 한다는 차원에서 당연한 이야기일지도 모른다. 이인섭(1986 : 100~125)에서 제시한 국어의 통사능력의 발달을 표로 정리하면 다음과 같다.

(3) 국어 통사 능력의 발달(이인섭, 1986 : 100~125)

학 년	통사능력
초등학교 저학년	기본 문형과 문장 성분의 변별, 부사와 서술어의 일치(시간부사와 서술어의 일치(화식부사와 서술어의 일치), 연결어미의 사용, 짧은 부정문 사용
초등학교 중학년	높임법, 포유문, 접속부사의 사용,
초등학교 고학년	논리적 접속부사의 사용, 이중부정, 긴 부정문 사용
중등학교	피동과 사동 변형

국어의 통사능력의 발달은 이인섭(1986)에 의하면 그 중요한 변형은 6~12세 사이에 습득된다. 어떤 능력은 이 연령수준에서 습득의 미완을 보이지만, 대부분의 통사능력은 유아 후기 5~6세경에 나타났던 변형의 초기 형태로부터 심화 확대되어 성인문법으로 조절되고 있음이 연령단계별로 확인된다. 기본구문과 성분의 변별능력은 6~7세로부터 서서히 발달하지만, 8~10세에 가서 괄목할 발달을 보인다. 이것은 여러 변형이 이 시기로부터 발달하기 때문에 상대적으로 이 능력도 발달하는 것으로 해석된다.

화식부사, 시간부사와 서술어의 일치여부를 식별하는 능력은 8~9세 전후하여 발달된다. 시간부사와 서술어의 일치가 화식부사와 서술어의 일치에 선행하여 발달하므로 교육 내용을 구안할 때 시간 개념을 선행하여 교육하고 양상(양태)와 관련된 화식부사는 뒤에 교육하도록 내용을 배치해야 한다.

대우법의 발달은 사회성의 발달에 정비례하는데, 화자와 청자 간의 대우법보다 화자, 청자, 행동주로 이루어지는 삼각관계 대우법의 발달은 상황의 복잡성 때문에 늦게 발달한다. 모체문과 포유문간의 대우법이 난해한 것으로 보이는데 10세 이후에 비교적 완전하게 발달한다.

연결어미에 의한 문접속은 8~9세에서, 접속부사에 의한 문접속은

9~10세에 크게 발달하는 것으로 추정된다. 접속 부사에서 논리성을 필요로 하는 것일수록 발달이 늦은데, 이는 유아의 조작적 사고의 발달과 직결되는 것으로 사태 관계를 연관시키는 것이 사고력과 밀접한 관계가 있음을 보여주는 것이다.

피동과 사동변형의 능력은 11~12세에서도 완전하지 못한데 이는 학습의존도가 가장 낮은 능력이라 할 수 있다. 이는 사태 표현 중 작용의 전환과 관련된 교육 내용은 중학생이 지나야 완전하게 이해될 수 있는 내용임을 간접적으로 보여 주는 자료가 된다. 이중부정의 능력은 지능발달, 조작적 사고의 발달과 병행하여 발달하는 것이므로 11~12세에 어느 정도 숙달된다.

지금까지 살펴본 바와 같이 8~10세에 대부분의 능력이 크게 발달되는 것은 직관적 지능조작의 단계로부터 구체적 지능조작의 단계로 넘어가는 시기라는 점, 취학 이후 습득한 문장 언어에 숙달되는 시기라는 점에서 확인할 수 있다. 지금까지의 논의에서 초등학교 고학년의 시기에 이르면 학습자들이 논리적 조작을 할 수 있는 능력을 갖춘다는 점, 초등학교 시기에 문법 변형 능력이 차별적으로 나타난다는 점, 문법 요소에 따라 학습이 필요한 내용이 존재한다는 점을 확인할 수 있었다. 그러므로 문법 교육의 내용을 기술할 때에 이런 사항을 참조하여 기술해야 할 것이다.

그러므로 바른 표현을 위한 문법 교육의 내용을 기술할 때에는 사고의 표현 과정에 작용하는 문법의 기능을 극대화하고, 문법의 형식과 의미/기능을 조화시켜 기술하고, 문장 층위를 중심으로 기술하되 텍스트 층위까지 확장할 수 있으며 학습자의 인지발달단계를 고려하여 진술해야 할 것이다.

2. 사태 관계 교육 내용의 구현 양상

사태 관계와 관련한 교육 내용을 상세화하여 구현하기에 앞서, 먼저 교육과정 및 교과서를 살펴서 문법 교육 안에서 사태 관계가 어떻게 다루어지고 있는지 그 교육 현황을 살피고자 한다.

7차 교육과정과 2007 개정 교육과정에서 사태 관계는 '연결 관계'로서 읽기와 문법 영역에 제시되고 있다.

> (4) 교육과정에 제시된 사태 관계 관련 내용
> 　가. 7차 교육과정
> 　　㉠ [3-읽-(4)] 내용의 연결 관계를 파악하며 글을 읽는다.
> 　　㉡ [3-국어지식-(3)] 이어 주는 말의 기능을 안다.
> 　　㉢ [6-국어지식-(4)] 문장과 문장 사이의 연결 관계를 안다.
> 　　㉣ [10-국어지식-(4)] 문장의 짜임새를 안다.
> 　나. 2007 개정 교육과정
> 　　㉠ [6-문법-(2)] 문장의 연결 관계를 이해한다.
> 　　㉡ [9-문법-(3)] 문장의 짜임새를 안다.

(4)에서 알 수 있듯이 사태 관계와 관련된 교육 내용은 문장과 문장의 연결 관계를 파악하고 적절하게 이어주는 문장 연결 능력을 신장시키는 내용이 대부분이다. 7차 교육과정 해설에 따르면 (4가)에서 ㉠은 접속 부사의 기능과 글의 짜임을 파악하게 하기 위하여 설정된 내용이다. (4가㉡)은 이어주는 말의 개념과 종류와 그 기능을 이해하게 하기 위해 설정되었다. (4가㉢)은 문장 사이의 연결관계의 종류와 방법을 알게 하기 위해 설정된 내용이다. 2007 개정 교육과정 해설에 따르면 (4나㉠)은 문장과 문장을 이어주는 말을 알맞게 사용할 수 있는 능력을 길러 자신의

표현 의도에 맞게 문장을 생산하고 해석할 수 있는 능력을 길러주기 위하여 설정하였다고 한다. 그 구현 방안으로 접속 부사를 효과적으로 사용할 수 있는 능력을 기르는 데에 중점을 두고 있다.

이처럼 7차 교육과정과 개정 교육과정에서 사태 관계와 관련된 주된 교육 내용은 문장을 이어주는 대표적인 말로 접속 부사를 설정하고 접속 부사를 효과적으로 사용할 줄 아는 능력을 기르도록 구성되어 있다. 다만 7차 교육과정에 제시된 교육 내용의 설정 의도에 비하여 2007 개정 교육과정에 제시된 의도는 문장과 문장을 이어주는 말을 알맞게 사용할 수 있는 능력을 길러주겠다는 관점을 제시하고 있다는 점에서 실제적이라고 볼 수 있다.

그런데 사실 7차 교육과정에서도 문장을 연결하는 말의 기능을 '안다'라고 진술되어 있지만 그 내용이 구체적으로 구현되지 못한 것이다. 개정 교육과정에서도 '안다'라는 용어가 '이해한다'로 바뀌어 진술되어 학습자의 인식적 앎을 강조하고 있지만 그 구체적인 내용 요소는 7차 교육과정과 달라진 것이 거의 없다. (4나)에 제시된 성취기준의 구체적인 내용 요소를 살펴보면, 문장과 문장을 이어주는 방법 알기, 문장과 문장을 이어주는 말의 종류 알기, 문장과 문장을 이어주는 말을 알맞게 사용하기 능을 들고 있다. 문장과 문장의 관계가 어떤 의미를 갖고 왜 그렇게 연결되는지에 대한 이해보다는 이어주는 말의 지식에 대한 이해가 우선으로 제시되어 있는 것이다.

여기서 7차 교과서에 제시된 '[3-국어지식-(3)] 이어주는 말의 기능을 안다.'에 해당하는 내용의 구현 양상을 살펴보기로 하자.

(5) 3학년 1학기 국어 3단원 '이어주는 말의 기능 알기' 구현 양상

---

(1) 꼼꼼하게 살펴서

학습 목표 : 원인과 결과가 드러나게 짧은 글을 써 봅시다.

1. 글을 읽고, 원인이 되는 일과 결과가 되는 일을 구별하여 봅시다.

단비는 한별이와 달리기를 하였습니다. 단비는 풀어진 자기의 운동화 끈을 밟아서 넘어졌습니다. 그래서 한별이가 달리기에서 이겼습니다.

원인 : _____
결과 : _____

2. 원인과 결과가 드러나게 글을 쓸 때에 어떤 말을 써야 할지 알아봅시다.

그래서 _____

3. 그림 (1)과 (2)를 원인이나 결과로 하여 밑줄 그은 부분을 완성하여 봅시다.
(1)

철수는 우는 아이를 집에 데려다 주었습니다.
_____
_____
_____
_____
_____
_____
_____

이 단원에서 문장의 관계는 '원인과 결과'에 한정되어 제시되어 있다. 활동1의 경우는 문장을 읽고 원인과 결과를 구분하는 활동이다. 여기서 문장을 이어주는 말은 '그래서'로 명시되어 제시되어 있다. 활동2는 원인과 결과의 관계로 문장을 이어주는 말을 찾는 활동으로 이것은 길잡이 활동에서 '그래서, 그러므로, 왜냐하면 ~때문입니다'로 제시되어 있다. 활동3은 그림을 원인으로 가정하고 관련된 사태를 결과로 구성하는

활동이다. 활동1에서 3까지가 원인과 결과의 관계 알기, 알맞은 접속 부사 알기, 원인과 결과가 드러나게 짧은글 쓰기로 단계화되어 잘 구현되어 있다. 6차 교과서에 비해 교육의 의도가 적절하게 구현되고 있다는 점에서 한층 발달한 구성이라고 볼 수 있다. 그런데 원인과 결과가 무엇인지 알고 그 관계를 잇는 데 사용하는 말이 무엇인지 알고 그 말을 활용해서 문장을 쓴다는 일련의 훈련이 반복적으로 제시되어 있다. 즉 해당 교육 활동이 모두 원인과 결과에 대한 지식을 안다는 이해 활동에 초점이 맞춰져 있고 표현 활동은 마지막 한 활동에 한정되어 있는 것이다. 또한 문장의 연결 관계가 원인과 결과에 한정되어 제시되어 풍부한 사태 내용을 다루지 못하고 있는 내용상의 제약성도 보이고 있다.

또한 문장의 연결 관계에 대한 교육 내용은 이 교과서 구현 내용이 전부라는 데에 문제가 있다. '(3가ⓒ) [6-국어지식-(4)] 문장과 문장 사이의 연결 관계를 안다.'는 교사용 지도서 대단원 목표에만 제시되어 있을 뿐 교과서 내용으로 직접 구현되지 않고 있다. 6학년 2학기 국어 읽기/말하기, 듣기, 쓰기 교과서에 '4단원 문제와 해결' 단원에서 구현되어야 하지만, 읽기 교과서에서 실제 구현된 내용은 문제와 해결의 관계를 파악하고 이것이 적절하게 구성되었느냐의 비판적 읽기의 내용이 중심으로 구현되어 있고, 쓰기 단원에서는 문제와 해결의 관계로 쓰는 내용으로만 구현되어 있다. 그러므로 이 목표를 교육하기 위해서는 교사가 해당 내용이 포함된 대단원 '문제와 해결'을 지도하며 별도로 텍스트를 개발하여 지도해야 하는 문제가 발생한다.

또한 (3가ⓓ) '[10-국어지식-(4)] 문장이 짜임새를 안다.'에서는 안긴문장과 대등하게 이어진 문장, 종속적으로 이어진 문장에 대한 개념 설명 위주로 제시되어 있어 구조주의적 설명을 벗어나지 못하고 있다.

지금까지 교육과정과 교과서에 제시된 사태 관계 관련 교육 내용을 살펴보았다. 7차 교육과정과 개정 교육과정에서 공통적으로 접속 부사 중심으로 교육 내용이 구현되어 있다는 점이 확인된다. 또한 실제 제시되는 문장 관계도 원인과 결과에 한정되어 있어 내용이 풍부하지 못함을 알 수 있다. 한국어 표현의 특질상 사태 관계를 표현하는 문법 요소는 접속 부사, 연결어미, 지시어 등 굉장히 다양하게 발달되어 있다. 그럼에도 불구하고 실제 교육 내용으로는 체계성을 갖추지 못하고 빈약한 내용으로 구현되고 있는 것이다. 또한 교과서에 구현된 일련의 활동 양상이 이해 중심으로만 기술되어 있어 이 내용이 바른 표현에 기여하기에는 충분하지 못한 점이 많다. 그러므로 바른 표현을 위한 사태 관계 관련 내용이 모색되어 구현되어야 할 것이다.

3. 바른 표현을 위한 사태 관계 교육 내용의 구현

1절에서 바른 표현을 위한 교육 내용을 구성하기 위해서 인식의 사실성 및 논리성, 표현의 정확성을 참조해야 함을 논의하였다. 따라서 이 절에서는 사태 관계의 교육 내용 체계를 확인하고 1절에서 논의한 기준을 참조하여 바른 표현을 위한 사태 관계 교육 내용을 구체적으로 구현하고자 한다.

(1) 사태 관계 교육 내용 체계

사태 관계는 교육 내용 체계의 대범주 중 사태 표현에 포함시켜 구성

하였다. 그리고 사태 표현은 단일 사태와 복합 사태로 하위 범주를 구분
하였는데 복합 사태가 바로 사태 관계를 결합시킨 내용에 해당한다.

복합 사태는 각 단일 사태의 의미 내용을 바탕으로 화자가 사태 관계
를 논리적으로 관련시키는 사고 과정에 해당한다. 이 복합 사태를 구성
하기 위해 여러 단일 사태를 대부분 접속 부사와 연결어미로 이어서 표
현한다.

특히 한국어의 교착어적인 특징을 고려할 때 사태 관계에서 연결어미
의 사용은 표현의 과정에서 상당히 중요한 역할을 한다. 학자들마다 약
간의 차이는 있으나, 연결어미는 대개 60여 개가 있다[2]고 알려져 있는
데, 이렇게 수많은 연결어미가 발달되어 있다는 사실은 그만큼 다양하
고 풍부한 표현구조 체계가 한국어에 존재함을 반영하는 증거라 할 수
있다(김종록, 1991 : 205).

앞에서는 개별 사태가 표상하는 의미 관계와 그 관계를 표현하는 과
정에서 사용되는 문법적 특징을 살펴서 '사태 관계 적절하게 연결하기,
관계 추론하여 생성하기, 사태에 내재한 대상 세계 정교화하기'로 사태
관계 교육 내용을 선정하였다. 여기서는 선정된 교육 내용을 보다 상세
화(다음 표의 [A])하여 교육 활동으로 구체화하여 실현할 수 있도록 구성
하고자 한다. 아래 [A]의 내용을 교육함으로써 학습자가 사태 관계를
바르게 표현할 수 있도록 그 능력을 함양하고자 한다. 이 절에서 살펴
볼 사태 관계 교육 내용의 체계는 다음 표와 같다.

---

2) 최현배(1937)에는 67개, 고영근(1975)에는 61개, 이상태(1988)에는 71개가 설정되어 있다.

(5) 사태 관계 교육 내용의 체계

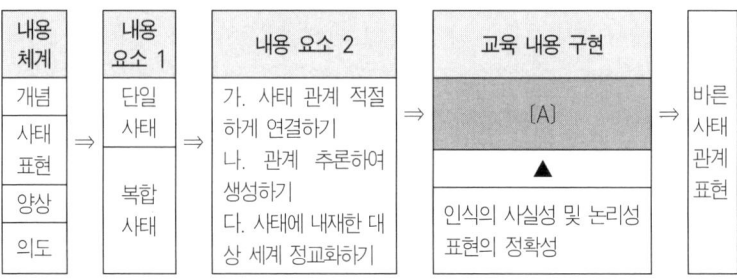

[A]를 구현하기 위해서 내용 요소 2의 가, 나, 다를 각각 바른 표현의 과정에 따라 구성할 것이다. 내용 요소 2가 한국어 표현 과정에서 작용하는 문법의 기능에 주목하여 도출하였다면 [A]는 실제 사용하는 절차를 따른다는 측면에서 언어 내용과 표현 과정을 동시에 고려하여 교육 내용을 구현한다는 의의가 있겠다.

⑵ 바른 표현을 위한 사태 관계 교육 내용 요소

① 사태 관계 적절하게 연결하기

문장과 문장을 연결하는 것은 해당 문장에 담긴 사태의 내용을 서로 관계를 맺어 보다 복잡한 사태로 구성하는 사고 과정이다. 여기서는 사태 관계를 적절하게 연결하기 위해서 인식의 사실성 및 논리성, 표현의 정확성을 고려하여 구체적인 교육 내용을 구현해 보도록 하겠다.

㉮ 인식의 사실성 및 논리성

인식의 사실성 및 논리성 측면에서 볼 때 사태 내용을 정확하게 파악하고 각 단일 사태 간의 의미를 논리적으로 연관 시키는 것이 바른 사태 관계 표현의 출발점이다. 그러므로 인식의 사실성 및 논리성 측면에서 사태 관계 적절하게 연결하기에 관련된 교육 내용 요소를 추출하면 사태 관계 의미 이해하기와 논리적인 사태 관계 구성하기가 해당되겠다.

먼저 대상 인식의 사실성은 사태 관계 의미 이해하기 활동으로 구현할 수 있다. 사태 관계의 의미를 이해하기 위해서는 기존 사태 관계와 관련된 의미 범주를 확인할 필요가 있다. 기존 학교 문법에서는 이 사태 관계를 문장의 형식 구조를 중심으로 분석해서 절과 이어진 문장으로 서술하고 있을 뿐이다. 바른 표현을 위해 화자 사고의 표현 과정을 살펴보려면 사태 관계를 형식 중심으로만 살펴서는 해석이 풍부하지 못하다. 이런 이유로 앞에서 사태 관계 의미[3)]와 표현 형식을 단순관계, 선택관계, 제시관계, 시간관계, 조건관계, 인과관계, 목적관계로 정리하여 제시한 바 있다.

사태 관계 인식의 사실성은 이러한 사태 관계의 의미를 제대로 이해할 때에 가능할 것이다. 단지 이 사태 관계를 형식적인 용어로 익히기보다는 사태 관계를 대상 세계 속에서 깊이 있게 인식하고 그 의미를 실제적으로 이해하는 인식적 앎의 차원에서 교육하는 것이 필요할 것이다.

---

3) 단순관계는 두 사태의 의미가 특정한 의도나 의미 없이 열거되거나 반복되는 것을 뜻한다. 여기서 열거는 두 사태의 관계가 나열 이상의 의미가 없어서 두 사태 관계가 가장 소극적으로 표현되는 관계이다. 반복은 하나의 사태가 거듭 나타나기도 하고 두 사태가 거듭 나타나기도 할 수 있는 관계이다. 선택관계는 여러 사태들 가운데서 하나가 긍정되는 관계로 그 선택의 결과가 별다른 영향을 끼치지 않기 때문에 의미의 비중은 유사하게 작용한다. 제시관계는 앞 문장의 내용이 뒷 문장의 시간이나 장소 배경을 제시하거나 뒷 문장의 참여항을 제시하는 경우로 상황 제시나 설명 제시의 기능을 한다. 시간관계는 두 사태의 발생과 진행을 적극적으로 표현하거나 두 사태가 시간적으로 인접하여 발생하는 관계를 의미한다. 조건관계는 한 사태가 다른 사태의 발생과 긴밀한 관계가 있는 경우, 가정, 필연, 비례, 조건의 부정 등의 관계가 있는 경우에 성립한다. 인과관계는 두 사태의 관계가 원인/이유와 결과의 관계일 경우에 성립되고, 목적관계는 두 사태의 관계가 목적과 수단의 관계일 경우에 성립된다.

사태 관계 의미를 이해하는 구체적인 활동으로 다음과 같은 활동을 구안할 수 있다.

(6) 사태 관계 의미 이해하기
◎ 다음 문장들을 읽고 일어난 일들의 관계를 생각하고 공통점을 찾으시오.
ㄱ. 어제 학교 앞에서 은수는 교통 사고를 당해서 병원에서 치료를 받고 있다.
ㄴ. 산불이 크게 났다. 그래서 산에 있는 모든 동물들이 이리저리 도망을 갔다.
ㄷ. 큰 비로 다리가 무너졌기 때문에 강을 건널 수가 없었다.

(6)에 제시된 문장들은 사태 관계가 공통적으로 원인과 결과의 관계로 구성되어 있다. 그러므로 학습자로 하여금 원인과 결과의 의미 관계를 귀납적으로 이해하게 하는 방안이 될 것이다. 또한 동일한 인과관계를 표현할 때에도 '-어서, 그래서, -기 때문에' 등의 다양한 문법 요소를 사용해서 표현할 수 있음을 암시적으로 인식시킬 수 있는 것이다.

사태 관계 의미를 이해한 후에는 그 내용을 바탕으로 해서 주어진 사태들을 관찰하고 이를 논리적으로 구성할 수 있어야 하는데 이는 의미 구성의 논리성과 관계된다. 사태 관계의 의미를 이해한다고 해도 이를 실제 사용할 수 있어야 하기 때문이다. 논리적인 사태 관계를 구성하기 위해서는 주어진 사태 내용을 자연스럽게 연결하는 훈련을 반복하는 것이 필요하다. 여러 사태의 의미를 파악하여 연결할 때에는 두 사태의 관계에 따라 다양하게 구성된다. 이 때 주로 연결 어미나 접속 부사, 동사적 숙어 등에 의해 연결된다. 다양한 연결 어미의 발달은 한국어 사태 관계의 다양성을 보여준다. 여기서는 다양한 관계에 따라 사태를 연결하는 활동을 구안하도록 하겠다.

(7) 사태 관계 논리적으로 연결하기

◎ 다음을 바른 문장이 되도록 줄을 그어 봅시다.

옷을 ●	● 열고 ●	● 지도를 꺼냅니다.
비행기를 ●	● 사러 ●	● 배가 부릅니다.
산에 ●	● 오르면 ●	● 공항에 가야 합니다.
통닭을 ●	● 먹어서 ●	● 공기가 좋습니다.
가방을 ●	● 타려면 ●	● 백화점에 갑니다.

학습자는 (5)활동을 통해 여러 가지 다양한 사태를 자연스럽게 구성하게 된다. 완성된 문장을 제시하면 '옷을 사러 백화점에 갑니다(목적관계), 비행기를 타려면 공항에 가야 합니다(조건관계), 산에 오르면 공기가 좋습니다(조건관계), 통닭을 먹어서 배가 부릅니다(인과관계), 가방을 열고 지도를 꺼냅니다(단순관계)' 등의 다양한 관계로 구성된 예문이 된다. 중간에 제시되는 연결어미들은 학습자로 하여금 모국어 화자로서의 직관을 일깨워서 앞 사태 내용과 의미적으로 관계 깊은 사태 내용을 이을 수 있게 작용한다. 따라서 학습자는 무의식적으로 줄을 긋는 활동을 하면서 사태 관계를 구성하는 학습을 하게 되는 것이다.

㉯ 표현의 정확성

사태 관계를 연결하는 데에는 다양한 연결어미, 접속 부사, 통사적 숙어 등의 표현들이 사용된다. 특히 한국어의 특질상 연결어미는 매우 많이 발달해 있어 정확하게 사용하면 화자의 의미를 섬세하게 표현하는데에 효과적이다. 그러므로 사태 관계를 표현하는 데에 정확한 문법 요소를 이해하고 적절한 문법 요소를 사용하여 사태 관계를 연결하는 교육 내용이 구현되어야 한다.

예를 들어 두 개의 새로운 사태를 대조할 때에도 하나의 문법 요소만을 사용하는 것이 아니다. 다음 예를 살펴보자.

> (8) 다양한 연결 표현
> ㄱ. 그 영화는 길다. (   ) 나는 지루하지 않았다.
> ㄴ. 그 영화는 길다. 그러나 나는 지루하지 않았다.
> ㄷ. 그 영화가 길었어도 나는 지루하지 않았다.
> ㄹ. 그 영화의 길이에도 불구하고, 나는 지루하지 않았다.
> ㅁ. 그 영화는 길었다. 그럼에도 불구하고 나는 지루하지 않았다.

(8)에서 ㄱ의 두 사태를 동일한 관계로 연결하는 경우에도 '그러나, -어도, -에도 불구하고, 그럼에도 불구하고' 등의 접속 부사, 연결어미, 통사적 숙어로 다양하게 표현되고 있음을 확인할 수 있다. 그러므로 사태 관계를 표현하는 정확한 문법 요소를 이해하는 것이 바른 사태 관계 표현에 필요한 것인데 이는 표현 내용의 정확성과 관계가 깊다. 이를 구체적인 교육 활동으로 구안해 보면 다음과 같이 설계할 수 있겠다.

> (9) 사태 관계를 표현하는 정확한 문법 요소 이해하기 교육 내용
> [활동1] 다음 밑줄 친 부분의 의미 기능을 설명하시오.
> 일본과 지진은 오랫동안 관련되어 있었다. 60여 년 전, 큰 지진이 일어나 심각한 피해를 준 바 있다. 그때 사람들이 불을 가지고 점심 요리를 하고 있었던 <u>탓에</u>, <u>그로 인한</u> 화재 등이 발생했다. <u>그러나</u> 그들은 사전에 원인을 알지 못했다. <u>그래서</u> 오늘날에도, 그 날이 되면, 일본의 대부분의 사람들은 지진 훈련을 실시한다. 오래 전에 발생했던 '큰 지진'이 다음에 일어날 것을 확실하게 예측하고, 대비하<u>기 위해</u> 국민들은 비상 식량, 음료수, 약 등을 집에 구비해 둔다. 물론, 우리는 그러한 물품들이 사용되지 않기를 간절히 바란다.[4]

[활동2] 다음5)의 밑줄 친 어색한 부분을 바르게 고치시오.

의풍을 <u>지났지만</u> 도 경계선을 넘어 경북 땅에 <u>들어온</u> 맨 먼저 만나는 마을이 마락리이다. 도 경계에서 <u>걷고</u> 15분 정도 걸린다. 마락기는 지금도 고치령 산령각에 제를 <u>올리던</u> 마을이다. 이 마을의 이름은, 안내 표석에 따르면 고치령을 넘어 다니던 짐 실은 말들이 고갯길의 '말굽이바위'라는 좁고 험한 곳에서 종종 벼랑으로 <u>떨어지면</u> 붙여졌다고 한다.

활동1은 인과관계, 선택관계, 목적관계를 파악하고 각각의 관계를 표현하는 문법 요소의 의미와 기능을 이해하게 하는 활동이다. 활동2는 연결관계를 표현하는 데에 잘못 사용된 문법 요소를 바르게 고치는 활동이다. 활동 1, 2를 통해서 학습자들은 사태 관계를 표현하는 정확한 문법 요소를 인지하게 될 것이다. 사태 관계를 표현하는 정확한 문법 요소를 이해하게 되면 실제 사태 관계를 연결하는 데에 적절한 문법 요소를 사용하는 훈련이 필요하다. 사태 관계를 연결하는 데에 적절한 문법 요소를 사용하기 위해서는 두 사태의 연결 부분을 빈칸으로 비운 후 학습자로 하여금 적절하게 채우게 하는 활동을 하게 하는데, 이 때 대화 형식으로 자료를 구성하면 실제적인 감각을 살릴 수 있다.

(10) 사태 관계를 연결하는 데에 적절한 문법 요소 사용하기
◎ 빈 칸을 적절하게 채우시오.
　　① 당신과 동생의 특기는 무엇입니까?
　　　나는 피아노를 치(　　) 동생은 노래를 부릅니다.
　　② 그는 직업이 두 가지라면서요?
　　　그는 의사(　　) 예술가이기도 합니다.
　　③ 당신은 학교에 어떻게 갑니까?

---

4) 톰버리(Thornbury, 이관규 외, 2004 : 197) 예문을 수정 활용하였다.
5) 7차 중학교 생활국어 2-1 교과서 108쪽 예문을 수정 인용하였다.

　　　　나는 학교에 걸(　　) 자전거를 타고 갑니다.

④ 어느 사전이 좋아요?

　　대한출판사에서 나온 사전이 좋(　　) 그걸 한번 보세요.

⑤ 언제 전화할 거예요?

　　서울에 도착하(　　) 전화하겠습니다.

⑥ 비가 와도 소풍을 가요?

　　비가 (　　　) 연기할 겁니다.

⑦ 정말 산에 갈 거예요?

　　산에 (　　) 범을 잡지요.

⑧ 선물을 받고 영수가 좋아하지요?

　　선물을 (　　　) 좋아하지 않아요.

⑨ 날씨가 안 좋다는데 어떻할까요?

　　날씨가 안 (　　　　) 여행은 떠납시다.

⑩ 실패할 가능성이 높은데 지금 그만 두지요.

　　우리는 (　　　　) 최선을 다해야 합니다.

⑪ 병원에 가야 하는 것 아니야?

　　괜찮아요. 배가 (　　　) 약을 먹었습니다.

⑫ 어제 소풍은 잘 다녀왔어요?

　　비 (　　　　) 소풍을 못 갔어요.

⑬ 그 학생이 이해한 것 같아요?

　　고개를 끄덕이는 걸 (　　　) 그 학생이 이해한 것 같아요.

⑭ 그 선물은 왜 샀어요?

　　부모님께 (　　　　) 선물을 샀습니다.

⑮ 군인은 무엇을 위해서 싸웁니까?

　　군인은 나라를 (　　　) 싸웁니다.

　　(10)은 다양한 사태 관계를 제시하고 관련된 문법 요소를 학습자가 스스로 채워 넣게 함으로써 사태를 연결하는 데에 적절한 문법 요소를 사용하는 능력을 키워 주려는 내용으로 구성한 것이다. 사태 관계를 표

현하는 데에 작용하는 문법 요소의 의미 기능에 초점을 맞춘 활동인 것이다. 이는 구조어를 깁는 활동의 기초이기도 한데, 이 방법은 여러 개의 문장을 나열하고 적절한 연결어미를 사용하여 하나의 완결된 이야기를 구성하게 하는 활동에도 적용할 수 있다. 연결어미를 어떻게 사용하느냐에 따라서 복합사태가 표상하는 의미가 달라지기도 하고, 화자가 강조하는 의미가 달라지기도 하기 때문에 적절한 문법 요소를 사용하는 것은 상당히 중요한 교육 활동이 된다.

사태를 결합시키는 과정에서 한 사태가 다른 사태의 요소와 직접적인 관계가 있으면 '절'의 형태로 안기게 된다. 반면 두 사태의 내용이 독립적이면서 화자가 이를 해석해서 연관시키면 '접속'의 방식으로 문장이 구성된다. 이는 문장 구조의 정확성과 직접적으로 관계된다.

(11) 가. 지금 집에 간다.
　　 나. 지금은 이른 시간이다.
　　 다. 기업이 없다.
　　 라. 근로자가 없다.

(11가)와 (11나)의 내용은 '지금은 집에 가기에 이른 시간이다.'라는 문상으로 합하면 석절하지만, '지금 집에 가고 지금은 이른 시간이다.'라는 문장으로 합하면 어색하다. (11가)의 사태 내용은 (11나)의 '이른 시간'에 대한 보충 설명이 되기 때문이다. (11다)와 (11라)를 적절하게 합하면 '기업이 없으면 근로자도 없다.'가 되는 반면 '기업이 없기에 근로자도 없다' 혹은 '근로자가 없는 기업은 없다.'라고 합하면 문장의 내용이 어색해진다. 따라서 사태 관계를 구성하는 절과 이어진 문장의 특성을 구별하여 구성하는 것도 정확한 사태 표현을 위해 필요한 능력이

다. 안은문장에 안긴문장을 내포문/절이라 하고 여기에는 명사절, 관형사절, 부사절, 서술절, 인용절이 있다. 초등학교 단계에서는 절의 용어보다는 적절하게 안은 문장을 만드는 활동을 적극적으로 구현하는 것이 좋겠다.

절과 이어진 문장을 구별하여 사태 관계를 구성하기 위해서는 절의 특성을 이해하는 것이 우선되어야 한다. 따라서 학습자가 실제 절을 구성해 보고, 이와 관련된 내용을 탐구함으로써 절과 이어진 문장의 생성 의도가 다름을 인식해야 하는 것이다.

다음 (12)의 활동1은 학습자가 실제 다양한 절을 구성하게 하는 활동이고, 활동2는 관형절이 구성되는 과정에서의 의미 차이를 알게 하는 활동이고, 활동3은 명사절의 의미 차이를 알게 하는 활동이다. 이 활동들은 절의 문법적 특징뿐만 아니라 그 의미상의 차이점을 구별하게 하려는 교육적 의도가 구현되어 있는 활동이다.

(12) 절과 접속 방식의 차이 이해하기
[활동1] 다음 두 문장을 적절하게 합쳐 한 문장으로 만드시오.

명사절	나는 안다.	⇒	
	그가 범인이다.		
	나는 바란다.	⇒	
	그가 범인이다.		
서술절	코끼리는 길다.	⇒	
	코가 길다.		
부사절	비가 내린다.	⇒	
	소리가 없다.		
인용절	우리는 믿는다.	⇒	
	인간은 누구나 존귀하다.		

[활동2] 다음 두 문장을 합쳐 한 문장으로 만드시오.

관 형 절	나는 어제 이야기를 들었다.	⇒	[[내가 어제 들은] 이야기]는 참으로 충격적이었다.
	[그] 이야기는 참으로 충격적이었다.		
	나는 어제 사건을 목격했다.	⇒	[내가 어제 목격한] 사건이 오늘 뉴스에 보도되었다.
	[그] 사건이 오늘 뉴스에 보도되었다.		
	그녀가 사고를 당했다.	⇒	나는 [그녀가 사고를 당했다]는 소식을 들었다.
	나는 [그] 소식을 들었다.		

[활동3] 다음 언어자료를 참고하여 명사형 어미의 의미 기능 차이를 밝히시오.

언어자료	분석	해석
나는 네가 죽기를 바래. 나는 그 놈이 죽기를 기다리고 있어. *나는 네가 죽음을 바래. *우리는 그 놈이 죽음을 기다리고 있어.	기대, 원망+'-기'	[아직 일어나지 않은 일]+명사형 어미 '-기' [이미 일어난 일]+명사형 어미 '-음'
나는 그의 성격이 살가움을 알았다. 나는 두 사람의 성격이 매우 다름을 깨달았다. 나는 해가 바다 위로 솟아오름을 보았다. *나는 그의 성격이 살갑기를 알았다. *나는 두 사람의 성격이 매우 다르기를 깨달았다. *나는 해가 바다 위로 솟아오르기를 보았다.	지각동사+'-ㅁ'	
8시 일어나기, 9시 반 아침 먹기, 11시 피아노 학원 가기	미래 계획+'-기'	
'알바 구함', '자리 비움', '새 편지 없음', '대화 상대 없음'	현재 상태+'-ㅁ'	

특히 활동2에서는 관형절을 안은 문장의 경우에 관형절이 해당 명사의 구체적인 내용에 해당하기도 한다는 사실을 인식하게 한다. 또한 활동 3에서는 명사형 어미의 의미 기능을 통해 해당 표현의 효과 차이를 인식하게 하는 활동이다. 일반적으로 명사형 어미 '-기'는 아직 일어나지 않은 일, 즉 [+미정]의 의미를 갖기 때문에, 안은 문장의 서술어로 '바라다, 기원하다, 약속하다, 결심하다, 두렵다' 등이 올 때 사용된다.

반면에 명사형 어미 '-음'은 이미 일어난 일, 즉 [+기정]의 의미를 표현하는 데 사용된다. 안은 문장의 서술어가 '알다, 깨닫다, 후회하다, 분명하다' 등 무언가를 인식하는 동사이거나 평가의 뜻을 지니는 동사일 때, 명사형 어미 '-음'이 쓰이는 것이다. 또한 '-음'은 좀 더 구체적으로 잡히는 경우에, '-기'는 실체성이 없는 행위를 나타낼 때 쓰인다(성광수 외, 2005 : 58).[6]

명사형 어미 '-기'와 '-음'의 구별은 의미 기능을 분석해서 문장의 표현 효과를 확인하는 과정이기도 하다. 따라서 중등학교 학습자들에게 탐구의 자료로 활용할 수 있다. 명사형 어미 '-기'와 '-음'를 활용한 여러 문장을 앞에 제시한 후 뒤에 적절한 서술어를 관련시켜 이루어지는 현상을 분석하여 두 어미의 의미 기능과 표현 효과 차이를 탐구하게 한다.

사태 관계 표현과 관련하여 언어 사용의 적절성을 살피면 이는 화자의 의도에 따라 그 표현 양상이 달라지는 것을 의미한다. 앞 장의 (29)와 (30)의 예문을 재인용하여 살펴보면 사태 관계를 연결하여 표현하는데에 화자의 의도가 반영되어 있음을 확인할 수 있다.

(13) 가. 사람은 책을 만들고 책은 사람을 만든다.
나. 책은 사람을 만들고 사람은 책을 만든다.
다. 근로자가 없으면 기업도 없다.
라. 기업이 없으면 근로자도 없다.

---

6) '-ㅁ'형은 지각 동사를 주절의 동사로 삼을 수 있지만, '-기'형은 그렇지 못하다(고종석, 1999 : 155). 이는 '-ㅁ-'형의 말이 '-기-'형의 말보다 더 명사적 성격(실체적 성격, 대상적 성격)이 크다는 것을 뜻한다. '-기'쪽이 '-ㅁ'쪽보다 더 동사적 성격(서술적 성격)이 크다고도 말할 수 있다. 따라서 '-ㅁ'형은 지각의 대상이 될 수 있지만, '-기'는 지각의 대상이 될 수 없는 것이다.

  (13나)는 독서의 중요성을 지나치게 강조하려는 화자의 의도가 앞선 나머지 앞문장이 지나치게 강조되어 뒷문장이 있으나마나한 문장이 되어 버려서 균형이 깨어진다. 반면 (13가)는 상식적인 사태 내용을 먼저 제시하고 이에 대해 독서의 중요성에 대한 해석을 덧붙임으로써 자연스럽게 독서의 중요성을 강조하고 있다. (13다)와 (13라)는 모두 사태 관계를 적절하게 표현하고 있지만, (13다)가 화자의 의도가 근로자의 중요성을 강조하고 있는 반면, (13라)는 기업의 중요성을 강조하고 있다. (13)에 제시된 사태 관계는 모두 동일한 사태 관계를 표현하면서도 화자의 의도가 어떻게 작용하느냐에 따라 어순이 다르게 표현된 것이다.

> (14) 가. 영희가 숙제를 하는데 날이 새었다.
>   나. 영희가 날이 새도록 숙제를 했다.
>   다. 영수가 길을 비켜서 철진이가 갔다.
>   라. 철진이가 가도록 영수가 길을 비켰다.

  (14)는 시간의 흐름에 맞게 표현하면 뒷 문장에 오는 사태를 앞으로 당김으로써 이 사태를 보다 초점화하는 효과를 보이고 있다. (14가)와 (14다)는 시간의 흐름에 맞게 두 사태를 표현한 것이다. 그러나 이 시간의 순서를 '결과-과정'의 순서로 문장이 표현함으로써 화자가 강조하고자 의미를 효과적으로 표현하고 있는 것이다(이상태, 1986 : 244 수정인용). 그러므로 사태 관계의 표현을 적절하게 사용하기 위해서는 학습자의 의도에 따라 사태 관계를 효과적으로 표현할 수 있어야 하는 것이다.

(15) 화자의 의도에 따라 사태 관계 구성하기

◎ 다음 두 문장을 한 문장으로 만드시오.(단, [   ] 안에 제시된 의미가 강조되도록 하시오.)

[영수가 그림을 그리다. 그림이 잘 팔리다.]

ㄱ. [영수가 그림을 잘 그림] :

ㄴ. [누가 그림을 그려도 잘 팔림] :

ㄷ. [그림을 그린 사람이 영수임] :

　(15)에서 ㄱ은 '영수가 그리면 잘 팔릴거야'의 조건관계로 구성하면 효과적이고 ㄴ은 '영수가 그리더라도 잘 팔릴거야.'의 가정양보관계로 구성하면 영수가 그리더라도 잘 팔리고, 다른 사람이 그리더라도 잘 팔릴거라는 의미를 함의하게 된다. 또한 ㄷ은 '그 그림이 잘 팔렸는데, 그 그림은 영수가 그린거야.'의 제시관계로 구성하여 그림의 화가를 설명하는 방식으로 표현하면 효과적이다. 따라서 (15)의 활동은 사태관계에 내재된 다양한 의미들을 여러 가지 관계로 변환시켜 보는 고차원적인 사고능력을 필요로 하는 활동이다.

　지금까지 '사태 관계 적절하게 연결하기'의 교육 내용을 바른 표현의 과정에 맞게 구체적으로 구현해 보았다. 이를 각 요소별로 정리하면 다음과 같다.

(16) 사태 관계 적절하게 연결하기 교육 내용

　　가. 인식의 사실성 및 논리성

　　　• 사태 관계 의미 이해하기

　　　• 사태 관계 논리적으로 연결하기

　　나. 표현의 정확성

　　　• 사태 관계를 표현하는 데에 정확한 문법 요소 이해하기

　　　• 절과 접속 방식의 차이 이해하기

- 사태 관계를 연결하는 데에 적절한 문법 요소 사용하기
- 화자의 의도에 따라 사태 관계 구성하기

② 사태 관계 추론하기

문장과 문장을 합하는 데에도 대상 세계에 대한 화자의 인식과 사고 과정이 작용함을 확인할 수 있다. 이러한 사고의 과정을 문장의 생성을 통해 확인할 수 있는 것은 독립된 문장을 상호 관련시켜 묶어 보도록 학습자에게 제시하면 된다. 이처럼 문장을 보다 복잡한 문장으로 구성해 가는 과정은 쓰기와도 밀접한 교육이므로 초등학교부터 적극적으로 실시해야 한다. 바른 문장을 생성하지 못하면 텍스트를 이해하거나 표현하는 데 어려움을 겪기 때문이다.

지금까지는 주로 두 사태의 의미 관계를 파악해서 적절한 형식을 넣어서 연결하는 수용의 과정이었다면 이 내용은 관계를 추론하는 생성의 과정이다. 하나의 사태를 제시한 후, 여러 가지의 접속 부사를 제시하여 학습자의 사고를 촉진하여 관련된 사태를 생성하게 하는 것이다. 이는 추론하기를 통해 세상에 대한 관찰을 깊이 있게 할 수 있는 언어 탐구자로서의 자질을 함양시킬 수 있는 방안이기도 하다.

㉮ 인식의 사실성 및 논리성

사태 관계를 추론하기 위해서는 관련된 사태를 정확하게 파악할 수 있어야 하고 더 나아가 단일 사태와 관계될 수 있는 다양한 사태를 생성할 수 있어야 한다. 다만 인식의 사실성 및 논리성의 측면에서 사태 관계를 생성하기를 구성할 때에는 대상 세계에 부합하는 내용을 논리적으로 구성해야 하는 것이다. 이를 위해서는 일차적으로 단일 사태를 제

시한 후 다양한 접속 부사를 제시하여 관련된 사태를 생성하게 하고, 이 차적으로 단일 사태를 제시한 후 아무런 단서 없이 학습자 스스로 사태 를 생성하게 하는 것이다. 이는 추론하기와 관련한 사고력을 촉진시키 는 활동이기도 하다.

(17) 사태 관계 논리적으로 추론하여 생성하기
　◎ '비가 오다'의 사태에 연이어 발생할 수 있는 사태를 생성하시오.

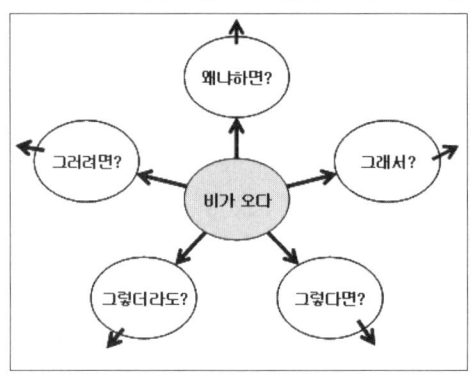

　① 비가 온다. 왜냐하면, (　　　　　　　　　　　　　　)
　② 비가 온다. 그래서, (　　　　　　　　　　　　　　　)
　③ 비가 온다, 그러려면, (　　　　　　　　　　　　　　)
　④ 비가 온다. 그렇다면, (　　　　　　　　　　　　　　)
　⑤ 비가 온다. 그렇더라도, (　　　　　　　　　　　　　)

　(17)의 경우 '비가 오다'라는 사태를 제시한 후, '왜냐하면, 그래서, 그 러려면, 그렇더라도, 그렇다면' 등의 이유, 결과, 목적, 조건부정, 조건 관계를 촉진하는 접속 부사를 제시하여 각 방향으로 학습자가 사태를 추론하여 생성하게 한 활동이다. 그런 후 해당 사태를 연결하여 완성하 게 한다. 이러한 과정을 한 단계로 끝내는 것이 아니라 다단계로 확장시

킴으로써 세밀한 사태 표현이 가능해진다.

㉯ 표현의 정확성

사태 관계를 추론하는 과정에서는 추론한 내용을 정확하게 표현하는 능력이 필요하다. 이 단계에서는 다양한 사태들을 제시한 후 서로 관계를 이은 후 적절한 문법 요소로 표현하게 하거나 문장을 연결하는 데에 사용하는 통사적 표현을 호응 관계에 맞게 정확하게 사용하는 교육 활동이 요구될 것이다. '왜냐하면 ~때문이다, 비록 ~일지라도, ~기 위해서 ~하다, 만약 ~라면' 등의 표현은 호응에 대한 인식이 있다면 사태 관계를 추론하는 데에 단서가 도움이 될 뿐만 아니라, 정확하게 표현되어야 바른 표현이 되는 부분이기도 하다.

(18) 생활 장면에서 연결표현에 적절한 사태 추론하여 생성하기
◎ 상황을 분석한 후 빈 칸에 적절한 사태를 넣으시오.
  ① 영수는 자전거를 타러 나갔다. 그는 우산을 가져가지 않았다. 비가 내리고 그는 흠뻑 젖었다.
  ※ 만약 (   )라면 (   )다.
  ② 기수는 이벤트에 응모했다. 추첨번호는 3214였다. 그러나 그는 추첨권을 잃어버렸다. 3214 번호가 당첨이 되었고, 상으로 자동차가 주어졌다.
  ※ 만약 (   )라면 (   )다.

(18)의 경우, 가정 조건을 성립시키기 위해서 실제 맥락이 있는 상황을 구체적으로 제시한다. 그리고 '만약 ~라면'을 단서로 제시한 후 그 관계에 알맞은 여러 가지 사태를 추론하여 적절하게 생성하도록 한다.

사태 관계를 추론하는 데에 사용의 적절성을 고려해 보면 이는 화자

의 의도에 맞는 사태 관계를 생성하는 것이다. 화자의 의도에 맞는 사태 관계란 표현 의도와도 밀접한 관련이 있는데, 이는 단락의 성격에서 묘사, 서사, 설명, 논증으로 논의되는 것이다. 사태 관계를 추론하여 표현하는 데에는 구조어들이 다양하게 쓰인다. 특히 화자가 설명이나 논증을 위해서 사태 관계를 구성할 때에는 구조어들이 더 효과적으로 사용되어야 한다. 다만 여기서는 단락과 텍스트 층위로까지 논의를 확장하지 않고 문장 층위에 한정해서 논하기로 한다.

> (19) 인간의 정신사는 이성을 주역으로 해서 비합리적인 세계를 타개
>   해 온 역사라고 할 수 있다. 바꿔 말하면, 우연이라고 알았던 것
>   을 원인이 확실한 필연적인 것으로 이해해 온 노력의 과정이다.
>   그러나, 합리적인 세계를 넓힌다는 것은 마치 원시림이나 미개척
>   지를 헤쳐 나가는 것과 같은 어려움이 많이 있다.[7]

(19)의 예문은 세 개의 문장을 두 구조어로 이어서 의미의 연결을 꾀하고 있다. 첫 문장을 두 번째 문장이 '바꿔 말하면'을 사용하여 덧붙여 설명하고 있고, 세 번째 문장은 앞에 제시된 내용에 대해 '그러나'를 사용하여 다른 방향으로 전환하고 있다. 이처럼 사태 관계를 추론적으로 전개함에 있어서 구조어는 중요한 몫을 하고 있는 것이다. 그러므로 화자의 의도에 맞는 사태 관계를 생성하기 위해서는 일반화, 예시, 비교, 대조 등의 사고 전개와 관련된 구조어들을 효과적으로 사용할 수 있어야 한다.

---

7) 이상태(1984 : 186)에서 수정 인용하였다.

(20) 화자의 의도에 맞는 사태 관계 생성하기
　◎ 다음 [　]안의 전개 과정에 알맞게 문장을 더하시오.
　　ㄱ. 도시에는 나무가 적고 물이 적다. [예시]
　　ㄴ. 겨울이라 날씨가 너무 춥다. [인과]
　　ㄷ. 내 친구는 오락을 좋아한다. [일반화]

(20)의 활동은 사태를 제시한 후 화자의 사고 과정과 관련된 내용을 단서로 제시한 후 이에 알맞은 사태를 생성하여 표현하게 하는 것이다. 이를 통해 화자의 의도에 맞는 효과적인 사태 관계를 추론하여 생성할 수 있을 뿐만 아니라 학습자가 논리적으로 사고하고 표현하는 힘을 기를 수 있을 것이다. 왜냐하면 이런 구조어들은 여러 사태 간을 엮어서 새로운 의미를 형성하게 하는 문법적 기능을 가지고 있기 때문이다.

(21) 사태 관계 추론하기 교육 내용
　　가. 인식의 사실성 및 논리성
　　　• 사태 관계 논리적으로 추론하여 생성하기
　　나. 표현의 정확성
　　　• 생활 장면에서 연결표현에 적절한 사태 추론하기
　　　• 화자의 의도에 맞는 사태 관계 생성하기

③ 사태에 내재한 대상 세계 정교화하기

대상을 지각하고 사태를 표현하는 일은 화자가 세계를 인식하여 언어화하는 사고 과정이다. 사태를 구성하는 데에는 대상 세계 자체, 참여자, 관련 사건 등 다양한 요인들이 작용한다. 따라서 사태를 미분하여 사태가 이루어진 과정을 정교화 함으로써 형식적인 표현과 내용의 실제 사이의 간격을 좁힐 수 있다. 두 간격을 줄이는 것은 문법의 실제성을 학습자가 느끼게 하는 방안이 된다.

대상 세계를 정교화 하는 내용은 앞에서 논의된 내용들보다는 다소 다른 차원의 교육 내용이다. 즉 제시된 사태를 분석하고 적절한 표현을 통해 관계를 연결하는 차원을 넘어서 실제 생활 장면에서 일어날 수 있는 사태를 종합적으로 분석하고 그 구성 요소들을 살펴서 해당 사태에 내재되어 있는 잠재적인 사태들의 내용과 관계를 심층적으로 이해하는 교육 내용이다. 즉 실제 생활 속의 사태를 메타적으로 인식하고 설명하는 교육 활동으로 고차원적인 사고와 표현 능력을 신장시킬 수 있으리라 생각한다.

이 과정은 하나의 생활 장면을 대상으로 연속적으로 이어지는 활동이므로 바른 표현의 세 가지 요건을 따로 절을 설정하지 않고 연속적으로 설명하고자 한다. 먼저 인식의 사실성 및 논리성의 차원에서 볼 때는 우리가 실제 대하는 복합 사태를 정확하게 단일 사태들로 그 의미를 미분하는 능력을 학습자들이 기르도록 구현하는 것이다. 즉 총체적으로 실현되어 제시되는 사태의 의미를 상세하게 나누어 봄으로써 대상 세계의 모습을 정교하게 사실 그대로 인식할 수 있게 되는 것이다.

표현의 정확성의 차원을 고려하여 복합 사태를 정교화하는 과정에서 정확한 문법 요소를 사용하여 해당 사태의 의미를 기술하게 할 것이다. 예를 들면 곱셈으로 결합되어 있는 복합 사태의 내용들을 다시 정확하게 나누기를 함으로써 원래 값들을 정확하게 표현해 내는 과정과 유사한 활동이다. 이 과정에서 +, −, ×, ÷의 연산자의 역할을 한국어에서 구조어가 충실히 표현하고 있다고 볼 수 있겠다.

이렇게 미분화되어 다시 회복된 단일 사태들을 살핀 후 그 사태에 잠재되어 있는 화자의 의도를 설명해 봄으로써 화자의 사태 표현이 효과

적으로 이루어졌는지 확인해 볼 수 있을 것이다. 이 내용이 언어 사용의
적절성을 고려하여 선정한 교육 내용에 해당한다.

(22) 사태에 내재한 대상 세계 정교화하기 교육 내용
◎ 다음 문장을 살펴보고, 해당 사태가 이루어진 상황을 자세히 풀어 서술하시오.
　　ㄱ. 식사 도중 준수가 일어나서 이번 봄에 미국에 유학을 가고 싶다
　　　고 말했다.
[활동1] 시간, 공간, 참여자, 참여자의 인식 등을 자세히 상상해 보시오.

[활동2] ㄱ의 의미는 나누어 정교하게 서술하시오.
　　　⇒

> 아버지의 생신날 준수네 가족은 한 자리에 모여서 식사 중이었다.
> 준수가 갑자기 벌떡 자리에서 일어섰다.
> 가족들이 놀라서 그를 바라보았다.
> 준수는 떨리는 목소리로 말했다.
> 이번 봄에 저는 미국에 유학가고 싶습니다. 부디 허락해 주십시오.
> 아버지의 고함 소리가 크게 터졌다.
> 어머니께서는 당황하셔서 수저를 떨어뜨리셨다.

[활동3] ㄱ의 상황을 고려하여 상세히 상황 설명하기

　(22)에서 준수의 중요한 알림 사항은 이미 과거 시점에 발생했다. 우
리가 아는 한 그 내용은 준수가 미국에 유학을 가는 일이지만 그것은
준수의 희망 사항일 뿐이고, 아직 사실로 이루어진 것은 아닌 듯하다.
예를 들면 준수가 미국에 유학을 가는 것이 사실이라면 '저는 이번에
미국에 유학을 갑니다'라고 단정적으로 말해야 한다. 그러므로 지금 준
수는 자신의 희망사항을 부모님께 허락을 받기 위해서 요청하고 있는
상황이다. 이처럼 문장은 문장 독립적으로 해석할 것이 아니라, 뒤에 이

어질 내용을 보완하여 해석할 때 의미가 풍부해 지고 생각하는 교육적
의의가 살아난다.

대상 세계 정교화하기 교육 내용을 정리하면 다음과 같다.

> (23) 사태에 내재한 대상 세계 정교화하기 교육 내용
> 　　가. 인식의 사실성 및 논리성
> 　　　• 사태의 의미 미분하기
> 　　나. 표현의 정확성
> 　　　• 복합 사태 정교화해서 정확한 문법 요소 사용해서 서술하기
> 　　　• 사태에 잠재된 화자의 의도를 설명하기

4. 사태 관계 교육 내용의 위계화

지금까지 바른 표현을 위한 사태 관계 교육 내용을 구체적인 교육 활
동을 염두에 두고 구현해 보았다.

이렇게 구안된 사태관계 교육 내용은 교육과정에서 내용 층위로 제시
될 수 있게 진술하여 다음과 같이 제시할 수 있다. 바른 표현을 위한 사
태 관계 교육 내용 요소를 ㉠~㉢과 같이 선정하여 구성하였다. ㉠~㉢
은 3장에서 선정한 사태 관계 교육 내용을 바른 표현의 요건에 따라 선
정하여 구체화한 활동 내용이다.

(24) 바른 표현을 위한 사태 관계 교육 내용

사태 관계 교육 내용	바른 표현의 요건	교육 내용 요소	바른 사태 관계 표현
사태 관계 적절하게 연결하기 ⇒	인식의 사 실성 및 논리성 ⇒	• 사태 관계 의미 이해하기 ────────── ㉠ • 사태 관계 논리적으로 연결하기 ─────── ㉡	
	표현의 정확성 ⇒	• 사태 관계를 표현하는 데에 정확한 문법 요소 이 해하기 ──────────────────── ㉢ • 사태 관계를 연결하는 데에 적절한 문법 요소 사 용하기 ──────────────────── ㉣ • 절과 접속 방식의 차이 이해하기 ─────── ㉤ • 화자의 의도에 따라 사태 관계 구성하기 ──── ㉥	▶
관계 추론 하기 ⇒	인식의 사 실성 및 논리성 ⇒	• 사태 관계 논리적으로 추론하여 생성하기 ── ㉦	
	표현의 정확성 ⇒	• 생활장면에서 연결표현에 적절한 사태 추론하기 ──────────────────────── ㉧ • 화자의 의도에 맞는 사태 관계 생성하기 ── ㉨	
사태를 통 한 대상 세계 정교 화하기 ⇒	인식의 사 실성 및 논리성 ⇒	• 사태의 의미 미분하기 ───────────── ㉩	
	표현의 정확성 ⇒	• 복합사태의 미분 내용 정확하게 서술하기 ── ㉪ • 사태에 잠재된 화자의 의도를 설명하기 ───── ㉫	

  이 내용은 학습자의 언어 능력 발달 단계에 비추어 학년별로 배치할
수 있는데, 여기서는 앞서 살펴 본 국어 통사 능력의 발달(이인섭, 1986)
과 기존 교육 과정의 교육 내용의 학년별 배치를 참조하여 배치해 보겠
다. 이인섭(1986 : 100~125)에서는 초등학교 중학년(3~4학년)에 이르면 연
결어미와 접속 부사에 의한 문접속 능력이 크게 발달한다고 보았고 접
속 부사에 의한 문접속은 의미적 논리성이 높은 것일수록 늦게 발달한

다고 보고하고 있다. 또한 7차 교육과정에서는 내용의 연결관계와 관련된 내용과 이어 주는 말의 기능을 3학년에 배치하고 있고, 문장과 문장 사이의 연결 관계를 6학년에 배치하고 있으며, 2007 개정 교육과정에서 또한 문장의 연결 관계를 6학년에 배치하고 있다. 7차 교육과정에서는 문장의 짜임새를 10학년에 배치하였으며 2007 개정 교육과정에서는 9학년에 배치하고 있다.

　이러한 점들을 고려할 때, ㉠은 사태 관계가 무엇인지를 파악하는 내용이므로 초등학교 3학년에 배치할 수 있겠고, ㉡은 연결어미에 관계한 문장의 연결이므로 역시 초등학교 3학년에 배치할 수 있겠다. ㉢은 사태 관계에 작용하는 문법 요소의 정확한 의미 기능을 파악하는 교육 내용으로서 의미적 논리성을 정확하게 이해할 수 있는 능력이 필요하므로 문장 변형 능력이 갖춰지는 9학년에 배치하는 것이 적절할 것이다. ㉣은 사태 관계를 적절한 문법 요소를 사용하여 연결하는 교육 내용이므로 기존 교육과정과 비교하여 6학년에 동일하게 배치하겠다. ㉤은 절과 접속 방식의 차이를 이해하고 관련되는 문법 요소의 의미 기능 차이를 탐구하는 고차원적인 사고 능력을 필요로 하는 내용이므로 10학년 이후에 다루는 것이 적절하겠다. ㉥은 사태 관계에 내재한 의미들을 변환하고 화자의 숨은 의도를 파악하는 교육 내용이므로 9학년 이후에 다루는 것이 적절하겠다. ㉦은 단일 사태에 대해서 접속 부사를 단서로 삼아 관련된 사태를 생성하는 교육 내용이므로 4~5학년에 적절하겠고, ㉧은 사태 관계와 관련된 구문을 단서 삼아 사태 내용을 변환시키는 교육 내용이므로 6학년 이후에 배치하는 것이 적절할 것이다. ㉨은 구조어를 적절하게 사용하여 화자의 의도에 맞게 사태 관계를 생성하는 교육 내용이므로 7학년 이후에 배치하는 것이 적절할 것이다. ㉩은 사태의 발

생 맥락을 가정하여 학습자가 복원하는 교육내용이고 ㉠은 사태에 내재
한 의미를 명시적으로 상세화하여 기술하는 교육내용이고 ㉤은 사태에
내재한 대상 세계를 정교화하여 화자의 의도를 입체적으로 설명하는 교
육내용이다. ㉣~㉤은 모두 학습자가 사태를 실제 생성되는 맥락과 관
련하여 인식할 수 있도록 의도한 활동으로 학습자의 고차적인 사고 능
력을 필요로 하는 활동으로 구성한 것이므로 9~10학년 이후에 배치하
는 것이 적절할 것이다. 이러한 과정은 바른 표현을 위한 사태 관계 교
육 내용을 위계화하는 과정으로 어느 정도 타당하리라고 본다.

(25) 바른 표현을 위한 사태 관계 교육 내용의 위계화

교육 내용	교육 내용 요소		학교급별 교육 내용
사태 관계 적절하게 연결하기 ⇒	• 사태 관계 의미 이해하기 • 사태 관계 논리적으로 연결하기 • 사태 관계를 표현하는 데에 정확한 문법 요소 이해하기 • 사태 관계를 연결하는 데에 적절한 문법 요소 사용하기 • 절과 접속 방식의 차이 이해하기 • 화자의 의도에 따라 사태 관계 구성하기	초등학교	3학년 : 사태 관계 의미 이해하기 3학년 : 사태 관계 논리적으로 연결하기 4~5학년 : 사태 관계 논리적으로 추론하여 생성하기 6학년 : 사태 관계를 연결하는 데에 적절한 문법 요소 사용하기 6학년 : 생활장면에서 연결표현에 적절한 사태 추론하기
관계 추론하기 ⇒	• 사태 관계 논리적으로 추론하여 생성하기 • 생활장면에서 연결표현에 적절한 사태 추론하기 • 화자의 의도에 맞는 사태 관계 생성하기	중학교	7학년 : 화자의 의도에 맞는 사태 관계 생성하기 9학년 : 사태 관계를 표현하는 데에 정확한 문법 요소 이해하기 9학년 : 화자의 의도에 따라 사태 관계 구성하기
사태를 통한 대상 세계 정교화하기 ⇒	• 사태의 의미 미분하기 • 복합사태의 미분 내용 정확하게 서술하기 • 사태에 잠재된 화자의 의도를 설명하기	고등학교	10학년 : 절과 접속 방식의 차이 이해하기 -사태의 의미 미분하기 -복합사태의 미분 내용 정확하게 서술하기 -사태에 잠재된 화자의 의도를 설명하기

지금까지 이 장에서는 바른 표현을 위한 문법 교육의 내용을 구성하기 위한 방안을 모색하기 위해서 3장에서 선정한 '사태 관계'의 교육 내용 범주를 대상으로 한정해서 바른 표현의 요건인 인식의 사실성 및 논리성, 표현의 정확성에 맞도록 교육 내용 요소를 추출하여 구체적으로 구현한 후 위계화해 보았다.

바른 표현을 위한 문법 교육 내용을 구현하기 위해 사고 내용을 표현하는 과정에 작용하는 한국어 문법의 기능을 전형적인 바른 문장을 예로 들어 분석하여 대상물과 개념의 표현, 사태의 표현, 양상의 표현, 발화의도의 표현 등의 대범주로 내용 체계를 선정하였다. 그리고 각 체계 내에서 사고가 표현으로 전환되는 과정을 바른 문장을 분석하여 그 문법적 특징을 살펴서 하위 범주를 삼아 교육 내용으로 선정한 것이다. 이 과정은 바른 표현의 내용적 측면을 충족한 것이라고 볼 수 있다. 이 장에서는 이렇게 선정된 사태 관계 교육 내용을 대상으로 삼아 바른 표현의 과정에 절차적으로 알맞게 구현함으로써 학습자의 실제적 사용 과정도 함께 고려하여 교육 내용 요소로 구성하였다. 즉 바른 표현을 위한 사태 관계 교육 내용을 내용적 측면과 과정적 측면을 모두 고려하여 구안한 것이라 할 수 있겠다. 그리고 구현된 사태 관계 교육 내용을 학습자의 언어 발달 단계와 기존 교육 과정의 배치를 참조하여 교육 내용 요소를 위계화함으로써 실제 교육 활동으로 현실화할 수 있는 방안을 모색하였다.

04 ▮ 문법 교육의 실제

제14장 의미 중심의 동사 교육

제15장 언어 능력 평가와 낱말깁기검사

제16장 의미·기능 중심의 문법 교재 개발

제14장 | 의미 중심의 동사 교육

1. 동사 교육 현상

단어는 하나의 고정된 의미를 갖지 않고 여러 가지의 의미를 갖기 때문에 화자는 단어가 사용되는 문장과 맥락 속에서 그 의미를 선택해서 사용하게 된다. 특정한 문맥 내에서 단어의 의미가 무엇인지를 설명하는 일은 모국어 화자에게도 쉬운 문제는 아니다. 의미의 본질은 고립되어 존재하는 것이 아니라 세상 지식과 인지 작용의 상호작용 속에 존재한다.[1] 특정 사건은 그것의 배경 속에서 그 의미가 파악되며, 단어도 단

---

[1] 객관적 인식론에서는 절대적 진리가 대상 세계에 존재해 있어 그것을 언어로 표현하게 되면 그 의미도 고정된 의미를 갖게 된다고 생각하였다. 이러한 인식론은 지식의 객관성과 절대성을 추구한 나머지, 그 지식을 구성하는 인간 주체를 소외시키고 특수한 개별 현상을 충분하게 설명하지 못한 한계를 드러냈다. 지식에 대한 새로운 관점으로 대두된 구성주의는 인지 주체에 의한 지식의 구성 과정을 강조하였다. 즉 지식은 환경과의 상호작용을 통해 개인에 의해 구성된다는 것이다. 의미도 구체적인 상황 속에서 개인의 구체적인 경험을 통해서 구성되고 전달되기 때문에 고정된 의미보다는 사용되고 확대되는 의미의 적절성을 중요시하게 되었다. Wittgenstein은 후기에 들어 언어에 관한 분석을 통한 의미의 해석을 거부하고 어휘가 실제로 어떻게 쓰이고 있는지를 파악해야 한다고

어 그 자체로 의미가 결정된다기보다는 문장 속에서 더 적절한 의미를 구성하게 되는 것이다.

한국어는 술부 중심 언어이고 술부는 동사류로 구성되며 동사류가 필요로 하는 의미격에 의해 문장이 구성된다. 동사는 대상을 서술하고 그 움직임을 표현하는 속성을 가지고 있다. 같은 서술성을 가진 형용사와는 달리 활용이 자유로워 화자의 표현의도를 효과적으로 구현할 수 있다. 따라서 동사는 문장 속에서 대상과의 관계와 움직임의 구체적인 의미를 중심으로 교육해야 하는 것이다.

지금까지 학교 문법에서는 언어를 형식 중심으로 기술하여 어떤 단어가 동사인지 형용사인지 구별하는 문제를 교육했을 뿐 해당 단어의 의미와 기능에 대해서는 제대로 다루지 못한 것 같다. 그 중에서도 동사 교육은 개별 어휘 위주로 고립되어 이루어져 온 것이다. 한국어 문장 구성에 있어 동사의 역할을 고려한다면 그 의미와 다른 대상과의 관계를 교육하는 것이 유의미한 교육내용이 된다 할 것이다.

이 글은 동사에 대한 교육을 고립된 어휘 위주에서 벗어나 의미 맥락과 동사가 가지는 논항에 의거해서 교육하는 것이 바람직하다는 논의를 펼치고자 한다. 이를 위해 학교 문법에서 의미와 구문관계를 중심으로 동사를 대상으로 교육하는 방안을 제시하고자 하는 것이다.

이런 문제의식을 출발점으로 삼아 이 글에서는 두 가지 문제점을 중요하게 다룰 것이다. 먼저 특정한 문맥 속에서 모호한 동사의 의미를 어떻게 찾을 것인가의 문제를 다룰 것이다. 실제 언어생활에서 우리는 다양한 맥락 속에서 어떤 단어의 의미를 직감적으로 알고 넘어간다. 모호하지만 대충의 전체 뜻은 전달이 되니까 관심을 갖지 않고 지나가고, 다

강조했다(이경화, 1999 : 3).

른 화자에게 의미를 설명해 주지 않아도 되니까 자동적으로 의식하지 않고 넘어간다. 그러나 교육의 장(場)에서의 의미는 달라진다. 교육의 장에서는 학습자들이 단어의 의미를 이해하고 여러 가지 맥락 속에서 가장 적절한 의미로 해석할 수 있어야 한다.

　기존 문법 교육에서는 가르쳐야 할 문법 지식이 객관적이고 보편적이어야 한다고 보았기 때문에, 교사의 물음에 학습자는 교사가 의도한 정답을 답해야만 올바른 학습을 이루었다고 평가를 받을 수 있었다. 왜 그것이 정답이냐는 의문은 제기될 수도 제기되어서도 안 되는 신성불가침의 영역이기도 하였다.[2] 이러한 문법 교육의 양상은 교수학습의 주체인 교사와 학습자를 교과서에 제시된 지식을 맹목적으로 수용하는 존재로 한정지었다. 모든 지식이 인간의 의식에 의해 구성될 수 있다는 현상학의 전제는 문법 교육의 장에서도 경청할 가치가 있는 것이다. 따라서 이 글에서는 모국어 화자라면 당연히 여기는 '의미'를 학습자로 하여금 왜 그러한 뜻인가라는 의문을 제기하고 설명할 수 있도록 하는 방안을 모색해 보고자 한다.

　또한 동사의 의미를 다루되, 단어 한 개의 독립적인 단위로 다루는 것이 아니라 논항을 채워 문장을 완성하는 과정을 함께 다룰 것이다. 한

---

2) 문법 교육에 대한 연구가 활발한 현 상황에서도 이러한 문제점은 여전히 남아 있는데 이는 문법 교육을 경험한 학생들, 그 중에서도 자신의 문법 경험을 반성적으로 고찰할 수 있는 안목을 갖춘 학생들의 반응에서도 확인된다. 연구자는 2009년도 1학기에 대구 지역 교육대학교 국어교육 전공 대학생 3, 4학년 100명과 대구 지역 사범대학교 국어교육 전공 대학생 4학년 80명, 총 180명을 대상으로 자신이 경험한 문법 교육에 대해 설문 조사를 실시한 바 있다. 당시 학생들의 전반적인 반응을 살핀 결과, 문법 교육 경험의 부재 현상을 확인할 수 있었다. 여기서 기존의 문법 교육이 용어를 제시하고 개념을 설명하는 형식중심으로 이루어졌고 이로 인해 문법 수업은 학생들의 흥미를 일으키지 못하는 수업, 교사의 일방적 전달로만 진행되는 수업으로 경험되었음을 확인할 수 있었다. 이러한 결과는 문법 교육 현장이 변화해야 하는 당위성을 간접적으로 보여주는 것이기도 하다.

국어에서 동사는 서술어의 역할을 할 뿐만 아니라 동사 자체의 의미 구조를 통해 논항을 실현시켜 문장을 구성하는 역할을 하기 때문이다. 문장은 명제가 표현되는 단위로서 문법 범주가 실현되어 화자의 표현의도를 드러내는 기능을 한다. 한국어에서 동사 의미는 문장의 구조에 잘 반영된다. 잘 발달된 조사가 동사가 지시하는 사건과 논항 참여자의 관계를 직접적으로 제약하기 때문이다.

이와 같은 점들을 고려하여 학교 문법에서 의미와 구문관계를 중심으로 동사 교육 방안을 모색해 보고자 한다.

2. 동사의 의미 특성

일반적으로 동사는 사물의 움직임을 나타내는 것으로 정의한다. 이때 움직임이란 시간의 흐름 속에서 움직임의 단계가 연결되는 과정을 포함한다. 상태가 고정적, 정지적인 성질을 가진다면 움직임은 변화적, 이동적인 성질을 가진다고 볼 수 있다. 이를 최현배(1937/1980 : 253)에서는 '사물이 시간 가운데에서 과정적으로 달라짐(변화함)은 다 움직임'이라고 규정하고 이러한 움직임을 나타내는 풀이씨를 움직씨라고 명명하였다. 동사는 시간의 과정을 내포하고 있으므로 형용사에 비해 활용이 자유로운 특징을 가진다. 이광정(2001 : 76)에서는 품사 분류사(分類史)에 나타난 의미문제를 검토하였는데 여기서 그는 기존 연구에서 한국어의 동사를 의미에 따라 분류한 연구는 보이지 않는다고 한다. 그는 형용사의 경우는 '성질, 상태, 형태, 시간, 부정, 비교, 지시, 성상, 의문, 수량'으로 의미를 분류할 수 있는 반면 동사의 경우는 여러 가지 기준에 따

라 다양한 분류양상을 보이고 있다고 하였다. 동사가 가진 의미 범주가
폭넓고 활용이 활발하여 의미 범주를 단일한 기준으로 세우기가 힘든
작업이라고 볼 수 있겠다. 그럼 품사의 하위 분류를 의미중심으로 제시
한 최현배(1937/1980)의 동사 구분을 잠시 살펴보도록 하자.

(1) 최현배(1937/1980 : 253)의 동사 구분
　ㄱ. 뜻있는 꼴있는 움직임(유의 유형의 동작) : 가다, 읽다, 잡다
　ㄴ. 뜻있는 꼴없는 움직임(유의 무형의 동작) : 생각하다, 사랑하다,
　　뜻하다
　ㄷ. 자연의 작용(일함) : 흐르다, 피다, 뜨다
　ㄹ. 생물의 모양이 어떻게 되는 것 : 닮다, 죽다, 자다

(1ㄱ)과 (1ㄴ)은 사람이 주체인 경우로 그 움직임을 감각적으로 관찰
할 수 있느냐 없느냐에 따라 구분하였다. (1ㄷ)은 자연이 주체인 경우이
고, (1ㄹ)은 생물의 상태가 변화하는 것이다. (1)과 같은 동사 구분은 동
사를 그 주체와 관련시켜 의미 범주를 나누었다는 점에서 교육 내용으
로 살펴볼 의의가 있다 하겠다. 이러한 구분을 통해서 모국어 화자는 동
사 관련 지식이 세계와의 관계 속에서 어떤 과정을 거쳐 발생하는지 의
식적으로 알 수 있게 되는 것이다. 따라서 (1)과 같은 동사의 구분은 객
관적으로 존재하는 세계의 움직임을 관찰하고 유의미하게 다룰 수 있는
기반을 제공할 수 있는 것이다.

동사는 주어의 동작이 어떤 다른 대상에 영향을 주느냐 주지 않느냐
에 따라 자동사와 타동사로 나뉜다. 자동사는 '불다, 흐르다'처럼 주어
스스로의 움직임을 나타내고 타동사는 주어의 동작이 다른 대상에 미치
어 그 대상을 지배하는 것으로 '들다, 읽다, 몰다, 쓰다, 보다, 하다, 믿

다, 꺾다' 등이 있다. 자동사와 타동사를 겸하는 동사로 '물다, 놀다, 자다, 뛰다, 울다' 등이 있다. 전재호 외(1995 : 82)에서는 타동사의 특징을 다음과 같이 제시하였다.

> (2) 타동사의 특징
> ㄱ. 어떤 사물에 동작이 미치어 변화를 일으킨다
>   : 논을 갈다, 기계를 고치다
> ㄴ. 주어의 동작이 어떤 대상에 단순히 미치기만 한다
>   : 책을 읽다, 물건을 보다.
> ㄷ. 행동의 결과로 어떤 사물을 만들어 낸다
>   : 집을 짓다, 아이를 낳다.
> ㄹ. 그 대상을 행위화 또는 구체화한다
>   : 잠을 자다, 공부를 하다.

(2)의 연구는 동사가 함의하고 있는 의미를 목적어와의 관계를 통해 분류하고 있는데 동사 자체만을 독립적으로 다루지 않고 논항성분과의 관계를 고려하여 분석하며 표현 문법을 주창했다는 점에서 의의가 있다. 주체가 '갈다'는 움직임을 통해 '논'이라는 대상을 파서 뒤집어 논에 직접적인 변화를 일으켰다는 실제 내용에 초점을 둔 것이다. 따라서 '갈다'는 동사는 반드시 대상을 필요로 한다는 것이다. 동사를 문장을 구성하는 하나의 형식 단위로만 설명할 것이 아니라 실재 세계를 표현하는 의미 기능을 함께 다룰 필요가 있다(졸고, 2009 : 139~142).

우리는 현실적인 설명의 편의성 때문에 타동사는 목적어를 필요로 하는 동사라고 단순화하여 가르치곤 하는데 이러한 설명은 형식적인 단위로만 기술한 것이다. 실재 세계와의 관계 속에서 살피면 주체가 다른 대상에 영향을 미치는 행위의 의미를 갖기 때문에 타동사인 것이다. 즉 타

동사의 의미를 제대로 구현하기 위해서는 목적어로서 대상을 가져야 하기 때문이다.

   (3) 농부가 논을 갈다
      ㄱ. 구조 : 주어+목적어+서술어
      ㄴ. 의미격 : 주체+대상+행위

기존 학교 문법에서 (3)을 ㄱ과 같이 문장의 구조를 중심으로만 살펴 왔다면 '갈다'의 의미를 세계와의 관련성 속에서 살펴 ㄴ과 같은 관점에서 기술할 필요가 있는 것이다. 문법 지식에 대한 의미 중심의 기술은 세계와 언어와의 관련성을 실제적으로 통찰할 수 있는 방안이 되기 때문이다. 학교 지식 또는 학문적 지식은 상식적 실재의 연장이자 이를 정교화한 것이다. 만일 학교 지식이 실재와 무관한 것으로 나타난다면, 이것을 불충분한 교수에서 기인되었다고 볼 수 있다(Lawton, 1975 : 71)는 문제 제기에 대한 대안이기도 하다.

3. 동사의 논항

동사는 완결된 정보를 제공하기 위해서 필요로 하는 성분이 있다. 예를 들어 '주다'는 'ㄱ은 ㄴ에게 ㄷ을 주다'처럼 세 개의 성분이 있어야 한다. 여기서 'ㄱ은 주다', 'ㄴ에게 주다', 'ㄷ을 주다'처럼 'ㄱ, ㄴ, ㄷ'은 모두 '주다'와 관련이 되어 있다. '주다'는 세 자리 동사이고, 'ㄱ, ㄴ, ㄷ'은 '주다'의 논항이 된다. 이처럼 어떤 어휘가 구문 내에서 필수적인 지위를 차지하느냐 아니면 비필수적인 지위를 차지하느냐의 논의에서

'논항(argument)'의 개념은 중요한 역할을 한다. 구문 내에서 어떤 구성성분의 지위가 필수적이냐 비필수적이냐에 따라 그 성분의 논항 여부가 판단된다. 논항이란 술어(predicate)가 나타내고자 하는 상황에서 꼭 필요한 요소이다. 예를 들어 'make'의 의미 구현을 위해서는 '만드는 자'와 '만들어지는 대상'이 꼭 필요한데 이들을 논항3)이라 한다(정태구, 2001 : 5). 논항은 일차적으로 의미론적인 개념이고 논항의 내용은 의미역이라 불리는 대상이다. Fillmore(1967(1987))의 격문법이 체계적으로 의미역을 언급한 이후 의미역의 목록4)은 다양하게 발전해왔다. 서술어의 논항 즉 자릿값을 이용하여 기본 문형을 구체화시키거나 추상화시키는 변형을 연습하는 것은 학습자들이 모국어를 깊이 있게 이해하고 습득할 수 있게끔 만들 것이다.

논항 구조는 의미역 목록의 방법을 통한 어휘 표시, 즉 서술어에 대하여 논항이 가지는 의미 관계를 소수의 보편적인 집합으로 구성한 것이다(시정곤, 2006 : 50).

> (4) ㄱ. 'give'(theme, goal) (Marantz, 1984 : 17)
> ㄴ. 철수가 영희를 도왔다.
> 돕다(행위자격, 대상격)

---

3) 논항은 '주어(subject)'와 '보충어(complement)'를 말한다(Radford, 1988 : 337).
4) Radford(1988: 373)에서 제시한 의미역 목록이다.
   ㄱ. 대상역 Theme(Patient) : 어떤 행위의 영향을 입는 실체
   ㄴ. 행위주역 Agent(Actor) : 어떤 행위의 유발자
   ㄷ. 경험주역 Experiencer : 어떤 심리적 상태를 경험하는 실체
   ㄹ. 수혜주역 Benefective : 어떤 행위로부터 수혜를 받는 실체
   ㅁ. 도구역 Instriment : 어떤 것이 그것에 의해 생기는 수단
   ㅂ. 장소역 Locative : 어떤 것이 놓여지거나 발생하는 장소
   ㅅ. 도착점역 Goal : 어떤 것이 움직이는 방향을 나타내는 실체
   ㅇ. 출발점역 Source : 어떤 것이 그것으로부터 움직였을 때, 그것에 해당하는 실체

논항 구조의 표시는 의미역을 직접 사용하여 표시하는 방법으로 비교 언어들 간의 의미역 구조와 내재 논항들의 지위를 표시할 수 있는 장점 이 있고, 언어들 간의 고유한 특징을 고려할 수 있기 때문이다. 또한 의 미역을 고려하는 논항 채우기 연습은 언어 현상과 그 의미에 대해 설명 을 해 내도록 학습자의 해석을 능동적으로 이끄는 효과가 있을 것이다 (조경순, 2007 : 90).

논항에 대한 교육은 학습자들이 일상생활 내에서 암묵적으로 가지고 있는 의미를 명료화하고 사물들의 관계를 언어를 통해 연결하고 정리하 는 과정이기도 하다. (5ㄴ)의 경우 행위자는 철수이고 행위의 대상은 영 희인데 '돕다'라는 움직임을 통해 둘의 관계가 구성되는 것이다.

    (5) ㄱ. 철수가 영희를 도왔다.
        ㄴ. 돌이 구멍을 도왔다.*
        ㄷ. 철수가 영희를 (   ).

(5ㄴ)의 경우 행위자와 대상의 자리에 사람이 아닌 사물이 와서 문장 이 어색하다. 학습자에게 (5ㄱ)과 (5ㄴ)을 동시에 제시하고 (5ㄱ)은 적절 하고 (5ㄴ)은 어색한 이유를 생각하게 하면 '돕다'가 사람을 주체로 할 때 가장 자연스럽다는 것을 스스로 찾아낼 것이다. 이는 타동사의 의미 구분과도 관련시킬 수 있는 방안이다. (5ㄷ)의 경우처럼 '돕다'를 (   ) 로 비워서 학습자에게 제시한 후 (   )를 채우게 한다면 '돕다'와 관련 된 타동사의 특성을 추측할 수도 있을 것이다. 이러한 논항 교육은 학습 자의 일상 세계와 언어적 지식을 명료화하고 그 지평을 확대할 수 있는 방안이 될 것이다.

4. 동사의 문장 구성 기능

화자가 대상에 대해 인식한 내용을 의미로 구성한 것이 명제이고 이 명제를 언어로 표현한 것이 문장이다. 즉 세상에 대한 주체의 의식작용5)이 문장을 생산한 것이다. 이렇게 본다면 문장은 대상과 대상에 대한 화자의 판단으로 이루어진 것이라 할 수 있다. 문장은 '무엇은 무엇이다'를 기본 틀로 하여 화자가 대치, 변형, 확대할 수 있다.

동사를 사물의 움직임을 나타내는 단어라고 정의할 때, 이는 주체가 어떤 대상의 움직임에 대해 인식한 것이 동사로 표현된 것이라 볼 수 있다. 따라서 동사를 교육할 때에는 대상과의 관계성을 학습자가 감지할 수 있게 한다는 것이 전제되어야 할 것이다. 교육내용으로 동사를 다룰 때에는 단어의 종류 중의 하나로 독립해서 다룰 것이 아니라 문장을 구성하고 대상을 판단하는 기능을 하는 요소로서 다루어야 하는 것이다.

다음은 7차 교육과정 고등학교 문법 교과서에 실린 동사 해당 부분이다. 현행 문법 교과서에서 동사는 용언에 형용사와 함께 제시되어 있다. 여기서 동사는 형용사와 구별되는 용언의 일부로서만 제시되어 있어 동사의 의미 구성이나 서술성에 대해서는 구체적인 언급을 찾아 볼 수 없다. 이는 형용사에도 해당하는 문제점이기도 하다.

---

5) 모든 의식은 필연적으로 어떤 것에 대한 의식이다. 의식은 어떤 것을 '가리키거나', 어떤 것으로 '향하게' 된다. 어떤 것을 원하고 지각하고 희망하고 판단하는 것 등은 모두 의식 행위이다. 이런 의식행위는 적절하게 대상으로 향하게 된다. 즉 인간이 원한다는 것은 어떤 것을 원한다는 것이고, 지각한다는 것은 어떤 것을 지각한다는 것이며, 판단한다는 것은 어떤 것에 대해 판단한다는 것이다. 일상 세계에 대한 인간 주체의 앎은 대상에 대한 의식행위를 통해 구성된다고 할 수 있다.

(6) 고등학교 문법 교과서 '동사' 부분

> 3. 용언 : 동사, 형용사
>
> (1) 동사, 형용사
>
> 주어의 어떤 움직임이나 작용을 나타내는 단어의 부류를 동사(動詞)라고 한
> 다. 동사에는 '뛰다, 걷다, 가다, 놀다, 살다'처럼 움직임이 그 주어에만 관련
> 되는 자동사가 있고, '잡다, 누르다, 건지다, 태우다'처럼 움직임이 다른 대상,
> 즉 목적어에 미치는 타동사가 있다.
>
> 〔탐구〕
>
> 1. 다음 자료로 동사와 형용사를 탐구하여 보자.
>
> 친구들과 개나리꽃이 흐드러지게 핀 교정에서 찍은 사진은 그 애의 설레는 행복감은
> 물론, 대기 중에 충만한 봄내음, 친구들과의 악의 없는 농지거리, 벌들의 잉잉거림까
> 지 현장에 있는 것과 다름없이 느끼게 해 준다. 그 애의 졸업식날은 왜 그렇게 추웠던
> 지, 졸업식 때에 찍은 사진에선 얼굴에 살짝 돋은 소름, 분주하게 돌아다니느라 가빠
> 진 숨결, 빨리 맛있는 거나 먹으러 가고 싶은 왕성한 식욕, 추위와 가족들의 만족감이
> 자아내는 묘한 축제의 분위기를 눈앞에 또렷이 보고 느낀다. ─박완서 '한 말씀만 하
> 소서'에서
>
> • 위 글에 나오는 용언을 모두 찾아보자.
> • 동사, 형용사를 구별하는 기준을 조사하여 위 용언들을 동사와 형용사로 구별하여
> 보자.

　　동사의 하위분류로 자동사와 타동사를 들고 있는데 그 서술이 '선언
적'으로 제시되어 있을 뿐 자세한 설명이나 관련 학습활동을 통한 이해
는 찾아볼 수 없다. 또한 국어(상) 교과서의 '4. 바른말 좋은말'에 고쳐
쓰기 활동으로 관련 문장으로 제시되어 있을 뿐이다. 한국어가 서술어
중심의 언어라는 사실을 단순히 고려해 보더라도 동사의 교육내용이 상
당히 빈약함을 확인할 수 있으며 따라서 동사의 의미 특성에 충실한 풍
부한 교육 방안이 필요함을 알 수 있을 것이다.

5. 동사 교육 방안

학습자 개인은 자신의 삶 속에서 여러 가지 사태를 해석히며 자신의 경험한 내용에 대한 일련의 의미를 구성하고 있다.6) 주어진 어휘에 대한 의미 해석도 이 전에 학습자가 경험한 교육에 의해 각기 독특성을 가지고 이루어진 것이다.

일반적인 문법 교육에서는 교사가 하나의 정답을 미리 설정해 두고 학습자를 어떻게 잘 유도할 것인가가 중요한 고려사항이 된다. 심지어 탐구학습모형에서조차도 학습자가 세우는 가설은 교사의 의도 하에 정답으로 설정된 규칙이다. 그러나 학생 개개인의 독특한 의미 구성과 경험을 존중하는 문법 교육을 실현하기 위해서는 학습자의 의미 구성에 대한 고려가 필요하다. 학습이란 학습자의 활동이며 학습자 자신의 경험 속에서 이루어지기 때문이다. 따라서 문법 교육에서 교사는 자신의 전제와 가정을 반성적으로 되돌아봄으로써 습관적으로 이루어지는 교육적 사고에 도전할 수 있어야 할 것이다. 즉 교사는 자신의 축적된 경험에 대한 반성을 통해, 교육내용으로서의 지식이 자신에게 무엇을 의미하는지를 명료화하고 나아가 자신의 교육행위의 의미를 재조사할 수 있게 된다. 이는 문법 교육을 새롭게 볼 수 있게 하는 것이다.

---

6) 학습은 학습자가 직면한 세계에 대한 자신의 의식을 검토할 때 의미있게 된다. 따라서 교사는 학생들을 변화시키고자 시도하기보다 학생들의 능동성을 자극하고 격려하는 것이 필요하다. 이러한 제안은 문법 교육에서도 유의미한 것이다. 이에 대해 Piaget는 다음과 같이 말한다(최정실, 1990 : 64~65).

수업을 통해 전달된 것이 아동 자신의 자발적 구성에 관련될 때 아동에 의해 동화되고 따라서 아동의 발달이 촉진된다. …… 그러므로 학교에서 성인의 교훈적 개입을 통해 새 개념이 학습된다고 보기는 어렵다. 소위 '적극적인' 학교는 아동의 자발성을 유발하는 상황을 창조함으로써, 아동의 흥미를 자극하고 아동의 기존 구조에 관련되는 형태로 문제를 제기하고자 한다.

이에 동사의 의미와 논항, 구문 관계 및 문장화를 활용한 교육 방안
을 살필 것이며 학습자의 수준에 따라 언어 자료를 다듬을 필요가 있는
것이다.

(1) 맥락 속에서 의미 해석과 설명

여기에서는 학습자의 의미구성과정을 존중하는 문법 교육을 동사를
대상으로 한 '의미 설명하기'를 통해 실현해 보고자 한다. 모국어 화자
로서 당연하게 여기던 해당 동사의 의미를 '왜 그럴지'란 의문을 제기하
고 스스로 설명하게 함으로써 학습자의 반성적 사고를 촉진시키고 해당
동사의 의미를 보다 정교화할 수 있을 것이다.

다음은 '밀다'를 서술어로 하는 문장이다.

> (7) ㄱ. 나는 자동차를 밀었다.
>   ㄴ. 나는 그를 회장으로 밀었다.
>   ㄷ. 나는 그를 밀었다.

(7)의 문장들은 모두 '밀다'를 서술어로 하는 문장이나 (7ㄱ)이 대상을
일정한 방향으로 움직이도록 반대쪽에서 힘을 가하는 것을 뜻하는 반면,
(7ㄴ)은 어떤 사람을 직위로 추대하거나 지지하는 것을 뜻한다. (7ㄱ)이
사전적 의미라면 (7ㄴ)은 문맥적 의미로 사용된 경우인데, (7ㄱ)은 실재
적, 물리적 대상의 이동에서 사회적 관계로의 추상적 이동으로 의미가
확장된 예문이다. (7ㄱ)의 경우 목적어 위치에 사물을 가리키는 명사가
오는 반면, (7ㄴ)의 경우 목적어 위치에 사람을 가리키는 명사가 와야
한다. (7ㄷ)처럼 '회장으로'를 생략하면 (7ㄷ)에서 '밀다'의 의미는 사전

적 의미로도 문맥적 의미로도 해석될 수 있어 그 뜻이 모호해진다. 따라서 (7ㄷ)에 '회장으로'를 논항으로 추가하면 추대한다는 의미로 쉽게 추측할 수 있다. 이러한 일련의 과정을 학습자로 하여금 거치게 한다면 학습자가 스스로 문장을 수정, 변형, 대치시켜 그 변화를 살핌으로써 문장의 의미가 왜 그렇게 이루어지는지 사고할 수 있는 기회가 될 것이다.

또한 학습자로 하여금 논항을 채우는 동사의 의미를 문장의 구조와 연관시켜 정확하게 기술하게 한다. 동사의 의미는 그 동사가 쓰이는 구조와 밀접한 관련이 있어서, 사전에서는 동사가 쓰이는 구조와 동사의 뜻을 함께 기술한다. 예를 들어 아래 (8)에서 동사 '치르다'는 '…이 …에게 …을 치르다'와 같은 구조로 사용되는데, 사전에서는 아래와 같이 동사가 쓰이는 구조를 동사의 뜻풀이 앞에 제시한다.

학습자로 하여금 다음과 같이 '치르다'가 어떤 상황에서 사용되었으며 그 결과 어떤 의미로 해석되어지고 있는가를 밝히게 한다. 먼저 학습자들에게 (8)과 같이 다양한 예문을 제시한 후 공통되는 의미끼리 묶게 한다. 그리고 묶인 예문의 맥락을 살펴 유사점을 정리하게 한 후 공통된 맥락에서의 의미를 문장으로 정리하게 하면 된다. 여기서 공통된 맥락을 찾는 활동은 '치르다'라는 동사가 어떤 경우에 쓰였는지 공통적인 상황을 추측하고 이를 학습자가 가지고 있던 경험과 관련시켜 정리하는 활동이다. 이러한 활동은 실제적으로 학습자가 겪었던 경험을 자신이 가지고 있는 '치르다'의 의미와 연계시켜 그 의미를 보다 더 명료하게 정리할 수 있게 할 것이다.

(8) 상황 맥락을 활용하여 의미 해석과 설명하기

학습자에게 제공하는 언어 자료		
ㄱ. 주인에게 내일까지 아파트 잔금을 치러야 한다.		
ㄴ. 점원에게 옷값을 치르고 가게를 나왔다.		
ㄷ. 손님이 주인에게 밥값을 치렀다.		
ㄹ. 시험을 치르다.		
ㅁ. 잔치를 치르다.		
ㅂ. 장례식을 치르다.		
ㅅ. 그렇게 큰일을 치렀으니 몸살이 날 만도 하지.		
학습자 활동 내용		
가. 공통된 의미끼리 묶기	• ㄱ, ㄴ, ㄷ / ㄹ, ㅁ, ㅂ, ㅅ	
나. 공통된 구조 찾기	• ㄱ, ㄴ, ㄷ : (…이 …에게 …을) 치르다 • ㄹ, ㅁ, ㅂ, ㅅ : (…을) 치르다	
다. 공통된 맥락 찾기	• ㄱ, ㄴ, ㄷ : 물건을 사고 돈을 내야 할 때, 물건에 대해 돈을 내고 자신의 소유로 하게 됨 • ㄹ, ㅁ, ㅂ, ㅅ : 어떤 할 일이나 예상치 못한 일이 주어졌을 때, 주어진 일을 처리하거나 어떤 사건을 경험하게 됨	
라. 의미 완성하기	• 치르다=(…이 …에게 …을) 주어야 할 돈을 내주다. • 치르다=(…을) 무슨 일을 겪어 내다.	

이와 같이 공통된 의미를 찾고 해당 문장의 구조를 추리하고 사용된 상황과 맥락을 고려하여 동사의 의미를 명료하게 정리하는 활동은 학습자로 하여금 동사의 의미를 실제적이고도 유의미하게 인식하게 하여 교육적 필요성을 체험하게 할 것이라 기대한다.

(2) 논항과 문장 의미와의 관련성

말을 할 때와는 달리 글로 표현할 때는 상황을 자세히 드러내 주어야 정확한 내용이 된다. 그냥 '싫어'가 아니라 '그 아이가 싫어', '영수가

싫어', '나는 영수가 부주의해서 싫어', '나는 영수가 자기 물건을 잃어
버리곤 내게 자꾸 빌려 달래서 싫어'라고 구체화할수록 문장은 내용은
정확해진다. 따라서 학습자에게도 용언의 논항7)을 채우는 연습을 통해
사태를 상세화하는 연습을 시킬 필요가 있다. 아울러 학습자로 하여금
논항을 채울수록 사태는 상세하게 표현된다는 것을 인식시킨다. 이러한
논항의 추가를 통한 표현의 구체성은 상황의 추가와도 관련이 깊다.

> (9) 논항과 표현의 구체성
> ㄱ. 고마워 < 네가 고마워 < 네가 나를 도와줘서 고마워 < 내가
> 급하게 연락해야 할 때 네가 전화기를 빌려 줘서 고마워.
> ㄴ. 좋아 < 네가 좋아 < 네가 생각이 깊어서 좋아 < 너는 위급할
> 때 침착하게 대처할 줄 알아서 좋아.

(9ㄱ)의 경우 주체, 이유를 드러내는 절, 상황을 드러내는 절을 추가
할수록 화자가 상대에게 고마워하는 사태가 선명하게 표현된다. (9ㄴ)의
경우 역시 주체, 이유를 드러내는 절, 상황을 드러내는 절을 추가할수록
너의 장점이 부각되어 화자가 상대를 좋아하는 사태가 분명하게 부각된
다. 이처럼 논항의 추가는 단어에 국한되는 것이 아니라 내포문, 접속문
등 복합명제의 경우에까지 확장되어 사용될 수 있다. 이처럼 논항을 추
가할수록 표현은 구체성을 띠게 되고 문장의 의미는 사태를 정확하게
드러내게 된다.

동사의 경우 논항을 어휘의 의미 특성과 함께 제시하면 문장의 의미
가 정확해 지고 사태가 더 구체적으로 표현된다. 다음은 '밀다'의 사전

---

7) 앞에서 논항이란 술어가 나타내고자 하는 상황에서 꼭 필요한 요소라고 하였는데, 이 절
에서는 필수 요소보다는 상황을 설명하기 위한 보충어로서 사용하고 있다.

기재 내용으로 홍재성 외(1996 : 219)에서 발췌한 것이다.

(10) 밀다(홍재성 외, 1996 : 219)

밀다1[타] N_0 N_1-을 V
 1. N_0=인물, N_1=사물, N_i의 N_j, N_i=인물, N_j=신체
  누가 뒤에서 내 등을 밀었다:누가 뒤에서 나를 등을 밀었다.
  (R1) : 누가 뒤에서 나를 밀었다 : (乙)/누가 등뒤에서 내가 서 있는 것을 밀었다.
  (것2)/나는 책상을 앞으로 조금 밀었다./아버지는 앞에서 끌고 아들은 뒤에서 수
  레를 밀었다./우리는 고장난 차를 함께 밀었다.
 2. N_0=인물, N_1=사물(널빤지, 반죽, 머리칼, 언덕)
  어머니께서 밀가루 반죽을 밀대로 밀어서 칼국수를 만들어 주셨다./그는 대패로
  널빤지를 평평하게 밀었다./철수는 심기일전하는 마음으로 머리를 전부 밀었다./
  불도저로 언덕을 밀어 집터를 닦았다.
  [참] 'N_2-로' 도구 보어 실현 가능 : N_0 N_{2i}-로 N1i을 V ↔ N_0 N_1을 V 대응 가능 : 목
  수 생활을 좀 해 봤는지 그는 대패를 미는 솜씨가 보통이 아니다.
 3. N_0=인물, N_1=N_i(-의 N_j), N_i=신체, N_j=때
  기영이는 손등의 때를 찬찬히 밀었다./기영이는 손등을 때수건으로 밀었다./손으
  로 때를 미는 것보다 목욕 타월로 미는 것이 더 잘 밀린다.

밀다2[타]
 ① N_0 N_1-을 V
 1. N_0=인물, N_1=인물
  나는 너를 끝까지 밀겠다.(=지지하다)
 2. N_0=인물, N_1=주장, 생각, 계획
  한번 세운 계획은 끝까지 밀고 나가자./그는 자기 생각을 끝까지 밀고 나갔다. [참]
  '-고 나가다' 연쇄로 사용
 ② N_0 N_1-을 N_2-로 V
  N_0=인물, N_1=인물, N_2=직위(후보, 대표)
  우리는 민호를 학생 대표로 밀었다. : 우리는 학생 대표로 민호를 밀었다./ 당원
  들은 그를 대통령 후보로 밀었다.

　(10)에 제시된 '밀다'에 관한 의미 정보는 교육적 활용도가 상당히 높
다. 특히 같은 문장의 구조라고 하더라도 논항의 성격에 따라 해당 동사
의 의미가 달라진다는 것은 문장 구성 요소와의 관계가 의미에 상당히
중요함을 보여주는 근거가 되기도 한다. 즉 미는 대상이 사물이나(사물

중에서도 탈 것이냐 밀가루 종류이냐 등) 사람이냐 에 따라서도 '밀다'의 의미가 달라지는 것을 확인할 수 있다. (10)에 제시된 '밀다'의 의미 정보를 교육적으로 가공하면 다음과 같다.

(11) '밀다' 교육 자료

ㄱ. 누가 뒤에서 내 등을 밀었다.
ㄴ. 나는 책상을 앞으로 조금 밀었다.
ㄷ. 아버지는 앞에서 끌고 아들은 뒤에서 수레를 밀었다.
ㄹ. 어머니께서 밀가루 반죽을 밀대로 밀어서 칼국수를 만들어 주셨다.
ㅁ. 그는 대패로 널빤지를 평평하게 밀었다.
ㅂ. 철수는 심기일전하는 마음으로 머리를 전부 밀었다.
ㅅ. 불도저로 언덕을 밀어 집터를 닦았다.
ㅇ. 목수 생활을 좀 해 봤는지 그는 대패를 미는 솜씨가 보통이 아니다.
ㅈ. 한번 세운 계획은 끝까지 밀고 나가자.
ㅊ. 그는 자기 생각을 끝까지 밀고 나갔다.
ㅋ. 우리는 민호를 학생 대표로 밀었다.
ㅌ. 당원들은 그를 대통령 후보로 밀었다.
ㅍ. 나는 너를 끝까지 밀겠다(=지지하다).

(11)의 '밀다'는 '누가 무엇을 밀다.'를 기본 구조로 하지만, '무엇을' 의 대상 종류에 따라 의미가 달라진다. (11ㄱ), (11ㄴ), (11ㄷ)의 경우는 어떤 대상을 움직여 이동시킬 때 사용되었으며 이 때 '무엇을'은 사물로 한정되며 그 의미는 '일정한 방향으로 움직이도록 반대쪽에서 힘을 가하다.'가 된다. (11ㄹ), (11ㅁ), (11ㅂ), (11ㅅ), (11ㅇ)은 '무엇을'이 사물 중에서도 널빤지, 반죽, 머리칼, 언덕 등에 한정되며 이 때 '무엇으로'의 도구 보어가 실현가능하다. 이 경우는 '바닥이나 거죽의 지저분한 것을 문질러서 깎거나 닦아 내다.'나 '허물어 옮기거나 깎아 없애다.'의 의미 가 된다. (11ㅈ), (11ㅊ)의 '무엇을'은 주장, 생각, 계획 등이며 이 경우는 '-고 나가다' 연쇄로 사용이 가능하다.

(11ㅍ)은 '누가 누구를 밀다'로, (11ㅋ), (11ㅌ)는 '누가 누구를 직위(후보, 대표)로 밀다.'로 '누구를'이 사람에 한정되어 '뒤에서 보살피고 도와주다. 특정한 지위를 차지하도록 내세우거나 지지하다.'의 의미를 가진다. 따라서 동사의 의미는 동사의 의미 구조뿐만 아니라 관련된 논항의 자질에 따라서도 달라진다는 것을 확인할 수 있다. 이런 점은 (10)의 '밀다1, 밀다2'가 왜 의미가 달라지는지에 대해 관련 논항의 의미자질의 차이와 그 확대 적용으로 설명이 가능함을 보여주는 것이다.

(3) 구문 관계 활용

정병철(2007 : 213)에서는 동사의 경험적 상관성에 기반한 의미 확장이 구문의 구조에 영향을 미치며 Goldberg(1995 : 4)가 제시한 구문8)에 대하여 더욱 동기화된 설명을 제공할 수 있다고 보아 동사의 의미를 통한 구문의 예측 가능성을 살폈다. Langacker(2003)에서는 인지언어학적 관점을 공유하는 이론들의 목록에서 제일항목을 '규칙보다는 구문이 주된 기술의 대상이다'라고 제시하기도 하였다. 구문이 모국어 화자의 인지 속에 실재하고 있으며 이러한 구문은 언어의 습득 과정에서 보편적으로 삭용하고 있다고 본다. 따라서 의미와 형태의 짝이라면 인지적으로 어느 것이 먼저라고 할 것 없이 함께 표출된다고 보아 구문을 통해 동사의 의미를 함께 교육한다면 효과적일 것이다.

구문 관계를 활용한 동사의 의미 파악은 모국어 화자의 암묵적 이해로 존재한 지식양상을 명시적 이해로 정교화할 수 있는 방안이 될 것이

---

8) Goldberg(1995 : 4)는 구문(construction)을 '다른 구문에 대한 지식으로부터 예측할 수 없는 의미와 형태의 짝'이라고 정의하였다.

다. 모국어 화자의 머릿속에 내재되어 사용되는 이른바 자동화된 구문 관계에 대한 지식을 학습자가 의식하도록 교육하는 것이다. 한 예로 기능동사9)의 경우는 유의 구문으로 변환시키면 그 의미가 분명해진다. 다음 (12)의 예문을 살펴보자.

> (12) 유의구문으로 변환하기
> ㄱ. 수속하다 = 수속을 (   )/밟다
> ㄴ. 사회하다 = 사회를 (   )/보다
> ㄷ. 질문하다 = 질문을 (   )/던지다
> ㄹ. 침묵하다 = 침묵을 (   )/지키다
> ㅁ. 계획하다 = 계획을 (   )/짜다, 세우다
> ㅂ. 명령하다 = 명령을 (   )/내리다

(12)처럼 기능동사를 비슷한 의미의 구문으로 변환시킨 언어 자료를 학습자에게 제시한 후 (   )를 채우도록 활동을 구상할 수 있다. (12) 에서 '-하다'는 어휘 범주상으로는 동사이지만, 앞의 명사인 '수속, 사회, 질문, 침묵, 계획, 명령'에 의해 술어적 의미가 완결되는 특수한 동사이다. 비워진 어휘적 의미를 유사한 의미를 가진 동사로 변환시켜 봄으로써 해당 동사의 의미를 명확하게 확인할 수 있다.

---

9) 홍재성 외(1996)은 동사 항목의 기술을 위해 동사를 일반(자유) 동사, 숙어 동사, 기능 동사, 보조 동사로 나누었다. 이 중 기능동사의 설정은 의미적 차원에서 이루어진 것이다. 기능동사는 술어가 명사 범주로 어휘화된 술어 명사(약속, 결정, 명령)를 중심으로 구성되는 단문―술어와 그것이 지배하는 논항으로만 이루어지는―에서 동사 위치에 사용되어 문장을 완결시키는 동사 어휘를 지칭한다. 어휘 범주상으로 보면 동사이지만, 의미적 술어의 성격을 지니지 못하는, 이와 같은 의미에서 어휘적 의미가 비어 잇는 동사를 말한다. 술어가 문장화될 때 요구되는 문법 범주의 실현(시상, 태 등)만을 가능하게 해 주는 점에서 술어의 밑받침(support)이 되는 동사이다. 도움을 주다(=돕다), 합의를 보다 (=합의하다), 도망을 치다(=도망하다), 의심을 사다(=의심받다), 계획을 세우다(=계획하다), 이해가 가다(=이해하다) 등이 해당한다(홍재성 외, 1996 : 4).

일상 언어생활에서 자주 사용하다 보니 익숙해져 자동적으로 인식하던 동사의 경우도 (   )로 비워둔 채 학습자에게 제시할 수 있다. 이 경우 비워진 부분을 채우는 활동을 통해 학습자의 사고는 활성화되고 동사에 의미에 대한 지식도 명료해질 것이다. 다음 (13)의 예문을 학습자에게 제시할 수 있다.

(13) 동사 채우기
    ㄱ. 결단을 (   )/내리다
    ㄴ. 실패로 (   )/돌아가다
    ㄷ. 노력을 (   )/기울이다
    ㄹ. 도망을 (   )/치다
    ㅁ. 도움을 (   )/주다
    ㅂ. 엄포를 (   )/놓다
    ㅅ. 잘못을 (   )/저지르다
    ㅇ. 전화를 (   )/걸다
    ㅈ. 성공을 (   )/거두다
    ㅊ. 반란을 (   )/일으키다
    ㅂ. 도움을 (   )/받다
    ㅌ. 잔소리를 (   )/듣다
    ㅍ. 저항에 (   )/부딪치다
    ㅎ. 욕을 (   )/먹다

또한 동사는 부사의 꾸밈을 받는데 일정한 동사에 전형적으로 나타나는 부사가 있다. 이처럼 동사의 용법에 전형적으로 나타나는 부사를 적정 부사라 하고 일반적으로 사전에서 구조 기술에는 표시하지 않으나 문법 정보나 예문을 통해 간접적으로 나타낸다(홍재성 외, 1996 : 12).

(14) 적정 부사를 활용한 동사 의미 지도

    ㄱ. (   ) 묶다 /꽁꽁

    ㄴ. 눈물이 (   ) 돌다 /핑

    ㄷ. 한바퀴 (   ) 돌다 /빙

    ㄹ. 엄마를 꼭 (   )/ 닮다.

  (14)의 경우처럼 어휘적 차원에서 특별히 긴밀하고 제한적인 결합관계를 보이는 단어의 연쇄를 우리는 동사와 긴밀하게 연결하는 적정 부사를 통해 확인할 수 있다. 이러한 양상은 구문관계가 보다 긴밀하게 연결되어 그 사용이 상용화된 관계라고 볼 수 있다. 따라서 해당 문장에서 (14)처럼 부사를 (   )로 설정하여 적절한 어휘로 채워 넣게 함으로써 동사의 의미를 관계 성분과의 결합을 통해 명료화할 수 있다.

⑷ 동사의 문장화

  모국어 화자는 실재세계를 의미로 구성하고 일정한 사고 작용을 통해 언어로 표현하는 데 가장 적절한 어휘를 선택하는 과정이 언어 주체로서 스스로를 인식하는 순간이기도 하다. 한국어는 굉장히 복잡한 사태나 상황을 한 문장으로 표현하기도 한다. 다음 (15)예문을 살펴보자.

(15) ㄱ. 나는 밥을 먹었다.

    ㄴ. 나는 밥을 보았다. 그리고 숟가락을 들었다. 숟가락으로 밥을 떴다. 밥을 입에 넣었다. 입으로 밥을 씹었다. 그리고 나서 삼켰다.

    ㄷ. 식탁 한 구석에 억지로 앉았다. 힘없이 젓가락을 들어 밥알을 세어 본다. 입이 텁텁해서 숟가락으로 뜨거운 국물을 마셔 본

다. 답답하던 목이 풀리는 듯하다. 식탁 위에는 굴비 한 마리
가 나를 노려보고 있다. 그 노려보는 모습이 기분이 나빠 뒤
집어 버렸다.

'먹다'라는 움직임은 '무엇을'이라는 대상을 필요로 하는데, 그 '무엇
을' 먹는 과정을 의식적으로 분석하여 서술한 것이다. 학습자에게 (15
ㄱ)에 대해 자신의 경험을 의식적으로 관찰하게 한 후 짧은 글쓰기를 실
시하게 한다. (15ㄱ)을 구체적인 사태로 표현하면 (15ㄴ)이 될 수 있다.
(15ㄴ)과 관련된 학습자의 경험을 상기시켜 자세하게 서술하게 하면 (15
ㄷ)과 같은 내용이 진술되기도 한다. (15ㄷ)은 늦은 아침을 먹는 순간을
묘사한 대학생의 글 중 일부분이다. 총 여섯 개의 문장으로 이루어진 이
텍스트는 사실 (15ㄱ)이나 "나는 밥을 먹기가 정말 싫었다"로 바꿀 수
있다.

특히 심리동사의 경우 대표적이다. '사랑하다', '생각하다', '결심하다'
와 같은 심리동사들은 눈으로 관찰할 수는 없지만 (15ㄴ)이나 (15ㄷ)처
럼 구체적인 사태로 변환시켜 눈에 보이게 표현할 수 있다. 즉 동사를
사태화시켜 여러 문장으로 구체적으로 표현하는 활동은 우리가 무의식
적으로 사용하여 자동화된 단어들을 의식적으로 관찰, 분석해서 그 의
미를 새롭게 구현하는 사고 과정이기도 하다. 따라서 (15ㄱ)을 (15ㄴ)이
나 (15ㄷ)처럼 구체화하여 서술하는 활동은 적극적인 의식화의 과정이
될 수 있다. 더 자세히 살펴보면 (15ㄷ)에서도 왜 하필 식탁의 모서리에
앉았는지, 왜 숟가락이 아니라 젓가락을 먼저 들었는지, 왜 국물을 먼저
마셨는지 등 자동적으로 이루어진 행동들의 원인을 분석하여 서술하다
보면 모든 행동의 의미가 부여되어 한 편의 텍스트가 구현될 수 있는

것이다.

이러한 활동은 다른 문법 교육에서도 활용할 수 있으나, 특히 단계가 있는 움직임과 관계된 문법 교육에서 보다 더 적극적으로 활용할 수 있을 것이다. 이 때 '왜'라는 질문은 학습자가 스스로 던져 그 의문에 대답하기에는 힘든 부분이 있다. 당연하게 여기던 모든 행동에 학습자 스스로 '왜'라는 의문을 제기하고 스스로 의미를 부여하기는 쉽지 않다. 따라서 교사와 학습자와의 대화가 필요하게 된다. 문법 교육에서 교육적 대화10)를 통한 상호작용은 학습주제를 보다 명료화하고, 학습자의 학습을 촉진시킬 것이다.

6. 마무리

지금까지 동사를 중심으로 학교 현장에서의 교육 방안에 대해 살펴보았다. 이 글은 학교 문법 내용 자체에 대한 문제 제기보다는 의미 중심의 동사 교육 방안을 구체적으로 모색해 본 것이다. 학교 문법서에 제

---

10) 학습자는 학습과제와 내용에 관련되는 참여자이다. 즉 학습자는 교사에 의해 대상으로 지향되는 것이 아니라 교사와 함께 세계를 지향하는 존재로 간주된다. 의미있는 학습은 학생의 능동적 참여를 통해 이루어지게 된다. 대화를 통해서 교사와 학생은 대상에 대해 탐구한다. 이때 교사와 학생은 어떤 대상을 의식하고 그 대상과 의미있는 관계를 맺게 된다. 이것이 성취될 때 학생들은 지향한 대상을 더 잘 이해하고 평가하며, 더욱 적절히 수행할 수 있게 된다. 학생이 교사와의 대화를 통해서 어떤 것을 학습해 가는 것이를 교육적 대화라고 할 수 있다. 대화를 하기 위해서는 생각을 하는 것이 필요한데, 이런 의미에서 대화는 직접적으로 반응하는 것이 아니라 반성을 통해 반응하는 것이다. 대화참여자들이 자신이 무엇을 의미하는지를 명료화하고, 왜 어떤 의미를 갖게 되었는지를 말하고, 자신이 의미하는 바를 예증하며, 자신들의 주장을 이전에 말한 것과 관련짓도록 요구될 때, 그들은 직접 부닥치는 것이 아니라 일단 물러서게 된다(최정실, 1990 : 101).

시된 지식을 결과로서 받아들이기보다는 해당 지식 구성의 과정을 학습자가 스스로 복원해 보는 교육 방안을 모색함으로써 동사의 본질과 기능을 스스로 알게 하고자 한 것이다. 이를 위해 모국어 화자라면 당연하게 여겨 자동적으로 '안다'고 인식한 동사의 의미를 명시적으로 이해할 수 있도록 하는 여러 가지 교육 방안을 모색하였다. 암시적 이해의 정도에 그친 동사의 의미를 명시적 이해의 장으로 이끌기 위해서 여러 가지 방법을 통해 모호한 상황에서의 동사의 의미를 찾고 분석해 보았다. 동사와 의미 구조와의 관계, 논항과의 연관성, 구문 관계를 통해 학습자가 스스로 의문을 제기하고 설명할 수 있는 능력을 갖출 수 있는 방안을 모색하였다. 또한 동사 교육을 통해 사태를 구체적으로 표현하여 문장에서 단락쓰기로 연계될 수 있는 방안을 제안하였다.

이러한 일련의 활동은 학습자가 교과서나 교사에 의해 제공되는 문법 지식을 수동적으로 익히는 학습의 모습에서 발전하여 다양한 언어 현상에 관심을 갖고 그 의미를 구체적인 상황 속에서 분석, 설명할 수 있도록 동사의 교육 내용을 구안하는 것과도 관련이 깊다. 교육방법에 대한 논의는 교육내용으로서의 문법지식의 특성과 관련하여 진행되어야 한다. 모든 지식이 인식주체에 의해 구성된다는 지식의 주체화는 의미를 탐색하고 구성하는 문법 교육의 장에서 가장 잘 실현될 수 있을 것이다. 이러한 시각에서 교사와 학습자는 모두 문법 지식을 생산해 내는 능동적인 언어 주체로 설정될 수 있다.

이 글에서는 문법 현상에 대한 인식 주체로서 교사와 학습자를 염두에 두고 동사 교육 방안을 모색해 보았다. 여기에 교사는 단순히 문법 지식을 전달하는 메신저가 아니라, 교사 자신이 가진 문법 현상에 대해 의문을 제기하고 반성적 성찰을 할 수 있는 능력을 가진 존재이며, 학습자로 하여금 문법 현상에 대해 '왜 그러한가'라는 의식을 깨우치는 조력자이기도 하다. 교사와 학습자의 교육적 대화를 통해 개개인이 가진 기존의 문법 지식을 재확인하고 그 경험을 확대하여 의미를 확장하고 정교화할 수 있는 교육의 장을 기대하는 바이다.

제 15 장 │ 언어 능력 평가와 낱말깁기검사

1. 낱말깁기검사의 교육적 필요성

국어교육은 학습자들의 모국어 능력을 측정하고 평가하여 사고력을 함양하는 길로 삼아야 한다. 현재 국가단위에서 치러지고 있는 대학수학능력시험 중 언어영역 시험은 학습자들의 모국어 능력을 재는 표준화된 잣대이다. 그러나 이 시험은 대학에 입학해서 학문을 닦을 기본적인 능력의 정도를 따지는 진단의 역할을 할 뿐 학습자들에게 모국어 능력을 신장시킬 기회를 직접적으로 제공해 주지는 않는다. 또한 모국어 능력을 낱낱의 하위 능력으로 분석하여 오지선다형으로 제시되어 학습자의 실질적인 모국어 능력을 제대로 진단해 주지 못한다. 이런 문제 의식에서 국어과 평가에 대한 연구가 활발하게 이루어지고 있다. 과거의 분절적 평가의 관점에서 벗어나 요즘은 통합적 평가의 관점에서 교육 현장과 연계한 연구가 많아졌다.

읽기 활동에 대한 이론적 기반을 다진 연구는 낱말깁기검사[1])에 관한 연구들이 많다. 낱말깁기검사 연구는 주로 읽기 능력을 측정하는 구체적인 수준의 평가 도구 개발에 대한 연구이다. 그 교육적 활용도가 높지만, 영어권에서 처음 개발되어 활용되었기에 한국어 능력 측정에 맞지 않는 부분이 많다. 우리나라에서 통합적 접근 방식을 활용하여 학습자의 언어 능력을 평가하고자 한 시도는 이상태(1979)에서 최초로 확인할 수 있다. 깁기 검사에 대한 연구는 정정분(1989), 강일석(1987), 박수자(1996), 고병욱(1998), 이희세(2003)에서 확인할 수 있다.

이 글에서는 낱말깁기검사에 대한 기존의 연구 성과를 정리한 후, 깁기 검사의 통합적 평가로서의 특성과 교육적 유용성을 확인하고, 한국어의 특성에 맞는 낱말깁기검사 제작 방법을 구체적으로 논의할 것이다. 이를 통해 국어과 평가도구로서의 낱말깁기검사의 교육적 활용 방안을 모색해 보는 토대로 삼고자 한다.

2. 언어 능력과 낱말깁기검사

낱말깁기검사(Cloze Test)[2])는 원래 영어를 모국어로 하는 학습자를 대

---

1) 'cloze test'를 우리말로 옮기는데 전병만(1985)에서는 '규칙 빈칸 메우기 검사'라고 했고, 교육과정에서는 '빈칸 메우기 검사'라고 했으나, 원래 글에서 주로 낱말을 비우고서 기워 넣게 하는 절차를 쓰므로 이상태(1979), 강일석(1988), 임규홍(1996) 등에서는 '낱말깁기검사'라고 옮겼다. 이 글에서는 여러 단서를 활용하여 글의 빈 칸을 깁는 활동을 통해 의미를 적극적으로 구성할 수 있고, 이를 통해 이해능력뿐만 아니라 고등사고능력까지 평가할 수 있다고 보아 '낱말깁기검사'라 부른다. 여러 조각의 옷감을 기워 옷을 만들 듯이, 빈칸을 메우는 데 그치지 않고 단서를 적극적으로 사용하여 지식을 능동적으로 구성할 수 있다는 의도이다.
2) '깁기'(cloze)란 근원적으로 'closure'에서 유래한 형태 심리학의 용어로 인간의 지각·기

상으로 산문의 이독성(readability)을 측정하기 위해 1953년에 Tayeor가 처음으로 고안한 것이다. 낱말깁기검사는 단절된 언어 모형을 제시하여 학습자가 언어에 대한 기존 지식을 활용하여 의미를 재구성하게 하는 것이다.

문맥적으로 상호 연결된 일련의 빈칸으로 구성되어 있으며 글쓴이가 표현하고 있는 언어 패턴과 학습자가 그에 대해 추측하는 가능한 언어 패턴 사이에 있는 유사성을 반복적으로 추출한다. 언어외적인 맥락을 고려하여 텍스트를 이해함으로써 빈칸을 채우게 되며 정상적인 언어제약을 준수하는 언어요소들을 실시간 처리하고, 학습자가 문법을 어떻게 수행하는지에 대한 정보를 이끌어 낼 수 있다. 낱말깁기검사는 담화 수준에서의 제약과 문장 내에서의 구조적 제약을 이용하여 만든 시험이다.[3]

학습자는 주어진 텍스트의 필자가 의도한 바를 표현하기 위해 사용한 언어 형식을 끊임없이 탐색, 수정해야 하므로 그 과정에서 복잡한 사고 과정을 필요로 한다.

국어과 평가 도구로서의 낱말깁기검사의 의의를 밝히려면 먼저 국어과 평가의 성격을 확인해야 한다. 개정 국어과 교육과정에서 제시된 국어과 평가와 관련한 내용을 정리하면 다음과 같다.

　　가. 영역별 평가 목표와 내용에 적합한 평가 방법으로 학습자의 국어
　　　　능력을 타당하고 신뢰성 있게 평가할 수 있도록 계획한다.

억·행동 등이 안정을 이루는 과정, 다시 말하면 전체를 구성하기 위하여 불완전한 형태를 완성하거나 삭제된 부분을 채우려는 인간의 경향에 기초를 두고 있다. 빈칸메우기 검사라고 부르기도 한다(전병만 1985 : 21 참조).
3) 조용준·전선경(2006), 347~350쪽 참조.

　　나. 학습자의 국어 능력을 평가하되, 학습자의 표현 능력과 이해 능력,
　　　　인지적 요소와 정의적 요소가 균형 있게 평가되도록 한다.
　　다. 학습의 과정과 결과를 모두 중시하고 교수·학습 과정과 평가를
　　　　연계하여 평가하게 한다.
　　라. 국어 사용의 실제성을 고려하여 다양한 평가 상황을 설정하고, 영
　　　　역을 통합하여 평가하도록 한다.

　국어과 평가는 학습자의 국어 능력을 평가하는 것이고, 평가를 할 때
는 과정과 결과를 연계하여 가르치면서 평가하고, 평가하면서 가르쳐야
한다는 것이다. 교수·학습 방법 및 교수·학습 자료 개선에 유용한 정
보를 제공하기 위한 평가, 궁극적으로는 교수·학습의 질을 높이기 위
한 평가를 지향해야 할 것이다. 또한 언어활동이 동시적으로 통합되어
일어나고, 언어 자료나 주제를 중심으로 하여 연속적으로 이루어진다는
것을 고려하여 영역을 통합해서 평가하는 것이 바람직하다.[4]
　학습자의 국어 능력이란 곧 언어 능력을 어떻게 보느냐에 의해 정의
될 수 있는데, 낱말깁기검사가 학습자의 언어 능력을 어떻게 평가할 수
있는지, 그리고 교육 상황에서 어떤 유용성을 가지는지 살펴 볼 것이다.
　언어 능력은 문법성의 차원에서 의사소통의 차원으로 확장되어 논의
되었다. '의사소통능력'은 Chomsky(1968)의 언어 능력에서 강조되는 문
법성 판단력이나 언어 형태의 정확성뿐만 아니라 문맥에 적절한 언어
표현을 선택할 수 있는 능력을 포함하여, 의사소통 목적을 위해 언어를
어떻게 사용하는가에 관여된 모든 능력을 총칭한다. 이는 언어능력을
문장의 차원에서 의사소통상황으로까지 확장한 개념으로 Hymes(1967)가
제안하였다. 이를 더 구체화하여 Hymes(1972)는 4가지로 제시하는데, 문

---

4) 개정 국어과 교육과정 해설서 '5. 평가' 부분을 재정리하였음.

법적으로 가능한 표현, 주어진 상황에서 구현할 수 있는 표현, 문맥상 적절한 표현, 실제 구현되는 표현을 인지할 수 능력이다.

Oller(1971)은 시험의 목적은 내재화된 문법의 효율성을 측정해야 한다고 주장하며, 예기문법(expendency grammar)을 제시했다(전병만 1985 : 20). 이 때 '예기(expendency)'[5]는 언어를 사용하는 심리적 실제 과정의 본질을 이해하는 실마리로서, 언어 연쇄와 예기 문맥의 개념을 바탕으로 한다. Oller(1979)에서 통합적 평가의 화용론적 평가 측면을 강조하며 받아쓰기 검사와 낱말깁기검사를 제안했다. 받아쓰기 검사는 듣기와 쓰기가 동원되는 언어행위를, 낱말깁기검사는 읽기와 쓰기가 동원되는 언어행위를 통합적으로 평가한다. 평가의 부분성, 단편성보다는 평가의 통합성, 전체성은 Morrow(1979)에서도 강조되며, 거기서는 언어평가의 의사소통적 특성을 7가지로 분명하게 제시한다.

예기 문법의 가정을 받아들여 Allen(1971)은 변형 낱말깁기검사를 연습을 위한 교수와 시험을 잘 연결시켜 주는 방법으로 활용하였다. 그는 빈칸에 가능한 어떤 단어를 메우는가에 의해서 학습자의 문법성을 측정할 수 있으며 단순한 '선택'이 아닌 '생산'적인 것을 요구하는 시험 방법으로 활용할 수 있다고 논했다(조명원 1984 : 420).

Bachman(1990)[6]에서는 의사소통적 언어능력을 언어적 지식과 실제 이를 적용하여 사용할 수 있는 능력을 포함한 개념으로 규정한다. 이는 언어적 능력과 전략 능력, 상황 속에서 선험 지식을 활용할 수 있는 능

---

5) '예기'는 실제 사용하는 언어의 특별한 연속적인 조직, 연쇄와 부류의 조직(결합과 계열)으로서 실제 생활 장면에서 언어사용자가 언어를 사용함에 언어 영역 밖의 맥락을 충당하는데 참조하도록 색인을 붙여놓는 기능―참조 기능―을 한다는 것이다. 문법과 맥락(context), 구조와 상황을 결합시킨 것이다.

6) 유신혜(2001), 6~12쪽 참조.

력, 그리고 또한 심리 생리적 원리 ― 이해와 표현 인지 능력 ― 를 포함
하는 능력으로 구성된다.

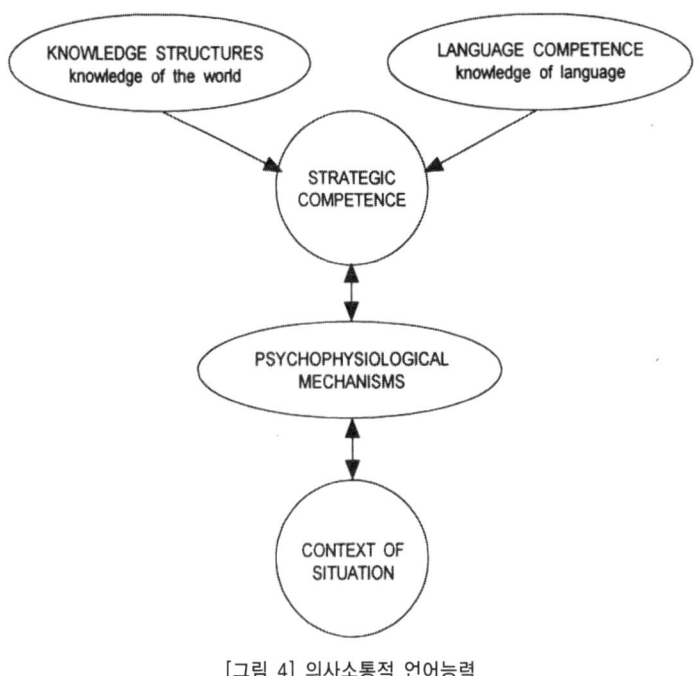

[그림 4] 의사소통적 언어능력

언어적 능력이 실제적으로 문맥 안에서 어떻게 사용되어지는가의 인
지적 과정에 초점을 두고, 이 과정은 전략적 능력에 의해 이루어진다고
본다. Bachman의 전략적 능력은 언어를 사용하여 의사소통하는 맥락에
서 인지적 능력의 구성 요소들을 실행에 옮겨 실제생활에 적용할 수 있
도록 하는 능력인데, 이는 주어진 상황을 평가하여 필요한 언어적 능력
을 결정하고, 상황에 적절한 의사소통 수단의 결정을 통해 언어 표현이
나 이해로 즉 심리 생리적 기제로 연결되는 좀 더 포괄적인 능력이다.

　정리해 보면, 언어능력은 모국어 화자의 문법적 문장구성능력과 문맥 속의 대상과 내용을 인지하는 이해력을 뜻한다. 국어능력은 국어 화자의 국어 문법 능력과 세상과 국어 문장과 텍스트 속의 내용을 이해하고 표현하는 능력이다. 모국어 화자가 직관적으로 잘된 문장과 잘못된 문장을 구별할 줄 알고 문장을 생성할 줄 아는 능력은 기초적인 사고능력이고 문맥상 대상과 세상과의 관계를 인지하고 판단하는 능력은 고등사고능력과 연관된다. 이처럼 낱말깁기검사에서 학습자가 빈칸을 메우기 위해서는 기초적 언어능력뿐만 아니라 대상과 연관짓는 고차적인 이해능력까지 필요로 하기 때문에 낱말깁기검사는 총체적인 국어능력을 평가하기에 적절한 검사도구이다.

　언어능력을 이렇게 이해할 때 학습자의 언어사용과정에서 인지적 기저로서의 언어능력을 정확하게 확인할 수 있는 간편한 방법이 낱말깁기검사임을 알 수 있다. 낱말깁기검사의 특성상 빈칸을 정확하게 깁기 위해서는 인지적 지식과 능력이 적극적으로 활용되어야 하기 때문이다. 어휘와 어휘 차원의 빈칸뿐만 아니라 담화 차원의 빈칸까지 제대로 메우기 위해서는 언어내적요소를 이해하는 기초 능력에서부터 문맥과 대상세계를 연관짓고 이해하는 인지적 차원의 능력까지 필요한 것이다. 즉, 낱말깁기검사는 학습자의 여러 가지 양상의 언어체계를 동시에 제어하는 능력을 측정하는 전반적이고 통합적 방식의 평가이다.

　낱말깁기검사와 언어능력을 연관시켜 앞에서 제시된 학자들의 견해를 정리하면 아래 표와 같다.

[표 4] 언어능력과 낱말깁기검사 관련 견해

학 자	관련 견해
Oller(1971)	언어적 연쇄(linguistic sequence)와 예기 문맥(expendency contexts)
Allen(1971)	연습을 위한 교수와 시험을 잘 연결시켜 주는 방법, 학생의 문법성, 생산적인 것 측정
Hymes (1967,1972)	의사소통 능력의 4가지 ㄱ. 어떤 표현이 문법적으로 가능한 것인가 ㄴ. 어떤 표현이 주어진 상황에서 구현 가능한 것인가 ㄷ. 어떤 표현이 문맥상 적절한 것인가 ㄹ. 어떤 표현이 실제 구현되는 것인가를 판단할 수 있는 능력
Canale & Swain(1980)	전략적 능력: 의사 소통이 단절되거나 불완전할 때 동원하는 상황판단이나 전략적 차원에서의 언어 능력의 일부
Bachman (1990)	전략적 능력: 언어 수행 전반에서 언어 사용자로 하여금 의사 소통 능력을 최대한 효과적으로 발휘하게 해주는 인지력(cognitive capability)

3. 낱말깁기검사의 종류[7]

　일반적 형태로서의 낱말깁기검사는 매n번째마다 규칙적으로 낱말을 삭제하고 그 대신 빈칸을 넣음으로써 학습자가 그 빈칸을 기워 넣는 전통적인 검사형태를 말한다.

　변형 깁기 검사는 특별한 문법 구문을 의도적으로 측정하기 위하여 단어를 용도에 따라 무작위로 삭제하는 형태의 방법으로 Oller & Inal(1971)의 모국어를 영어로 하지 않는 사람들을 대상으로 한 영어 전치사 용법의 유창도 시험, Davies(1975)의 단어의 어떤 문법적인 범주를 생략하는 시험, Allen(1971)의 연습을 위한 교수와 시험을 잘 연결시켜 주는 방법, 빈칸에 가능한 어떤 단어를 메우는가에 의해서 그의 문법성을 측정할 수 있으며

---

7) 정정분(1989), 17~33쪽 참조.

단순한 '선택'이 아닌 '생산'적인 것을 요구하는 시험 등이 있다.

선택 깁기 검사는 선택형 답지를 주어 적절한 답을 고르는 방법이다. 검사의 종류를 좀 더 상세히 알아보면 아래 표와 같다.

[표 5] 깁기 검사의 종류

기 준	종 류	특 징
삭제제약	규칙형	매n번째 낱말을 삭세하는 고정율 깁기검사의 모태, 매5번째 낱말 삭제 방법을 표준형깁기검사라 함, 기타는 유사무작위깁기검사라 함
	변형	변동률깁기검사 미로형깁기검사, 10%무작위삭제깁기검사
	편집형	매n번째 낱말마다 다른 낱말을 덧붙이거나 삽입하여 교정하게 함
피험자의 답변 형태	구어	구어로 답함, 저학년 및 제2외국어 학생 대상, 정확한 발음평가 및 지도에 좋음
	문어	글로 써서 답함, 대부분 여기에 속함
선택지 유무	자유 응답형	개방형 깁기검사, 선택지가 없이 학습자가 빠진 단어를 생산적으로 답하는 일반적인 검사 형태
	선택형	빈칸에 대한 선택지가 3~4개 주어져서 문맥상 가장 적합한 항목을 답하게 함, 채점이 용이함
	읽기 -정보형	빈칸에 정답과 오답을 제시하여 적절한 낱말에 원을 치게 함, 낱말을 쓰기 위해 읽기를 방해할 필요가 없음
문제지 제시 형태	시각적	인쇄화된 문제지로 치룸
	청각적	녹음기나 방송, 육성 등을 통해 문제를 제시함, 저학년이나 제2언어 학습자에게 주로 사용됨
삭제 형태	낱말	삭제혓태가 한 낱말인 단일어삭제깁기검사임
	다중 낱말	삭제형태가 연속적인 여러 낱말임, 고등정신능력 요구됨
	철자	한 낱말의 일부가 삭제됨, 낱말에 대한 인식력을 키우기 위한 검사, 유아나 저학년 학습자에 사용됨
	음소	매n번째 낱말의 첫 음소가 삭제됨, 읽기수준이 낮은 저학년 학습자에게 주로 활용

각각의 검사는 검사의 목적과 학습자의 상황, 맥락 등에 따라 다르게 수정, 적용되어야 한다. 전통적인 검사 형태는 규칙형, 문어, 자유응답

형, 시각적, 낱말깁기검사의 형태를 띤다. 검사자가 교수학습의 방략을 위해 의도적으로 빈칸을 삭제할 경우에는 변형삭제검사를 주로 택한다. 국어과 평가도구로서의 깁기 검사는 주로 변형, 문어, 자유응답형, 낱말 (다중낱말)깁기검사의 형태를 택한다.

4. 국어 낱말깁기검사의 개발

여기서는 낱말깁기검사에 대한 기존 연구들을 분석하여 국어과 평가도구로서 낱말깁기검사 개발의 기준을 설정하여 실제 적용해 보기로 한다. 이는 낱말깁기검사를 국어의 특질에 맞게 수정하여 개발함으로써 국어교수학습 전반에 활용할 수 있는 평가도구를 마련하고자 하는 의도이다.

(1) 국어 특질에 맞는 낱말깁기검사 개발

낱말깁기검사의 국어에 대한 최초의 적용은 이상태(1979)로, 국어의 특성과 교육적 견지에서 내용 낱말(내용어)과 구조 낱말(구조어)로 나누어 깁기검사를 실시했다. Kintsh(1977)의 이해 모형을 바탕으로 깁기검사의 이론적 준거를 삼고, 내용이 어려운 바탕글 2개와 구조가 복잡한 바탕글 2개를 정해서, 변형률로 내용어나 구조어 부분을 비운 후, 학생들로 하여금 깁게 하였다. 그 결과, 중학생의 이해도보다 고등학생의 이해도가 높다는 사실을 확인했다. 또한 중학생과 고등학생의 구조어 깁기와 내용어 깁기의 검사 결과가 거의 일치하는 것은 내용의 이해와 말본요소의 이해가 긴밀히 관계한다는 것을 보여준다고 보았다.

전병만(1985)에서는 매7번째 50문항 어절깁기검사를 실시하였으나 글의 난이도가 지나치게 높았다는 문제점이 드러난다. 영어와 국어를 학력검사를 준거로 삼아 비교하였는데 영어는 두 검사간의 상관도가 높았으나 국어는 상관도가 매우 낮아 학력고사를 준거 기준으로 삼을 수 없다는 결론을 제시했다.

앞의 두 연구를 보다 구체화하여 강일석(1987)에서는 바탕글을 섬세하게 제작한 구조낱말과 내용낱말, 선택형 어절 깁기 검사를 실시하였다.

깁기 검사의 이론적 타당성을 살피고 실제 적용한 국내외의 문헌들을 검토 분석한 연구는 정정분(1989)에서 이루어진다. 거기서 깁기검사의 국어교육적 용도를 읽기 자료의 난이도 측정과 그에 따른 학년별 읽기 자료 선정, 학습자의 읽기 과정과 언어 능력 진단, 학습자의 언어 기능을 향상시키기 위한 교수방략 수립, 각종 언어 기능 평가 시험의 대안용으로 제안하고 국어교육에 도움이 될 수 있는 시사를 찾고자 하였다.

이희세(1989)에서는 깁기 검사가 전반적인 언어숙달도 측정에는 유용하나 비교할 기준 측정으로서의 타당한 국어능력검사도구가 없다는 문제점을 제기하면서 문장 수준의 문법 문항 25문항, 독해력 문항 25문항, 총 50문항으로 이루어진 국어능력검사를 자체 개발한 후, 삭제 방식을 달리한 네 가지 유형의 깁기 검사를 실시하여 비교하였다.

앞서의 연구들이 깁기 검사를 글의 이해와 관련한 이독도 측정을 중심으로 분석하였다면, 박수자(1996)에서는 깁기 검사를 수업지도와 학생의 교정을 목적으로 깁기 검사가 이루어졌다. 텍스트 이론을 바탕으로 해석틀을 만들고 깁기검사의 결과와 이에 대한 해석을 바탕으로 학생의 이해 정도를 개별적으로 파악하고자 한 점에서 현장 교육에서의 의의가 높다 할 수 있다.

통계적 분석을 통해 이해도 공식을 추출하려고 시도한 연구는 고병욱
(1998)에서 보이는데, 깁기 검사를 통해 어휘와 문장의 수준이 바탕글의
이해에 미치는 정보를 파악하여 이해도 공식을 추출하고자 했다. 다만
이 공식이 널리 쓰이기 위해서는 보다 넓은 대상을 상대로 한 검사와
통계 분석의 검증이 필요하다. 선행한 깁기 검사의 연구 결과를 정리해
보면 다음과 같다.

[표 6] 국어 깁기 검사 선행 연구

	㉠ 이상태	㉡ 전병만	㉢ 강일석	㉣ 이희세	㉤ 박수자	㉥ 고병욱
목적	글의 이해도, 이독도 확인	깁기검사의 타당도 검증	글의 이해도, 이독도 확인	전반적 언어 숙달도 측정	교수학습 과정의 준거 (학습전략)	이해의 척도 설정
실시	구조어깁기검사, 내용어깁기검사	어절깁기 검사 (영어, 국어)	구조어깁기 검사, 내용어깁기검사, 선택형어절 깁기검사	네 가지 유형의 검사 실시	서사텍스트, 설명텍스트 활용, 수업 전후의 결과 비교	구조어깁기검사, 내용어깁기검사
해석	중학생보다 고등학생의 이해도가 높음 격조사보다 어미 깁기가 어려움	영어와 학력고사의 상관도만 높음	중학생보다 고등학생의 이해도가 높음 내용어깁기가 구조어깁기보다 어려움(중학생은 구조어는 제대로 기움)	① 음절삭제 →② 형식어 삭제 → ③ 어절삭제 →④ 내용어삭제 순으로 어려움	추론적 이해에서 수업 효과가 없음. 서사텍스트 깁기가 쉬움	어휘수준이 문장의 복잡성보다 어려움 내용어깁기가 구조어 깁기보다 어려움
의의	이해의 요소는 말본의 짜임, 되풀이 됨, 개념 간의 관계임	국어어절 깁기검사는 학력고사와 상관도가 낮음(준거기준의 문제점)	깁기검사의 절차를 세밀화한 실험 연구	기초기능은 ①, ②로 고등 기능은 ③, ④로 측정가능함	평가해석틀 (텍스트이론)로 학생의 언어능력 확인	중, 고 이해도 공식 산출 (일반화의 제약)
대상	중2, 고2년	중·고·대 학생, 교사	중1, 고1년	고2년	초3, 4년	중3, 고2년

선행 연구들을 검토한 결과 낱말깁기검사의 실시와 관련된 몇 가지 유의미한 준거들을 확인할 수 있다.

① 구조어와 내용어

영어와 국어는 단어의 통사화 방식이 다르다. 영어가 어순고정방식으로 SVO형태로 문장을 구성한다면, 국어는 낱낱의 개념과 개념의 사이를 문법형태소가 엮음으로써 문장을 구성한다. 국어는 대부분 문법형태소의 첨가에 의해 말을 엮어 문장을 이루는데, 국어의 문법형태소가 정보내용을 더 큰 덩이로 묶어 준다. ㉡, ㉣에서 음절깁기검사와 어절깁기검사를 실시했으나 유의미한 결과를 얻지 못했음을 확인할 수 있다. 반면 ㉠, ㉢, ㉤에서는 실시과정에서 글의 이해와 관련된 여러 요소를 확인할 수 있다. 따라서 국어의 글생성과정을 정밀하게 파악하려면 내용어와 구조어[8]로 나누어 깁기 검사를 실시해야 한다. 국어의 특질을 확인해서 사고와 논리의 측면까지 명세화해서 평가할 수 있는 것은 구조어 깁기검사이다. 다음 예문을 살펴보자.

(가) 철수( ) 영희( ) 집( ) 편지( ) 썼( ).
(나) 철수기 영희외 집에서 편지를 썼어
(다) 철수가 영희에게 집에서 편지를 썼어.
(라) 철수에게 영희가 집에서 편지를 썼어.

---

8) 내용어는 낱낱의 개념을 나타내는 낱말로, 구조어는 각 개념을 엮는 역할을 하는 낱말로 구분하였다. 구조어는 개념을 통합, 나열, 대비, 비교, 요약, 구분하는 말로서 조사, 어미, 덩이지움말(보기를 들면, 요컨대, 일반적으로 보면), hedge word이다. Bachman의 '기능어'와 역할이 유사하며, 여기서는 조사와 어미는 통사 장치의 층위에서, 덩이지움말은 텍스트 층위에서의 구조 표지어 및 결속 표지어로 본다. 구조어를 '개념을 엮는 역할을 하는 낱말로서 의미구조에 대한 단서까지 포함하는 용어'로 정의한다. 이를 통해 깁기 검사의 영역을 문장에서 텍스트 차원으로까지 확장시킬 것이다.

(마) 철수도 영희에게 집에서 편지를 썼어.

(바) (나는) 철수에게 영희의 집에서 편지를 썼어.

 내용어는 '철수, 영희, 집, 편지, 썼-'이고 구조어는 (가)의 ( )에 들어가는 말로서 내용어 사이를 엮어 문장의 구조를 짜는 역할을 한다.

 (가)~(바)까지 '철수, 영희, 집, 편지, 썼-'의 낱낱의 개념은 같지만 어떤 조사나 어미가 쓰였느냐에 따라 전체 문장의 뜻은 달라진다. (가)에서 논항이 '쓰다'란 동사이므로 우선되는 참여항은 '쓰다'의 의미로 따져 볼 때 행위자격(ageative case)이 된다. 그 다음 상황맥락에 의해서 여격, 목적격, 처격 등이 더해질 수 있다. (나), (다)에서 편지를 쓴 사람은 철수이고, (라)에서 편지를 쓴 사람은 영희이다. 철수 다음에 조사가 '가'가 왔느냐 '에게'가 왔느냐에 따라 편지를 쓴 사람과 받는 사람이 바뀌었다. (마)에서 편지를 쓴 사람은 역시 철수이지만, '-도'가 붙음으로써 영희에게 편지를 쓴 사람이 더 있다는 것을 함축한다. 물론 내용어가 달라져도 문장의 뜻은 달라지지만, 구조어의 경우는 위와 같이 개념 간의 관계를 보여줌으로써 보다 더 추상적인 뜻덩이를 만들어 준다.

> (가) 우리는 일상 생활( ) [지구가 움직이( ) 있다]는 것( ) 느끼지
> 못하( ), [해( ) 달이 움직여]서 [낮( ) 밤( ) 생기]는 것 ( )
> 알기 쉽다. 그러나 사실은 [[[지구가 쉬( )] 않]( ) 운동을 하고
> 있]다.
> (나) 명제 분석
> 우리는 일상 생활에서 A를 느끼지 못하고, C어서 D로 알기 쉽다.
> 그러나 사실은 E이다.

 글(가)의 빈칸을 메우려면 먼저 (나)에 분석된 명제가 학생의 머릿속

에 내재적으로 잡혀 있어야 한다. (가)를 선적으로 읽어가면서 머릿속으로는 다차원적인 의미적 엮음이 이루어져야 하는데, 그 엮음이 적절하게 이루어 졌는지 확인할 수 있는 것이 바로 구조어를 어떻게 넣었는가의 문제이다. (나)의 명제분석에서 진하게 표시된 부분은 글(가)에서 조사나 어미의 빈칸으로 의미통사론적인 엮음을 구현하는 구조어 이다.

따라서 구조어는 논항(참여항)−서술항을 엮고, 각각의 개념을 의미−형식적으로 통합, 응결, 결속시키는 기능을 한다. 구조어를 살핌으로써 표층적인 문장의 구조뿐 아니라, 명제의 구조, 정보의 구조, 정보의 흐름을 파악할 수 있는 능력을 갖추게 되는 것이다.

문장에 대한 내용의 이해와 말본 요소의 이해는 아주 긴밀하다. 구조어가 각 개념을 엮는 역할을 한다는 말은 곧 구조어가 각 개념을 한차원 더 높은 추상의 뜻덩이로 묶는 역할을 한다는 것이다. 구조어 중 조사는 단위 명제 내부의 서술항−논항의 통사적 관계를, 어미는 단위 명제들 간의 의미론적 관계를, 보조조사와 접속조사는 정보의 흐름과 관계를 주로 명세화한다. 글이란 단순히 여러 문장이 선적으로 나열된 것이 아니고 계층적 구조물이므로 그 구조의 복잡성이나 단단함의 정도에 따라 읽기 쉽고 어려움의 정도에 차이가 있을 것이다. 구조어는 서술항에 대한 논항의 묶음부터 단순한 어휘의 묶음, 명제석 묶음, 나아가 정보의 관계까지 표시한다.[9]

② 바탕글의 수준과 범위

학생의 인지수준의 발달에 따른 바탕글을 선정하고, 그에 따라 깁기

---

9) 황미향(1998), 130~138쪽 참조.

검사의 종류를 달리해야 한다. 특히 구조어 깁기 검사의 경우 바탕글을 세밀하게 여러 가지 방향으로 다듬으면 여러 가지 목적을 이룰 수 있다.

㉠~㉮의 결과를 따져 보면, 초, 중, 고등학생으로 학교급이 올라갈수록, 즉 학생이 성장할수록 글에 대한 이해도가 높아졌음을 인지할 수 있다. 그러나 이해의 세부 요소로 따져 볼 때, 초등학생의 경우는 서사텍스트를 설명텍스트보다 더 쉽게 이해하고 있다. 중학생의 경우는 구조어 깁기가 내용어 깁기보다 쉽게 이해되는 것으로 나타난다. 따라서 구조어 깁기가 내용어 깁기보다 쉽다는 것이다. 전학년에 걸쳐서 유용하게 쓰일 수 있는 것은 구조어 깁기검사의 효용도가 높음을 확인할 수 있다. 또한 내용어 깁기의 경우, 어휘의 수준과 문장의 복잡성이 글의 이해에 영향을 끼치는 것을 본다.

구조어 깁기 검사의 경우, 중학생의 경우에 내용이 쉬운 글에 대해서는 구조어를 잘 깁는데 비해, 내용의 수준이 보다 높아지면 구조어를 깁는 능력도 현저히 떨어진다는 것을 확인했다. 구조어를 하나씩 세지 아니하고 보다더 긴밀히 관계하는 요소들을 묶어서 셈하였을 때에는 이 현상이 더욱 두드러지고 그것은 중학생 집단에게 훨씬 현저하게 드러난다. 이처럼 구조어 깁기 검사는 학생의 수준차이에 따라서, 바탕글 내용의 어려운 정도에 따라서 의미있는 이해의 차이를 나타낸다.

낱말깁기검사에서 구체어 뒤의 빈칸이 추상어 뒤의 빈칸보다 깁기 쉽다. 이는 추상어 뒤의 빈칸을 잘 깁는 학생이 문장에 대한 개념체계가 더 잘 정립되어 있다고 볼 수 있다. 구체어가 많이 쓰인 표현은 구체적 표현이 되고, 추상어가 많이 쓰인 표현은 추상적 표현이다.[10]

---

10) 구체어란 그것이 가리키는 대상이 온전히 존재하는 단어로서, '산, 물, 나무, 짐승' 등이 그 보기가 된다. 세상에 존재하는 대상들은 여러 가지 성질들을 가지고 있다고 생각되

다음 자료를 살펴보자. 아래 표는 이상태(1979)의 낱말깁기검사의 결과를 재정리한 것이다. 구체어와 추상어의 뒤를 깁는 문항을 재배열해서 각각의 학생정답률을 분석한 것이다. 먼저 글(가)~글(라)[11]의 문항을 분석해서 구체어뒤의 빈칸과 추상어뒤의 빈칸으로 구분해서 각각의 문항수와 문항비를 정리했다. 중학생과 고등학생의 문항별 정답자수와 비를 다시 각각 구체어 뒤와 추상어 뒤의 빈칸 문항에 대한 정답자수와 비로 재정리했다. 아래 표에서 중학생과 고등학생 급별로 통계치를 제시했다.

[표 7] 낱말 깁기 검사 결과

글	총 문항수	구체어 뒤 (문항수, 비)	추상어 뒤 (문항수, 비)	구체어 정답수	구체어 정답률	추상어 정답수	추상어 정답률	총 정답수	총 정답률	학교급
가	21	15(71.43)	6(28.57)	13.21	88.07	2.82	47.00	17.02	81	중
				13.98	93.20	4.62	77.00	18.97	90	고
나	25	5(20.00)	20(80.00)	2.83	56.67	9.88	49.40	13.13	53	중
				4.18	83.60	15.97	79.85	20.15	81	고
다	22	5(22.73)	17(77.27)	3.41	68.18	6.53	38.41	9.18	42	중
				4.46	89.20	11.82	69.53	16.87	77	고
라	19	12(63.16)	7(36.84)	6.12	51.00	2.45	35.00	8.59	45	중
				9.25	77.08	3.69	52.74	14.82	78	고

구조어 깁기 검사에서 나타난 전체 문항에 대한 학생들의 정답률로 볼 때 가장 읽기 쉬운 글은 글(가)이고, 글(나), 글(라), 글(다)의 순으로 점점 읽기 어려운 글로 판단된다.

는데, 생각을 통해서 분리되는 이들 성질을 나타내는 말을 추상어라고 부른다. 가장 추상성이 높은 단어는 '모양, 성질, 종류, 방법, 수, 개념, 구실' 등처럼 여러 대상에 들어 있는 성질들을 가리키는 단어가 될 것이다.

11) 바탕글 (가)~(라)는 이상태(1979)의 '부록'을 참조하기 바람.

글(가)~글(라)에서 공통적으로 확인할 수 있는 것은 구체어 뒤의 구조어를 바로 기운 학생의 수가 추상어 뒤의 구조어를 바로 기운 학생의 수보다 많다는 사실이다. 구조어 깁기 검사에서 학생들이 구체어보다 추상어 뒤의 구조어를 깁는 것을 더 어려워 한다는 것을 알 수 있다. 또한 문항의 구성으로 볼 때, 글(가)는 구체어 바로 뒤의 구조어를 깁는 문항수가 71.43%이고, 추상어 뒤의 구조어를 깁는 문항수가 28.57%로서 전체 문항이 구체어 중심으로 이루진 글이라는 것을 추정할 수 있다.

그렇다면, 학생들은 구체어가 많은 글보다는 추상어가 많은 글을 더 어렵게 읽어낸다는 사실을 확인할 수 있다. 또한 추상적인 표현이 많은 글의 경우, 학생들이 의미적인 엮음을 하기 힘들어 한다는 것도 알 수 있다. 즉, 구체어가 많을수록 쉬운 글이고, 추상어가 많을수록 어려운 글이라는 것이다.[12]

그런데, 글(라)의 경우는 글(나)보다 구체어의 비율이 높은데도 학생들의 정답률이 떨어진 이유는 무엇일까? 구조어는 조사가 문장의 통사적 엮음에 관여하고, 어미가 명제간의 의미적 엮음에 관여한다. 구조어, 특히 어미 사용의 비가 높을수록 표층 문장 안에 숨어 있는 심층 문장, 곧

---

12) 학생들이 구체어보다 추상어를 어려워하는 이유는 무엇일까? 글(가)의 구체어와 글(나)의 추상어를 예로 들어 보았다.

(가) : 구체어 : 지구, 해, 달, 낮, 밤, 팽이, 광선

(나) : 추상어 : 분류, 현상, 계통, 체계, 이해, 방법, 상호관계, 의미

(가)의 '팽이'의 경우 외부 세계에 형태를 띠고 존재하는 외재적 의미를 가진 사물로서, 눈으로 보고 손으로 만져 확인할 수 있다. 반면 (나)의 '분류'는 여러 가지 사물이나 개념들의 속성들을 밝혀 공통점이나 차이점으로 정리한 후, 일정한 기준을 세워 묶어 주는 사고의 과정이다. 즉, 구체어는 학생들이 인지하기 쉽지만, 추상어는 눈에 보이지 않는 생각의 흐름, 개념, 속성 등을 가지런히 의미를 정리한 어휘이기에 학생들이 그 추상어가 가진 사고의 흐름을 익히지 못하면 이해하기 어렵다. 이런 까닭으로 학생들은 구체어보다 추상어를 익히기 어려워하고, 또한 추상어를 성공적으로 익힌 학생은 글을 이해, 생성하는 힘이 강하다고 판단할 수 있는 것이다.

내재된 명제의 수가 많고 그 엮음이 복잡한 글이 된다는 것이다. 다음 표를 보자. 글(가)~글(라)의 조사와 어미수를 조사하여 각각의 비율을 살펴보았다.

[표 8] 구조어 깁기 바탕글 분석

글	조사수	문항수	어미수	문항수	조사비율	어미비율
가	25	14	10	7	1.79	1.43
나	26	21	8	6	1.23	1.33
다	21	9	17	11	2.33	1.55
라	26	13	13	6	2.00	2.17

글(나)보다 글(라)가 구체어의 사용빈도가 높다고 해도 글(나)보다 글(라)에 쓰인 조사와 어미의 비율이 높은 것으로 보아 의미적 엮음이 복잡한 글이라고 볼 수 있다. 따라서 글(나)보다 글(라)가 학생들에게 더 어렵게 읽혀진 것이다.

즉, 글의 이독도는 추상어와 구체어의 문제뿐만 아니라 서술어와 구조어로 확인되는 개념의 되풀이, 명제의 수, 관계의 복잡성 등에 의해 복합적으로 결정된다.

학습자의 인지발달과 글을 이해하는 능력이 밀접한 관련이 있다는 기존의 견해를 바탕으로 하여, 학습자의 발달 단계에 따라 낱말깁기검사의 종류와 바탕글의 수준을 위에서 논의한대로 정리하면 다음과 같다.

[표 9] 학습자와 바탕글의 수준

학습자*	실시 검사 종류	글의 수준
① 유아	구조어 깁기검사	문장 수준
② 초등학교 1~4년	구조어 깁기검사	문장 수준, 짧은 서사 텍스트

학습자*	실시 검사 종류	글의 수준
③ 초등학교 5년 ~중학교 3년	구조어 깁기검사	서사 텍스트, 짧은 설명 텍스트
	내용어 깁기검사	구체어가 많은 짧은 글
④ 고등학생 이상	구조어 깁기검사	구체어와 추상어가 적절히 섞인 설명 텍스트, 문장의 구성이 복잡한 글
	내용어 깁기검사	비지시적 한자어가 섞인 완결된 설명 텍스트, 논증 텍스트, 문장의 구성이 복잡한 글

＊ : 기존연구에서의 검사대상을 기준으로 구분함

①~④의 구분은 기존 연구에서 이루어진 검사 대상과 관련하여 나눈 것이다. ①에서 ④로 갈수록 인지력과 언어능력이 발달한다고 보고, 검사할 바탕글의 구체적인 수준을 제시했다. 또한 구조어 깁기 검사가 모국어 화자의 내재된 문법의식을 쉽게 확인할 수 있는 방법이라는 바탕을 깔고 구조어 깁기 검사를 먼저 실시하고 고학년으로 갈수록 내용어 깁기 검사를 실시하도록 했다. 구조어 깁기 검사는 문법 능력의 측정을 읽기를 통해 할 수 있으며, 내용어 깁기 검사는 이해 능력의 측정에 주효하므로 통합적으로 실시하는 것이 좋다. 또한 낱말깁기검사의 바탕글은 간단한 문장 수준에서 시작하여 완결된 글로, 서사 텍스트에서 완결된 설명 텍스트와 논증 텍스트의 순으로 제안했다. 글의 내용상 어휘 수준과 문장 수준에 대한 논의에서, 글의 내용은 어휘는 비지시적 한자어가 많고 추상어가 많을수록 어려워진다는 연구 결과에 따라 순서를 정했다.

③ 문항 제작 방법

㉮ 선택적 삭제 방식

빈칸을 구성할 때 각 항목의 특성들이 전체 검사에 미치는 영향을 고

려하여 구성해야 한다. 구성항목의 특성과 난이도 간의 관계를 Abran &
Chapelle(1992)은 다음과 같이 제시하였다(조용준, 전선경 2006 : 352).

[표 10] 문항의 구성항목과 난이도

구성항목	난이도 낮음 ↔ 높음
1. 문맥 안에서 단서를 제공한 말의 위치	목표어에 가깝다 ↔ 목표어에서 멀다
2. 목표어가 있는 문장의 음절수	적다 ↔ 많다
3. 텍스트에서 목표어의 출현 횟수	높다 ↔ 없다
4. 내용어/기능어 여부	기능어 ↔ 내용어
5. 목표어의 단어 길이	짧다 ↔ 길다
6. 가능한 답의 수	하나 이상 ↔ 하나만
7. 가능한 형태의 수	하나만 ↔ 하나 이상
8. 답안 형식	선택적 ↔ 구성적

예를 들면 문맥의 수와 낱말의 수는 선택적 삭제 방식의 깁기 검사에
서의 구성항목의 난이도와 반비례의 관계임을 볼 수 있다. 선택적 삭제
방식은 어휘의 문법적 혹은 담화적 기능을 기준으로 낱말을 선택적으로
삭제하는 방식으로 학습자의 문법적 지식뿐만 아니라 오류분석을 통해
일정한 교정지도를 할 수 있다는 장점이 있다.

㉯ 내용어 삭제 방법

문장의 엮음은 텍스트 생성과 밀접한 관련을 맺게 된다. 텍스트언어
학에서 텍스트의 이해와 생성은 의미와 형식의 연쇄, 결속에 의한 것이
다. 텍스트다움을 명세화하기 위해 보그란데와 드레슬러(Baugrand &
Dressler, 1981)는 텍스트 자체의 요인으로 결속 구조와 결속성을, 심리적
요인으로 의도성과 수용성을, 정보적 요인으로 정보성을, 사회적 요인으

로 상황성과 상호텍스트성을 들었다. 이 중 텍스트와 직접적으로 관련 있는 것은 결속 구조(coheision)와 결속성(coherence)으로 결속구조는 텍스트의 표층적 표시와 연관되고, 결속성은 의미적 연결과 관련이 깊다. 한국어에서 의미와 형식은 하나의 덩어리로 떼어낼 수 없으므로, 결속이란 말로 함께 사용해도 될 것이다. 텍스트다움을 규정하는 기준으로 텍스트의 고유한 자질인 결속구조와 결속성은 각기 형식의 결속과 의미의 결속의 기능을 하는 것으로, 결속표지는 형식적으로는 결속구조와 밀접한 관계를 가지면서 의미상 결속성의 역할을 하는 두 속성을 다 지닌 표지로 보면 되겠다.13)

Bachman(1982)은 고정삭제는 의미적, 통사적 관계를 무시하기 때문에 변동율삭제를 해야 한다고 했다. 즉, 기능어는 개별 문장의 수준에서 문법적 과정을 반영하지만, 내용어는 문장과 문장 사이의 경계를 가로지르는 응집적 과정을 반영한다는 것이다. 거기에서 삭제형을 세 가지로 분류하였는데 구 수준의 구문적 삭제, 문장과 문장 사이의 응집적 삭제, 의미의 일관성 수준의 전략적 삭제로 제시했다. 따라서 내용어 관련 삭제시에는 전반적인 맥락과 언어사용자의 인지적·언어적 상황을 이해하여 삭제해야 한다.

이런 점에서 박수자(1996)의 연구는 텍스트 해석 이론을 근거로 해석틀을 제안했다는 점에서 의의가 높다. 아래의 해석틀은 검사 바탕글에서 내용어를 삭제할 때, 활용하면 효과적일 것이다.

---

13) 이상태(1999 : 89) 참조.

[표 11] 깁기 검사의 해석틀(박수자, 1996 수정 인용)

기준 문항	텍스트 외적 단서				텍스트 내적 단서				
	언어지식스키마		지식스키마		결속구조14)			결속성 장치	
	숙어	공기	일화	정보	반복	지시	대체	문맥추리	내용표현
1.									
계									

　위의 해석틀은 문항 제작시에 빈칸을 만들 때 고려할 사항이기도 하다. 언어지식스키마는 관용적으로 사용되는 어휘표현(숙어)와 늘 함께 나타나는 문법구문(공기)로 나누었는데, 이는 글의 내용과 상관없이 사전배경으로 자동적 연상에 의해 해결된다. 결속구조 장치는 텍스트 응집소로서, 글의 요소들을 결집력있게 연결해 주는 언어 장치이다. 결속성에서 문맥추리는 전후 문맥을 통해 글의 부분을 예측할 수 있는 항목이고, 내용표현은 어느 정도 문맥이나 글 내용 전반을 고려하여 적절한 표현을 가정하는 창의적인 어려운 문항이다(박수자, 1996 : 31).

　아울러 내용어 깁기검사는 어절 단위로 삭제해서 문항을 만들고, 구조어 깁기검사는 조사와 어미 중심으로 삭제해서 문항을 제작하는 것이 편리하다.

④ 채점방법

　허용채점방법과 정확채점방법을 목적에 따라 달리 적용하면 된다. 가장 보편적인 깁기검사의 채점방법은 정확낱말 채점방법인데, 이는 원문

---

14) 결속구조(cohesion)는 문법적인 의존관계로 나타나는데 지시와 접속, 연결과 생략으로 텍스트에 실현된다. 결속성이란 의미적인 연결성을 뜻하며 추리에 의해서 발생할 수 있다(김봉순(2002 : 9~10) 참조). 박수자(1996)를 수정, 인용하였다.

의 낱말과 완전히 일치하는 것만 정답으로 인정하는 방법이다. 지나치게 엄격한 채점은 창조적인 독자의 반응을 제한한다는 견지에서 허용낱말 채점방법이 제안되었는데 이는 원문의 낱말과 완전히 일치하지는 않더라도 문맥상 적절하면 정답으로 인정하는 방법이다. 두 가지 채점방법 사이에는 0.9 이상의 높은 상관이 있다고 여러 연구자에 의해 밝혀졌다. 따라서 학습자에 대한 의미 있는 다양한 정보를 얻기 위해서는 허용낱말 채점방법이, 전체 학습자의 능력이나 이독도와 관련된 통계가 필요한 경우에는 정확낱말 채점방법이 선호되고 있다.

지금까지 국어과 평가도구로서의 낱말깁기검사 개발에 관해 논의한 내용을 요약해 보면 다음과 같다.

(1) 한국어의 특질에 맞게 구조어 깁기검사와 내용어 깁기검사로 나누어 개발, 실시한다. 구조어 깁기 검사는 문법 능력의 측정에, 내용어 깁기 검사는 이해 능력의 측정에 주효하므로 상호 연계하여 통합적으로 실시하는 것이 좋다.

(2) 바탕글은 글의 이독도와 학습자의 수준에 따라 선정한다. 글의 이독도와 관련한 요소는 구성 어휘의 특징(구체어와 추상어의 비율), 문장의 복잡성, 되풀이 요소의 정도 등이다. 구조어 깁기검사가 쉬우므로, 구조어 깁기검사에서 시작하여 내용어 깁기검사로 점차 단계를 올린다.

(3) 바탕글을 삭제하여 빈칸을 만들 때에는 검사의 목적과 학습자의 상황을 고려한다. 또한 미리 검사 해석틀을 함께 작성하면 검사의 활용에 효과적일 것이다.

(4) 집단의 특성과 관련한 통계 처리시에는 정확채점방법을, 교수학습

과정과 관련한 정보를 얻고자 할 경우에는 허용채점방법을 사용한다.

5. 국어 낱말깁기검사 문항의 실제

국어과 평가도구로서의 낱말깁기검사는 글의 이독도 측정을 통한 학년별 바탕글 선정의 유용한 기준이 될 수 있으며, 학생들의 읽기를 비롯한 국어능력신장을 위한 교수학습과정의 길잡이가 될 수 있다. 다만, 국가적 차원의 국어능력측정의 준거가 마련되지 않은 한계 때문에 결과측정치를 활용할 수 없는 문제가 남아 있다. 그러나, 국어교수학습과정에서 진단 및 수행의 평가도구로서 활용할 경우, 그 교육적 유용성은 높다고 본다. 여기 검사 문항 작성의 과정을 실제로 기술해 본다. 문항 작성과정 및 정답의 확인을 통해 각 문항의 목표는 보여질 것이다.

학습자는 빈칸 깁기를 통하여 모든 단서와 전략을 통합하여 사용하여 원래 의미를 구성할 것이다. 단순한 이해 능력에서부터 학습자의 맥락 단서를 활용하는 전략적 능력을 확인[15]할 수 있는 것이다. 이 결과에 따라 학생들의 수준에 맞는 텍스트 선정과 평가 문항을 고려할 수 있을 것이고, 학생늘이 어려움을 겪는 부분이 통사적인 것이냐, 의미적인 것이냐를 판단할 수 있다.

바탕글을 선택하여 이를 명제 분석한 후, 각각 내용어 깁기 검사 문항과 구조어 깁기 검사 문항을 만들었다. 이 경우 명제 분석은 술어항에 알맞은 참여항을 찾아 정리한 기본적인 개념 문장이다.[16] 다음은 바탕

---

15) 임천택(2002), 219~220쪽 참조
16) 고등학교 1학년을 대상으로 비슷한 난이도의 글을 깁기 검사를 해 본 결과, 비문학 독

글과 바탕글의 명제 분석, 내용어 깁기 검사 문항과 해석, 구조어 깁기 검사와 해석의 순으로 구성한 검사 문항 제작의 예이다.

바탕글

① 종교는 결코 낯선 현상이 아니다. ② 우리의 일상 어디에서나 그리고 언제나 우리는 종교라고 틀지워 부를 수 있는 현상들과 만난다. ③ 물론 너무 익숙해 있어 종교라고 하는 뚜렷한 관행 속에서 잊혀져 버린 현상도 있고 두드러지게 생경해서 우리가 지닌 상식적인 개념의 종교라는 용어를 사용해도 옳은지 망설여지는 경우도 없지 않다. ④ 이를테면 유교는 전자의 예일 수 있고, 낯선 문화의 여행기 등에서 읽을 수 있는 이를테면 아프리카 토착민들의 통과의례같은 것은 후자의 예일 수도 있다.

－정진홍(1995 : 18), 종교문화의 이해, 청년사

바탕글의 명제분석

1. 종교는 현상이다.
2. 그 현상은 결코 낯설지 않다.
3. 1은 2가 아니다.
4. 우리는 일상 어디에서나 현상들과 만난다.
5. 우리는 일상 언제나 현상들과 만난다.
6. 그 현상들은 종교라고 틀지워 부를 수 있다.
7. 우리는 4, 5의 형태로 6을 만난다.
8. 물론 그 현상이 너무 익숙하다.
9. 종교는 뚜렷한 관행이다.
10. 그 현상은 잊혀졌다.
11. 그 현상은 두드러지게 생경하다.
12. 우리는 종교라는 용어를 상식적인 개념으로 사용한다.

해 수업에서 학생들의 학습 반응도가 상당히 좋았음.

13. 우리는 망설이는 경우도 없지 않다.

14. 8어서 9이기에 10이다.

15. 11어서 12이기엔 13이다.

16. 14이고 15이다.

17. 유교는 전자의 예이다.

18. 낯선 문화의 여행기에서 읽을 수 있다.

19. 아프리카 토착민의 통과의례이다.

20. 19는 18에서 가능하다.

21. 20은 후자의 예이다.

[중심 명제] : 종교는 낯선 현상이 아니다.

[표면문장의 관계] : ① 주지-② 상술-③ 부연-④ ③의 예시

구조어 깁기 검사

(1) 검사 문항

종교는 결코 낯선 현상이 아니다. 우리의 일상 어디(1) 그리고 언제나 우리는 종교라고 틀지워 부를 수 있(2) 현상들과 만난다. 물론 너무 익숙해 있(3) 종교(4) 하는 뚜렷한 관행 속에서 잊혀져 버린 현상(5) 있고 두드러지게 생경해서 우리가 지닌 상식적인 개념 (6) 종교라는 용어를 사용해도 옳(7) 망설여지는 경우도 없지 않다. 이를테면 유교는 전자의 예일 수 있고, 낯선 문화의 여행기 등에서 읽을 수 있(8) 이를테면 아프리카 토착민들의 통과의례같은 것은 후자의 예일 수(9) 있다.

(2) 정답과 해석

문항	정답	해석
1	에서나	조사의 화용론적 사용, 에서/에서나의 차이점 인식
2	는	내포절의 확인과 관형격 어미의 사용
3	어	원인의 의미를 지닌 접속어미의 사용
4	라고	연속된 빈칸에서의 관련 어휘간의 적절한 관계 설정
5	도	화용조사의 적절한 사용
6	의	추상적인 뜻덩이 묶음으로서 관형격 조사의 사용

문항	정 답	해 석
7	을는지	양보의 의미를 지닌 어미의 호응 관계 파악
8	는	내포절의 확인과 관형격 어미의 사용
9	도	화용조사의 적절한 사용

내용어 깁기 검사

(1) 검사 문항

종교는 결코 낯선 현상이 아니다. 우리의 일상 어디에서나 그리고 (1) 우리는 종교라고 틀지워 부를 수 있는 (2)들과 만난다. (3) 너무 익숙해 있어 종교라고 하는 뚜렷한 관행 속에서 잊혀져 버린 현상도 있고 두드러지게 생경해서 우리가 지닌 (4)인 개념의 종교라는 (5)를 사용해도 옳을는지 망설여지는 경우도 없지 않다. 이를테면 유교는 (6)의 예일 수 있고, 낯선 문화의 여행기 등에서 읽을 수 있는 이를테면 아프리카 토착민들의 통과의례 같은 것은 후자의 예일 수도 있다.

(2) 정답과 해석

문항	정 답	해 석
1	언제나	어디에서나와 연관되어 항상의 의미를 더함
2	현상	앞 문장의 보충 설명, 제재의 연속성, 반복
3	물론	앞뒤 문장의 관계와 공기관계의 파악
4	상식적	앞뒤 문맥의 뜻을 묶어 관련지어 다르게 표현
5	용어	'~라는'의 의미적 역할 이해
6	전자	앞 문장의 어휘적 지시

6. 마무리

깁기 검사는 국어교육에서 활용할 분야가 많고 그 교육적 의의도 높다. 학습자의 이해 능력 평가에서부터 시작하여, 글의 이독성 측정 및 학습자의 수준에 맞는 글의 선택 기준, 학습자에게 알맞은 교수학습방략, 국어 능력의 전반적인 숙달도 측정에 이르기까지 그 교육적 활용도는 여러 연구성과에서 확인할 수 있었다. 다만, 영어권에서 개발되어 우리나라에서는 주로 외국어 교육에서 많이 이용되어 왔다. 한국어의 특질에 알맞은 깁기 검사가 국어교육 분야에서 계속 연구되어 왔고, 현재는 한국어 능력 평가에까지 적극 활용되고 있다.

교육에서의 평가의 목적은 단순한 결과의 통계 분석에 그치는 것이 아니라 좋은 수업과 학생에 대한 지도로 이어지는 발전적 성격을 띠어야 한다. 깁기 검사도 마찬가지이다. 이런 바탕에서 구조어 깁기 검사와 내용어 깁기 검사로 나누어 실제 교육현장에 도움이 되는 방안을 제안해 보았다.

국어의 특질에 맞는 깁기 검사를 개발함으로써 학생들의 모국어 이해 능력을 확인하고 이해 과정의 인지적 흐름을 진단함으로써 모국어 능력 평가의 토대를 만들 것이라 기대한다.

제16장 | 의미·기능 중심의 문법 교재 개발

1. 의미·기능 중심의 접근

　인간은 기호의 숲에서 상징을 다루며 살아간다. 많은 기호 중에서도 언어는 인간만이 가진 고차원적인 도구라 할 수 있다. 또한 인간은 의미를 언어화하고 언어를 의미화하며 세상을 살아간다. 따라서 인간이 가진 세상 인식의 틀은 언어를 통해 이루어지고 발전한다고 할 수 있다.

　객관에 대한 주체의 해석은 인간 내부의 언어적 사고의 틀을 통해 이루어지고 생성된다. 세상, 즉 객관은 시간과 공간의 지평을 바탕으로 하여 여러 가지 사물과 사물간의 관계로 이루어진다. 인간의 사태[1]에 대한 인식은 시간, 공간, 상황 등의 주어진 객관적인 요소를 인간이 어떻

---

[1] 우리들은 일상생활 속에서 수많은 경험을 쌓으면서 삶을 영위한다. 일상의 경험은 '의식 속의 사실'로 기억되는데, 우리들은 그것의 일부만을 언어로 표현하면서 의사소통을 하게 된다. 우리들이 겪는 '경험'은 언어로 표현되면 '어떠하다, 어찌되다, 어찌하다' 따위로 표현되는데 결국은 여러 실체가 포함된 상태, 과정, 동작으로서의 일인 것인데, 이 일을 '사태'라 한다. 김일웅(1987 : 16) 참조.

게 해석하느냐에 의해 이루어진다. 이러한 세상에 대한 인식은 언어를 통해 표현되어지고, 인식의 섬세한 차이는 문법 요소를 통해 실현된다. 따라서 국어 문법은 국어를 설명하기 위한 학문적 체계일 뿐만 아니라, 모국어 화자가 세상을 인식하고 해석하는 방식을 언어를 통해 어떻게 나타내는가를 설명하기도 한다. 화자와 세계, 문법의 관계를 설명하는 것은 '문법 지식이 어떻게 생성되는가'라는 의문에 대한 해답이 되기도 한다. 문법 지식의 생성 맥락을 살피는 것은 문법의 설명적 타당성을 높이는 중요한 방안이 될 수 있다.

기존의 문법은 형식적 특성을 중심으로 기술하였다. 기술 중심의 문법은 지식을 암기하는 교육으로 흘러갔고 이로 인해 문법 교육은 국어 교육의 가장자리로 밀려나는 현상을 빚었다. 이러한 문제점을 해결하기 위한 대안으로 교육문법2)의 구축이 모색되었다.

국어 문법은 모국어 화자의 사고를 반영하는 거울이며 지식 이해 및 생성의 출발점이다. 따라서 모국어 화자의 고등사고능력을 신장시키고 지식 문화를 생성하기 위해서 문법 교육을 바로 세워야 한다. 그러기 위해서는 우선 국어 현상을 구조와 형식 중심에서 벗어나 의미와 기능3) 중심으로 기술하고 교육해야 한다. 의미와 기능의 기술은 의미를 문장

---

2) '교육문법'이란 문법 교육이 갖는 교육적인 가치를 실현하기 위한 최선의 내용과 방법을 표상해 높은 문법 기술(이성영, 1998 : 215)이다. 다시 말해, 교육문법이란 교육적 유용성을 최대화하기 위하여 어떤 문법 내용을 어떤 방법으로 가르칠 것인가에 대한 기술인 것이다. 교육문법에 대한 이러한 정의는 학생들이 문법 현상이나 혹은 자신들이 내재하고 있는 문법 능력을 바탕으로 공부함으로써 국어의 규칙을 발견해 나가는 과정과, 외부에서 제공되는 문법 기술을 학습함으로써 자신들의 문법 능력을 향상시켜 나가는 과정이 교육문법에 표상되어 있다(이성영, 1988 : 241)는 것을 전제로 한다.

3) 여기에서 '의미'는 형식과 대조되는 용어로 '내용'을 뜻하고, '기능'은 문법적 기능과 작용을 폭넓게 뜻한다. 의미 기능 중심의 문법 교육이 필요하다는 논의는 기존의 형식 중심 문법 교육의 문제점을 개선할 대안이다. 형식의 폐기를 의미하는 것이 아니라 학습자의 수준과 교육의 맥락을 고려할 때 문법 교육이 의미 기능 중심으로 이루어져야 한다는 것이다.

으로 표현하는 기저를 풍부하게 설명할 뿐만 아니라, 사태를 다양하게 해석하는 한국인의 사고 구조를 제대로 설명하는 기제가 될 수 있다.

이 논문에서는 먼저 모국어 화자의 세상 인지와 사태 해석의 틀로서의 문법의 성격을 문장을 기본 층위로 하여 밝히고자 한다. 교육 문법[4]의 관점에서 문장과 관련된 지식을 재구성하여 교육 내용으로 삼고, 교재를 개발하는 방안을 모색해 보고자 한다.[5] 이를 위해 기존의 문장 단원의 구성을 분석하여 재구성한 후, 교육 문법 교재의 문장 단원을 진술하는 방안을 모색할 것이다. 아울러 교육 문법을 의미·기능 중심으로 진술함으로써 학생들로 하여금 문법적 인식을 명확히 하고 사고의 과정을 내재적으로 익히게 할 수 있으리라 기대해 본다.

2. 문법 교육과 교육 문법

인간 정신의 발달은 언어의 발달과 함께 한다고 볼 수 있다.[6] Piaget 나 Vygotsky의 인지발달의 경우를 살펴봐도 언어와 인지의 선후가 문제가 될지언정 언어와 인지의 관계 자체는 상호작용을 한다고 밝히고 있다.

---

4) '학교 문법'은 학교 현장에서 가르치는 공식적인 문법 교육을 지칭하므로, 여기서는 교육의 장(場)에서 가르치는 문법 교육을 폭넓게 지칭하기 위해 '교육문법'이라 일컫는다.
5) 여기서는 주로 문장 차원을 중심으로 논의를 진행시킬 것이다. 음운과 단어 등 기타의 논의는 추후 다른 연구에서 다룰 것을 미리 밝혀 둔다. 교육문법의 철학을 성립하고자 하는 연구자의 의도는 교육과정으로 실현되어야 하는데 이는 후속 연구를 기약하기로 한다.
6) 언어와 사고의 관계는 인간의 존재를 특징짓는 중요한 문제로서 고대 희랍 이래로 주요 논제로 거론되어 왔다. 특히 20세기에 들어와서는 Wittgenstein을 중심으로 한 일상 언어학파의 중심 과제가 된다. 언어가 인지와 사고 과정을 결정한다는 Whorf의 언어상대성 원리(Linguistic relativity principle)는 Gipper의 현장연구에 의해서 수정, 보완되어 현재는 언어와 사고의 밀접한 상관관계를 인정하는 '약한 가설'이 인정되고 있다 하겠다. 윤수현(1989), 161쪽 참조

인간은 시간과 공간, 사물로 이루어진 세계를 인식하고 이들로 이루어진 사태를 파악하여 자기 나름의 관점을 세운다. 세계를 인식하는 과정에서 인간은 자신의 머릿속 심상을 어휘와 문장, 텍스트로 그려낸다. 이처럼 인간이 세상에 대한 의미를 구성해 가는 과정은 언어화의 과정인 동시에 모국어 문법7)의 영향을 받는 과정이라 볼 수 있다. 입체적이고 연속적인 세상의 모습을 모국어 문법을 통해 선조화시켜 언어로 표현하는 것이다. 이렇게 볼 때 문법은 세상을 인식하는 한국인의 사고의 기본적인 틀로서 작용한다고 할 수 있다. 이런 관계는 다음과 같이 정리할 수 있겠다.

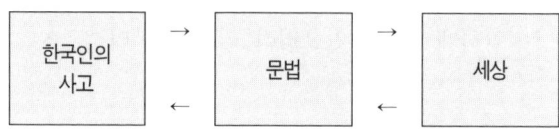

[그림 5] 세상 인식의 틀로서의 문법

문장은 명제의 표현이고, 명제는 사태를 의미하는 것이다. 명제는 '○○은 ○○하다'란 서술어와 참여항의 관계로 이루어져 있으며, 서술어와 참여항은 세계를 구성하는 내용 요소이다. 사태는 이러한 세계를 구성하는 내용 요소들이 결합하여 이루어진 상황이다. 이처럼 문장은 사태를 언어화한 단위로서 화자의 머릿속에서 세계 인식의 기본 틀로서 작용하게 된다. 따라서 문장은 교육문법에서 중요한 단위가 된다.

현재 7차 교육과정의 심화선택과목인 문법의 교사용 지도서에 제시된 '5. 문장' 단원의 '단원 설정의 취지'를 살펴보면 다음과 같다(교사용 지도서 문법, 2005 : 184).

---

7) 여기서 '문법'은 모국어 화자의 언어능력 중 문장을 구성하는 문장문법을 뜻한다. 그러나 '문법'의 의미를 여기에 한정하지 않고 문맥에 따라 국어과 관련한 지식, 모국어 화자의 언어능력, 문장문법 등으로 다양하게 사용하고자 한다.

(1) 문장 단원 설정의 취지
  ① 언어는 문장으로 표현될 때 비로소 완전해진다. 음운이나 형태
    소, 단어는 언어의 내용을 단편적으로 표현할 뿐, 우리들의 사
    고를 완전하게 표현한다고 할 수 없다. 오직 문장을 통해서만
    우리들의 내적인 생각이 완전하게 표현될 수 있다.
  ② 이 단원에서는 '문장의 성분', '문장의 짜임', '문법 요소'의 세 단
    원을 통하여, 문장을 구성하는 성분에는 어떤 것들이 있으며 그것
    들의 성격은 어떠한지 살펴보고자 한다. 이러한 과정을 통하여 ③
    문장의 성격을 잘 이해하고, 나아가 ④ 올바른 문장을 사용하는
    습관을 기를 수 있을 것이다. 더불어 ⑤ 우리 주변의 잘못된 문장
    생활을 반성하면서 국어를 소중히 여기는 마음을 기를 수 있다.

①에서는 문장을 통해 세상 사태에 대한 인식을 드러낼 수 있다는 언어와 사고의 관계에 대한 기본 관점이 나타나 있다. 이는 문법이 언어 형식의 틀에서 벗어나 모국어 화자의 내재된 인식의 기본 틀이라는 사실을 드러내고자 한 것이다. ②에서는 문장 구성 성분에 대한 지식(문장 성분의 종류와 특성)을 학습 내용으로 제시했다. ③의 문장의 성격은 교과서에서는 문장의 짜임(안은 문장과 안긴 문장, 이어진 문장)으로 제시되었고, ④는 학습 활동에서 잘못된 것을 고치는 활동으로 연결된다. ⑤는 구체적인 항목으로 설정되지 않고 태도적인 측면에서 제안된 것이다.

①~⑤에는 문장을 통해 사고를 완전하게 표현할 수 있다는 문장과 세상에 대한 인식, 사고와의 관계성이 전제되어 있지만, 실제 문장과 관련된 교과서의 내용 구성에서는 이러한 철학적 바탕은 천착되지 못한 채 관련 문법 요소의 지식에 대한 내용 학습으로 머물고 만다.

기존 학교 문법에서는 문장과 관련된 문법 요소를 다음과 같이 교과서에 제시하였다(문법, 2005 : 145).

(2) 학교 문법의 문장 관련 문법 요소
  1. 문장의 종결 표현
    -평서문, 의문문, 명령문, 청유문, 감탄문
  2. 높임 표현
    -상대 높임법, 주체 높임법, 객체 높임법
    -문장 종결 표현, 선어말 어미 '-(으)시-', 조사 '께, 께서', 특
     수 어휘 '계시다, 드리다'
  3. 시간 표현
    -시제 : 발화시와 사건시, 과거 시제, 현재 시제, 미래 시제, 동
     작상(진행상, 완료상)
    -어미, 선어말 어미
  4. 피동표현
  5. 사동표현
  6. 부정표현

문장의 종결 표현은 화자의 발화 의도와 관련된 것이고, 높임 표현은 화자
와 청자와의 관계와 관련된 것이다. 시제는 선조적인 시간의 흐름을 인위적
인 문법 범주로 파악하여 과거, 현재, 미래로 구분하였고, 움직임의 양상에 따
라 동작상을 따로 제시하였다. 또한, 주체의 움직임의 양상에 따라 피동과 사
동으로 구별하여 제시하였고, 명제의 사실 내용의 부정 항목을 따로 두었다.

기존 학교 문법의 차례와 내용을 살펴보면, 문법 요소와 해당 문법
요소의 종류와 명칭을 중심으로 하여 각각 역할을 제시하고 있어 명제
적 지식이 중심이 되어 버린다. 문장이 세상을 사태화하여 인식하는 기
본적인 틀임에도 불구하고, 그러한 의미와 기능에 대한 깊이 있는 설명
대신, 언어활동의 실제와는 동떨어진 형식적인 틀로서 제시되고 있는
것이다.[8) 기존의 학교 문법이 형식을 중시하는 기술 중심의 문법이었기

---

8) 기존 교육문법에 대한 비판적 논의는 김광해(1997)에서부터 본격적으로 시작하여, 김은

에 교육문법의 철학에 대한 논의 없이 그대로 교재 진술로 이어진 것이다. 따라서 문법이 한국인의 사고 틀로서의 문법적 성격이 드러나도록 재구성한 교육 문법이 필요한 것이다. 현재 위축된 문법 교육의 현실은 기존 국어학의 논의를 교육적 재구성을 거치지 않고 지식만을 선별해서 나열한 데서 초래된 것이라 볼 수 있다.[9]

문장과 관련된 기존 학자들의 논의를 개론서의 목차를 통해 살펴보고자 한다. 먼저 권재일(1992)에서는 문법적 관념을 언어활동의 환경에 나타나는 요소들 사이의 관계로 보고, 화자, 청자, 전달되는 언어내용, 시간과 공간의 요소로 구성된다고 밝혔다. 이에 따라 한국어 문법범주의 유형을 다음과 같이 정했다.

(3) 한국어 문법범주의 유형(권재일, 1992)
- 화자와 관계됨
- 청자에 대한 태도 : 의향법, 청자높임법
- 명제에 대한 판단 : 시제법, 강조법
- 문장성분사이의 관계 : 주체높임법, 객체높임법, 사동법, 피동법, 부정법, 격

여기서는 문법적 관념을 언어활동의 환경 — 화자, 청자, 상황 — 과의 연관 속에서 체계를 잡고자 했다. 다만 여기에 사태의 해석과 진술이 관계의 양상으로 독립적으로 제시될 필요가 있다. 사태의 진술과 복합사태의 진술은 한국인의 사고 양상을 보여주는 구체화된 표현이므로 다른

성(2006), 주세형(2006), 남가영(2008) 등에서 꾸준히 제기되어 왔다. 특히 주세형(2006)의 경우는 기존의 문법이 지나치게 형식중심이었음을 비판하고 기능중심의 문법으로 나아가야 함을 역설하였고, 남가영(2008)에서는 교육내용으로서 문법탐구경험을 살피고 언어의 형식, 기능, 내용의 세 부분의 논의가 균형을 잡아야 함을 제안하였다.

9) 이런 인식을 심영택(2002)에서는 '교수학적 변환'이란 용어로 나타내었고, 송현정(2006)에서는 교육과정의 실제 전개과정을 중요한 틀로 삼아 문법 교육의 이론과 실제를 통합적으로 제안하는 데서 확인할 수 있다.

문법요소와 함께 제시되어야 한다. 언어활동의 주체와 상황을 중심으로 문법범주를 구분한 것은 언어활동의 실제성을 살렸다고 볼 수 있으나, 문장성분사이의 관계에 기타 높임법, 사동법, 피동법, 부정법, 격 등을 구분한 것은 일관성이 떨어진 논의라고 볼 수 있다.

고영근·구본관(2008)는 문장의 기본 단위와 확장, 일, 앎과 시간, 사람과 관련하여 문법 범주를 아래와 같이 구분하였다.

> (4) 통사론(고영근·구본관, 2008)
> • 문장의 구조와 성분
> • 일과 관련된 문법 범주 : 부정, 피동, 사동
> • 앎과 시간에 관련된 문법 범주 : 서법, 시제, 동작상
> • 사람과 관련된 문법 범주 : 결어법, 공대법
> • 문장의 확장

문장을 구조적으로 분석하면서 세상의 실제 구성 요소인 일(사태), 시간과 앎, 사람으로 나누어 살핌으로써 국어 문장과 세상과의 연관성을 드러내려 하였다. 또한 시간의 범주에 화자의 심리적 태도와 연관시켜 동작상과 서법을 함께 드러내어 진술함으로써 영어식 시간 범주의 인식과 차이가 있는 한국어의 특징적인 면을 드러내려 하였다는 의의가 돋보인다 하겠다. 그리고 문장의 확장을 한 항목으로 설정하여 사태간의 관계를 진술할 수 있는 근거를 마련했다 할 수 있겠다. 이런 점에서 이들의 구분은 세상 인식의 틀로서의 문법의 성격을 잘 드러난 경우라 하겠다. 다만 문장의 구조 층위와 세상과의 관련성이 구별되어 제시됨으로써 일관성이 떨어진 점이 보인다. 따라서 앞서 살펴본 기존의 문장 단원의 구성은 설명적 타당성이 낮고 구성 원리의 일관성이 떨어지므로 교육문법의 구성으로 그대로 수용하기에는 무리가 있는 것이다.

교육문법은 '문법'의 본질을 밝혀 '문법이 세상을 살아가는데 왜 필요하고 어떤 작용을 하는가'란 의문에 대한 대답을 하는데서 시작해야 한다. 왜냐하면, '교육문법'은 교육의 장(場)에서 이루어지는 교육현상이기 때문이다. 교육은 목표, 실행, 평가의 과정을 거쳐 학습자의 성장을 의도하는 합목적적인 성격을 가지고 있기 때문에, 교육문법은 학습자에게 유의미한 내용을 제공해야 하는 것이다. 따라서 세상 인식의 틀로서의 문법의 성격을 명시하여 진술함으로써 교육문법의 철학적 바탕을 세움과 동시에 교육적 유용성을 높일 수 있다.10)

현재 교육 문법은 지나치게 형식중심으로 진술되어 있어 교육적 실제성이 떨어지므로, 세상 인식의 틀로서의 문법의 성격을 강조하고 그 내용을 의미·기능중심으로 진술함으로써 문제점을 해결할 수 있다고 본다. 즉, 문법적 표현에 의해서 어떠한 인식이 드러나고 있는지에 초점을 맞추어 교육 문법이 구조화되고 교육되어야 한다. 문법 표현은 다양한 세계에 대한 인식이 반영되어 있는 것이며 유사해 보이는 사태도 다양한 문법 표현으로 표현되고 그러할 경우 다양한 인식이 나타난다. 따라서 기존 학교 문법은 문법 요소의 의미·기능을 중심으로 재편되어야 한다.

3. 의미·기능 중심의 교육 문법 진술

(1) 교육문법의 교재 구성 방안

문법 교육은 교육과정에 의해서 구안되고 교실에서 실행된다. 따라서

---

10) 문법 교육이 문법 연구를 탐구하고 인식하는 것이 아니라 국어 자체를 탐구하고 인식하는 것이어야 한다는 이관규 외(2008) 논의도 이와 맥을 같이 하는 연구라고 볼 수 있겠다.

교재의 문법 체제는 학생들에게 직접적으로 문법의 중요성을 인식시키는 지표가 된다. 따라서 교재에는 문법이 세상에 대한 한국인의 인식의 틀이라는 중요한 교육적 의미가 명료하게 설명되어야 하는 것이다. 문법 교육의 철학적 바탕은 여기에서 출발해야 하고, 이러한 의식은 교과서와 수업 활동을 통해 학생들의 언어 의식으로 자리 잡게 된다. 아래서는 이런 관점에서 기존 내용들을 재구성하여 교육문법의 교재 구성 방안을 문장을 중심으로 모색해 보고자 한다.

먼저 앞장에서 살펴본 문장과 관련한 기존의 논의를 다시 한 번 살펴보고자 한다.

[표 12] 기존 문장 구성 체제

현행 학교문법	권재일(1992)	고영근 · 구본관(2008)
• 문장의 종결표현 • 높임표현 • 시간표현 • 피동표현 • 사동표현 • 부정표현	• 화자와 관계됨 • 청자에 대한 태도 : 의향법, 청자높임법 • 명제에 대한 판단 : 시제법, 강조법 • 문장성분사이의 관계 : 주체높임법, 객체높임법, 사동법, 피동법, 부정법, 격	• 문장의 구조와 성분 • 일과 관련된 문법 범주 : 부정, 피동, 사동 • 앎과 시간에 관련된 문법 범주 : 서법, 시제, 동작상 • 사람과 관련된 문법 범주 : 결어법, 공대법 • 문장의 확장

현행 학교문법은 문장과 관련한 문법 범주를 형식적인 층위에서는 종결표현으로, 의미 기능적인 층위에서는 높임, 시간, 피동, 사동, 부정표현으로 구분하고 있다. 권재일(1992)에서는 언어주체(화자, 청자), 내용(명제)에 대한 판단으로 구분한 후, 문장성분사이의 관계라는 형식적인 층위로 구분하고 있다. 고영근 · 구본관(2008)에서는 형식적인 층위에서 문장의 구조와 확장, 세상과의 관련성으로 일, 앎과 시간, 사람으로 구분하였다. 세 가지 체제로는 문장과 관련한 문법 범주를 일관된 원리로 설

명하지 못함을 확인할 수 있다. 따라서 문장과 관련한 문법 범주를 교육
내용으로 진술하고자 할 때에는 일관된 원리가 무엇보다도 필요함을 알
수 있다. 문장이 세상 속에서 어떻게 생성되느냐, 화자가 세상을 인식하
는 과정에서 문법 지식이 어떻게 구성되느냐는 데서 출발할 필요가 있다.

언어활동은 인간이 세상을 이해할 때, 언어를 통해 어떻게 인식하느
냐에서 시작한다. 언어활동은 시간과 공간, 인간을 포함한 세상 사물,
사물간의 관계를 언어를 통해 이해하고 표현하는 활동이다. 따라서 이
네 가지 범주를 중심으로 문법 요소의 관계를 살펴 볼 수 있다. 세상을
구성하는 시간과 공간, 각종 사물과 사건, 사건 간의 관계를 살펴보는
것을 교육 문법의 출발로 삼을 수 있는 것이다.[11]

인간은 구체에서 추상으로의 과정을 거쳐 기본적인 인식의 틀을 갖춘
후, 추상에서 다시 구체로 적용하는 과정을 되풀이하며 인식의 틀을 끊
임없이 조정한다. 여기에서 명제는 시간과 공간의 층위에서 사물이 존
재하는 양상을 언어화한 것이고, 이러한 명제들 간의 관계를 연관지어
해석하여 언어로 표현한 것이 문장과 담화 텍스트이다.[12] 따라서 세상
인식의 틀로서 교육문법의 성격을 밝히고, 이와 연계하여 교육문법을
상황(자연적 상황 ; 시간과 공간/사회적 상황), 사태, 사태 간의 연결로 재구성
해서 진술할 필요가 있다 하겠다.

---

11) 본고에서의 교육문법 범주 축의 제안은 세계 인식의 틀로서의 문법이란 관점하에 교재
    구성의 방안으로 제시된 것이다.

12) 세상을 구성하는 것은 주체인 인간과 사물인 객체인데, 인간과 객체가 존재하는 양상은
    시간과 공간의 지평에서 이루어진다. 이러한 사물을 인지하는 언어적 출발이 '명명'하
    는 행위이고, '명명'의 기호화된 형식이 '단어'이다. 사물의 본질을 이해하고 해석하는
    인간의 능동적 행위는 '명제'를 이루고, 이 '명제'는 문장으로 언어화된다. 단순한 사태
    에서 보다 복잡한 사태로의 결합은 인간의 사고 작용을 통해 활성화되고, 문장의 층위
    에서 확장되어 텍스트의 층위로 나아간다.

앞서 살펴본 문장 단원의 구성에서 공통적으로 추출할 수 있는 요소
는 시간, 높임, 사동, 피동, 부정 표현이다. 이 중 시간과 높임 표현은 화
자가 상황을 인식하는 것과 관련이 깊다. 상황은 자연적 상황과 사회적
상황으로 구분할 수 있는데, 이를 문법 요소와 관련시키면 자연적 상황
을 나타내는 것은 시간과 공간 표현이고, 사회적 상황을 나타내는 것은
높임 표현이다. 사동, 피동, 부정 표현은 사태에 대한 화자의 인식이므
로 사태로 묶을 수 있다. 문장과 관련된 문법 요소를 화자의 세계에 대
한 인식 과정과 관련시켜 재구성할 수 있는 것이다. 지금까지의 논의를
정리하여 교육 문법 교재의 문장 구성을 제시하면 아래와 같다.

> (5) 교육 문법 교재의 문장 구성
>   (가) 세계와 문법의 관계
>   ㄱ. 세계 : [상황−[사태1]−[사태2]…]
>   ㄴ. 문법 : [시간/공간/높임−[문장1]−[문장2]…]
>   (나) 교육 문법 교재의 문장 단원 구성
>   ㄱ. 상황 표현
>   자연적 상황 : 시간 표현, 공간 표현
>   사회적 상황 : 높임 표현
>   ㄴ. 사태 표현 : 문장 표현
>   ㄷ. 관계 표현 : 문장의 확대

앞 절에서 알 수 있듯이 기존 학교 문법에서는 언어 형식 중심으로 언
어학적 지식이 고스란히 옮겨져 기술되어 있다. 이러한 기술은 문법 교육
을 용어의 진술과 암기 학습에 머물게 한다. 따라서 세계 인식의 틀을 화
자가 어떻게 인식하느냐에 초점을 맞춰 범주를 기술하는 것이 교육 문법
적 의의를 갖는다. 즉, 진술의 층위를 구조형식에서 의미적 층위로 새롭

게 함으로써 문법의 교육적 가치를 확실하게 정립시키고자 하는 바이다. 이어서 교육 문법 교재의 문장 하위 요소에 대해 좀 더 살펴보도록 하자.

① 시간

시간은 연속적으로 이어지는 추상적인 자연의 흐름인데, 한국어에서는 이를 시제—부사와 선어말어미—의 문법 요소로 표시한다. 발화시와 사건시의 관계에 따라 과거, 현재, 미래 시제로 구분할 수 있는데, 이는 발화시점과 사건 시점이 고정되어 상호 비교할 수 있다는 측면에서 절대적 시간관념이라 할 수 있겠다. 상대적 시간관념은 문장의 사건시에 의존하여 상대적으로 시제가 결정되거나 서법과 연관된 화자의 인식 상태에 대한 문법적 관념이다. 이러한 시간의 범주에는 화자의 추측, 의지, 가능성 등의 다양한 맥락과 양상이 포함될 수 있겠다.13)

절대 시제	발화시 : 화자 중심의 시점, 화자가 말하는 시점	과거/현재/미래
	경험시 : 화자(주체)가 경험한 시점	
상대 시제	문장의 사건시(사건이 발생한 시간)에 의존하여 상대적으로 결정되는 시제	과거/현재/미래 동작상(진행상/완료상)

② 공간

공간은 사물의 존재감을 있게 하는 근원적이고 지평적인 대상인데,

---

13) (가) 아버지는 오늘 집에서 쉬신다.
   (나) 나는 우편물을 배달하는 아주머니를 만났다.
   (가)는 '아버지'가 쉬는 시간이 발화시인 '오늘'과 일치하는 현재시제인 반면, (나)는 관형절을 안은 문장으로 발화시를 기준축으로 삼으면 과거시제로 해석되나, 안은문장의 시제 '만났다'와 연관시키면 과거에 있어서의 현재로 해석된다. (가)는 절대적 시제로, (나)는 상대적 시제로 볼 수 있다(고영근·구본관, 2008 : 398~400 수정인용). 국어의 시제 문제는 서법과 관련하여 논란이 계속되나, 본고에서는 교재 구성과 관련하여 세계 인식의 한 축으로서 한정하여 제안한다.

한국어에서는 이를 사람간의 관계에서 이루어지는 공간과 객관적 공간으로 구분하여 표시한다. 사람간의 관계는 언어활동에서는 화자와 청자, 주체와 객체와의 관계에 따라 구분되며 이는 담화내의 공간이 된다. 화자 중심의 공간은 여기, 이곳 등으로 지시되고, 청자 중심의 공간은 거기, 그곳 등으로 지시되며, 양자관계에서 객관적인 공간은 실제 공간의 이름, 저기, 저곳, 어느 곳 등으로 지시된다고 볼 수 있다.

심리적 공간 (주관적)	화자 중심의 공간
	청자 중심의 공간
물리적 공간 (객관적)	제3의 공간

③ 높임

높임 표현은 화자와 청자의 사회적인 관계에 따라 특수 어휘나 선어말어미, 종결어미 등을 구별하여 사용하는 것이다. 높이는 대상이 누구인가에 따라 높임을 실현하는 방법이 달라지는데, 청자를 높이는 상대높임법, 문장의 주어를 높이는 주체 높임법, 대상을 높이는 객체 높임법으로 구분할 수 있다(임지룡 외, 2005 : 269).

④ 사태

사태는 구체적인 사물의 속성을 표시하는 데서 출발하여 추상적인 사물의 속성으로까지 확장된다. 사물 자체의 속성과 여러 사물들 간의 속성을 비교하고 대조하고 분석하는 사고 과정을 거쳐 공통점을 나누고 묶어 지시한다. 한국어에는 사물과 속성을 연결시켜 주는 문법 요소가 따로 있어 그 기능이 섬세하게 발달해 있다. 사태는 명제의 의미를 띠고 문장으로 표현된다.

문장	예쁘-ㄴ	꽃-이	피-었-다
기능	관형어	주어	서술어
의미	형용사적	명사적	동사적
정보	화제어		평언
관계	속성-구조어	사물-구조어	속성-구조어

(1) 사물(대상) : 명사적14)

　　사물을 다른 사물과 비교, 대조, 분석, 분류, 정의하는 사고 과정을
　　거쳐 언어화되어 지시된다.

(2) 속성 : 서술적15)

　　사물의 모습, 움직임 등의 특성을 서술하여 지시하는데, '어떠하다'
　　란 서술의 부분으로 한국어 문장에서는 끝에 주로 위치한다.

(3) (1)과 (2)의 연결 : 구조어(조사, 어미, 관계표지어)

　　사물과 속성을 나타내는 명사적 부분과 형용사적 부분을 연결시키
　　는 기능을 한다. 한국어의 교착어적 특질을 나타내는 문법 요소로
　　서 문장의 짜임과 관련되고 섬세한 표현의 차이를 드러내는 요소를
　　구조어라고 하며, 국어의 조사, 어미, 관계표지어 등이 이에 속한다.

⑤ 관계

　　사태와 사태 간을 관련짓는 것은 추상적인 인간의 사고 과정이지만,
이 과정을 북돋워 주는 것은 언어의 힘이다. 사태에 대한 해석은 상황에
대한 화자의 판단과 화자의 듣는 사람에 대한 태도를 통해 이루어진다.
문장의 연결은 언어의 논리적 연결로서 한국어에서는 접속사와 정도 부
사, 접속어미, 화용조사 등을 통해 이루어진다. 사태간의 연결, 즉 사태
해석의 양상은 비교, 대조, 분석, 분류, 예시, 인과의 관계로 나타나는데,

---

14) 한국어의 명사, 대명사, 수사가 구체적, 추상적 사물을 지칭하므로 대표격인 명사적이란
　　용어를 사용함. 이는 Halliday(1985)의 인식에서 영향을 받음.
15) 사물의 속성(움직임과 상태 포괄)을 표현한다는 의미에서 서술적이란 용어를 사용함.

이는 과거 수사학의 주된 관심사이기도 하다.

사태의 해석은 상태의 비교, 시간의 흐름, 공간의 흐름, 사태의 관계 (인과, 문제해결, 구체와 추상, 특수와 일반, 주장과 근거)를 기준으로 하여 이루어진다. 이는 문장과 문장의 연결에서 나아가 복잡한 사태로 진전되면서 단락과 단락의 연결을 거쳐 텍스트의 층위로까지 확장된다.

> (가) 하늘이 바다보다 더 푸르다.
> (나) 하늘이 바다보다 덜 푸르다.
> (다) 하늘이 푸르기가 바다가 푸르기보다 더하다.
> (라) 하늘이 푸르기가 바다가 푸르기보다 덜하다.

(가)와 (나)는 하늘과 바다의 비교이지만 좀 더 자세히 살펴보면 (다)와 (라)처럼 하늘의 푸른 정도와 바다의 푸른 정도, 즉 사태 간의 정도를 '더/덜'을 통해 드러낸 것을 알 수 있다.

사태 간의 관계 양상은 화자의 주관적인 느낌과 해석에 따라 각각 다르게 관계되는데 이 점은 접속어의 사용을 통해 분명하게 확인할 수 있다.[16]

> (마) 낮말은 새가 듣는다. 그리고 밤말은 쥐가 듣는다.
>   낮말은 새가 듣고, 밤말은 쥐가 듣는다.
> (바) 호랑이는 죽어서 가죽을 남긴다. 하지만 사람은 죽어서 이름을 남긴다.
>   호랑이는 죽어서 가죽을 남기지만, 사람은 죽어서 이름을 남긴다.
> (사) 비가 왔다. 그래서 길이 질다.
>   비가 와서 길이 질다.

---

16) 접속의 관계를 권재일(1992)은 나열, 대조, 선택, 인과, 조건, 목적, 평가, 결과, 첨의, 강조로 구분하였고, 이상태(1995)에서는 열거, 선택, 반복, 제시, 시간, 조건, 양보로 구분하였다. 여기서는 학교 문법의 범위에서 다룬다.

> (아) 기업이 없다. 그렇다면 근로자도 없다.
>
> 기업이 없으면 근로자도 없다.
>
> (자) 한라산 등반을 하려고 우리는 아침 일찍 일어났다.
>
> (차) 내가 집에 가는데, 저쪽에서 누군가 달려왔다.
>
> (카) 설령 비가 올지라도, 우리는 어김없이 출발한다.

(마)는 앞뒤 사태가 대등하게 나열될 수 있는 관계이고, (바)는 상반되는 내용을 대조시켜 사람다움의 중요성을 강조했다. (사)는 앞뒤 사태를 원인과 결과의 관계로 해석하였고, (아)는 앞뒤사태의 공생 관계를 조건지움을 통해 드러냈다. (자)는 목적과 행위의 관계로, (차)는 상황이 배경으로 전제되어 있고 (카)는 양보의 관계로 의지를 강조한다. 이처럼, 접속어는 사태를 연속적으로 해석할 수 있게 결속시키는 문법 요소이다. 한 문장으로 제시된 상황과 또 다른 문장으로 제시된 또 다른 상황을 어떻게 잇느냐에 따라 두 상황의 관계는 달라지고, 세상 인식의 관점도 달라짐을 확인할 수 있다.

또한 접속어미는 두 개의 사태를 하나의 사태로 통합시켜주지만, 접속사는 두 개의 사태를 각각의 독립적인 사태로서 연관시키는 역할을 한다는 것도 확인할 수 있겠다. (사)의 경우, '그래서'로 연결할 때는 비가 온 현상과 길이 진 현상이 독립적인 성격이 강하게 인식되지만, '-어서'로 연결될 때는 인과관계의 복합적인 하나의 현상으로 인식되는 성격이 강하다. 이는 결속표지로서의 역할의 차이 때문이라 볼 수 있겠다.

이처럼 접속어와 접속어미가 관계짓기의 한 방법으로서 사용된다는 사실은 학생들의 사고력 함양의 좋은 교육방법이 된다. 또한 사태간의 관계짓기가 교육의 내용이 되어야 교육문법의 본질이 살아난다 하겠다.

시간과 공간, 사건은 문장의 층위에서 실현되고 관계짓기의 사고작용에 의해 문장 이상의 층위인 담화 텍스트가 생성된다. 이러한 전개는 기초 사고 능력에서 고등 사고 능력으로의 발전 과정과 통한다.

이런 과정을 거쳐 세상 인식의 틀로서의 교육문법의 성격과 틀을 재구성한 후, 이를 바탕으로 문법 교재가 구성되어야 교육적 필요성과 유용성이 함께 살아날 수 있다. 인식의 공유가 없는 규정과 규범 중심의 교육은 형식적인 지식의 전수에 그칠 한계를 지니기 때문이다.

(2) 교육문법 교재의 진술 방안

교육문법은 어떤 내용을 어떤 방법으로 가르칠 것인가를 고려해야 하기 때문에 이런 점에서 교육문법의 내용은 그 자체를 바로 교재로 옮겨 놓을 수 있는 상태로 기술되어야 한다(이성영, 1998 : 240 수정). 기술된 내용을 바탕으로 학생들이 문법 현상을 대상으로 인식하고 사고하는 과정이 교재에 내재되어 있어야 하는 것이다.

교육문법 교재의 진술 방안은 두 가지로 나누어 살필 수 있다. 첫째, 교육내용의 기술 방식의 문제이고, 둘째, 교수학습과정에서 학생의 사고 과정을 고려한 교수 학습 활동과 연계한 진술의 문제이다. 이런 과정을 거쳐 구성된 교재는 '문법적 사고'[17]를 함양하는 효과적인 방안이 될 것이다.

① 의미와 기능 중심의 진술

현재 문법 교재의 진술 양상은 문법 용어의 진술에 많은 분량을 차지하고 있다. 또한 문법 교재에 제시된 학습 활동의 내용 중 '잘못된 것을

---

17) 여기서 문법 교육을 통해 이루어지는 학생들의 사고를 '문법적 사고'라고 명명하기로 한다. '문법적 사고'는 문법 지식 구성의 과정적, 결과적 사고를 모두 포괄한다.

고치는 활동'이 많다. 이것이 왜 잘못되었는지, 왜 고쳐야 하는지에 대한 학생의 인식이 없다면 규범에 따르는 것에 불과하다. 이는 규정적인 문법 지식의 습득에 머물 것이고, 생산적인 교육 활동이 이루어지지 못한다. 문법은 의미와 기능중심으로 재구성하여 진술해야 한다. 특히 교육문법의 경우 그러하다. 아래와 같이 전제나 함축, 즉 문장에 관련된 의미와 기능을 따지고 더 생각하는 활동을 통해 학생들의 문법 지식을 활성화시켜 의미를 부여한다면 문법 교육의 또 다른 가능성을 찾을 수 있다.

> (가) 예쁜 꽃이 피었다.
> (나) 예쁜 꽃이 피어 있다.
> (다) 예쁜 꽃이 핀다.
> (라) 예쁜 꽃이 피었다.
> (마) 예쁜 꽃이 피네.

(가)는 '꽃이 피었다'는 사태와 '그 꽃이 예쁘다'는 사태를 연결시켜 다른 층위의 복합 사태로 드러낸 것이다. (나)는 그 꽃이 지금도 예쁘게 피어 있다는 현재 사태를 나타낸 반면, (다)는 꽃이 지금 피고 있는 현시성을 강조하면서, 그 꽃의 종류가 원래 예쁘다는 사실을 전제하고 있다. (라)는 예쁜 꽃이 피었다는 지난 사실을 진술하고 있으며, (마)는 구어체의 종결어미를 사용하여 지금 피고 있는 현장에 화자와 청자가 함께 있음을 암시하고 있다. (가)~(마)는 언어의 형식적인 측면에서는 종결어미의 변화에 지나지 않지만, 의미기능적인 측면에서는 이처럼 다양한 사태의 해석을 담고 있는 것이다. 또한 상황과 맥락에 따라서 다양한 의미 해석이 가능하다. 그러므로 학생들이 각각의 미세한 해석의 차이를 문법 요소의 변화에 따라 인지하게 하는 과정을 거칠 필요가 있는 것이다.

문법 교과서에 피동 표현은 다음과 같이 제시되어 있다.

> 문장은 동작이나 행위를 누가 하느냐에 따라 능동문과 피동문으로 나
> 뉜다. 주어가 동작을 제 힘으로 하는 것을 능동이라 하고, 주어가 다른
> 주체에 의해서 동작을 당하게 되는 것을 피동이라고 한다. 아래 예에서
> '물다'는 능동사, '물리다'는 피동사이다. [관련 그림 생략]

관련 자료 그림이 제시된 것은 기존의 문법 교과서보다 발전된 형태
로 보인다. 다만 자료 그림과 관련한 의미기능중심의 설명이 보완될 필
요가 있는데, 이는 아래처럼 문장의 변형을 통해 가능하다.

> (바) 피동의 문장 변형
> ① 엄마가 아기를 안고 있다.
>   엄마가 아기를 안고 있는 모습이 (   ).
> ② 아기가 엄마에게 안겨 있다.
>   아기가 엄마에게 안겨 있는 모습이 (   ).

①의 경우 주체가 엄마로서 엄마에 초점을 주면 엄마의 모성을 강조하
는 내용인데 반해 ②처럼 아기에 초점을 주면 아기의 귀여운 느낌을 강조
하는 내용으로 해석할 수 있다. 이를 더 적극적으로 탐구해 보려면, 주제
화시켜 변형하면 더 뚜렷해진다. ①과 ②의 문장을 각각 주제화시켜 서술
어를 넣어보면, ①의 경우는 '엄마가 아기를 안고 있는 모습이 푸근하다'
로 ②의 경우는 '아기가 엄마에게 안겨 있는 모습이 귀엽다'로 예상된다.
이 때 ①은 엄마, ②는 아기의 상태에 초점이 맞춰진다. 즉, 능동과 피동
의 문법적 의미와 기능은 초점을 주어 강조하고자 하는 내용이 어디에 있
나에 따른 것이다. ①과 ②에 모두 '보기 좋다'라고 빈 칸을 메울 경우에

는 주체에 대한 초점이 아니라 주제에 대한 진술로 성격이 바꾸어진다.

  ③ 포수 열 명이 토끼 한 마리를 잡았다.
  ④ 토끼 한 마리가 포수 열 명에게 잡혔다.
  ⑤ 포수 열 명이 겨우 토끼 한 마리를 잡았다.
  ⑥ 토끼 한 마리가 포수 열 명에게 겨우 잡혔다.

 ③과 ④의 의미 차이를 뚜렷이 하기 위해 '겨우'라는 부사를 넣어보
면 분명하게 구별된다. ⑤는 포수 열 명의 능력이 부족함을 강조하지만,
⑥은 토끼의 날쌤을 강조한다. 문장 교육에서 의미의 섬세한 차이를 학
생들이 알게 하기 위해서 문장에 표현을 첨가하고 삭제하고 변화시켜
그 차이를 생각하게 하는 활동이 중요하므로 이와 관련된 진술이 필수
적인 셈이다.
 또한, 사태와 사태 간을 관계짓는 문법 요소의 기능과 사태에 대한
미묘하고 섬세한 해석의 차이가 표현의 차이를 가져온다는 점을 학생들
에게 확인시킬 필요가 있다.

  (사) 관계
   ① 비가 오고 길이 질다.
   ② 비가 와서 길이 질다.
   ③ 비가 온 탓에 길이 질다.
   ④ 비가 온 것으로 보아 길이 질 것이다.

 (사)는 모두 비가 왔다는 과거 자연 현상과 길이 질다는 상태가 공통
적으로 확인된다. 그러나 ①은 시간의 경과를 중심으로 진술하여 인과
관계의 결합 정도가 느슨하다. 반면 ②~④는 인과관계의 결합 정도가

단단하다. ②는 길이 진 직접적인 원인을 비가 왔기 때문이라는 현상에서 직접 찾고 있다. ③은 비가 온 현상에 대한 화자의 부정적인 느낌을 함축하고 있고 ④는 비가 온 현상으로 인한 예상되는 결과를 화자가 추리하고 있다. 이처럼 한국어는 다양한 문법 요소를 사용함으로써 사태에 대한 미세한 해석의 차이를 효과적으로 나타낼 수 있는 것이다. 따라서 이에 대한 진술과 활동이 문법 교재에 명시적으로 제시되어야 한다.

② 사고 과정과 문법 교육 내용의 통합 진술

문법은 국어 현상을 관찰하고 탐구하는 사고의 과정이 학문적 체계로 세워진 것이다. 문법 용어나 지식은 세상에 대한 언어적 사고와 철학적 인식의 결과물이다. 교육문법은 이러한 관점을 기본 바탕으로 삼고 있다. 교육문법 교재에서 문법의 기본 개념과 문법 범주의 내용을 제시할 때에는 해당 개념을 파악해 가는 사고의 과정 및 현상 속에서 필요한 질서를 찾아가는 사고 과정 등을 돕는 과정별 활동이나 도움 장치가 제시될 필요가 있(장윤희, 2006 : 348)는 것이다. 이는 문법 교육의 실행인 교재와 교수학습과정에서 문법적 사고와 인식을 바로 익힐 수 있는 방안이 될 수 있다.

교재를 통하여 학생들이 직접 탐구 과정을 경험할 수 있도록 문법 교재의 내용 전개 방식이 개선되어야 한다(임재룡 외, 2005 : 638 수정)는 주장은 기존의 언어 형식 위주의 대단원의 구성을 실제적인 교수학습의 과정과 관련하여 변화시켜야 한다는 논의와 통한다. 즉 문법 교재의 내용이 학생의 사고 과정을 촉진시킬 수 있는 방향으로 구성되고 진술되어야 한다는 의미이다.

다음은 7차 문법 교과서의 부사절 관련 내용이다.

2. 안은 문장과 안긴 문장

다른 문장 속에 들어가 하나의 성분처럼 쓰이는 홑문장을 안긴 문장이라고 하며, 이 홑문장을 포함한 문장을 안은 문장이라고 한다. 안긴 문장을 '절'이라고 하는데, 이는 크게 다섯 가지로 나뉜다. 명사절, 관형절, 부사절, 서술절, 인용절이 그것이다.

(3) 부사절을 안은 문장

부사절은 절 전체가 부사어의 기능을 하는 것을 말하는데, 서술어를 수식하는 기능을 한다.

> 그들은 우리가 입은 것과 똑같이 입고 있다.
> 그는 아는 것도 없이 잘난 척을 한다.
> 그 곳은 그림이 아름답게 장식되었다.
> 철수는 발에 땀이 나도록 뛰었다.
> 길이 비가 와서 질다.

위 문장들에는 "우리가 입은 것과 똑같다.", "아는 것도 없다.", "그림이 아름답다.", "비가 오다.", "발에 땀이 나다." 같은 문장들이 안겨 있는데, '-이', '-게', '-도록', '-(아)서'에 의하여 부사절로 된 것이다.

여기서 '부사절'은 다른 문장 속에 들어가 부사어의 기능을 하는 것으로 서술어를 수식하는 기능을 하는 홑문장이다. '절'의 문법 관념으로서의 존재 의미나 의의가 논의되지 않은 채 바로 '부사절'이란 용어에 대한 정의가 내려지고 있다. 그런데 아래처럼 현행 교과서에는 '부사절'의 정의를 제시하고 각 문장에서 부사절을 찾고 부사절을 구성하는 어미를 학습하게 한다.18) 이러한 활동만으로는 부사절의 의미를 효과적으

---

18) 현행 교과서의 활동은 부사절 찾기, 부사절과 종속적으로 이어진 문장의 차이, 부사형 어미와 관련된 지식을 탐구하는 활동이다. 6차 교과서에 비해서는 탐구의 과정을 의식한 진일보한 활동이나 절의 기능과 의미에 대한 충분한 활동으로는 부족하다 하겠다.
　[탐구] 다음 자료로 부사절을 모둠별로 탐구하여 보자.
　　(가) 비가 소리도 없이 내린다.
　　(나) 그는 형과 달리 말을 잘 한다.
　　(다) 그 곳은 꽃이 아름답게 피었다.

로 학습할 수 없다.

'절'은 사태를 추상화시킨 것으로, '절'이란 문법적 범주를 인식함으로써 단순한 사태에 대한 인식에서 보다 복잡하고 추상적인 사태에 대한 인식으로 사고를 확장할 수 있다. 이러한 '절'의 의미와 구체적인 언어맥락에서의 기능을 명시하기 위해서 담화 차원의 자료를 활용할 필요가 있다.

다음 부사절을 관찰하고 비교하여 대조하는 활동을 통해 '절'의 의미와 기능의 특성을 분석하고 사태를 해석하는 사고 과정을 구안할 수 있겠다. 학생들에게 아래 자료를 제시한 후 (가)와 (나)를 관찰한 후, 어느쪽이 더 생생한 느낌이 나는지 생각해 보게 한다.

> (가) 오늘은 내가 간절히 기다리던 운동회가 열리는 날이다. 그동안 철수에게 지기만 해서 무너진 내 자존심을 회복할 수 있는 기회이다. 달리기만은 철수에게 이길 자신이 있다. 드디어 100M 달리기가 시작되었다. 나는 철수와 나란히 출발선에 섰다. '탕'하는 출발 신호와 함께 나는 열심히 뛰었다.
>
> (나) 오늘은 내가 간절히 기다리던 운동회가 열리는 날이다. 그동안 철수에게 지기만 해서 무너진 내 자존심을 회복할 수 있는 기회이다. 달리기만은 철수에게 이길 자신이 있다. 드디어 100M 달리기가 시작되었다. 나는 철수와 나란히 출발선에 섰다. '탕'하는 출발 신호와 함께 나는 발에 땀이 나도록 뛰었다.

(가)와 (나)모두 공통적으로 뛰는 정도를 드러내고 있지만, (나)의 경우, '발에 땀이 나다'는 사태를 추상화하여 그런 정도로까지 열심히 뛰

> (라) 우리는 그녀가 지나가도록 길을 비켜 주었다.
> • 위 문장에서 부사절을 찾아 밑줄을 그어 보자.
> • 위 문장 중에서 (다), (라)가 '부사절'을 안은 문장인지 종속적으로 이어진 문장인지 토론하여 보자.
> • 이 때 사용된 '-게, -도록'을 무엇이라고 부르면 좋을지 생각하여 보자.

고 있다는 의미가 더해진다. 즉 (가)는 내가 뛰는 정도를 한정하는 반면 (나)는 내가 뛰는 정도를 '발에 땀이 나다'는 사태로 서술하여 자세히 설명하고 있는 것이다. 이러한 차이는 단순한 문장 차원이 아니라 담화 차원에서 제시될 때 더 뚜렷이 드러난다. '절'이란 사태를 보다 상세히 드러내기 위해 추상화한 문장의 변형꼴이다. 따라서 교재 진술시 아래와 같은 활동을 교육내용과 연관시켜 제시할 필요가 있다.

[표 13] 부사절 교재 진술 방안

사고 과정	학생 활동
관찰, 비교, 대조	문장(가)와 문장(나)를 비교하여 관찰한 후 의미상의 차이점을 생각해 보자.
분석과 해석	(가)와 (나)의 의미 차이가 어디에서 나오는지 분석해 보고 자세히 설명해 보자. (나)의 문장의 효과는 어떻게 이루어지는지 그 과정을 분석해 보자. 그 효과가 왜 나타나는지 좀 더 탐구해 보자.
적용	(가)와 (나)문장에서 '-도록'을 '-게'로 바꿔 보자. 의미상의 공통점과 차이점을 생각해 보자.
종합	부사절의 일반적인 효과를 정리해 보자.

또한, 문장으로 제시되는 현상에서 해석을 거쳐 주장에 이르기까지의 과정을 꼼꼼하게 따져 재구성함으로써 문법 요소의 중요성을 확인할 수 있다. 아래와 같이 사태 간의 관계를 해석하고 확장하고 재구성함으로써 고등사고력을 심화할 수 있을 것이다.

　(다) 사태 해석의 심화, 확장
　비가 오면 길이 질어진다. (조건 – 예상결과1)
　그러면 사람들이 다니기에 불편할 것이다. (예상 결과2)
　따라서 사람들이 외식을 덜할 것이다. (예상 결과3)
　그러므로 식당에 매상이 줄 것이다. (예상 결과4)
　따라서 주문배달 메뉴를 준비해 두는 것이 식당의 매출을 늘리는 좋은

방안이 될 것이다.(대책)

왜냐하면 사람들이 직접 식당에 와서 식사를 하는 것보다 주문배달을 선호할 것이기 때문이다.(근거)

그러므로, 비가 많이 오는 날에는 식당에서는 주문배달 메뉴를 준비해 둬야 한다.(결론)

'비가 많이 오는 장마에는 식당에서는 주문배달 메뉴를 준비해 둬야 한다.'란 주장의 타당성을 사태 해석의 차원에서 분석해 보자. 먼저 '비가 많이 온다'란 현상에서 출발하여 이어질 사태를 예상하게 한다. 이때 뒤에 이어질 사태를 최대한 자세히 분석하여 나열한 후 관계짓는다. 이러한 인과관계에서 '그러면, 따라서, 그러므로, 왜냐하면' 등의 접속어는 학생들의 사고를 활성화시키는데 중요한 조직자가 된다. 학생활동을 구성할 때 앞의 과정과 역순으로 접속어를 제외한 문장만을 제시하여 각각의 의미 내용을 분석한 후 연결한 후 알맞은 접속어를 넣게 할 수도 있다. 교재 진술시 아래와 같이 사고와 교육의 내용, 활동을 관련시켜 구상하고 진술하는 것이 좋은 방안이 되리라 본다.

[표 14] 문장의 확대 교재 진술 방안

사고 과정	문법 교육의 내용	구체적 활동
현상 분석	명제 분석	문장 내용의 확인 및 의미 분석 -전제와 함축
사태 해석	사물의 관계 해석 및 관계 짓기	나열, 대조, 비교, 분석, 분류, 예시, 인과, 시간, 조건, 양보 등의 관계짓기
해석의 심화, 확장	사태간의 관계 확장 해석 -연쇄, 추론	다양한 접속어의 사용 이어질 내용 추론

이처럼 문장은 문장 독립적으로 해석할 것이 아니라, 뒤에 이어질 내용을 보완하여 해석할 때 의미가 풍부해 지고 생각하는 교육적 의의가

살아난다. 이러한 의미·기능중심의 문법 교육을 교실 현장에서 이루기 위해서는 교사 스스로 문장을 가지고 내용을 대치하고, 추가하고, 삭제하여 비약시키는 언어 연습을 부단히 해야 할 것이다.

4. 마무리

지금까지 한국어 화자가 세상을 이해하는 인식의 틀로서 문법의 성격을 밝히고, 이런 관점에서 교육 문법의 내용을 시간, 공간, 사건, 관계의 체제로 재구성해 보았다. 이 과정을 통해 교육 문법의 철학적 바탕과 그 교육적 실제성과 의의를 살펴보았다. 아울러 기존의 형식적인 교육관에서 벗어나 의미기능 중심 교육관으로 전환함으로써 학생들의 문법적 사고를 신장시키는 방안을 제시하였다. 특히 문법 지식이나 규범중심의 교육의 틀에서 벗어나 의미·기능 중심으로 교재를 재구성하고 진술하는 방안을 구체적으로 제안해 보았다. 이런 관점에서 교육문법의 교재를 구성한다면, 문법요소의 사용에 따라 섬세한 해석이 달라지는 한국어 문법의 특질을 학습자에게 제대로 교육할 수 있을 뿐만 아니라, 아울러 사고과정과의 연계를 통해 고등사고력을 신장시킬 수 있을 것이라 기대하는 바이다.

학자들의 학문 탐구의 방법은 학습자에게도 유효하다. 실제 언어생활 속에서 문법의 요소들이 사고와 얼마나 연관되는지 그 관련성을 절감할 때, 문법 교육의 효과는 커질 것이다. 더 나아가 학교 문법의 영역을 교육 문법으로 확장시키고, 교육 문법의 인식의 기반을 의미와 기능 그리고 사고에서 찾는다면 그 의의가 새로울 것이다.

출처

다음은 각 학술지에 실린 논문을 수정하여 엮은 내용입니다.

제1장 「교육 문법의 목적과 성격 연구」, 『새국어교육』 제84호, 2010.
제3장 「사고력 향상을 위한 문법 교육 방안 연구」, 『국어교육학연구』 35, 2009.
제14장 「의미 중심의 동사 교육 방안 연구」, 『어문학』 107, 2010.
제15장 「국어과 평가도구로서의 낱말깁기 연구」, 『국어교육연구』 43, 2008.
제16장 「의미 기능 중심의 교육문법 교재 개발 방안」, 『국어교육연구』 45, 2009.

참고문헌

강병창(2002), "교육 문법의 관점에서 본 독일어 부정문 규칙 제시의 문제", 『독어교육』 23, 독어교육학회, 7-33.

강우원(1996), 『국어 이음말의 문법』, 인제대학교출판부.

강위규(1998), 『국어 관용표현 연구』, 세종출판사.

강호진(1985), "Loo Weisgerber의 '언어적 중간세계'의 개념에 관하여", 『인문논총』 15, 전북대학교 인문학연구소, 179-198.

고영근(1990), 『국어 문법의 연구』, 탑출판사.

고영근(2000), "우리나라 학교 문법의 역사", 『새국어생활』 10-2, 국립국어연구원, 27-46.

고영근(2004), "국어문법교육의 방향 탐색", 『우리말연구』 15, 우리말학회, 23-51.

고영근·구본관(2008), 『우리말 문법론』, 집문당.

고은 외(1994), 『책, 어떻게 읽을 것인가』, 민음사.

고종석(1999), 『국어의 풍경들』, 문학과지성사.

고춘화(2007), "글의 사고과정 해체를 통한 논증문 읽기 지도 연구", 『국어교육연구』 41, 국어교육학회, 1-24.

고춘화(2008ㄱ), "사고력 함양을 위한 읽기,쓰기의 통합적 접근 모색-개정 국어과 교육과정을 중심으로-", 『국어교육학연구』 31, 국어교육학회, 211-240.

고춘화(2008ㄴ), "국어과 평가도구로서의 낱말깁기검사 연구", 『국어교육연구』 43, 국어교육학회, 1-32.

고춘화(2009ㄱ), "교육내용으로서의 국어적 사고 범주 설계", 『문학과 언어』 31, 문학과 언어학회, 1-28.

고춘화(2009ㄴ), "사고력 향상을 위한 문법 교육 방안 연구-명사의 의미 기능과 교육 방안을 중심으로-", 『국어교육학연구』 35, 국어교육학회, 155-188.

고춘화(2009ㄷ), "의미 기능 중심의 교육문법 교재 개발 방안", 『국어교육연구』 45, 국어교육학회, 35-64.

교육인적자원부(1997), 『(교육부 고시 제1997-15호) 국어과 교육과정』, 교육인적자원부.

교육인적자원부(2000), 『초중고 국어과 및 한문과 교육과정』, 대한교과서주식회사.

교육인적자원부(2000), 『중학교 국어』(전권), 대한교과서주식회사.

교육인적자원부(2000), 『중학교 생활국어』(전권), 대한교과서주식회사.

교육인적자원부(2002), 『고등학교 문법』, 두산동아.

교육인적자원부(2002), 『고등학교 국어』(상), (하), 두산동아.

교육인적자원부(2007), 『(교육부 고시 제2007-79호) 국어과 교육과정』, 교육인적자원부.

구본관(2003), "서양의 전통문법과 한국어의 품사 분류", 『이중언어학』 22, 이중언어학회, 180-198.

구본관(2007), "한국어에 나타난 언어적 상상력", 『국어국문학』 146, 국어국문학회, 55-91.

국립국어원(1999), 『표준국어대사전』, 두산동아.

권재일(1991), "한국어 문법 범주에 대한 언어유형론적인 연구", 『언어학』 13, 한국언어학회, 51-74.

권재일(1995), "국어학적인 관점에서 본 언어 지식 영역 지도의 내용", 『국어교육연구』 2, 서울대 국어교육연구소, 159-175.

김광해(1995), "언어 지식 영역의 교수 학습 방법", 『국어교육연구』 2, 서울대 국어교육연구소, 209-254.

김광해(1997), 『국어지식 교육론』, 서울대학교 출판부.

김광해 외(1999), 『국어지식탐구』, 박이정.

김기혁(2000), "지정의 문법 범주", 『이중언어학』 17-1, 이중언어학회, 77-95.

김기혁(2005ㄱ), 『언어의 인식과 분석』, 박이정.

김기혁(2005ㄴ), 『언어의 생성과 응용』, 박이정.

김기혁(2006), "국어 지정문과 존재문의 상관성", 『한글』 271, 한글학회, 51-76.

김대행(2007), "국어교육의 위계화", 『국어교육연구』 19, 서울대 국어교육연구소, 7-43.

김동욱(2000), "한국어 추측 표현의 의미차이에 관한 연구", 『국어학』 35, 국어학회, 171-198.

김동환(2005), 『인지언어학과 의미』, 태학사.

김미형 외(2005), 『인간과 언어』, 박이정.

김민정(2002), "고등학교 국어과 문법 교과서 연구", 고려대학교 석사학위 논문.

김봉모(1996), 『국어문법연구』, 세종출판사.

김봉주(1988), 『개념학』, 한신문화사.

김승렬(1976), "언어습득과 생성문법이론(Ⅱ)", 『선청어문』 7-1, 135-145.

김승렬(1979), "언어습득과 생성문법이론(Ⅲ)", 『국어교육』 35, 207-220.

김영정(2005), 『가치론의 주요 문제들』, 철학과 현실사.

김은성(2005), "국어지식교육의 현상", 『국어교육』 116, 한국어교육학회, 1-34.

김은성(2006), "국어 문법 교육의 태도 교육 내용 연구", 서울대학교 박사학위 논문.

김일웅(1987ㄱ), "월의 생성 과정", 『한글』 196, 한글학회, 219-236.

김일웅(1987ㄴ), "월의 분류와 특징(1), (2)", 『한글』 198, 한글학회, 15-86.

김일웅(1993), "한국어의 서법", 『우리말연구』 3, 우리말연구회, 41-75.

김종록(1991), "국어 연결어미 지도를 통한 사고력 향상 방안", 『국어교육연구』 23, 국어교육학회, 205-229.

김진우(2004), 『언어와 인지』, 한국문화사.

김진우(2008), 『언어와 사고』, 한국문화사.

김혜정(2002), "텍스트 이해의 과정과 전략에 관한 연구", 서울대 박사학위 논문

김혜정(2008), "비판적 사고력 신장을 위한 읽기 지도 방향 연구", 『독서연구』 20, 한국독서학회, 47-81.

남가영(2008), "문법 탐구 경험의 교육 내용 연구", 서울대학교 박사학위 논문.

남기심·고영근(1989), 『표준 국어문법론』, 탑출판사.

노명완(1988), 『국어교육론』, 도서출판 한샘.

민현식(2002), "국어지식의 위계화 방안 연구", 『국어교육』 108, 한국어교육학회, 71-129.

민현식(2003), "국어 문법과 한국어 문법의 상관성", 『한국어교육』 14-2, 국제한국어교육학회, 107-141.

박덕유(2005), "문법 지식 지도의 필요성과 발전 방향", 『새국어교육』 71, 한국국어교육학회, 91-117.

박선자(2005), 『우리 말본과 인지』, 부산대출판부.

박수자(1996), "국어과 교육의 교육과정에 나타난 언어 학습 경험과 내용 구조 연구", 『국어교육학연구』 6, 국어교육학회, 124-146.

박영순(1998), 『한국어 문법교론』, 박이정

박재연(2004), "한국어 양태어미 연구", 서울대학교 박사학위 논문.

방인태(2003), "21세기 한국어 교육의 지향", 『어문연구』 120, 한국어문교육연구회, 533-555.

서울대 국어교육연구소 편(2007), 『국어교육학사전』, 대교출판.

서 혁(1997), "국어적 사고력과 텍스트의 주제적 이해", 『국어교육학연구』 7, 국어교육학회, 131-164.

성광수 외(2005), 『한국어 표현 문법』, 한국문화사.

손영애(1986), "국어과 교육의 성격과 내용 체계", 『선청어문』 14·15, 서울대 국어교육과, 76-91.

손춘섭(2001), "정도부사의 의미와 기능에 대한 고찰", 『한국어 의미학』 9, 한국어의미학회, 97-130.

송복승(1995), 『국어의 논항구조 연구』, 보고사.

송현정(2002), "국어지식 영역의 교과서 제시 방법에 관한 분석", 『국어교육』 109, 한

국어교육학회, 111-146.

시정곤(2006), 『한국어학의 이해와 전망』, 박이정.

신명선(2004), "국어 사고도구어 교육 연구", 서울대학교 박사학위 논문.

신명선(2007), "문법교육에서 추구하는 교육적 인간상에 관한 연구", 『국어교육학연구』 28, 국어교육학회, 423-458.

신명선(2008), 『의미 텍스트 교육』, 한국문화사.

신헌재(1991), "창의적 사고력 신장과 국어과 교육", 『국어교육』 73, 한국어교육학회, 37-51.

심영택(1995), "문법 지식의 확대 사용 전략에 대한 연구", 서울대학교 박사학위 논문.

양동휘(1989), 『지배 결속 이론의 기초』, 신아사.

엄태동(2003), 『초등교육의 재개념화』, 학지사.

연세대 한국어학당 편(1998), 『한국어 1, 2, 3, 4, 5』, 연세대학교 출판부.

오현아(2008), "'정확성' 중심 문법 교육관에 대한 반성적 고찰", 『새국어교육』 80, 한국국어교육학회, 295-318.

유동석(1995), 『국어의 매개변인 문법』, 신구문화사.

유혜령(2005), "국어지식 교육을 위한 국어 연결어미 연구", 한국교원대학교 박사학위 논문.

윤국한(2007), "두 층위의 국어지식과 문법 교육", 『새국어교육』 75, 한국국어교육학회, 399-421.

윤수현(1990), "언어와 사고", 경북대학교 박사학위 논문.

윤희수(2008), "고유명사의 생성과정과 한정성", 『언어과학연구』 44, 언어과학회, 121-137.

엄태동(1998), 『교육적 인식론 탐구』, 교육과학사.

이경화(1999), "설명적인 담화의 구조와 독해", 『국어교육』 96, 한국어교육학회, 111-142.

이규호(1988), 『말의 힘』, 좋은날.

이관규(1998), "국어교육 : 학교 문법의 내용 체계", 『새국어교육』 56, 한국국어교육학회, 73-92.

이관규(1999), 『학교문법론』, 월인.

이관규(2000), "학교 문법 교육의 현황", 『새국어생활』 10-2, 국립국어연구원, 47-61.

이관규(2001), "학교 문법 교육에 있어서 탐구 학습의 효율성과 한계점에 대한 실증적 연구", 『국어교육』 106, 한국어교육학회, 31-64.

이광정(2001), "국어 어휘의 품사별 의미 구조", 『한국어 의미학』 8, 한국어의미학회, 1-81.

이기동(1992), 『언어와 인지』, 한신문화사.

이남석(1996), "언어 기호와 세계 인식", 『기호학연구』 2-1, 한국기호학회, 99-120.

이대규(1995), 『수사학』, 신구문화사.

이도영(1998), "언어사용영역의 내용 체계에 대한 연구", 서울대학교 박사학위 논문.

이명현(1982), 『이성과 언어-현대 철학의 지형을 찾아서』, 문학과지성사.

이문규(2003), "국어지식의 가치와 교육 방향", 『국어교육연구』 35, 국어교육학회, 149-170.

이문규(2006), "소통 능력 신장에 중점을 둔 말하기 교육 내용 선정의 방향", 『국어교육』 119, 297-324.

이문규(2008), "문법 교육의 성격과 학교 문법의 내용", 『언어과학연구』 46, 언어과학회, 23-41.

이병규(2006), "문법 영역의 내용 선정 방법 연구", 『문법교육』 4, 한국문법교육학회, 95-129.

이병규(2009), "국어 교육 문법의 내용 구성 방향 연구", 『새국어교육』 81, 한국국어교육학회, 255-278.

이삼형 외(2007), 『국어교육학과 사고』, 역락.

이상태(1978), 『국어교육의 기본 개념』, 한신문화사.

이상태(1995), 『국어 이음월의 통사・의미론적 연구』, 형설출판사.

이상태(2002), "국어 문장 구조에 관한 지시-기능주의적 연구", 『국어교육연구』 34, 국어교육학회, 141-160.

이상태(2006ㄱ), "사고력 함양의 모국어 교육", 『국어교육연구』 39, 국어교육학회, 51-72.

이상태(2006ㄴ), "말소리의 정책과 교육", 『어문학』 94, 한국어문학회, 63-80.

이상태(2008), "교육 문법의 체계 구성에 관한 연구", 『어문학』 102, 한국어문학회, 125-143.

이상태(2009), "형용사 지도하기", 『언어과학연구』 48, 언어과학회, 85-100.

이성영(1995), 『국어 교육의 내용 연구』, 서울대 출판부.

이성영(1998), "교육 문법의 체제 연구", 『국어교육학연구』 8, 국어교육학회, 199-243.

이용주(1993), 『한국어의 의미와 문법』, 삼지원.

이용주(1995), 『국어교육의 반성과 개혁』, 서울대 출판부.

이은희(1994), "언어영역의 위상과 내용 선정 방식에 관한 연구", 『선청어문』 22, 서울대 국어교육과, 523-541.

이은희(2000), 『텍스트언어학과 국어교육』, 서울대학교 출판부.

이을환(1972), "언어의 전달이론으로 본 국어교육", 『국어국문학』 58-60, 국어국문학회, 106-108.

이을환(1984), "한국인의 의식과 사고방법의 의미론적 연구", 『국어교육』 48, 한국어

교육학회, 77-114.

이익섭·채완(1999), 『국어문법론 강의』, 학연사.

이재분 외(2000), 『RR2000-9 초·중학생의 지적·정의적 발달 수준 분석 연구(Ⅰ)』, 한국교육개발원.

이재분 외(2001), 『RR2001-9 초·중학생의 지적·정의적 발달 수준 분석 연구(Ⅱ)』, 한국교육개발원.

이재분 외(2002), 『RR2002-4 초·중학생의 지적·정의적 발달 수준 분석 연구(Ⅲ)』, 한국교육개발원.

이재성(2006), 『4천만의 국어 책』, 들녘.

이창근(2007), "초등학교 문법 교육 연구", 한국교원대 박사학위 논문.

이천희(2007), "앎과 언어의 상호작용과 글깨치기 지도 교재 구성에 관한 연구", 고려대학교 박사학위 논문

이춘근(2002), 『문법교육론』, 이회출판사.

이춘근(2004), "문장 변형 지도 연구", 『우리말연구』 14, 우리말학회, 193-218.

이춘근·김명순(2003), "읽기·쓰기 능력 발달을 위한 문장 교육 교재 개발 연구―문형 지도를 중심으로―", 『국어교육학 연구』 18, 국어교육학회, 347-377.

이충우(1997), "국어 교육 문법 연구", 『국어교육학연구』 7, 국어교육학회, 1-29.

이향천(2008), "무엇을 명사라고 하는가?", 『언어학』 50, 한국언어학회, 153-183.

이현림·김영숙(2006), 『인간발달과 교육』, 교육과학사.

이홍우(2006), 『지식의 구조와 교과』, 교육과학사.

임지룡 외(2005), 『학교 문법과 문법 교육』, 박이정.

임지룡(2007ㄱ), "인지의미론 연구의 현황과 전망", 『우리말연구』 21, 우리말학회, 51-104.

임지룡(2007ㄴ), "시점의 역전 형상", 『담화와 인지』 14-3, 담화인지언어학회, 179-206.

임지룡(2008), 『의미의 인지언어학적 탐색』, 한국문화사.

장경희(1985), 『현대국어의 양태범주 연구』, 탑출판사.

장경희(1997), "국어 대화에서의 서법과 양태", 『국어교육』 93, 한국어교육학회, 255-275.

장경희(2002), "대명사", 『새국어생활』 12-2, 국립국어연구원, 147-161.

장상호(1987), 『피아제 : 발생적 인식론과 교육』, 교육과학사.

장상호(1999), 『학문과 교육 上』, 서울대 출판부.

장영희(1997), "화식부사의 의미 유형에 관한 고찰", 『한국어 의미학』 1, 한국어의미학회, 219-234.

장윤희(2006), "문법 내용의 국어 교과서 구현 방안 연구", 『국어교육』 120, 한국어교육학회, 325-356.

전재호·박태권(1995), 『국어표현문법』, 반도출판사.

정병철(2007), "경험적 상관성에 기반한 동사의 의미 확장", 『한국어 의미학』 22, 한국어 의미학회, 209-236.

정태구(2001), 『논항구조와 영어 통사론』, 한국문화사

정호표(1987), 『교육의 역사 및 철학적 기초』, 형설출판사.

조경순(2007), "논항 구조를 활용한 한국어 기본 문형 구조 연구", 『한국언어문학』 61, 한국언어문학회, 83-108.

조숙환 외(2000), 『인간은 언어를 어떻게 습득하는가』, 아카넷.

조태희(2000), 문형 학습을 통한 문장 구성력 신장 방안, 아주대학교 석사학위 논문.

주세형(2005ㄱ), "문법 지식의 교육적 가치 재발견", 『선청어문』 33, 서울대 국어교육과, 561-589.

주세형(2005ㄴ), "통합적 문법 교육 내용 설계의 원리와 실제 연구", 서울대학교 박사학위 논문.

주세형(2006), 『문법교육론과 국어학적 지식의 지평 확장』, 도서출판 역락.

주영민(2002), "문장 언어 구성 능력의 발달 연구", 서울대학교 석사학위 논문.

차준경(2008), "추상 명사의 의미 유형 전이", 『한국어학』 38,. 한국어학회, 401-426.

최규수(1999), 『한국어 주제어와 임자말 연구』, 부산대학교 출판부.

최영환(1992), "국어교육에서 문법지도의 위상", 『국어교육학연구』 2, 국어교육학회, 43-70.

최영환(1995), "언어 능력 신장의 관점에서 본 언어지식 영역의 지도 내용", 『국어교육연구』 2, 서울대 국어교육연구소, 177-208.

최웅환(2000), 『국어 문장의 형성 원리 연구』, 도서출판 역락.

최정실(1990), "지식교육에 대한 현상학적 고찰", 이화여자대학교 대학원 박사학위 논문.

최현배(1937,1965,1982), 『우리말본』, 정음사.

차길종(2001), 『언어 습득과 발달』, 국학자료원.

하일면, 진기행(1994), 『논리와 사고』, 경문사.

하성욱(2008), "문법적 사고력 신장을 위한 평가 문항 개발 연구", 고려대학교 석사학위 논문.

한명주(2008), "형식명사 구성의 '추측' 표현 연구", 『한성어문학』 27, 한성어문학회, 149-174.

허웅(1983), 『국어학』, 샘문화사.

허웅(1995), 『20세기 우리말의 형태론』, 샘 문화사.

허웅(1999), 『20세기 우리말의 통어론』, 샘 문화사.

현주 외(1994), "RR94-10 중·고등학생의 논리적 사고 및 정의적 발달 특성 조사 연구", 한국교육개발원.

홍은숙(1999), 『지식과 교육』, 교육과학사.

홍재성 외(1996), 『현대 한국어 동사 구문 사전』, 두산 동아.

황미향(1996), "{더/덜} 구문의 통사와 의미", 『어문학』 57, 한국어문학회, 341-360.

황미향(1998), "한국어 텍스트의 계층구조와 결속표지의 기능 연구", 경북대학교 박사
학위 논문.

황미향(2002), "국어 지식 내용의 문제점과 해결 방안 연구", 『어문학』 78, 한국어문학
회, 163-184.

황병순(2004), 『한국어 문장 문법』, 한국문화사.

황재웅(2007), "쓰기 능력 향상을 위한 문법 교육 방안 연구", 『청람어문교육』 36, 청
람어문교육학회, 329-365.

Aitichion, J.(1987), Words in the Mind: An Introduction to the Mental Lexicon,
Oxford : Basil Blackwell.

Batstone, R.(1994), Language Teaching : Grammar, Oxford University Press, 김지홍
역(2002), 『(옥스퍼드 언어교육지침서) 문법』, 범문사.

Beaugrande, R. & Dressler, W.(1981), Introduction to Text Linguistics, Longman.

Broderick, J. P.(1975), Modern English Linguistics, Thomas Y. Crowell Co.

Brunner, J. S.(1960), The process of Education, Harvard University Press, 이홍우 역
(1992), 『교육의 과정』, 배영사.

Carroll & David W.(1999), Psychology of Language, Cole Publishing Company.

Chafe, W. L.(1970), Meaning and the structure of language, The University of
Chicago Press.

Chafe, W. L.(1974), Language and Consciousness, Language 50, 이기동 역(1992), 『언
어와 인지』, 한신문화사.

Cook, W. A & S. J.(1979), Case Grammar : Development of the Matrix Model,
Georgetown University.

Crain, W.(1983), Theories of development, Prentice-Hall.

de Saussure, F.(1907), Bally, C. & Sechehaye, A.(1972)(ed.), Cours de linguistique
generale, Pergamon, 최승언 역(1990), 『일반 언어학 강의』, 민음사.

Dewey, J.(1902), The child and the Curriculum, John Dewey : The middle works v.
9, Southern Illinois University Press, 엄태동 편역(2001), 『아동과 교육
과정』, 원미사.

Dewey, J.(1938), Experience and Education, John Dewey : The later works v. 13,
Southern Illinois University Press, 엄태동 편역(2001), 『존 듀이의 경험
과 교육』, 원미사.

Ellis, Arthur K.(1991), Teaching and Learning Elementary Social Studies,

Massachusetts, Allyn&Bacon.

Eisner, E. W.(1994), Congnitive and Curriculum Reconsidered, Teachers College Press, 박승태 역(2003), 『인지와 교육과정』, 교육과학사.

Evans, V, & Green, M.(2006), Cognitive Linguistics An Introduction, Edinburgh University Press, 임지룡·김동환 역(2008), 『인지언어학 기초』, 한국문화사.

Givo'n, T. ed(1979), Syntax and Semantics 12, Academy Press.

Goldberg, A.E.(1995), Constructions : a construction grammar approach to argument structure, University of Chicago Press.

Gruber, Jeffrey S.(1976), Lexical Structures in Syntax and Semantics, North-Holland Publishing Company.

Halliday, M.A.K.(1985), An introduction to Functional Grammar, Edward Arnold.

Halliday, M.A.K. & Hasan, R.(1976), Cohesion in English, Longman.

Hauenstein, A.D.(1998), A conceptual framework for educational objectives, University Press of America, 김인식 외 역(2004), 『신교육목표분류학』, 교육과학사.

Hinds, J.(1976), Aspects of Japanese Discourse Structure, Kaitakusha Co. Ltd.

Heine, B.(1997), Congnitive Foundations of Grammar, Oxford University Press.

Jackendoff, R.(1994), Patterns in the mind : language and human nature, Basic, 이정민·김정란 역(2000), 『마음의 구조』, 태학사.

Jespersen, O.(1924), The Philosophy of Grammar, Allen & Unwin.

Kintsch. W.(1985), Text Process : A Psychological Model, Handbook of Discourse Analysis Vol.2.

Kuno, S.(1987), Functional Syntax, Chicago Unicersity Press.

Ladefoged, P.(1975), A Course in Phonetics, Harcourt Brace Jovanovich, Inc.

Langacker, R W.(1987), Foundation of Congnitive Grammar, Stanford University.

Langacker, R. W.(1993), Grammar conceptualization, Walter de Gruyter.

Lyons, J.(1977), Semantics Ⅰ. Cambridge University Press.

Lyons, J.(1981), Language and Linguistics, Cambridge University Press.

Marzano, J.(2001), Design a new taxonomy of educational objectives, Corwin press, 강현석 외 역(2005), 『신 교육목표분류학의 설계』, 아카데미프레스.

McCarthy, M.(1999), Language Teaching : Vocabulary, Oxford University Press, 김지홍 역(2003), 『(옥스퍼드 언어교육지침서) 어휘』, 범문사.

Mew, Y. H. & Seaton, A.(2000), First English Grammar for Learners, Learners Publishing Pte Ltd.

Meyer & Meyer(1985), The Dynamics of Human Communication, McGraw-Hill, Inc.,

임칠성 역(1995), 집문당.

Miller, G.(1996), The Science of Words, W.H. Freeman & Company, 강범모·김성도 역(1998), 『언어의 과학』, 민음사.

Nisbett, R.(2003), The geography of thought, Free Press, 최인철 역(2004), 『생각의 지도』, 김영사.

Ogden, C.K. & Richards, L.A.(1923), The Meaning of Meaning, London, 김봉주 역 (1986), 『의미의 의미』, 한신문화사.

O'Grady, W.(1991), Categories and Case, John Benjamins.

Owens, R. E. Jr.(1998), Language Development, Pearson/Allyn and Bacon.

Parker, Walter C.(2001), Social Studies in Elementary Education, Merrill Prentive-Hall, Inc.

Piaget, J.(1973), The Language and Thought of the Child, Meridian Book.

Pinker, S.(1994), The Language Instinct, John Brockman Inc.

Quirk, R. & Greenbaum, S.(1973), A Concise Grammar of Contemporary English, Harcourt Brace Jovanovich, Inc.

Radford, A.(1981), Transformational Syntax, Cambridge University Press.

Radford, A.(1988), Transformational Grammar, Cambridge University Press.

Rene W. & Austin W.(1966), Theory of Literature, Penguin Books.

Sadock, M.(1991), Autolexical Syntax, A Theory of Parallel Grammatical Representations, The University of Chicago Press.

Schane, S. A.(1973), Generative Phonology, Prentice-Hall, Inc.

Schmitter, P.(1987), Das Sprachliche Zeichen, Munster, 신형욱 외 역(2003), 『언어 기 호론』, 한국어외국어대학교 출판부.

Searle, J.R.(1969), Speech acts, Cambridge.

Singer, M.(1990), Psychology of Language-An Introduction to Sentence and Discourse Processes, Lawrence Erlbaum Associates.

Spolsky, B.(1999), Concise Encyclopedia of Educational Linguistics, Elsevier.

Stephen, W. & Karen, A.(2005), Theories of Human Communication, Thomson . Wadsworch, 김흥규 외 역(2007), 『커뮤니케이션 이론』, 커뮤니케이션북스

Talmy, L.(1988), Force Dynamivs in Languafe and Cognition, Cognitive science 12.

Tombury, S.(1999), How to teach grammar, Longman.

van Dijk, T.A.(1980), Textwwissenschaft: eine interdiziplinare Einfuerung, Niemeyer.

van Dijk, T.A. & W. Kintsch(1983), Strategies of discourse analysis, Academic Press.

Vygotsky, L. s.(1962), Thought and Language, Mit PRess, 신현정 역(1985), 『언어와 사고』, 성원사.

Weisgerber, L.J.(1929), Muttersprache und Geistesbildung, Vandenhoeck & Reprecht, 허발 역(2003), 『모국어와 정신형성』, 문예출판사.

Welton, David A. & John T. M.(1999), Children and Their World : Stragies for Teching social Studies, Houghton Miffin Conpany.

Whitehead, A. N.(1929), The Aims of Education, New American Library, 오영환 역 (2004), 『교육의 목적』, 궁리.

Whitney, P.(1999), Psychology of Language, Houghton Mifflin.

Wilkins, W. ed(1988), Syntax & Semantics 21 : Thematic Relations, Acanemic Press.

찾아보기

ㄱ

개념 35, 74, 191
개념 관계 106
개념 범주 196
개념설 127
개념주의 의미관 27
결속 구조(coheision) 362
결속성(coherence) 362
결속표지 184
공간 개념 208
교수학적 변환 377
교육 문법 16
구문 관계 333
구성주의 108
구정보 275
구조어 152, 353
구조주의 51
구체어 356
국어 능력 109
국어인식 58
국어적 사고력 56
규범성 274
기능동사 334
기본 문형 212
기호 삼각형(semiotic triangle) 128

ㄴ

낱말깁기검사 342

ㄷ

내용어 152, 353
내재문법 26
논리적 사고 135
논항 227, 321

ㄷ

다치적 판단 226
담화 상황 145
대상 인식성 137
대우관계 179, 239
대화 338
도상성 54
독자론 65
동기화 54

ㅁ

맥락 83
메타적 276
명사 66, 69
명제 35, 176
명제절 181
모국어적 중간세계 22
문법 15
문법 능력 32
문법 무용론 19
문법 효용론 19

문법적 사고 32
문장 94, 161
문화기능 108

ㅂ

바른 표현 93
바름 106
발화 의도 257
발화문 140
범주화 72
볼자리 가설(view point hypothesis) 31
분류 77
분류사 86, 203
분석 111

ㅅ

사고 23, 55, 66
사고 문법 36
사고적 기능 35, 66
사상(mapping) 236
사태 28, 211
사태 관계 183, 246
상황어 236
생성 108, 111
서법 178, 181
성상 214
세계 49
세계 인식 24
수량 개념 206
수행동사 260
시간 개념 206
시제절 181
신정보 275
심리형용사 224

ㅇ

양상(modality) 177, 178, 249
양상절 181
양태 176
어휘 161
언어 게임 35
언어 사용 능력 51
언어 상대성 이론 52
언어 주체 33, 68
언어 탐구 21
언어 표현 생성 과정 51
언어화 28
연결어미 295
예기(expendency) 345
의도 145
의미 28
의미/기능 51
의미범주 77
의미역 322
의미와 기능 372
의사소통능력 344
의사소통적 언어능력 345
의존명사 84
의향문 181
의향법 181
이해 32
인지 150
일반의미론 33

ㅈ

작용 214
적절성 129
전제 232
절 295

접속 295
정보 수집 111
정확성 129, 142, 274
정확한 표현 104
조직 111
중의성 236
지도 그리기 133
지정 214, 216

ㅊ

참여자(participant) 28
철학 39
청자식 접근 방법 76
초점 111
초점어 278
추론 301
추상 79, 199
추상어 356
추상화 133

ㅌ

탐구 32
탐구학습 33, 116

텍스트 94
통합 55, 111, 392
통합론 65
투사 144
틀의미론 169

ㅍ

판단 서술문 218
평가 111
표현 26
표현 문법 60

ㅎ

학교 문법 66
학문 문법 16
한정 205
함의 232
해석학 123
형식 51
형식주의 51
화식부사 252
화자식 접근 방법 76
확정적 235

저자 소개

고 춘 화

1973년 대구에서 태어나 경북대학교 국어교육과와 동대학원에서 수학하였다. 2010년 「바른 표현을 위한 문법 교육의 내용 체계 연구」로 박사학위를 받았다. 이후 국어교육의 철학적 바탕을 문법 교육에서 찾고자 연구를 계속하여 「교육 문법의 목적과 성격 연구」, 「의미 중심의 동사 교육 방안 연구」 등 여러 논문을 발표하였다. 대구대와 대구교육대학에서 강의하였으며, 지금은 경북여자고등학교에서 학생들을 대상으로 국어교육을 연구하며 실천하고 있다.

국어교육을 위한 문법 교육론

초판 인쇄 2010년 12월 20일
초판 발행 2010년 12월 30일

지은이 고춘화
펴낸이 이대현
편 집 이소희
펴낸곳 도서출판 역락
　　　　　서울 서초구 반포4동 577-25 문창빌딩 2층
　　　　　전화 02-3409-2058(영업부), 2060(편집부)
　　　　　팩시밀리 02-3409-2059
　　　　　이메일 youkrack@hanmail.net
　　　　　등록 1999년 4월 19일 제303-2002-000014호

ISBN 978-89-5556-874-5 93370
정 가 29,000원

* 잘못된 책은 교환해 드립니다.